国家出版基金项目
NATIONAL PUBLICATION FOUNDATION

新时代外国语言文学
新发展研究丛书

总主编 罗选民 庄智象

中国外语教师教育与发展研究

Studies on Foreign Language Teacher Education and Development in China

王 蔷 张 莲 顾佩娅 等 / 著

清华大学出版社
北 京

内 容 简 介

本书全面梳理总结了中国改革开放 40 年以来国内外语教师教育与发展研究实践，从基础外语教育（职前外语教师教育与在职外语教师发展）、高等外语教育及外语教师教育与发展研究的历史、现状、前景等角度，集中反映和展示了中国外语教师教育与发展研究领域的最新理论、方法和实践研究成果，以实践研究案例的方式展示并评价领域内理论、方法和实践方面的创新探索与成就，展望国内外语教师教育与发展的创新方向和路径。

本书的读者对象为关注中国外语教师教育的专家学者、高校师生等。

图书在版编目（CIP）数据

中国外语教师教育与发展研究 / 王蔷等著 . —北京：清华大学出版社，2022.12
（新时代外国语言文学新发展研究丛书）

ISBN 978-7-302-62293-2

Ⅰ.①中… Ⅱ.①王… Ⅲ.①外语教学—师资培养—研究—中国 Ⅳ.① H09 ②G451.2

中国版本图书馆 CIP 数据核字（2023）第 005213 号

策划编辑：郝建华
责任编辑：郝建华 曹诗悦
封面设计：黄华斌
责任校对：王凤芝
责任印制：朱雨萌

出版发行：清华大学出版社
网　　址：http://www.tup.com.cn, http://www.wqbook.com
地　　址：北京清华大学学研大厦 A 座　邮　编：100084
社 总 机：010-83470000　　　　　邮　购：010-62786544
投稿与读者服务：010-62776969, c-service@tup.tsinghua.edu.cn
质量反馈：010-62772015, zhiliang@tup.tsinghua.edu.cn

印 刷 者：大厂回族自治县彩虹印刷有限公司
装 订 者：三河市启晨纸制品加工有限公司
经　　销：全国新华书店
开　　本：155mm×230mm　印　张：27　　字　数：478 千字
版　　次：2022 年 12 月第 1 版　印　次：2022 年 12 月第 1 次印刷
定　　价：148.00 元

产品编号：088054-01

中国英汉语比较研究会
"新时代外国语言文学新发展研究丛书"
编委会名单

主 编

罗选民　庄智象

编 委

（按姓氏拼音排序）

蔡基刚	陈 桦	陈 琳	邓联健	董洪川
董燕萍	顾曰国	韩子满	何 伟	胡开宝
黄国文	黄忠廉	李清平	李正栓	梁茂成
林克难	刘建达	刘正光	卢卫中	穆 雷
牛保义	彭宣维	冉永平	尚 新	沈 园
束定芳	司显柱	孙有中	屠国元	王东风
王俊菊	王克非	王 蔷	王文斌	王 寅
文秋芳	文卫平	文 旭	辛 斌	严辰松
杨连瑞	杨文地	杨晓荣	俞理明	袁传有
查明建	张春柏	张 旭	张跃军	周领顺

定位，即以全球新技术革命、新经济发展、中国特色社会主义新时代为背景，突破传统的文科思维模式与文科建构体系，创建与新时代、新思想、新科技、新文化相呼应的新文科理论框架和研究范式。新文科具备传统文科和跨学科的特点，注重科学技术、战略创新和融合发展，立足中国，面向世界。

新文科建设理念对外国语言文学学科建设提出了新目标、新任务、新要求、新格局。具体而言，新文科旗帜下的外国语言文学学科的发展目标是：服务国家教育发展战略的知识体系框架，兼备迎接新科技革命的挑战能力，彰显人文学科与交叉学科的深度交融特点，夯实中外政治、文化、社会、历史等通识课程的建设，打通跨专业、跨领域的学习机制，确立多维立体互动教学模式。这些新文科要素将助推新文科精神、内涵、理念得以彻底贯彻落实到教育实践中，为国家培养出更多具有融合创新的专业能力，具有国际化视野，理解和通晓对象国人文、历史、地理、语言的人文社科领域外语人才。

进入新时代，我国外国语言文学的教育、教学和研究发生了巨大变化，无论是理论的探索和创新，方法的探讨和应用，还是具体的实验和实践，都成绩斐然。回顾、总结、梳理和提炼一个年代的学术发展，尤其是从理论、方法和实践等几个层面展开研究，更有其学科和学术价值及现实和深远意义。

鉴于上述理念和思考，我们策划、组织、编写了这套"新时代外国语言文学新发展研究丛书"，旨在分析和归纳近十年来我国外国语言文学学科重大理论的构建、研究领域的探索、核心议题的研讨、研究方法的探讨，以及各领域成果在我国的应用与实践，发现目前研究中存在的主要不足，为外国语言文学学科发展提出可资借鉴的建议。我们希望本丛书的出版，能够帮助该领域的研究者、学习者和爱好者了解和掌握学科前沿的最新发展成果，熟悉并了解现状，知晓存在的问题，探索发展趋势和路径，从而助力中国学者构建融通中外的话语体系，用学术成果来阐述中国故事，最终产生能屹立于世界学术之林的中国学派！

本丛书由中国英汉语比较研究会联合上海时代教育出版研究中心组织研发，由研究会下属29个二级分支机构协同创新、共同打造而成。罗选民和庄智象审阅了全部书稿提纲；研究会秘书处聘请了二十余位专家对书稿提纲逐一复审和批改；黄国文终审并批改了大部分书稿提纲。

本丛书的作者大都是知名学者或中青年骨干，接受过严格的学术训练，有很好的学术造诣，并在各自的研究领域有丰硕的科研成果，他们所承担的著作也分别都是迄今该领域动员资源最多的科研项目之一。本丛书主要包括"外国语言学""外国文学""翻译学""比较文学与跨文化研究"和"国别和区域研究"五个领域，集中反映和展示各自领域的最新理论、方法和实践的研究成果，每部著作内容涵盖理论界定、研究范畴、研究视角、研究方法、研究范式，同时也提出存在的问题，指明发展的前景。总之，本丛书基于外国语言文学学科的五个主要方向，借助基础研究与应用研究的有机契合、共时研究与历时研究的相辅相成、定量研究与定性研究的有效融合，科学系统地概括、总结、梳理、提炼近十年外国语言文学学科的发展历程、研究现状以及未来的发展趋势，为我国外国语言文学学科高质量建设与发展呈现可视性极强的研究成果，以期在提升国家软实力、构建人类命运共同体过程中承担起更重要的使命和责任。

感谢清华大学出版社和上海时代教育出版研究中心的大力支持。我们希望在研究会与出版社及研究中心的共同努力下，打造一套外国语言文学研究学术精品，向伟大的中国共产党建党一百周年献上一份诚挚的厚礼！

罗选民　庄智象

2021 年 6 月

前　言

　　百年大计，教育为本。教育大计，教师为本。教师是教育发展的第一资源，是国家繁荣、民族振兴、人民幸福的重要基石。二十大报告提出，教育、科技和人才是全面建设社会主义现代化强国的基础性、战略性支撑。实施科教兴国战略，推动现代化建设要优先发展教育，教育优先发展的关键在教师。近五年，围绕教师队伍建设，国家发布了一系列重要指导性意见和计划：如2018年1月，中共中央 国务院印发了《关于全面深化新时代教师队伍建设改革的意见》，明确了全面深化新时代教师队伍建设改革的目标任务；为贯彻落实相关决策部署，同年3月，教育部等五部门印发了《教师教育振兴行动计划（2018—2022年）》；同年9月，教育部印发了《关于实施卓越教师培养计划2.0的意见》。2019年12月，教育部等七部门印发了《关于加强和改进新时代师德师风建设的意见》。2021年7月，教育部等九部门印发了《中西部欠发达地区优秀教师定向培养计划》。2022年4月，围绕全面深化新时代教师队伍建设改革，加强高水平教师教育体系建设，培养造就高素质专业化创新型中小学教师队伍，构建优质均衡的基本公共教育服务体系，推动教育高质量发展，教育部等八部门印发了《新时代基础教育强师计划》。这些意见和计划对构建新时代教师教育与发展体系，建设高质量教师队伍，加快推进教育现代化具有重要的指导意义，同时也提出了教师教育与发展理论和实践改革与创新的新任务。

　　外语教育是国家整体教育体系和科教兴国战略的重要组成部分，在服务国家战略和社会经济发展各方面一直发挥着重要作用，也做出了重要贡献。从中华人民共和国建立之初到改革开放，外语教育发挥了它独特的优势和作用，始终与国家发展和社会进步同频共振。进入新时代，外语教育在融通中外文化交流，推动文明互鉴互通共荣，传播中国声音，让世界更好读懂中国，推动构建人类命运共同体中的作用和意义日益凸显，外语教育迎来重要的新的历史发展机遇。当然，机遇和挑战并重。在过去五年里，针对外语教育，国家相关部门先后发布了涉及义务教育、普通高中和大学等各层级国家级课程标准、质量标准和指南，如《义务教育英语课程标准（2022 版）》《普通高中英语课程标准（2017 版 2020 年修订）》《大学英语教学指南（2020 版）》《普通高等学校本科专业教学质量国家标准（外国语言文学类教学质量国家标准）（2018 版）》，标志着我国外语教育和教学改革在指导思想、目标、任务、路径和方法方面都有了一些新的思考、新的方略，也必将迎来新的变化和发展，相关理论和实践创新势在必行。

2020 年 11 月，教育部新文科建设工作组发布《新文科建设宣言》，对新时期文科教育创新发展作出全面部署。新文科建设的任务就是构建世界水平、中国特色的文科人才培养体系，而师资队伍建设是人才培养体系中的关键一环。外国语言文学是新文科建设学科之一。在此背景下，如何实现新时期外国语言文学类人才培养的理论和实践改革和创新，教师既要担起新使命，也必然面临新的挑战。

为此，中国英汉语比较研究会外语教师教育与发展专业委员会响应研究会的倡议，组织团队撰写完成了《中国外语教师教育与发展研究》一书。该书的宗旨是：一方面，研究并总结近十年国内外语教师教育与发展理论和实践新发展、新成果；另一方面，了解现状，发现存在的问题，探索继续发展的方向和路径，同时也希望通过研究、总结和研判，更有效地凝聚国内领域内的研究力量和资源，共同为外语教师教育与发展研究与实践持续创新发展添砖加瓦。

全书共十九章。第 1 章（张莲、高释然执笔）是总论，也是全书的开篇。该章主要回顾和总结我国外语教师教育与发展研究的 40 年历程，分析整体发展趋势、取得的成就和尚存的问题，同时也展望了未来这一领域的发展前景和面临的挑战。除第 1 章总论外，其他十八个章节均围绕外语教师教育与发展研究的不同重点展开，共分为五个部分。第一部分和第二部分是基础外语教育篇。第一部分包括三个章节，主要聚焦职前外语教师教育研究。第二部分包括三个章节，重点关注在职外语教师教育理论与实践的研究。第三部分是高等外语教育篇，包括三个章节:《国标》视野下外语类专业教师能力框架，课程改革中高校外语教师在职学习与发展，高校外语教师专业发展环境研究：视角、现状与启示。第四部分包括七个章节，主要围绕外语教师教育与发展研究近十年的热点问题展开，如外／二语教师知识基础研究理论与方法、外语教师课堂话语研究理论与方法、国内外二语教师认同研究综述、高校外语教师访学动机研究、教师评价素养的概念演变与研究回顾、外语教师情感研究评述与发展趋势、外语教师角色研究回顾与展望等。第五部分是新理论、新视角、新展望，包括两个章节：基于社会文化理论视角的外语教师教育与发展实践和研究、外语教师教育与发展实践和研究的复杂动态系统视角。下面简要概括各部分及章节主要内容。

第一部分聚焦职前外语教师教育研究，第 2—4 章主要讨论了职前外语教师教育理论与实践的发展脉络，呈现了国内三所高校职前外语教师教育典型案例，探讨了当前职前外语教师教育面临的问题和挑战。具体而言，第 2 章（陈曦、陈则航执笔）从我国职前外语教师教育政策与规划的演变出发，讨论了外语教师职前培养机构与职前教育课程设置的变化以及职前教师培养方式的变化。第 3 章（孙晓慧、陈则航执笔）重点呈现了北京师范大学、东北师范大学和西南大学职前外语教师教育的具体实践案例，详细介绍了这三所高校英语师范专业的培养目标、课程设置、课程内容和人才培养模式。第 4 章（任念慈、陈则航执笔）主要探讨职前外语教师教育面临的问题，包括职前教育培养教师实践性知识、职前教师培养与中小学教学实际的关系、职前教师专业发展意识与教师职后可持续发展。

第二部分聚焦在职中小学外语教师教育研究，第 5—7 章分别概述 21 世纪我国中小学外语课程改革历程，探讨在职中小学外语教师专业发展的理论与实践模式，并介绍了我国在职中小学外语教师专业发展的典型案例。第 5 章（王蔷执笔）重点梳理了 21 世纪以来我国中小学英语课程改革的发展脉络，讨论英语课程改革的主要变化、成就与问题及其对中小学外语教师的挑战。第 6 章（国红延执笔）在概述在职中小学外语教师专业发展的主流理论视角和主要实践模式的基础上，从研究内容、研究方法、发展趋势等方面评述在职中小学外语教师专业发展相关研究，最后讨论了当前在职中小学外语教师专业发展面临的问题与挑战。第 7 章介绍了四种不同模式下的促进在职中小学外语教师专业发展的典型案例，包括"北京市中小学名师发展工程"北外基地项目（杨鲁新执笔）、北京教育学院承担的教育部"国培计划"示范项目主题式研修（张金秀、徐国辉、李慧芳执笔）、国内某重点师范大学与当地教研机构及小学英语教师三方联合的合作行动研究项目（刘蓉执笔），以及北京师范大学外语教师教育团队与中学英语教师合作开展的课例研究（王蔷、葛晓培执笔），呈现了我国在职中小学外语教师专业发展的特色实践。

第三部分聚焦高等外语教师教育理论与实践的研究，第 8—10 章主要探索《国标》视野下外语类专业教师能力框架的构建，探究课程改革中高校外语教师在职学习与发展，并评述高校外语教师专业发展环境研究及呈现典型研究案例。第 8 章（孙有中、张虹、张莲执笔）基于对《国标》的解读和有关外语教师能力的国内外文献研究，提出了"高校外语类专业教师能力框架"这一概念，探讨其内容结构及实践应用价值。第 9 章（陶伟执笔）在界定关键概念的基础上，评述课程改革中高校外语教师学习相关研究的理论视角、研究主题及方法，并探讨未来研究趋势和提出选题建议。第 10 章（顾佩娅执笔）总结国内外教师发展环境研究的历史沿革，呈现一项我国高校英语教师专业发展环境的规模性实证研究，并提出未来研究启示与建议。

　　第四部分是外语教师教育与发展研究热点问题，第 11—17 章分别探讨了高校外语类专业教师知识基础、外语教师课堂话语、外语教师认同、高校外语教师访学动机、教师评价素养、外语教师情感、外语教师角色等。第 11 章（张莲、张庆华执笔）首先综述了外/二语教师知识基础国内外相关研究，然后运用访谈方法探究国内高校外语类专业教师知识基础的基本内容、内涵和结构，探讨了其建构的路径与方式，最后讨论了未来发展方向。第 12 章（张莲执笔）讨论了课堂话语的内涵与性质、结构与要素以及主要分析框架和方法，同时探讨了课堂话语研究与教师发展之间的联系，并提出课堂话语研究尚存问题和对未来展望。第 13 章（刘熠、刘建宇执笔）采用文献分析法梳理了近十年国内外二语教师认同相关实证研究，分析了概念定义、研究对象、理论框架、研究方法等方面的特点，并讨论了国内外研究的差异以及未来发展趋势。第 14 章（刘宏刚执笔）运用问卷调查方法构建了高校外语教师访学动机的测量模型，并探索了高校外语教师访学动机在不同语种教师间的差异。第 15 章（李亮执笔）重点论述发展教师评价素养的时代背景，界定核心概念以及评述不同的评价范式和理论视角，并回顾和评价近十年国内外语言教师评价素养相关研究，最后提出未来研究的发展趋势和选题建议。第 16 章（古海波执笔）结合不同理论视角阐释外语教师情感的概念内涵，总结并评述已有研究的主要内容和研究方法方面的新特点，指出了研究发展趋势与选题建议。第 17 章（张洁执笔）论述新时代外语教师重新定位自身角色的需求，追溯外语教师角色概念的演变，并回顾和评价外语教师角色国内外相关研究，总结外语教师角色研究丰富的视角和多样的方法，最后指出外语教师角色研究的关键问题及发展趋势。

第五部分是外语教师教育研究的新理论和新视角，第 18—19 章重点阐述了社会文化理论研究视角和复杂动态系统理论研究视角及相关实证研究。其中，第 18 章（陈文婷、杨鲁新执笔）首先概述社会文化理论的基本观点，介绍三代活动理论的演变及其含义，然后呈现一项社会文化理论视角下的外语教师发展实证研究，该研究采用历时个案研究方法，分析一名小学英语教师在院校合作课例研究活动系统中所遇矛盾的四重表现形式，揭示该教师应对和化解矛盾的拓展学习过程。第 19 章（杜小双、张莲执笔）首先概述复杂动态系统理论的基本观点，阐述该理论在外语教师教育领域的应用及相关实证研究，然后呈现一项复杂动态系统理论视角下的外语教师发展实证研究，该研究采用历时个案研究方法，追踪观察一名高中英语教师参加研究活动的过程，探究该教师的教学研究者认同变化的复杂动态性。

本书为研究性专著，既概括总结、展示和评述过往的研究成果，也提出新的研究问题、趋势和方法建议，具有学术性、前沿性和引领性。目标读者包括外语学科硕博研究生、青年教师、本领域研究者，以及对外汉语专业研究生、教师及研究者等。

衷心感谢全体 27 位章节著者，感谢他们近三年的艰苦努力和卓越贡献。王蔷、张莲、顾佩娅负责策划和创意本书主题和结构以及全书统稿。书稿初稿完成后，匿名评审专家和清华大学出版社编辑均进行了多轮审读，提出了许多中肯的修改意见。本书所有著者在此谨表谢忱。由于时间紧迫、水平有限，本书仍有疏漏和不足或不准确的地方，恭请同行专家学者和广大读者批评指正。

王蔷 张莲 顾佩娅

2022 年 12 月

目　　录

图 目 录

表 目 录

第 1 章

总论 外语教师教育与发展研究 40 年：趋势、成就和问题[1]

1.1 研究背景

国家发展已经进入新时代，知识和人才的重要性愈加突出，教育的地位和作用亦愈发凸显。始于 1978 年的改革开放，是中国社会发展史上的创举，人类社会变革的创新探索。教育始终是改革开放的先驱，中国外语教育则是这 40 年奇迹的重要组成部分。外语教育事业发展始终与国家对外开放、发展与改革紧密相连。应该说，改革开放推动外语教育，外语教育助力改革开放。作为教育事业发展的"基础工作"，教师队伍建设是这项事业成败的根本和起点。外语教师教育与发展也是如此。

外语教师教育与发展研究的目的是"揭示外语教师教育活动和过程的本质，为外语教师教育实践提供理论指导和帮助"（张莲，2008：3）。纵观过去 40 年外语教育事业的变化和发展，国内高校外语教育教学经历数次大的改革，这些改革对促进国内高校外语教育的发展和提升人才培养的质量产生过重要影响。其中，外语教师教育与发展研究和实践显然是关键一环。回顾历程，分析趋势，总结成就、经验与不足是必要的，在了解研究主题、理论运用、视角和方法选择以及主要观点和成果的基础上，为未来，特别是新时期外语教师教育与发展研究和实践提出可资借鉴的意见也是有意义的。

---

1 本章基于作者 2019 年发表在《外语教育研究前沿》第 1 期的《中国外语教师教育与发展研究 40 年：回眸与展望》一文。本次收录基于新建基础数据库有修改。

1.2 研究方法

概括、总结某一学术领域发展历程的方法有很多，如以时间线为准则概括领域主题、理论和方法演进的主要线索，或者追踪领域内标志性成果文献和领军人物研究传记等（de Bot, 2015）。为了形成对本领域过去40年发展历程较为全面的认识和判断，本章综合时间线和主题线形成经纬交叉，所形成的基本观点和分析判断基于三个方面的信息和认知基础：（1）626篇国内公开发表的中国外语教师教育与发展研究文献；（2）笔者作为外语教师、外语教师教育者、外语教师教育与发展研究者三重身份的个人观察、体会和判断；(3) 笔者与领域内相关同事、同行间的交流。其中，研究文献是最主要的数据信息源。为了确保信息源的准确性、相关性和充分性，笔者通过以下两个步骤完成数据信息的过滤和筛选。

首先，通过中国知网（CNKI）搜索、整理外语教师教育与发展研究主题的文章。检索范围包括外语类、教育学类和高校综合性学报的中文社会科学引文索引（CSSCI）和中文核心期刊目录期刊。[2]检索主题词包括"外（二／英）语教师教育""外（二／英）语教师发展""外（二／英）语教师专业发展""外（二／英）语教师研究"。检索时间设定为1978—2019年（止于9月）。经此程序初选出1655篇文章。然后，研究小组讨论制定基本原则（主题、文章类别、类型、质量、篇幅等）并提出类型样例作为二次筛选标准；为确保基础数据库的质量，小组进行了第三次筛选，通过阅读摘要、浏览全文，继续手动剔除不符合检索要求的文章，最终保留626篇作为基础数据库主体数据，同时以上述关键词平行搜索相关主题博士论文（n=93）和专著（n=125）。数据分析工具主要采用CiteSpace 5.5.R2，但当对任何分析结果感到疑惑或不定时，均需返回相关基础数据库进行反复确认。

1.3 数据分析与讨论

笔者从两个方面开展历程回顾和趋势分析：首先是领域关注度和成果产出总量。通过统计领域内总发文量可知某一特定领域在特定历时时期的成熟度和活跃度，这通常被视作学科发展的显性指标之一。其次是过去40年该领域在研究主题、理论与视角的采纳和应用、范式与方法的选择上的演进和变化。

2　本次收录所用数据库收纳了中文核心期刊目录期刊数据。

1.3.1　总体趋势

表 1–1 总结了中国外语教师教育与发展研究在过去 40 年的期刊发文总量。

表 1–1　外语教师教育与发展研究 40 年期刊发文总量（篇）

年份	数量（篇）	年份	数量（篇）
1978—1982	0	1998—2002	10
1983—1987	0	2003—2007	61
1988—1992	0	2008—2012	208
1993—1997	3	2013—2019	344

从表 1–1 可以看出，本领域在过去 40 年的第一个十年里研究活动为零，但在近十年则是爆炸式增长，表现出特别明显的历时差异。图 1–1 的发文量趋势曲线图能更直观地表现这种历时变化。

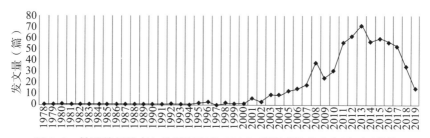

图 1–1　外语教师教育与发展研究在 CSSCI 类期刊的总发文量历时趋势

从图 1–1 可以看出，过去 40 年中国外语教师教育与发展研究总体可分为三个阶段：第一阶段（1978—1992）为缺席期，即在改革开放初 15 年里，相较于国际上同期该领域研究活跃程度以及国内外语教育教学其他各方面研究（如外语教学）的活跃程度而言，我国在这一时期的研究表现为一种"缺席"状态，成果产出几乎为零；第二阶段（1992—2008）为初步 / 快速发展期，即领域研究活力渐显，成果产出较前一阶段有明显增长；第三阶段（2009—2019）为高速发展期。从表 1–1 和图 1–1 均可看出，2008—2012 年期间整个研究领域成果激增，总量几乎是过去 30 年的三倍，说明该领域在学术界被高度关注，活力空前；近年来虽有所回落，但整体产出仍维持在一个较高的水平。这些阶段性趋势在相关主题学术著作（图 1–2）和博士学位论文（图 1–3）产出信息中也得到印证。

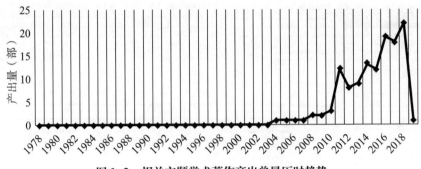

图 1-2　相关主题学术著作产出总量历时趋势

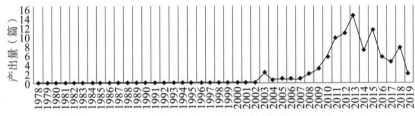

图 1-3　相关主题博士学位论文产出总量历时趋势

综合以上，可合理预测，在未来几年外语教师教育研究仍将是领域研究热点。

1.3.2　主题的变化

关键词（key words）是研究核心内容的浓缩和提炼，高频出现的关键词实际上可以表达某一领域在一定时期的研究热点或焦点话题。绘制关键词共现知识图谱是对本章基础数据库中的关键词进行可视化分析，分析结果如图 1-4 所示。

从图谱中可见，节点（图示为大小不一的淡色方块）代表数据库文献所涉关键词，节点的大小与关键词出现的频次成正比，节点间的连线代表各关键词之间的共现关系。如图 1-4 所示，过去 40 年里，该领域出现的主题热点有 20 多个，依频次降序为：外 / 英语教师、教师（专业）发展、大学外 / 英语教学、教师教育、职业发展、教师学习、教师培训、教学反思、行动研究、个案研究等。这些关键词罗列在一起时貌似杂乱无序，但仍可看出：（1）在基础数据库中，大学外 / 英语教师发展研究多于中小学外 / 英语教师。通过部分数据全文浏览也确认了这一点。如前所言，虽然在基础数据库建库过程中，研究者尝试扩大信息检索范围，但效果并不明显。（2）多数研究是关于高校英语语种教师教育与发展，非英语语种教师的研究则相对少见。（3）宏观话题多，微观话题少。

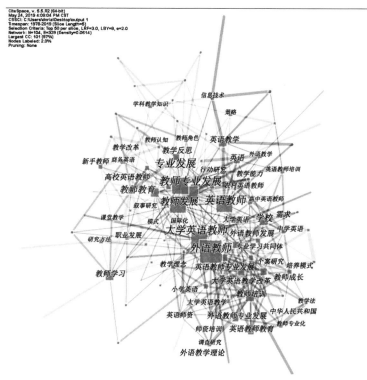

图 1-4　外语教师教育与发展研究主题关键词共现知识图谱 (1978—2019)

通过对比两个主要历时阶段（1989—2008 和 2009—2019）的研究热点可知该领域研究主题在不同时期的演变情况。表 1-2 统计了基础数据库在这两个阶段文献关键词出现的频次情况。图 1-5、图 1-6 则是用 Nvivo 对相关学术著作和博士学位论文主题关键词进行了分析。

表 1-2　基础数据库文献研究主题关键词频次统计 (1989—2019)

1989—2008		2009—2019	
关键词	频次	关键词	频次
外 / 英语教师	30	外 / 英语教师	117
教师（专业）发展	18	教师（专业）发展	78

（续表）

1989—2008		2009—2019	
关键词	频次	关键词	频次
大学外 / 英语教学	13	大学外 / 英语教学	19
教师教育	7	教师学习	14
教师培训	7	职业发展	11
个案研究	4	教师教育	9
知识结构	4	教师培训	9
教师成长	3	教学反思	8
信息技术	3	教学改革	8
职业发展	3	教师信念	7

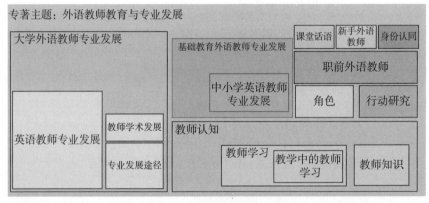

图 1-5　相关学术著作主题关键词可视化分析 (1978—2019)

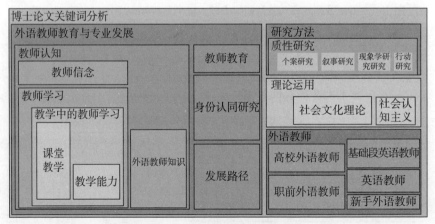

图 1-6　相关博士学位论文主题关键词可视化分析 (1978—2019)

从表 1-2 和图 1-5、图 1-6 可以看出，在 1989—2008 这 20 年中出现频次排名前十的关键词与近十年比较，相对稳定，总体相似。所谓"总体相似"是指该领域从初步发展到高速发展时期的 30 年里研究热点保持了相对稳定和一致："教师专业发展""教师教育""教师培训"和"职业发展"是持续的热点话题，体现了过去 30 年国内外语教师教育与发展实践的主流趋势，即教师专业化和教师专业发展诉求（刘学惠，2005；王守仁，2018；文秋芳、任庆梅，2010；吴一安，2005a，2005b；吴一安等，2007；徐锦芬等，2014；张莲，2008，2013，2019；周燕，2005，2008）。"教师学习""教学反思""教学改革"和"教师信念"则是近十年涌现出的新的研究热点。其中，"教师学习"和"教学反思"是教师发展、教师教育和教师培训的关键机制和路径。没有教师主体的学习、反思或认知变化，也就没有成功的教师发展、教师教育或教师培训项目（崔琳琳，2013；李宝荣，2017；刘悦淼、王倩，2017；陶坚、高雪松，2019；王俊菊、朱耀云，2019；徐锦芬、李斑斑，2012；张洁、周燕，2018；张莲，2016a，2016b；张莲、王艳，2014 等）。"教学改革"表达了明显的领域研究之时代特征（详见本书第 9 章）。如前文所言，改革开放的 40 年也是外语教育不断推进、改革发展的 40 年，课程/教学改革与教师专业发展本质上是相互调节的关系，在改革的背景下研究教师专业发展实质上是领域内研究主题自然演进和选择的结果（高雪松等，2018；王守仁，2017；张莲等，2013；张莲、叶慧敏，2018；钟美荪、金利民，2017 等）。"教师信念"是教师行为和行动的指针，也是教师发展、教育和培训实现转化的标志和要点，因而也是教师教育与发展研究的经典议题（张淳，2014；张凤娟、刘永兵，2011；张莲，2011；朱彦、束定芳，2017 等）。其他新近出现的重点话题还包括"教师话语"（详见本书第 12 章）"教师角色"（详见本书第 17 章）（常俊跃等，2019；郭燕玲，2012；雷丹、柳华妮，2015；陆杨，2010；戚亚军、庄智象，2017；严明，2010；张莲，2016a，2016b；张莲、王艳，2014；郑玉琪，2014；周燕、张洁，2013，2014）、"专业身份认同"（详见本书第 13 章）（刘熠，2011，2012，2016；亓明俊、王雪梅，2017，2019；唐进，2013；寻阳、郑新民，2014，2015；张虹，2019b；张莲，2016c）、"学习共同体"（林美，2015；唐进，2019，2020；文秋芳，2017；文秋芳、张虹，2019；颜奕、杨鲁新，2017；张虹、文秋芳，2020）以及"教师情感"（详见本书第 16 章）（胡亚琳、王蔷，2014；古海波、顾佩娅，2015，2019；秦丽莉等，2019）等，是相对具体的领域内的重点议题。可以看出，研究主题演变的总体趋势是从比较宽泛的主题逐渐聚焦到涉及教师教育和发展方方面面具体的议题，表明国内外语教师教育与发展研究逐渐走向深入、具体和多样化。

1.3.3　理论框架／视角的采用

　　领域内研究发生重要变化和转向的另一个关键标记是理论框架和视角的变化。图 1-7、图 1-8 概括了该领域过去 40 年应用、采纳理论框架和视角的总体情况。

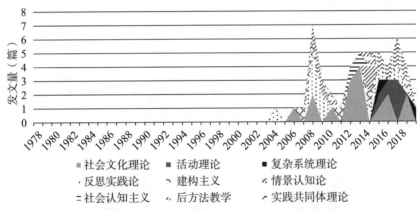

图 1-7　本领域研究理论框架和视角应用、采纳历时趋势 (1978—2019)

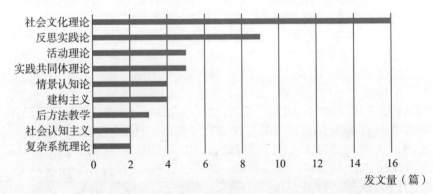

图 1-8　本领域研究理论框架和视角应用、采纳总量统计 (1978—2019)

　　从图 1-7、图 1-8 可以看出：（1）过去 40 年中国外语教师教育与发展研究应用、采纳的理论框架或视角主要有社会文化理论、反思实践论、活动理论[3]、实践共同体理论等；（2）在研究中广泛应用、采纳某一理论框架或视角是近十年才出现的现象，使用比较多的是社会文化理论（包括活动理论）（Ellis et al., 2010; Engeström, 2007; Johnson, 2009）、反思实践论（Schön, 1983）和实践共同体理论（Lave & Wenger, 1998）。可明显看出，社会文化理论（包括活动理论）是近十年最重要的理论框架，但在较大时间跨度范围内，理论间更替、转折并无明显的历时性阶段特征。

　　总体来看，两个现象值得重视：一是与基础数据库中文献总量相比，理论在该领域研究中的应用频率和力度显得十分不足。数据显示，明确采纳或应用理论的全部文献不足 56 篇，在总量中占比不足 9%。众所周知，上述理论均属该领域（或更大的应用语言学领域）成熟的主流理论，几十年的领域内研究实践显示它们已具备成熟理论的基本特质：简明、解释力强、可证伪，故而成为国内外该领域应用最广泛的理论框架或视角。那么，为什么这些理论框架在本章探讨的情景下应用如此不足呢？笔者认为其主要原因与外语教学的"去神秘化"（demystified）现象有关（Grossman, 1990; Lortie, 1975）。所谓教学（研究）"去神秘化"是指因为学校教育是多数人漫长、重要的个人经历，所以往往会让一部分人认为自己不仅熟悉教育教学情境，也能准确解读、分析教育教学现象，包括教师教育和发展现象。如此，外语教师教育与发展研究被视作一种生活常识现象，可以通过常识理解、体会和分析；在这种情况下，理论便没有了存在的必要，其结果是大量基于个人常识经验、体悟和判断，缺乏深刻理论解析的研究不断涌现。事实上，这也是导致学界普遍认为外语教师教育与发展研究既"不必要"也"比别的学科领域研究来得容易"的主要原因（张莲，2011：3-4）。这对该领域理性、健康的发展显然是有害的。理论来自实践，又回归、指导实践。这是学术研究求真与向善的交汇点，彰显知识传承的正义性和必要性。枉顾、忽视理论的研究倾向正是简化、矮化、颓化外语教师教育与发展研究的现实表现。

　　二是在过去 40 年中，虽然在领域内有部分自主原创、建构理论的研究，如吴一安（2005a，2005b，2008）的中国高校优秀外语教师素质框架，王蔷及其团队基于中小学英语课堂教学改进和创新课题的教师发展研究（王蔷等，2010；王蔷、张虹，2012；王蔷、张虹，2014；王蔷，2016；王蔷、李亮，2017；王蔷，2018；王蔷，2020；王蔷等，2021），文秋芳（2017）、文秋芳和任庆梅（2011a，2011b）以及文秋芳和张虹（2019）关于教师专业学习共同体建设的研

3　活动理论是社会文化理论的进一步发展，但在基础数据库中许多作者刻意强调其研究的理论框架是活动理论，故本章也顺应作此区分。

究，史耕山和周燕（2009）、周燕（2011）、张洁和周燕（2018）关于中国老一代外语教师素质和学习框架的研究以及顾佩娅及其团队（顾佩娅等，2013，2014，2016，2017）关于教师发展环境的研究等，但总体上仍以应用、借鉴国外主流理论框架和视角研究解读中国外语教师教育与发展实践活动为主。在当前新的历史阶段的大环境下，在系统、扎实、细腻的实证研究基础上提高原创意识，多做原创努力是十分必要的。

1.3.4 研究类型、范式和方法的变化

第三个领域内研究发生重要变化和转向的关键标记是研究范式和方法的变化。图1–9为基础数据库文献（1978—2019）研究类型的发文量统计。

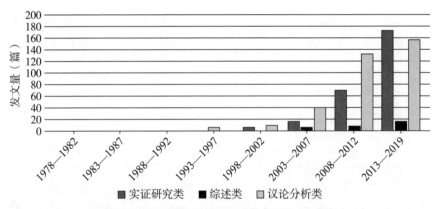

图1–9 基础数据库文献研究类型的发文量统计

从图1–9可以看出：（1）过去40年中国外语教师教育与发展研究大致可分为三类，即议论分析类、实证研究类和综述类。其中，议论分析和实证研究是占比最大的两类研究。（2）虽然在总量上，议论分析类研究仍然多于实证类，但在近十年里，实证研究的数量明显增长。（3）在全部实证研究中，所使用研究方法分为量化、质性和混合方法（Cohen et al.，2011；Creswell，2009；Dörnyei，2007；Duff，2008；Miles & Huberman，1994，2002），其中，混合研究多于量化研究，也略高于质性研究；（4）范式和方法呈一定历时性阶段特征：质性研究在近十年明显增多，逐渐成为主流的研究范式。这与当前领域内国际经验是一致的。

1.4　国际比较的视角

比较是判别事物、认识自我的手段和方法；意义则在比较中产生和彰显。领域内国际比较有助于更好地认知中国外语教师教育与发展研究的特点和不足。

在过去 50 多年里，国外外语教师教育与发展研究经历过三个阶段、两次重大的方向性转折和变化（张莲，2008，2011；Zhang，2022）。第一阶段是聚焦教师行为的研究，其背后的假设是：一定的教师行为必然导致一定的学生学习行为的发生（故亦称作过程—结果取向）；优秀教师行为特征被观察、提取、总结作为教师培训的基础（Brophy & Good，1986；Gage，1978；Shavelson，1983）。其时一度盛行的"教学法大辩论"（the method debate）的核心就是教学法孰优孰劣，其目的是寻求一种普遍可行的教学方法（the global methodological prescription）（Allwright，1983，1988），其结果是外语教学法的此兴彼衰。20 世纪 70 年代中末期交际法的兴起和语法翻译法的日渐衰落是这种辩论的最好例证。这种教师行为研究模式到了 20 世纪 80 年代初已基本失去了活力（Shulman，1986），因为研究者发现教师行为研究并没有带来预期的教学效果，于是研究方向和注意力转向对学习者和外语学习本质的研究，研究者试图通过对二语习得和学习过程的解释找到出路（Ellis，1985；McLaughlin，1987）。这是研究方向的第一次转折。

对二语习得和外语学习过程的理解无疑是提高外语教学质量的重要基础，但这样的研究本身并不足以保证有效的课堂教学，不足以转化为有效的教师教学行为。到了 20 世纪 80 年代，人们越来越清楚地认识到解决外语教学的关键仍然在教师身上（吴宗杰，2008；Freeman，2001；Richards，1998；Zhang，2022），于是研究焦点重新回到了对教师的关注上，这是研究方向的第二次转折。不同的是，第一阶段关注的是教师的教学行为，而第二阶段研究的着眼点则是教师认知（Woods，1996），即聚焦外语教师认知的研究。教师认知研究聚焦教师信念、知识、思维及课堂决策过程以及学习（Borg，2006，2009；Kubanyiova & Crookes，2016）。它关注三个基本问题：教师应该知道 / 学习什么？教师如何知道 / 学习应该知道 / 学习的内容？教师如何用自己所知 / 所学促进学生学习和发展？关于每一个问题的研究都已成为本领域重要的研究取向。20 世纪 80 年代初期，教师作为一种具有高度专业性的职业，其社会、政治、经济和文化地位引起普遍关注，教师专业化运动作为对这种关注的回应在西方各国开始兴起（Calderhead & Shorrock，1997；Orton，1994；Sockett，1987），但同时期的国内尚无此类回应。从某种程度上，其结果是中国（外语）教师教育与发展研究缺乏专业性或专业化的社会基础和文化基础。研究的重点聚焦教师专业性的表征是什么，教师的专业知识基础和能力是什么，以及如何获得其不可替代的专业素养（姜霞、王雪梅，2016；李四清、陈坚林，2016；吴宗杰，2005；张莲，2019；Fenstermacher，1994；Richards，1998；Shulman，1987）。

近十年以来，越来越多的研究者开始关注教师认知和学习的社会本质，社会文化理论成为外语教师教育研究的主流框架（详见本书第 18 章）。这是研究的第三阶段，即聚焦外语教师认知与学习之社会本质的阶段。与之前两个阶段不同的是，这一阶段关于教师学习研究的基本假设是：教学是一种社会实践（social practice），而不单纯是一种可以观察、量化的外在行为，或一种只存在于教师大脑中的认知和心理过程。教师之所知、所思、所理解均源自他们所参与的具体课堂、学校情境中的社会实践。Johnson（2009：3-6）对这一阶段发生的重大变化做了精到的概括。她认为，外语教师教育的社会转向改变了理解教师学习的方式，改变了理解语言、语言教学的方式，也改变了理解社会、文化以及历史宏观结构在外语教学中作用的方式，从而彻底改变了理解教师专业发展的方式。

近年来，复杂动态系统理论（Complex Dynamic Systems Theory）逐渐进入外语教师教育与发展研究与实践领域（Moore，2018；Opfer & Pedder，2011），其起因是领域内对教师学习与发展与学生学业成就之间普遍存在的线性因果假设产生质疑和反思。众所周知，关于教师教育与发展最重要的一个假设是教师质量是学生学业水平的关键推力，也因此被看作"教育改革的关键"（Cochran-Smith et al.，2014：2）。虽然这一假设有风险，但却是过去几十年全球各国（外语）教师教育与发展研究和实践规划的基本理据（Cochran-Smith et al.，2014；Martin & Dismuke，2018；Moore，2018；Opfer & Pedder，2011）。然而，大量研究和实践表明，两者间并非一种简单的因果关系（Darling-Hammond et al.，2009；Spelman & Rohlwing，2013；Zeichner，2005）。相反，外语教师学习是一个复杂现象，难以用简单的因果逻辑来解释，而复杂动态系统理论则提供了一种全新的理解和解释框架，更好地解读教师学习发生的机制和特点（Martin & Dismuke，2018；Moore，2018）（详见本书第 19 章）。

上述概括分析表明，过去几十年的国外外语教师教育与发展研究有着明显的历时性阶段特征，具体表现在研究热点和焦点主题、理论和视角的更迭、转向和演进方面。比如，在研究焦点上表现为从教师行为向教师认知、教师认知的社会本质、再向整个现象复杂动态系统的相关议题演变；在理论应用、视角选用方面则循着行为主义、认知主义、建构主义、社会文化理论以及复杂动态系统理论的轨迹变化和发展。相比之下，国内过去 40 年的外语教师教育与发展研究的历时性阶段特征并不明显，较难看出研究主题、理论应用的显性更迭和转向。究其原因可能是国内外语教师教育与发展研究起步比较晚，事实上越过了 20 世纪 60 至 80 年代的发展历程，迅速进入以社会文化理论或复杂动态系统理论作为主流理论视角和框架的研究阶段。

1.5　问题与展望

　　回顾中国外语教师教育与发展研究发展的 40 年历程，既是总结成就和经验，也是找到问题和不足，以求助益、展望未来发展。通过上述分析可知现有研究仍存在以下四个主要问题：

　　问题一：外语教师教育与发展研究的学科地位尚不明确。Kuhn（1962）认为，一门学科发展成熟的标志是其研究范式的形成。研究者共同的呼求是具有凝聚力的新概念、范畴和理论框架及相对统一的研究范式。共同的研究范式会促进形成共同的学术传统、学术风格、基本观点和基本方法，有助于形成共同的研究话语和学术交流。与其他学科相比，外语教师教育研究仍然是一个学科交叉的"应用领域"（Lee & Yarger，1996：19，参见张莲，2008，2011），在国内尤其如此，这或许是导致其学科归属和定义比较困难的原因之一。

　　问题二：外语教师教育与发展研究与相关实践的脱节。过去 40 年的研究尚未就国内外语教师教育与发展实践中的一些重大问题给出解决方案，没有形成基本共识和理论体系以指导实践规划和活动，如什么是国内外语教师专业知识基础？其结构和要素是什么？与国外普遍引用的框架或结构有什么不同？如果没有就这些问题达成基本共识，那么，又该如何制定国内外语教师教育或培训的规划和大纲？如何确定教育与发展的内容和标准？什么样的机构和教育者有资格培训外语教师？（高云峰、李小光，2007；彭伟强等，2008；文秋芳、任庆梅，2010）；又如，国内外语教师学习、发展的基本特征是什么？与国外已有成果发现有何不同？同样，如果没有就这些问题形成一些基本共识，就无法科学有效地设计、组织、实施和评价外语教师教育与发展项目。这些基本问题研究的不足显然难以适应和承担起外语教学改革的需要和重任。

　　问题三：研究成果的应用和沟通不足。首先，研究者群体与实践者群体之间缺乏足够的沟通，研究成果在外语教师教育与发展实践中的运用不及时、不充分，或即便应用了也缺乏有效评估。其次，研究成果在研究者群体内部的贯通和交流也不够，导致重复性研究。就外语教师教育与发展研究而言，交流不充分还可能发生在来自普通教育学界和来自外国语言学和应用语言学界的研究者之间。

问题四：研究质量、创新意识有待进一步提高。研究质量方面的问题主要表现为：（1）对已有且已形成重要共识的领域内基本理论的实践应用研究不够，特别是一些经典研究成果在国内情境下的细腻解读和验证仍然缺乏；（2）一些本体问题、领域本体问题已形成重要共识，但现象、应用或关联问题研究庞杂、纷乱，亟需系统的、高质量的实证研究形成对其中重要问题的回应；（3）数据收集手段有限，研究深度、广度不够，低质量重复性研究仍然常见。在研究创新方面，仍需从本土外语教师教育与发展情境和实际出发，进一步加强认识论和理论创新的意识。笔者认为，无论是解决上述三个问题，还是创新的问题，其根本还是以理性批判的态度回归实践本身、回归情境、回归研究的本源，特别是走近外语教师教育与发展本土实践，把握本土数据，总结本土经验，通过扎实、细腻的实证研究实现创新。唯有这样，才能在充分认识新时代外语教师队伍建设的形势任务、准确把握新时代教师队伍建设的使命担当的基础上，做好研究，创新实践。

第一部分
基础外语教育篇：
职前外语教师教育研究

第2章
职前外语教师教育理论与实践的发展研究

2.1 职前外语教师教育政策与规划的演变

我国职前外语教师教育政策与规划随着我国师范教育政策、教师资格制度和教师教育标准的完善而不断发展，但职前外语教师教育课程标准还有待进一步建立和完善。

2.1.1 师范教育政策的演变

1. 免费师范教育的发展

随着我国教师教育相关政策的变化发展，我国教师教育从成立之初免费师范教育逐步过渡到收费阶段，随后恢复免费教育，并向公费师范教育转变。1897年南洋公学师范学馆实施免费教育，培养小学师资，标志着我国师范教育的开始（喻本伐，2007）。而我国高等师范教育源于1902年京师大学堂师范馆的创立，在之后的发展过程中，师范教育以免费教育为主（李星云，2008）。1993年《中国教育改革和发展纲要》提到大学要"逐步实行收费制度"，但未专门涉及师范专业（中华人民共和国教育部，1993）。而1996年《高等学校收费管理暂行办法》规定"农林、师范、体育、航海、民族专业等享受国家专业奖学金的高校学生免缴学费"（中华人民共和国教育部，1996），国家继续实行免费师范教育。但在2000年《关于2000年高等学校招生收费工作若干意见的通知》发布之后，部分省份开始对师范专业收费，结束了我国师范专业免费教育的传统（周琴、杨登苗，2011）。

2. 免费师范向公费师范教育转变

为了培养优秀教师，发展教育事业，2007 年《教育部直属师范大学师范生免费教育实施办法（试行）》规定了在 6 所部属师范大学实行师范生免费教育，免费师范生入学前与生源所在地省级教育行政部门签订协议，承诺从事中小学教育十年以上。根据教育部要求，免费师范生毕业后去城镇学校工作之前，应先到农村义务教育学校工作两年（中华人民共和国教育部，2007）。2012 年《关于完善和推进师范生免费教育的意见》提出在部分地方师范院校实行免费师范教育（中华人民共和国中央人民政府，2012）。免费师范政策发展了农村教师队伍，促进了农村教育扶贫，进而优化教育资源的分配，促进教育公平。2018 年《教育部直属师范大学师范生公费教育实施办法》提出了师范生公费教育制度，并将毕业后履约任教时间缩短为在农村义务教育学校任教一年以上、中小学教育工作六年以上（中华人民共和国中央人民政府，2018）。自此，我国师范生免费教育制度转变为公费教育制度。公费教育的转变体现了国家吸引优秀人才从事教师职业的政策导向，提倡尊师重教的社会传统，突显从事教育工作的荣誉感（沈红宇、蔡明山，2019）。

3. 免费 / 公费师范生在职攻读教育硕士

2010 年《教育部直属师范大学免费师范毕业生在职攻读教育硕士专业学位实施办法（暂行）》规定从 2012 年开始，6 所部属师范院校的免费师范生毕业后到中小学任教满一学期，可以申请免试攻读在职教育硕士（中华人民共和国教育部，2010a）。有研究发现，英语免费师范生返回母校读研有较强的学习动机，较高的学习兴趣，他们希望在读研过程中获取学术信息或教学资料，得到专家的指导（刘宏刚，2015）。鼓励免费 / 公费师范生进行在职教育和学历提升能够充分满足其专业发展需求，进一步提升教师的素质和能力，为培养卓越教师奠定基础。

2.1.2 教师资格制度的发展

1. 教师资格制度的确立、完善与改革

教师资格制度是教师职业的准入制度，规定了教师的入职条件。

1986 年《中华人民共和国义务教育法》第三十条规定了"教师应当取得国家规定的教师资格"。1993 年颁布的《中华人民共和国教师法》以法律形式明确了"国家实行教师资格制度",并详细规定了教师资格的学历要求、认定机构、认定流程等内容,教师资格制度的确立保障了教师队伍的质量。

之后,相关部门出台了系列文件,进一步完善了教师资格考试具体内容及考试标准。1995 年,国务院颁布的《教师资格条例》明确了教师资格分类、考试、认定等内容,并规定教师资格申请人需要通过教师资格考试才能获得教师资格证(中华人民共和国教育部,1995)。2000年教育部制订的《教师资格条例》规定了由省级教育行政部门制定教育教学基本素质和能力的具体测试办法和标准(中华人民共和国教育部,2000)。虽然教育部人事司和考试中心(2002a,2002b)制定了教育学和教育心理学考试大纲,但由于各省级教育行政部门规定了具体的考试时间和考试标准,各省教师资格考试也因此有所不同。

教师资格制度改革从 2011 年开始推行,并逐步深化。2011 年教育部发布的《中小学和幼儿园教师资格考试标准(试行)》覆盖幼儿园、小学、初中、高中各学段的教师资格考试,成为制定教师资格考试大纲和命题的依据(教育部师范教育司、教育部考试中心,2011)。同年,浙江省和湖北省率先进行教师资格考试试点改革。依据 2013 年《中小学教师资格考试暂行办法》和《中小学教师资格定期注册暂行办法》(中华人民共和国教育部,2013),自 2015 年,教师资格制度改革全面展开,实行全国统一考试,考试内容包括笔试和面试。中小学教师资格以五年为一周期定期注册,教师资格制度建立在统一的教师资格考试标准之上,以考查教师知识和能力为导向,强调了教师的综合素养,突出了教师实践能力的重要性。

国家统一教师资格考试规范了教师资格考试内容,是教育公平的体现。教师资格制度的改革进一步完善了教师职业准入制度,保障了教师资格的权威性,有利于促进教师素质的提升,优化教师资源的配置。教师资格考试标准对于外语师范生(即公费师范生,以下同)的课程设置亦有指导作用,有利于推动职前外语教师教育改革,保障师范生的培养质量。

2. 师范生教师资格认定

2001 年《关于首次认定教师资格工作若干问题的意见》指出师范教育类毕业生可以持毕业证书直接申请认定教师资格(中华人民共和国

教育部，2001a）。2015 年教师资格制度改革后，师范生需参加教师资格考试才可以申请教师资格证。随着教师资格制度改革的深入推进，为了促进师范生就业，2020 年《教育类研究生和公费师范生免试认定中小学教师资格改革实施方案》提出从 2021 年起教育类研究生和公费师范生经由所在高等学校进行教育教学能力考核之后，可以免试认定教师资格，这一举措有利于教师资格制度建设，促进师范类专业课程建设，完善师范院校对师范生教育教学能力的考核机制（中华人民共和国教育部，2020a）。

2.1.3 教师教育相关标准

近年来国家出台的政策和举措为职前外语教师教育改革奠定了基础。2011 年《教师教育课程标准（试行）》涵盖了幼儿园、小学、中学各阶段教师教育课程的教学目标，从儿童发展与学习、教育基础、学科教育与活动指导、心理健康与道德教育、职业道德与专业发展以及教育实践六个学习领域，建议了课程开设模块，并规定了教师教育课程学分要求（中华人民共和国教育部，2011）。该标准是各类师范院校教师教育课程设置的重要依据，有助于优化教师教育课程，提升教师人才培养质量。

2012 年教育部下发《幼儿园教师专业标准（试行）》《小学教师专业标准（试行）》《中学教师专业标准（试行）》三项教师专业标准（中华人民共和国教育部，2012a），各包含了专业理念和师德、专业知识、专业能力三个维度，约 14 个领域共 60 余条基本要求，建立了职后教师专业发展的准则，为外语教师专业发展和职前教育提供了参考和依据。

为了完善师范专业建设，2017 年《普通高等学校师范类专业认证实施办法（暂行）》提出在国家认证标准的基础上实施师范专业认证。该认证包含三级认证检测体系，涵盖各级各类院校的师范专业，并公布了学前教育、小学教育以及中学教育的专业认证标准（中华人民共和国教育部，2017a）。2018 年《普通高等学校本科专业类教学质量国家标准》明确了英语专业的人才培养目标、培养规格、课程体系等内容，是外语师范专业发展和改革的重要参照标准（教育部高等学校教学指导委员会，2018）。师范院校可以通过对照师范类专业认证相关标准，充分评估和反思办学定位、课程设置、师资队伍、毕业要求、学生发展等方面的办学情况，这有利于全面了解和把握专业建设水平，进一步提升师范类专业办学质量。在师范类专业认证背景下，相关院校开始自查、自评、自改工作，修订培养方案，优化课程设置，完善教师教育培养体系。因此，师范类专业认证是提升我国职前教师教育质量，完善教师发展体系的关键举措，对于深化教师教育改革具有重大意义（胡万山，2018）。

2020 年教育部印发了有关中小学教师培训课程指导标准的三个文件，从师德修养、班级管理、专业发展三个方面提出了中小学教师培训课程指导标准（中华人民共和国教育部，2020d）。尽管该标准主要针对在职教师培训，但教师培训课程标准能够对外语教师核心能力的界定和发展做出阐释，对于职前教师培养目标、教育课程设置、课堂管理、专业发展能力发展具有一定启发意义和借鉴作用。

2021 年教育部出台了《中学教育专业师范生教师职业能力标准（试行）》《小学教育专业师范生教师职业能力标准（试行）》《学前教育专业师范生教师职业能力标准（试行）》等五个师范生教师职业能力标准（中华人民共和国教育部，2021）。该标准从师德践行能力、教学实践能力、综合育人能力、自主发展能力四个方面详细阐明了师范生教师职业能力标准，明确了师范生教师职业能力的发展要求，为下一步结合具体学科研制相关标准奠定了重要基础。而针对职前外语教师教育，整合外语专业内容和教育教学内涵，从国家层面统一建立标准，对师范院校外语师范类专业发展、师范人才培养具有重要借鉴作用，也能为下一步外语教师教育课程改革指明方向。

从国家已出台的教师教育相关政策分析，目前我国仍然缺乏职前外语教师教育的相关指导文件，能够为培养职前外语教师提出相应的标准、要求和建议。2000 年，针对高校英语专业教学制定的《高等学校英语专业教学大纲》虽然规定了通用英语专业人才的培养目标和课程设置（高等学校外语专业教学指导委员会英语组，2000），但未突出职前教师教育特征，不适合作为职前英语教师培养的参考文件。近年来，国家连续出台的教师教育和英语专业的相关标准，虽然规定了教育类课程、教师发展方向以及英语专业质量标准，但都未专门针对职前外语教师教育。因此职前外语教师教育培养目标优化、课程体系完善、师资队伍建设等标准还有待进一步完善。尽管国外有职前外语教师培养文件可供参考，如《欧洲职前语言教师档案袋：语言教师教育的反思工具》（*European Portfolio for Student Teachers of Languages: A Reflection Tool for Language Teacher Education*）（Newby et al.，2008）以及《美国教师外语教师职前项目培养标准》（*ACTFL/CAEP Program Standards for the Preparation of Foreign Language Teachers*）（American Council on the Teaching of Foreign Languages & Council for Accreditation of Educator Preparation，2013），但如何与中国情境相结合还有待进一步探索。

2.2 职前外语教师培养机构与教师教育课程设置的变化

在我国教师教育体系发展和完善的过程中，职前教师培养机构对外语教师培养发挥了重要作用，而课程设置是职前外语教师教育的关键和核心，对发展外语教师教学能力，培养卓越教师奠定了重要基础。

2.2.1 职前教师培养机构的发展

我国的教师教育体系经历了从传统的三级教师培养、培训体系（包括中等师范学校、师范专科学校以及师范学院），逐步发展到现在的三轨多级教师教育体系（由师范院校、综合院校和职业院校三轨以及中专、大专、本科和研究生四个层次组成）（朱旭东，2015）。从 20 世纪末，随着中等师范院校逐步淡出师范教育的历史舞台，我国教师教育开始出现变革：一方面，综合院校开始增加教师教育专业；另一方面，传统的师范院校也开始向综合院校发展。1999 年教育部发布的《关于师范院校布局结构调整的几点意见》提出师范教育的层次结构由三级（高等师范本科、高等师范专科、中等师范）向二级过渡（高等师范本科、高等师范专科），鼓励其他非师范类院校开设师范教育，形成"以师范院校为主体，其他高等学校积极参与"的师范院校格局（中华人民共和国教育部，1999）。2010 年《国家中长期教育改革和发展规划纲要（2010—2020 年）》进一步确立了师范院校为主体，综合院校参与的教师教育机构体系（中华人民共和国教育部，2010b）。

尽管当前我国教师教育体系仍然面临综合院校教育学科力量薄弱、师范院校教师教育优势削弱等挑战（金晨、胡耀宗，2019），各级各类院校对于职前外语教师培养都发挥着重要作用。2020 年，我国教师教育院校共 696 所，包含 207 所师范院校（50 所师范大学，71 所师范学院和 86 所师范高等专科学校），培养师范生的非师范院校 489 所（74 所大学，179 所学院，38 所独立学院，192 所高职高专院校，以及 6 所其他院校）（中华人民共和国教育部，2020b）。各级各类师范院校的外语教育人才培养还需要考虑师范院校办学定位、师资队伍情况以及社会需求等诸多因素。一方面，部属类院校在落实公费师范生政策、培养卓越教师等方面发挥着示范引领作用；另一方面，以地方师范院校为主体的地方教师教育类高校面向广大的基层地区，承担着培养地方师资的重要作用（中华人民共和国教育部，2020c），有利于增加乡村教师数量，提高乡村教师素质。因此，地方教师教育类高校的职前外语教师教育应立足地方需要，发展基层教师队伍，服务乡村基础教育。

2.2.2 职前外语教师教育课程的发展

1. 职前外语教师教育本科阶段课程的发展

长期以来，职前英语教师培养本科阶段课程主要采用"专业知识、技能 + 普通教育教学 + 学科教育教学"模式，包含前4个学期听、说、读三项基础能力训练课程，以及后4个学期翻译、写作、语言学等专业提升类课程和教育教学类课程（钟勇为等，2016）。21世纪初，伴随师范院校的综合化发展，英语师范专业出现了"去师范化现象"，在课程上表现为师范院校增设了专门用途英语方向，增加了经贸、商务、法律英语等课程（程晓堂、孙晓慧，2010）。师范院校课程设置方向、种类与非师范院校相比，差别不大。英语师范课程包含了相似的语言技能、文学、文化类课程，语言学、文学、文化课程比重大，教育类课程占比不足，未能反映出英语师范专业特色和优势（Wu，2002）。研究发现，师范学院英语专业语言技能课程数量占41.18%，在所有课程类别中占比最高，专业知识课程占14.12%，文学和文化类课程都各占12.94%，专业技能课程只占8.24%（Wu，2002）。21世纪初，外语教师教育注重英语知识和技能训练，重视人文教育，但外语学科教育类课程课时不足（邹为诚，2009），因此，师范生缺乏相应学科教学知识，难以将所学知识融汇贯通，解决教学实际问题。（韩刚、王蓉，2005）。

1）21世纪初的教师教育课程设置回顾

教师教育课程作为职前教师教育的主干课程，能够充分反映出职前外语教师教育特色。为了了解英语师范专业教师教育课程设置的发展，笔者使用2011年《教师教育课程标准（试行）》中职前教师教育课程的五个学习领域（儿童发展与学习、教育基础、学科教育与活动指导、心理健康与道德教育、职业道德与专业发展）作为教师教育课程的分析框架（中华人民共和国教育部，2011），依据武尊民和陆锡钦（2007：454–455）研究中列出的2000—2004年13所师范院校的教师教育课程名称，进行分类梳理。随后，结合相关政策要求和已有文献，分析英语专业教师教育课程在21世纪初的英语专业课程特征。

研究表明，这一阶段的教师教育课程表现出以下特征：第一，各领域教师教育课程数量少，13 所师范院校开设的平均课程数量最多的是学科教育与活动指导课程，该类课程的类别也较丰富，主要包含英语测试、英语教学法、外语教育心理学、英语学习策略等课程；职业道德与专业发展、教育基础、儿童发展与学习三类课程每个学校都只开设 1 门左右。第二，各个领域课程未完全覆盖，有的学校缺少心理健康与道德教育以及职业道德相关领域的课程。第三，课程的基础教育特征以及青少年的特征指向性不突出。专门针对基础教育开设的课程数量有限、开设学校不多。学科教育与活动指导课程中，只有 3 门课程与基础教育相关（中学英语教材教法、中学教材内容分析研究、基础英语教学动态研究），在儿童发展与学习领域，相关课程不太能很好地显示出对青少年群体的关注。总之，教师教育课程以学科知识体系方式组织，未能从师范生实际需要出发，普通教育学、心理学课程又常缺乏和具体学科相结合的实践案例，无法满足师范生的学习需求，后续学科教学课程知识又无法与先修课程结合起来，课程缺乏衔接也造成了知识的断裂（杨跃，2017）。

2）教师教育课程改革

为了优化教师教育课程设置，2011 年《教师教育课程标准（试行）》提出教师教育课程学习的建议模块（中华人民共和国教育部，2011）。2014 年《教育部关于实施卓越教师培养计划的意见》专门提到要进行教师教育课程改革，破除包含教育学、心理学、学科教学法"老三门"的课程设置，提倡课程向模块化、选择性和实践性发展（中华人民共和国教育部，2014a）。随后的研究发现英语师范专业教师教育课程丰富起来，出现了微格教学、基础教育课程改革、班主任工作技能、学科教育学、中小学心理辅导、课件设计和制作、课程标准研究等新课程（钟勇为等，2016）。各领域课程更加丰富，在一定程度上反映了教师教育课程的实践性和模块化，以及紧密联系基础教育改革特征。

3）现阶段的教师教育课程设置

在 2018 年师范类专业认证背景下，各师范院校开始进行全方位改革，职前外语教师教育课程呈现新的特点。为了解师范类专业认证背景下英语师范专业课程设置整体情况，笔者梳理了与课程相关的规定和文件要求，参照其对英语师范专业课程结构、总学时、学分的相关规定和要求，并结合 6 所有条件通过二级认证的师范院校（包含 3 所教育部直属师范大学和 3 所省属师范大学）的培养方案（2018—2020 年）进行分析。

表 2-1　6 所师范院校各类课程学分详情 [1]

院校	课程类型及对应学分					总计
	通识教育课程	学科专业课程	教师教育课程	教学实践课程	其他	
院校 1	59	54	19	11	6	149
院校 2	38	93	13	8	0	152
院校 3	49	82	17	8	4	160
院校 4	44	72	25	10	9	160
院校 5	49	67	20	10	4	150
院校 6	38	64	32	10	22	166

表 2-2　6 所师范院校各类课程学分统计

课程类型	6 所院校该课程总学分	6 所院校该课程平均学分	该课程总学分占全部课程总学分的比例（%）
通识教育课程	277	46.2	29.6
学科专业课程	432	72	46.1
教师教育课程	126	21	13.4
教育实践课程	57	9.5	6.1
其他	45	7.5	4.8

根据《普通高等学校师范类专业认证工作指南》的课程分类（教育部教师工作司、教育部高等教育教学评估中心，2018），英语师范专业课程可以大体分为通识教育课程、学科专业课程、教师教育课程、教学实践课程以及其他课程。从表 2-1、表 2-2 中呈现的 6 所师范院校各类课程学分详情及统计可以看出，这 6 所师范院校的课程学分比例从大到小依次为学科专业课程、通识教育课程、教师教育课程、教育实践课程以及其他课程。参照相关文件要求，部分学校的课程学分并未完全达到专业认证要求。院校 1 的总学分（149）未满足 2018 年《普通高等学校本科专业类教学质量国家标准》中规定的课程总学分要求（150—180）（教育部高等学校教学指导委员会，2018）。院校 2 教师教育课程学分（13）低于 2011 年《教师教育课程标准》中规定的教师教育课程的标准 14 学分（中华人民共和国教育部，2011）。院校 1、4、5、6 学科专业课程学分比例低于 2018 年《普通高等学校师范类专业认证工作指南（试行）》规定比例（50%）（教育部教师工作司、教育部高等教育教学评估中心，2018）。以上研究结果表明，英语师范专业课程设置未能完全

1　院校 1—3 号为部属师范大学；院校 4—6 号为省属师范大学。

达到专业认证标准，课程设置还有待进一步优化。

表2-3　6所师范院校教师教育课程开设情况

学习领域[2]	课程类别[3]	课程门数[4]	课程数均值[5]	开设课程[6]
儿童发展与学习	4	9	1.5	青少年学习与发展（3）[7]；心理学（3）[8]；教育心理学（2）；学习科学（1）
教育基础	13	32	5.3	教育学（5）；名著导读（5）；教育思想与哲学（4）；基础教育改革（3）；班级管理（3）；教师职业道德（2）；教育政策法规（2）；教育案例分析（2）；课程与教学（2）；课堂组织与管理（1）；教育社会学（1）；教育逻辑学（1）；基础教育名师讲堂（1）
学科教育与活动指导[9]	14	55	9.2	英语教学技能（8）；外语教学理论与实践（7）；英语教学设计与教学法（7）；英语教学研究方法（7）；语言测试、评价、评估（7）；英语课程标准与教材分析（6）；计算机与外语教学（2）；英语课程与教学论（2）；英语教学案例（3）；微格教学（2）；中国外语教育史（1）；批判性阅读与英语教学（1）；英语教师课堂互动研究工作坊（1）；英语学习心理与策略（1）

2　学习领域参考《教师教育课程标准（试行）》中提及的五个学习领域：儿童发展与学习、教育基础、学科教育与活动指导、心理健康与道德教育、职业道德与专业发展。

3　课程类别为该领域课程的开设的课程数量，部分内容相似或相关课程进行了合并统计，比如英语教学研究方法包含教师行动研究、外语教学研究实践、外语教育研究方法、课堂话语分析等相似课程。

4　课程门数为6所院校就该学习领域所开设课程数量的总和。

5　课程数均值为6所院校就该学习领域所开设课程门数的平均值。

6　开设课程参考《教师教育课程标准（试行）》各课程类别对应的建议模块。

7　括号里的数据表示开设该类课程的门数。

8　心理学和教育心理学课程通常与儿童发展和学习等理论知识密切相关，故纳入"儿童发展与学习"类别；心理健康教育相关课程注重对儿童心理健康开展教育，故归入"心理健康与道德教育"类别。

9　课程名称明确表示英语或语言教学相关的，归类于"学科教育与活动指导"，如英语教学技能；如果课程名称未涉及英语或语言教学，则参考《教师教育课程标准（试行）》中建议课程，属于"职业道德与专业发展"课程，如教学技能训练、书写技能训练、普通话训练等课程属于教师专业发展。

（续表）

学习领域[2]	课程类别[5]	课程门数[4]	课程数均值[3]	开设课程[6]
心理健康与道德教育	3	3	0.5	心理健康与教育（1）[8]；学生心理健康教育（1）；学校心理辅导（1）
职业道德与专业发展	10	23	3.8	现代教育技术（7）；教学技能（6）；教育研究方法（3）；教师专业发展（1）；教师心理素质训练（1）；教师礼仪（1）；教育家成长故事（1）；教师资格认证实训（1）；教师职业道德与专业发展（1）；教师教育论坛（1）
总计	44	122	20.3	

表 2-3 为 6 所师范院校教师教育课程的具体开设情况。结合表 2-1 和表 2-2 分析，6 所师范院校教师教育课程呈现出以下特征：

第一，教师教育课程覆盖了每一个学习领域，课程设置完整且系统。6 所院校在五个学习领域开设课程数均值从高到低分别是学科教育与活动指导（9.2）、教育基础（5.3）、职业道德与专业发展（3.8）、儿童发展与学习（1.5）以及心理健康与道德教育（0.5）。

第二，各领域课程数量增多，类型丰富多样。每一个领域的开课总数以及门数都较 21 世纪初各领域课程有所增多。比如教育基础课程，在原来教育学和管理学的基础上增加了教育政策法规、教育哲学、教育改革等方面的课程。除了传统的课程形式，笔者还可以发现"讲堂""工作坊""论坛"等课程形式。

第三，课程模块化特征明显，课程内容更加细化。比如在语言测试与评价方向课程中，各学校开设了语言测试、课堂测试、课堂形成性评价、英语测试学等不同课程类别；在英语课程标准与教材分析课程中，有的学校将其合为一门课程，而有的学校作为两门课程开设。

最后，课程基础教育特征更加明显。有关青少年、中小学、基础教育的课程总数为 14 门，与武尊民和陆锡钦（2007）研究中 3 门数量相比，明显增多，说明教师教育课程基础教育导向性更加明显，更具有针对性。

4）实践课程的发展

师范院校对实践课程的重视程度以及时间安排会影响职前教师的教学实践效果（吴宗劲、饶从满，2018）。教学实践作为课程设置中的一个重要部分，是职前教师教育教学知识的重要来源（姚元锦、朱德全，2018）。在师范类专业认证前，研究发现英语师范专业的平均实习时间为 6 周，实习方式分为学校组织和学生个人联系，实习时间短，效果不佳（邹为诚，2009）。一系列相关文件的出台规范和优化了教学实践课程，2011 年《教师教育课程标准（试行）》把实习和见习纳入课程中，规定时长为 18 周（中华人民共和国教育部，2011）。2016 年《教育部关于加强师范生教育实践的意见》从实践形式、内容、评价以及"双导师制"多角度提出各项意见指导职前教师实践课程（中华人民共和国教育部，2016）。2017 年《中学教育专业认证标准》强调了教师教育理论和实践课程结合，规定了学校集中组织实习，提出了教育见习、教育实习、教育研习三种教育实践形式，并且要求教学实践不少于一个学期（中华人民共和国教育部，2017）。教育见习包括短期的学校课堂观摩、学习和交流等活动，以增加师范生的教学体验和学习机会，有助于师范生转变固有观念，发展对教育教学的新理念，加深对英语课堂教学的认识和理解，培养师范生的职业认同感以及职业信念（刘蕴秋、邹为诚，2012）。教学实习的时间较长，包含课堂观摩、教学设计和实施、课堂管理等参与式的综合实践活动。在教育实习过程中，职前英语教师通过课堂实践，增强对职前教师的身份认同，形成反思能力，促进专业能力的动态发展（郭新婕、王蔷，2009）。教育研习则是职前教师对教学问题、现象进行讨论、反思和研究的实践活动，有利于培养职前教师的研究能力（闫建璋、毛荟，2017）。从上述 6 所师范院校的英语师范专业培养方案来看，其教育实践时长都达到了一个学期，包含实习、研习、见习等多种教学实践形式，足以表明这些学校非常重视师范生教学实践能力的培养。

2. 学科教学（英语）教育硕士课程设置

为了进一步提升基础教育教师的学历和素质，培养基础教育教学和管理工作的高层次人才，国家在 1997 年开始设立教育硕士，旨在培养既有专业理论知识，又有实践技能，能够解决教学实际问题的骨干教师（孙名符，2005）。学科教学（英语）是针对培养英语教师的教育硕士专业。2017 年发布的《全日制教育硕士专业学位研究生指导性培养方案（修订）》（以下简称"《教育硕士培养方案》"）规定了教育硕士课程学制为 2—3 年，总学分不少于 36 学分，课程包含学位基础课（12 学分）、专业必修课（10 学分）、专业选修课（6 学分）和实践教学（8 学分）四个部分（全国教育专业学位研究生教育指导委员会，2017）。

　　笔者搜集了 2015—2020 年 9 所院校学科教学（英语）专业的培养方案，包括部属师范院校、地方师范院校和综合性院校。除院校 5 的学制为 3 学年之外，其余院校学制均为 2 学年。每类高校各 3 份培养方案，表 2-4 分析了 9 所院校学位基础课、专业必修课、专业选修课和实践教学的课程数量和学分。

表 2-4　9 所院校学科教学（英语）专业各类课程数量（门）及学分统计[10]

院校	学位基础课		专业必修课		专业选修课		实践教学学分	总学分
	数量	学分	数量	学分	数量	学分		
院校 1	6	12	5	10	9	6	8	36
院校 2	7	13	5	10	6	6	8	37
院校 3	4	8	8	15	8	4	10	37
院校 4	7	13	6	10	5	6	8	38
院校 5	7	13	5	10	11	6	8	36
院校 6	6	12	5	10	8	6	8	36
院校 7	7	13	5	10	6	6	8	37
院校 8	6	12	5	10	8	6	8	38
院校 9	6	12	5	10	10	6	8	36

　　由表 2-4 可见，大多数院校的学制和学分都达到了《教育硕士培养方案》要求。在具体课程设置上，调查的院校反映出一些共性和个性特征。首先，在学位基础课中，有 5 所院校在已有的学位基础课上增加了马克思主义相关课程。在专业必修课中，除了《教育硕士培养方案》规定的英语课程与教材研究和英语教学设计与实施两门课程以外，还出现了英语测试与评估、外语学习理论、英语学科前沿专题等其他课程。在专业选修课中，《教育硕士培养方案》建议需从"专业理论知识""教育专业技能"和"教育教学管理"三个方向设置选修课程，每类课程不少于 2 门，表 2-4 中的绝大多数院校都能够从以上三个方向设置选修课，且课程丰富多样，最多达到 11 门。在实践教学部分，所调查院校基本都按照《教育硕士培养方案》要求从校内实训和校外实践两个部分设置课程，院校 3 则按照初中、高中英语教学实践和集中实践三种方式设置了实践教学。

10　院校 1—3 号为部属师范院校；院校 4—6 号为地方师范院校；院校 7—9 号为综合性院校。

虽然所调查的 9 所院校的培养方案基本达到《教育硕士培养方案》的要求，但整体上，具体的课程设置并未完全体现培养目标特征突出面向基础教育特点。第一，虽然不少学校的培养目标都是中小学教师，但理论课程与基础教育结合不够紧密，未突出基础教育特点。在 9 所院校 120 门专业必修课和专业选修课中，只有 9 门课程（7.5%）从课程名称上体现出基础教育特征。第二，教育硕士的培养目标之一是培养能解决教育实际问题的骨干教师，这就要求教师能够深入教学实践，关注实践问题，一方面能够把所学理论知识应用于实践，另一方面能够在行动中开展教学研究，采用系统、科学的手段收集数据，以有效解决教学问题。因此，职前教师教育课程也需培养学生在教学中开展研究的意识和能力。然而，从培养方案来看，教育硕士课程设置显然对教师研究能力重视不足。在所有课程中，只有 3 所院校设置了科研相关课程，包括文献阅读与探讨、学术报告与学术交流、研究方法与学术论文写作和英语教学研究方法与论文写作。最后，"教育教学管理"方向选修课课程较少，部分院校未达到《教育硕士培养方案》要求，其中有 4 所院校按要求设置了 2 门课程，3 所院校设置了 1 门课程，2 所院校未设置相关课程。教学是一门管理的艺术，课堂管理是有效教学的重要前提和保障。教育教学管理相关课程有利于增加学生相关管理知识，学会如何管课堂中的不良行为，创设积极的学习氛围，构建良好的师生关系。因此，教育硕士课程需重视学生教学管理能力的培养。

2.3　职前外语教师培养方式的变化

职前外语教师培养方式的变化既包括培养目标的发展，也包括全方位、多层次的职前教师教育体系的不断推进。

2.3.1　职前外语教师培养目标的发展

1. 职前外语教师信息素养的培养逐渐加强

在"互联网＋"背景下，信息技术与外语教育深度融合，创新了课堂教学模式，丰富了外语教学资源。职前外语教师信息素养提高是信息化时代下教师专业发展的要求，也是整合信息技术推动外语课程改革的关键力量。外语教师的信息素养包括信息意识、信息知识、信息能力、

信息和课程整合能力以及信息伦理五个方面（余丽等，2009）。2011 年
《教师教育课程标准（试行）》颁布后，部分院校在教师教育课程中增设
了现代教育技术课程。但是，单一的现代教育技术课程无法满足师范
生教育信息素养的需要，不足以发展师范生教育技术能力（马池珠等，
2017）。加上由于缺乏系统的信息技术培养课程和资源体系，师范生的
信息素养不高，运用信息技术改进教学的意愿不强，技术与教学的整
合以及设计和组织能力较弱（周东岱等，2017）。2018 年《教育信息化
2.0 行动计划》指出要"加强师范生信息素养培育和信息化教学能力培
养"（中华人民共和国教育部，2018a）。为此，师范院校逐步构建信息化
教学平台，开展个性化学习，利用信息化资源提供丰富的学习材料促进
职前教师教学能力的发展；同时，构建健全的信息素养课程体系，将信
息技术知识和外语学科教学相结合，综合培养职前外语教师信息素养，
在外语教学过程中贯穿信息化教学理念，并利用优质的网络资源开展教
学，提高教学效果。

2. 职前外语教师反思能力成为重要培养目标

近年来，职前外语教师反思能力成为师范院校的重要培养目标之
一。职前外语教师通过对外语教育目的、教学环境、教学对象、教学策
略以及课程内容的反思（王玉萍，2014），形成对教学的理解能力，增
强教学改进意识，进一步推动职前教师自主学习能力和教研能力的发
展。师范院校通过在课程中为职前外语教师提供反思机会和途径以培养
师范生的反思能力，比如运用案例分析、微格教学，在教学实践中设计
教学活动和反思任务来促进师范生反思能力的发展。在微格教学中，外
语职前教师通过反复观看、分析个人教学录像以促进教师反思。研究发
现，利用针对职前教师开发的视频标注软件，能够帮助学生从微观和宏
观两个层面，由浅入深地反思课堂教学内容（黄予，2015）。在见习和
实习过程中，职前教师通过参与教研活动、开展模拟教学、撰写反思
日志、记录关键事件提升自己的教学能力。教师和同伴反馈在整个反
思过程中能够增加职前外语教师反思的深度和广度（罗晓杰、牟金江，
2016）。此外，利用课例研究、行动研究等研究范式开设研究型课程，
也有利于促进师范生反思能力的发展。

3. 职前外语教师思辨能力的培养逐渐得到重视

思辨能力也被称作批判性思维，包含分析、推理、评价等认知技能
以及好奇、公正、开放等情感特质（Facione，1990）。最新修订的《普

通高中英语课程标准（2017）》中提出了在英语教学中培养学生的批判性思维（中华人民共和国教育部，2018b）。教师对学生思辨能力的培养意识、所具备的相关知识以及将思辨能力与英语教学的整合能力决定了英语教学中思辨能力的培养效果。尽管如此，研究发现教师的思辨能力普遍较低（李晶晶等，2017），高中教师对于思辨能力的认知和培养出现不一致的情况（毛玮洁、徐晨盈，2018）。因此，承担培养未来外语教师职责的师范院校应该重视对职前外语教师思辨能力的培养。部分师范院校在近期修订的培养方案中明确了思辨能力的具体内涵，如某地方师范院校 2018 年的培养方案中提出，思辨能力包含"勤学好问，相信理性，尊重事实，谨慎判断，公正评价，敏于探究，持之以恒地追求真理；能对证据、概念、方法、标准、背景要素进行阐述、分析、评价、推理与解释；能自觉反思和调节自己的思维过程"。但从课程设置上看，除少数师范院校将思辨能力整合入学科专业课程设置中，如批判性阅读与写作、批判性阅读与英语教学，大部分师范院校课程设置并未体现出对思辨能力的关注和培养，尤其是教师教育课程。职前外语教师思辨能力的培养既有赖于专业基础课程内容中思辨能力和外语能力的结合，也可以在教师教育课程中增加思维品质的培养模块，来加强职前外语教师思辨能力培养意识，丰富思辨能力的培养途径。

2.3.2　构建全方位、多层次的职前外语教师教育模式

1. 构建高校—政府—学校教育实践模式

职前教师教育实践环节由于缺乏科学管理和指导，中小学参与实习的积极性不高，实习不能满足师范生教育实践的需要，而实行高校、政府和学校多主体参与的教育实践模式有利于解决相关问题（李世辉、龙思远，2017；项国雄等，2014）。近年来，政府出台的多项教育发展意见倡导构建有政府参与的高校、学校组成的职前教师协同培养模式（中华人民共和国国务院办公厅，2012；中华人民共和国教育部，2014；中华人民共和国教育部，2018c），该模式也被称作"U-G-S"模式，已在一些省份开始建立（如高闰青，2015；徐苏燕，2017）。例如，山东省省级相关部门建立教师教育基地，承担教师职前职后培养工作，推动高校与县级教师教育机构、高校与中小学合作（李中国等，2013）。东北师范大学从 2007 年开始实施师范大学、地方政府和中小学合作模式，从面向东北区域发展成全国布局（李广，2017）。在高校—政府—学校

教育实践模式中，三方主体发挥各自优势，承担不同职责，互惠合作构建教育实践体系。高校作为教师教育主体，承担着培养方案设计、课程资源开发、教学研究指导，以及教育实践过程的实施和管理等工作。地方政府通过项目合作、提供资金支持以及质量监督等方式协调和搭建合作平台，连通高校和中小学合作关系，监管合作实施过程，保障合作的可行性、稳定性和持久性。政府部门的参与有助于解决中小学缺乏动力参与教师教育过程的问题。而中小学作为用人单位，为师范生提供教学实践基地以及一线教学经历，有利于促进师范生理论知识和实践知识的转化。构建高校—政府—学校教育实践模式有利于打破不同主体间的壁垒，整合高校和学校的资源，形成优势互补。

2. 推进"双导师制"加强师范生实践指导

"双导师制"指由师范院校教师与中小学学科优秀教师共同指导师范生教育实践，培养师范生（中华人民共和国教育部，2016）。为了解"双导师制"在本科英语师范专业具体开展情况，笔者访谈了 4 所地方师范院校英语师范专业学科负责人。调查发现，当前"双导师制"主要通过两种途径开展：第一，中小学教师进高校，指导师范生教育实践，参与教师教育课程教学或者通过讲座开展培训。比如有学校在英语教学法课程微格教学模块中，邀请教研员或中小学教师对师范生进行指导和点评；有学校在开展师范生教学技能比赛过程中邀请中学校长作点评专家，对师范生教学技能进行指导。第二，依托实习基地，高校教师进入实习基地和中小学教师共同指导师范生实习。笔者的调查也发现，这种方式面临高校指导师资力量不足、缺乏经费支持和完善的实施机制等问题，"双导师制"还有待进一步完善和发展。对于专业学位研究生而言，"双导师制"以校内导师指导为主，校外导师参与实践过程、项目研究、课程等多个环节（中华人民共和国教育部，2009）。作为一种人才培养指导模式，"双导师制"把行业专家纳入导师队伍，参与人才培养工作，有利于提高人才培养质量（杨超、徐天伟，2018）；但由于教育观念、培养机制、实践模式、支持环境等因素，"双导师制"在教育硕士研究生中未能够充分落实，因此需从理念设计、完善培养和奖励机制、发展实践平台等多方面入手进一步完善"双导师制"，充分发挥其在师范生人才培养中的作用（刘丽艳、秦春生，2016）。

3. 创新本科—硕士教师教育培养模式

构建多样的教师教育模式，从纵向上看，职前外语教师培养开展过多种教师教育培养模式，形成"4+2"或"4+3"本科和硕士培养模式，并把教育实践课程融入本科和硕士培养阶段。在本科教育阶段，高校通过创新人才培养模式，针对不同学科、学段、学校特征设计适合的课程组合形式。比如洛阳师范学院在2014年构建了"211"师范生培养模式，即2年专业和基础教育，1年跟岗实习和教育体验，以及1年顶岗实习和教学反思（丁兴琴，2018）。在硕士阶段，各高校大力创新和改革师范生培养模式，促进师范生教育实践能力的发展。杭州师范大学构建了"全程、融合、协同"的全日制教育硕士培养模式，通过"双导师制"全程指导教育硕士、校内教师和校外专家共同上课、建立联合培养工作站等方式提升研究生的专业技能和素养（陈丹宇等，2020）。云南师范大学曾实施"学科专业教育（第一学位）+ 教师教育（第二学位）"的双学位培养模式，学生在完成学科专业教育学习的基础上，利用周末及假期完成教师教育第二学位的修读（侯德东等，2014）。

第 3 章
职前外语教师教育实践
模式的创新案例

本章选取北京师范大学、东北师范大学、西南大学作为案例进行深度解析。

3.1 案例一：北京师范大学

北京师范大学于 1912 年成立英语部，这标志着外语学科正式建制。1928 年，英语部更名为英语系。1949 年，学校更名为北京师范大学，英语系改称外语系。2002 年 12 月，外语系和公共外语教学研究部合并，成立外国语言文学学院。英语专业自设立以来，坚持内涵式发展的道路，在理论探索、教学实践与人才培养方面均取得了显著成就，2019 年获批国家一流专业。在人才培养方面，英语专业为国家各行各业培养了大批优秀的英语人才，尤其在基础英语教育系统中享有良好的社会声誉。经过多年的建设和发展，英语专业已经形成了以英语语言文学研究为基础、理论研究与实践应用研究相结合的学科优势与特色，为卓越英语教育人才的培养提供了有力的支撑。

3.1.1 培养目标 [1]

该专业适应国家基础教育改革发展要求，服务国家和区域发展战略，以青少年发展与教育领域为服务面向，以立德树人为根本任务，培

1　本案例以下内容均引自北京师范大学 2019 版英语（师范）专业培养方案。

养爱党爱国爱教育，富有中学英语教育职业认同感，具备优秀职业修养与伦理道德、宽厚的人文素养、扎实的英语语言基本功、坚实的专业基础和学科素养、宽阔的国际视野，并具备一定的批判性思维能力和跨文化交际能力，具有先进的英语教学理念，掌握丰富灵活的英语教学方法，能够熟练应用现代化教育信息技术，具有有效教学综合能力及初步教育教学研究意识和实践能力，能够做到不断反思、终身学习，毕业后五年左右，能够成为在全国各省市地区基础教育部门从事英语教学的"四有"好老师，具备成为学科领军人才和教育家型教师的潜力。依据目标定位，该专业毕业生应当：

（1）具备正确的世界观、人生观、价值观和健全的人格，具备良好的道德品质与高度的社会责任感；热爱国家，坚持中国特色社会主义道路，践行社会主义核心价值观，贯彻执行党的教育方针；秉持立德树人的教育思想，热爱教育事业，具有高尚的职业道德与职业素养，具备坚定的教师职业信念与积极的从教情感，具有依法执教的意识，能够遵守教师职业道德规范。

（2）能够熟练运用英语学科知识开展英语教学，具备扎实的语言技能，具有良好的人文学科素养；熟悉并掌握英语教育教学的基本理论，掌握先进的英语教学理念与教学方法；熟练驾驭英语课堂教学，示范并引领英语课堂教学；熟练掌握现代化信息技术应用于课堂的方法技能，并具备应用信息技术改善课堂的能力与经验，具有丰富的从事英语教育教学活动的能力和经验。

（3）了解中学生身心发展与情感、态度、价值观养成的一般规律和特点，树立德育为先的理念；能够结合英语课程的特点和独特价值进行育人活动；掌握班集体组织、建设与管理的基本方法与技能，能够在教育实践中有效承担或辅助德育工作，及时有效地处理学生事务，能与学生、家长、学校领导、教师进行有效沟通与协作；能实施多元综合评价，帮助学生开展生涯规划，促进学生全面发展。

（4）具有终身学习的意识和能力，能够追踪关注国内外英语教学研究新成果、新理念、新方法和新手段，明确国内外基础教育改革发展趋势与前沿动态，了解英语教学研究的最新进展，能够进行有效的自主学习与自我管理；具备终身学习与专业发展的意识；具备获取和更新专业知识的学习能力以及运用本专业知识进行思辨、创新和参与研究的能力；具备一定的创新意识，能够运用批判性思维和自我反思来不断完善教学与教育研究工作，成为反思型教育实践者；具备团队协作的意识，具有组织和参与团队交流、合作互助、学习研讨的能力。

3.1.2　课程设置

该专业毕业学分为 147 学分，依据现行培养方案的培养目标和毕业要求，设置了体现践行师德、学会教学、学会育人和学会发展的课程体系。课程设置紧紧围绕培养优秀的中学英语教师和教育工作者。

该专业课程体系以英语专业基础课程及英语学科教师教育课程为核心，辅以人文与科学通识、教育技术、教育心理等多模块课程学习，进行实践与学习相结合的教育方式，旨在建立通识教育、学科专业、教师教育高度融合的课内三层次课程体系。其中，通识课程横跨大学 4 学年，主要集中于前 3 学年的 6 学期；专业教育主要集中于第 2—3 学年的 4 学期；教师教育主要集中于第 3—4 学年的 3 学期，这样的设置安排有助于学生对各类课程的深入理解和融会贯通。

该专业按 4 年学制的进程分配课程学分。其中，通识教育课程 57 学分，约占总学分的 38.8%；专业教育课程 90 学分，约占总学分的 61.2%，其中学科基础课程 42 学分，专业选修课程 12 学分，教师职业素养课程 30 学分；实践与创新课程 6 学分。该专业课程结构与学分分布如表 3-1 所示。

表 3-1　北京师范大学英语师范专业课程结构及学分要求

课程类别	课程模块	要求及学分
通识教育课程（共 57 学分）	家国情怀与价值理想	必修 22 学分：思想政治理论课 14 学分、教师职业信念与养成教育 2 学分、体育与健康 4 学分、军训与军事理论 2 学分。
	国际视野与文明对话	必修 10 学分：法语或日语。
	经典研读与文化传承	必修 14 学分：在英语专业开设的课程中学生自主选修 8 学分；在文史哲开设课程中各选一门课，共选读 6 学分。
	数理基础与科学素养	必修 7 学分：必修统计学导论 3 学分；大学计算机 4 学分。
	艺术鉴赏与审美体验	选修 2 学分
	社会发展与公民责任	选修 2 学分
专业教育课程（共 90 学分）	学科基础课程	必修 42 学分
	专业选修课程	选修 12 学分
	教师职业素养课程	必修 14 学分：教师教育基础
		选修 6 学分：教师教育提升
		必修 10 学分：教育实习

（续表）

课程类别	课程模块	要求及学分
	实践与创新	4学分：毕业论文
		1学分：社会实践与志愿服务
		1学分：科研训练与创新创业

3.1.3 课程内容

1. 核心课程

该专业核心课程包括：英语读写、批判性阅读与写作、语言学习机制、西方人文经典选读、英国／美国文学史、普通语言学、英汉互译、英语教学法、英语教学设计、课程与教材、研究方法。

2. 主要实践课程

该专业主要实践课程包括：语音与正音、英语口头交际、英语演讲与辩论、英语教学技能、外语教学研究实践、计算机与英语教学、现代教育技术基础。此外，本专业实践教学还包括教育见习、教育实习、毕业论文、社会实践与志愿服务、科研训练与创新创业等。

3. 课程内容特色

北京师范大学英语师范专业课程内容的特色为"重三性"（基础性／科学性／实践性）、"两融入"（课程教学融入——核心价值观／师德教育）、"三优化"（优化教学资源、优化课程内容、优化教学方式）。该专业课程内容体现中学英语教育专业性，注重课程思政建设，能够在课程教学中融入思想政治教育和师德养成教育。

1）专业性体现

该专业在课程设置上充分考虑中学英语职前教师培养的专业要求。课程安排涵盖英语及相关专业课程、教育学、课程与教学方法三个方面。在英语及相关专业课程上，课程体系要求学生掌握英语读写、批判性阅读与写作、语言学习机制、西方人文经典选读、英语短篇小说、英国文学史、美国文学史、普通语言学、英译汉、汉译英、研究方法（语言与教学）等各类专业课程，充分保证师范生走上工作岗位后的专业知识供给；在教育学上，以教育学、教育心理学、现代教育技术为首的各类课程满足学生对宏观教育的知识基础，了解中学教育的基本方法；在课程与教学方法方面，以英语教学设计、英语教学法、课程与教材、英语教学技能、语言测试、课堂形成性评价等课程精准定位中学英语教学知识，帮助学生能够更好地在课堂中实践英语教学，全方位体现课程设置的专业性。

2）基础性体现

除上述英语及相关专业课程、教育学作为学生的中学教育基础外，课程体系在此基础上也强调文学、哲学、历史、统计学等相关学科知识基础对英语教学的支撑作用，使学生在走上工作岗位后能够游刃有余地对待教学中出现的各类问题。

3）科学性与综合性体现

从上述的专业性和基础性体现中，可以发现课程的设计实施过程中遵循了科学性与综合性的理念。课程的整体规划遵循"人文课程基础学科知识—英语学科专业知识—教育学基础知识—课程与教学论知识"的进阶模式。学生率先具备文学、哲学、历史、统计学的相关知识基础，能够更好地帮助他们理解批判性阅读与写作、创意写作、西方文明史、普通语言学等英语专业课程的知识；有了英语专业知识与教育学知识后，才能够将二者综合考虑，学习关于英语教学的知识。这种课程设计的基本理念符合现代科学教育的基本思想，同时也是本专业课程科学性与综合性的体现。

4）实践情况及思政教育融入体现

该专业课程设计按照各类标准规定，融入了教育实习、教育见习的相关学时。在此基础上，专业还设置了外语教学研究与实践课程引导学生分析讨论英语教学。此外，在例如英语教学法、教师行动研究等其他相关课程上，也通过课堂录像实录等方式帮助学生提前融入中学英语教学的环境，满足学生的实践体验。此外，思想道德修养与法律基础、教师职业信念与养成教育等课程贯穿于学生学习的各个学期，树立德育为先的基本理念，时刻强调思政教育的首要地位。

3.1.4　人才培养模式

该专业课程主要采用"自主思考—想法交流—案例观摩—反思交

流—学习应用"的五段式教学方式，帮助师范生牢固把握英语学科教学的基础理论知识。在课程目标的指导下，该培养模式以达成毕业目标为最终导向，引导师范生在充分的自主思考、积极的团体交流以及启发式的案例研究之后，形成深刻的教育感悟，最终在实践的强化下内化为自我教育素质。课程活动形式多样，囊括了最新的教育理念和一线的案例资源，为学生创建了一个集自主、互动、理论、实践于一体的体验式开放课堂。

在专业课程设置方面，注重以师范生为主体，将教师定位为学生的学习辅助者与促进者，希望师范生能在学好理论知识的前提下，更多地参与体验活动和实践活动，有效促进个人综合能力的提升。

除通过常规的教育实习、教育见习来让师范生体验实际的中学英语课堂教学外，学校各类课程均给学生提供了充足的实践机会。例如，在英语教学设计、英语教学技能、英语教学法等课程中，学生可以自主选定教材内容、设计教案，实现理论学习的可视化。学生可以充分体验小组式学习、探究式学习等多种教学方法，并通过微格教学站上讲台模拟课堂教学，这些课程给予学生充分的自由度，能够发掘学生的主动学习与实践能力；又如，本科生科研训练与创新创业项目，由学生自主选题立项，让学生在本科阶段即可获得像研究生一样的科研经历，有效帮助他们建立良好的科研素养，成为"科研型"教师；再如，学院还设置了"本科生导师制"的模式，师范生在本科一年级即可拥有自己的导师，导师在课外对学生进行一对一的辅导和帮助，大大扩展了学生自我提升和自我学习的空间，有效促进学生综合能力的提升。此外，师范生还可以通过学院的生活指导室约谈相关老师、学长，在学业、生活、科研、就业、心理等方面获得及时的帮助。

在基本技能提升方面，除在课程中进行培养外，北京师范大学外国语言文学学院还定期举办"长大后我就成了你"公费师范生专题讲座、教师技能培训、师范生素质展示活动，增强师范生对教师必修素养和教学技能的深刻理解。每年还会举办"英语教育教学技能创新实践大赛"，将教案撰写、板书撰写、课堂仪态、普通话水平、教学自信与端庄、着装规范等作为教师的基本要求列入比赛的评分标准当中。此外，学院还不定期举办"书法和简笔画"比赛，展出优秀作品。这就使得学生在走上工作岗位前就具备扎实的教师基本功。

下面以"英语教学法"课程为例阐述该专业的教学方法。

1. 课程基本信息

英语教学法是英语专业三年级英语教育模块中的一门重要的基础课

程，课程基本信息如表 3-2 所示。该课程主要通过专题研讨、课堂讨论、观摩优秀课例和学生的微格教学实践，发展学生教授英语听说读写以及语法词汇等的教学设计能力和教学技能，使学生在理解新课程理念的基础上，选择并运用合理恰当的教学方法，在实践中提高自己的实际教学能力。课程的具体目标如下：

（1）学会听、说、读、写四项语言技能和综合技能的教学方法，兼顾语音、词汇、语法知识方面的教学方法。

（2）学会基本的课堂管理方法，如发布课堂指令、组织课堂互动、管理课堂纪律、提高课堂提问有效性以及提供有效的课堂反馈等。

（3）通过理论学习和实际教学实践，发展并践行积极的教学观，认清教师—学生的相互角色，形成教学的个人信念和原则。

（4）坚定教书育人信念，对教师职业有高度认同感。

表 3-2　英语教学法课程基本信息

学分 / 学时	2 学分 /32 学时
开课时间	秋季
课程性质	教师教育基础课程
先修课程	英语教学设计
考核方式	平时成绩（70%）与期末考试（30%）相结合的方式，平时成绩构成： • 电子档案夹　　　　　30% • 微格教学　　　　　　30% • 出勤与课堂参与　　　10%
教材或主要参考书	《英语教学法教程（第二版）》，王蔷主编（2006），高等教育出版社。

2. 课程内容安排

该课程重点讲授教师角色和课堂指令、课堂交互模式、课堂纪律和纠错、语法教学、听力教学、口语教学、阅读教学、写作教学等；词汇教学、教学设计以及教学理念等内容在前授课"英语教学设计"中讲解。课程还在每个子主题讲授之后安排课例观摩和研讨、学生的微格教学等，以实现讲、观、练结合。此外，课程还要求学生完成四本书的阅读和分享，实现对学生教学信念的培养。课程评价采用电子档案夹的形式进行，完整记录了学生的成长过程。

3. 课程实施具体办法

课程在教师教授与解析之外，采取了多样的实施方法：

（1）观摩反思：观看崇高师德影片（如《海伦·凯勒》）和阅读教育书籍（包括《第 56 号教室的奇迹》《窗边的小豆豆》《教学勇气》《静悄悄的革命》），并撰写反思日志。【践行师德】

（2）案例剖析：提供最新课程视频资料、教案资料，结合理论，就课程、教案内容展开分析、讨论、分享、再创造，激发教学思考。【学会教学】

（3）名师讲堂：邀请优秀一线英语教师走进课堂，分享教学智慧和育人理念和经验。【学会育人】

（4）资源交互：提供大量优秀教学课例、教育理论文献及优秀教学设计，并邀请优秀一线教师分享教师故事；推荐学生观看教育电影，撰写教育实习感悟，不断提升职前教师自我发展能力及专业发展水平。【学会发展】

（5）学用并兼：理论与实践相结合，学习教育理论方法后，应用于实践微格教学、案例分析、观课评课说课。【学会教学】

（6）多元评价：采用电子档案夹，开展形成性评价，记录学习成为教师的个人成长历程及个人反思，为终身学习打下基础。【学会发展】

（7）研究探讨：学生转录一线教师的教学录像，在查阅文献确定理论框架的基础上，统计教师的活动、提问、反馈或学生应答等的类型与频率等，开展聚焦的小型定量研究，基于数据来探讨教学与课堂组织的有效性或其不足。【学会研究】

3.1.5 述评

北京师范大学英语师范专业勇于创新职前外语教师教育实践模式，全面落实《国家中长期教育改革和发展规划纲要（2010—2020 年）》《国务院办公厅关于深化高等学校创新创业教育改革的实施意见》和《教育部关于中央部门所属高校深化教育教学改革的指导意见》，以"创新、协调、绿色、开放、共享"五大发展理念为引领，以创新驱动发展战略为导向，全面贯彻党的教育方针，坚持立德树人，以机制创新作为提高人才培养质量的根本出路，把促进人的全面发展和适应社会需要作为衡量人才培养水平的根本标准。坚持问题导向，统筹兼顾，突出重点。

　　该专业注重培养学生的实践能力，特别是英语教师教育课程内容突出以实践为导向，紧密结合中小学教育教学实践，在各门课程中尽可能充分地融入优秀中小学教育教学案例，将学科前沿知识、课程改革和教育研究最新成果充实到教学内容中。

　　该专业能够不断优化英语教师教育课程并推动以学生为中心的课堂教学方法改革。推进"自主、合作、探究"为主要特征的研究性教学改革，在各门课程中注重让学生有机会通过自己参与研究来实现对英语教育的全面理解，通过对自己的教学实践进行研究剖析自己的问题，提升自己的教学能力，进而提升学习能力、实践能力和创新能力。能够不断完善评价制度，注重对学生实行形成性评价，发挥电子档案夹在学生学习和成长中的重要作用并利用信息技术促进学生教学实践能力和反思研究能力的发展。该专业对于职前外语教师培养发挥了良好的引领作用。

3.2　案例二：东北师范大学 [2]

　　东北师范大学外国语学院由原东北大学文学系的俄文科发展而来，1996 年，外语系与大学外语教研部合并成立外国语学院。1960 年，英语专业建立并招收本科生。1979 年开始招收英语语言文学、俄语语言文学、外语课程与教学论研究生。1981 年英语语言文学专业获得全国首批硕士学位授予权，1998 年学院获得外国语言学及应用语言学硕士学位授予权，2000 年获得英语语言文学博士学位授予权，2011 年获得外国语言文学一级学科博士学位授予权，2012 年获批外国语言文学一级学科博士后科研流动站。英语专业 2007 年被评为首批国家级特色专业，2019 年被评为首批国家级一流本科专业建设点。

3.2.1　培养目标

　　该专业培养具有高尚师德、广博的人文学科基础、扎实的教学基本功、过硬的英语专业知识、较强的思辨能力、能够将教学实践与研究相结合的卓越英语教师。具体培养要求为：

　　（1）热爱英语基础教育事业，具备高尚的职业道德。

　　（2）具有良好的心理素质、道德品质和正确的世界观、人生观和价

2　本案例以下内容均引自东北师范大学 2015 版培养方案。

值观，具有社会责任感、中国情怀和国际视野，具有较高人文与科学素养，具有良好的敬业精神和跨文化交际能力。

（3）树立现代教育观念和教育思想，掌握有关教育的基本知识。

（4）系统掌握基础英语知识，具备过硬的听说读写能力、跨文化交际能力，具有较高的人文素养和较强的思辨能力。

（5）具有较强英语教学实践能力和开展英语教学研究的能力。

（6）具有熟练运用多种手段获取与利用信息的能力，掌握资料查询、文件检索及运用现代信息技术获取相关信息的基本方法。

3.2.2 课程设置

东北师范大学英语专业（师范类）课程主要由通识教育课程、专业教育课程、发展方向课程三个板块组成，共计 160 学分，其中通识教育课 49 学分、专业教育课程 86 学分、发展方向课程 25 学分。通识教育课程包括思想政治教育、体育与国防教育、交流表达与信息素养和数学与逻辑四个模块的必修课（共 39 学分），另外还有若干门人文与艺术、社会与行为科学、自然科学的选修课（共 10 学分）。专业教育课程由学科基础课、专业主干课、毕业论文、专业系列课组成，前三类课程为必修课程，专业系列课为选修课程。其中，学科基础课 38 学分，专业主干课 18 学分，毕业论文 4 学分，专业系列课最低修满 26 学分。发展方向课程共 25 学分，包括 21 学分的必修课程——教师教育共通课程（8学分）、学科教师教育课程（5 学分）、教育实践（8 学分）和 4 学分的选修课程。该专业课程结构与学分分配如表 3-3 所示。

表 3-3 东北师范大学英语师范专业课程设置及学分分配表

课程类别			学分	学分小计
通识教育课程	必修	思想政治教育	14	49
		体育与国防教育 — 体育	4	
		体育与国防教育 — 国防教育	2	
		交流表达与信息素养 — 中文写作	2	
		交流表达与信息素养 — 第二外语	10	
		交流表达与信息素养 — 信息技术	4	
		数学与逻辑（任选其一）— 人文数学 / 逻辑学	3	

（续表）

课程类别			学分	学分小计
	选修	人文与艺术	10	
		社会与行为科学		
		自然科学		
专业教育课程	必修	学科基础课	38	86
		专业主干课	18	
		毕业论文	4	
	选修	专业系列课	26	
发展方向课程	必修	教师教育共通	8	25
		学科教师教育	5	
		教育实践	8	
	选修		4	

3.2.3　课程内容

　　该专业学科基础课包括基础英语、中级英语、高级英语、英语国家概况、英语写作、英汉口笔译等，专业主干课包括语言学概论、英语语篇与写作、英语学术论文写作、英国文学选读、美国文学选读和翻译理论与实践。此外，该专业还开设了语言技能、语言知识与人文素养两个大类的专业系列课程供学生选修。语言技能包括英语实践语音、英语视听说、英语演讲与辩论、跨文化交际、英美报刊选读等课程；语言知识与人文素养包括语言学、文学和语言教学三个方向的课程，其中应用语言学、教育语言学、外语教育研究方法、语言测试与评估、英语教学中的信息技术应用、外语教学理论文献研读、英语学习策略理论与实践这7门课程与师范生培养密切相关。学生除了与学校其他师范专业学生共同修读教师教育发展方向课外（如教育社会学、教育研究方法、心理健康与教育等课程），还需学习院系内自主开设的英语课程与教学论、英语微格教学、英语课程标准解读与教材分析三门英语学科教育课程。

　　东北师范大学英语师范专业课程内容设计体现了"一手抓专业发展，一手抓教师教育发展"的思路。从专业发展来看，该校在语言技能方面开设了听说读写各类课程，确保学生在语言技能方面得到足够的训练。此外，在语言知识和人文素养方面也设置了全方位的课程，使学生在文学、语言学、翻译、文化等方面都受到良好的熏陶，为成为优秀教师打好专业基础。而在教师教育发展方面，不仅有通识教育，还有学科教育，这就使得学生既能从教育学、心理学等方向获得对青少年学习与发展的理解，也能了解教育史和教育哲学等，全面理解教育的真谛和对教师的要求。从英语学科教育来看，课程既包含理论知识的学习，如外语教学理论文献研读、英语学习策略理论与实践，也包含指向具体教学能力的课程，如英语课程与教学论、英语微格教学、英语课程标准解读与教材分析。

3.2.4　人才培养模式

2015 年 6 月，东北师范大学英语专业获批东北师范大学卓越教师培养计划改革项目，确定了"培养具有高尚师德，扎实的教学基本功，过硬的英语专业知识，较强的思辨能力，能够将教学实践与研究相结合，以科研促教学的'研究型'师范生"的人才培养目标，确立了"两线双导、数字推进、评价多元、六位一体"的人才培养模式，努力推进卓越师范生培养。

"两线"是指在原有课程体系中增加"内容 + 项目"为依托的研究式课程体系和"导学 + 导研"的双层导师制，且二者平行互补。具体而言，即在课程中加强语言材料的高质、有效输入，增加培养学生思辨能力的元素；通过"项目依托"和导师"导研"的方法，增强对学生科研能力的培养；通过增加学生写作、口语方面的强化训练，增加高水平的语言输出，以输出促输入。课程建设体系的数字化是指以 Blackboard 平台（简称"BB 平台"）建设为推手，推进"两台 + 两库"建设。"两台"是指课程教学 BB 平台和课程教学资源分享平台；"两库"是指教学资源库和学生评价资源库。课程评价体系的多元化、动态化是指增加现有课程的形成性评价比重，强化学生语音技能的动态评估，推进论文写作课的全程形成性评价，并将课程评价与数字化平台相结合，推行数字化评价。为深化学生对基础教育现状的体认，该专业举办了基础英语教育前沿问题工作坊；为防止教育实践环节出现缺环，该专业建立了"微格—微课—见习—调试—实习—研习"六位一体的免费师范生实践教育体系，并将毕业论文选题、数据收集和写作嵌入实践教育体系当中，引导学生在实践中发现问题，以研究解决问题（刘宏刚、狄艳华，2015）。改革进行的过程中，涌现了一些特色课程，下面以"1＋1＋1 微格教学"课程为例阐述该专业的教学方式。

如图 3–1 所示，"1＋1＋1 微格教学"课程由大学教师、中学教师和

有第二语言 / 外语教学背景的外教形成教学共同体，共同出现在微格教学的课堂中，协同合作培养未来的中学卓越英语教师，即大学教师、中学教师和外教共同授课的"1+1+1"教学模式。以"外籍教师、大学教师和中学教师"的协作共同体为理念，在教学中各有侧重。外籍教师侧重帮助职前教师内化大学学科知识，形成对英语学科正确的理解；大学教师帮助职前教师转化大学学科知识，正确理解中学课程的理念、标准和教材内容；中学教师助力职前教师外化大学学科知识，关注对所教授学生（中学生）认知水平的理解，以及如何基于学生的认知水平设计课堂教学活动。

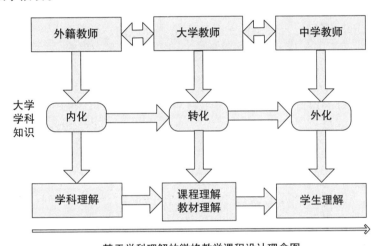

基于学科理解的微格教学课程设计理念图

图 3-1　"1+1+1 微格教学"课程理念图

课程采用课前、课中、课后一体化的教学方式。

课前：学生根据选定的教学内容设计教案，小组内说课、试讲，小组同伴点评，修改教学方案，小组内再试讲；

课中：一次微格课由 3 位学生授课，每位学生授课 10 分钟，授课后有 20 分钟的同伴评价和三位教师的评价；

课后：授课学生根据这些评价再修改教学方案，并撰写教学反思日志。

该课程已经形成了基本稳定的教学团队，团队由一位大学教师、两位具有 TESOL 背景的外教和相对固定的东北师范大学附中两位优秀的初中教师和两位优秀的高中教师组成。该课程积累了丰富的教学资源，建立了学生教学案例库，包括学生的一稿和二稿教案、教学反思日志、教学 PPT 和教学视频。通过该课程的学习，学生的教师知识水平有了较大提升，尤其是学科教学知识（pedagogical content knowledge, PCK）水平在所有的教师知识水平中提升最大。学生通过课程的学习，学会从不同的视角去思考中学课堂教学，并且在教学技能、语言质量、教材分析和文化理解方面收获颇丰。

此外，东北师范大学还以社团活动促进师范生从教信念的养成。其中，红烛志愿者协会和厚普公益学校对东北师范大学英语师范生从教信念的养成产生了重要影响。

东北师范大学红烛志愿者协会成立于 1994 年 1 月，是由志愿从事社会公益、保障事业的东师青年组成的学生群众性志愿服务组织，是中青志协单位会员、吉青志协常务理事单位。目前，协会年平均注册志愿者 8000 余人，年平均活动次数约 564 次，总服务时数约 3470 万小时。作为全国首批高校青年志愿者组织之一和全国首个实行商标注册的学生志愿服务团体，东北师范大学红烛志愿者协会在全国志愿服务工作领域中具有良好的口碑与影响力，是我国青年志愿服务组织的优秀典型。外国语学院红烛志愿者协会秉承着"奉献、友爱、互助、进步"原则，形成了"支教助学、社区服务、赛会服务、环境保护、帮贫济困、互帮互助"等长期坚持的品牌服务项目，以寒暑假实践活动为载体，组织志愿者深入中西部教育资源落后地区开展支教助学活动。

东北师范大学厚普公益学校是由东北师范大学首批免费师范生发起，在长春市慈善会和东北师范大学团委支持下，于 2009 年 9 月成立的一所社会公益性学校，旨在为长春市贫困家庭和农民工子女提供免费优质教育资源，搭建免费师范生和中小学生的互动平台。厚普是英文 hope（希望）的谐音，代表了创立者渴望为求知的孩子带去希望的美好愿望。秉承着"厚德载物，普泽爱心"的校训，厚普公益学校全体志愿教师用专业的学科素养、扎实的教学能力和强烈的社会责任感，为莘莘学子倾注心血，为公益事业奉献爱心。师范生在提升教师技能的同时，也深化了对教师职业的体认，正如一名学生所言："看到学生渴望知识的眼神和因我的讲解而豁然开朗时露出的笑脸，我越发感受到作为一名教师的使命感，尤其在'厚普'这个公益性的组织，我体会到志愿服务的光荣，对'为人师表'有了更深刻的感悟。'厚普'教给我的，不仅仅是教师技能上的提高，更是对我师德品行的培养。厚普两年的经历，已经让我爱上讲台。我会一直把这份记忆珍藏，永葆初登讲台的激情，常怀敬畏与感恩，践行师德公约，争做一名优秀的人民教师。"

3.2.5　述评

《国家中长期教育改革和发展规划纲要（2010—2020 年）》明确将提高人才培养质量和提高科研水平作为重要的改革目标。东北师范大学将这两个目标具化为"创新人才培养模式，切实提高人才培养质量"。具体而言，即是要对本科课程进行改革，"分类推进卓越教师、应用性专业人才、学科创新人才培养模式改革"，这为英语系教学改革指明了方向。英语专业新一轮的教改以问题为导向，旨在外语人才培养质量和模式上有新的突破，力争培养出更多具有优质潜质的外语人才。

从英语专业上来看，东北师范大学英语师范生培养以"内容 + 项目"为依托，以"双导"的导师制为支撑，与传统英语课程相结合，通过大量阅读夯实低年级学生的英语基本功，促进学习者语言综合能力的提高；在英语高级学习阶段，通过"导学 + 导研"的指导体系，根据学生学术兴趣，推动学生主动学习并应用英语专业所要求的知识和技能，发展创新能力，从而培养学生的学术性思辨能力和进行学术研究的能力，促进教学质量的不断提高。

从教师教育培养来看，"微格—微课—见习—调试—实习—研习"这一"六位一体"的英语专业师范生教育实践体系有利于培养学生很强的教学能力，同时可以有效缩小模拟课堂与教学实际的差距，增强学生的反思意识，让学生对入职后可能面临的种种困难、教育实习过程中的教学与学校教学的重要问题等有所了解和思考，帮助他们强化思辨能力，增强教育信心。此外，学生在如何准备见习、如何做好实习、如何写简历等方面也得到了系统的培训，还获得了工作场景体验，并能就在见习、实习中遇到的问题和对未来职业的憧憬与彷徨方面获得一定的疏导。这些措施体现了该校对教师教育培养的重视和创新举措，值得推介。

3.3　案例三：西南大学 [3]

西南大学英语师范专业的前身为始建于 1950 年的原西南师范大学外国语学院英语师范专业，最早可追溯到 20 世纪 40 年代的国立女子师范学院英语系、原四川省立教育学院英文系和私立相辉文法学院外文

3　本案例以下内容均引自西南大学 2018 版英语专业（师范）培养方案。

系，是西部地区现有英语师范专业中历史最悠久、基础最雄厚、学科水平最高、社会影响最大的专业之一，具有优良的学术传统。依托外国语言文学一级学科博士和硕士学位授权点，以及教育硕士、高师硕士、翻译硕士等专业硕士学位授权点和重庆市人文社会科学重点研究基地"外国语言学与外语教育研究中心"等学科支撑，该专业现已建成国家级特色专业和校级优势专业，形成特色鲜明的教师教育优势。该专业全部招收师范生，学生毕业后按照国家相关政策到基础教育单位从事教学、研究和管理工作。

3.3.1 培养目标

该专业围绕"人格健全、基础扎实、能力突出、素质全面、具有中国情怀和国际视野"的总体目标，贯彻"全人教育"理念，培养适应我国社会政治、经济、文化、科技发展所需要的，具有扎实的英语语言基础、广博的文化知识、较高的文化素养、较强的英语语言应用能力和英语教育教学研究能力，以及自主学习能力和创新意识，德、智、体全面发展的英语人才。毕业生能够胜任基础阶段英语教学、研究和管理工作，部分毕业生具有成为引领国家英语基础教育教学改革的优秀中学教师的潜质。该专业学生在毕业后 5 年左右能实现以下目标：

（1）热爱英语教学，有高度的职业认同和社会责任感，具有高尚的师德修养；树立德育为先理念，能够运用中学德育原理与方法，有效开展德育教育。【职业素养】

（2）了解国家教育发展战略和政策，熟悉并遵守国家教育法规。【职业素养】

（3）具有扎实的英语语言基础知识、基本技能及综合运用能力，具有良好的英语学科教育教学综合知识技能；能形成一定的教学特色，并能开设选修课程或开发校本课程，指导学生开展研究性学习、综合实践活动等。【专业能力】

（4）具有较强的英语教育教学研究能力，能在相关职业岗位上熟练运用所掌握的专业理论、知识和技能，解决英语教学中遇到的实际问题；能主持完成教育教学研究课题，撰写并公开发表较高水平的英语教育教学研究论文。【专业能力】

（5）具有全球化意识和国际视野，能够通过继续教育或其他学习渠道更新知识，紧跟世界外语教育和基础教育发展动向与前沿，能很好地将国际前沿与中国基础阶段英语教学实际相结合。【发展能力】

（6）具备健康的身心和良好的人文素养，具备一定的协调、管理、沟通、竞争与合作能力，能够胜任英语教学与管理工作或教育教学带头人工作，在教学团队建设中发挥骨干作用的中学英语教学优秀教师，并向卓越英语教师方向发展。【发展能力】

（7）具有自我反思、终身学习与自主发展能力。【发展能力】

该专业培养目标符合国家师范类专业培养总目标的要求，适应新时代对外语师范类人才的需求，体现了西南大学英语师范专业在办学过程中形成的以下专业特色和优势。专业特色包括：以"全人教育"培养理念为指导；建立了 4CR 立体化培养模式。专业优势体现在：历史积淀深厚；师资队伍优良；科研成果丰硕；教学与人才培养效果喜人；社会效益显著。

3.3.2　课程设置

该专业毕业学分为 160 学分，课程体系以"具有扎实的英语言基础，广博文化知识较高的文化素养，较强英语言应用能力和教育学研究以及自主习力和创新意识，德、智、体全面发展的英语人才"为目标，由通识教育课程、学科专业课程、教师教育和综合实践四大板块构成。该专业课程结构与学分分布如表 3-4 所示。

由表 3-4 可见，通识教育课程包括通识教育必修课和选修课，学分占总学分的比例分别为 18.1% 和 5%。学科专业课程旨在奠定学生英语专业知识和技能，包括学科基础课程和专业发展课程两类，专业发展课程又分为必修课和选修课两类课程。学分占总学分的比例分别为 29.4% 和 26.3%。为培养学生师范专业素质和教学技能，该专业培养方案突出教师教育课程，共 22 学分，占总学分的 13.8%。其中必修课为 18 学分，包括学科教育与教学论课程、师范技能课程、师德教育类课程和教育信息素养类课程四类；选修课为 4 学分。综合实践课程旨在训练学生将所学英语专业知识和英语教学知识与技能运用于教育教学实践的能力，主要包括教育教学综合实习、教学能力测试、毕业论文和社会实践四种形式，共 16 学分，占总学分的 10%。综上，该专业选修课共计 32 学分，占总学分的 20%，而该专业选修课标准亦为需占总学分比例的 20% 以上。

表 3-4 西南大学英语师范专业课程结构与学分（时）分布表

课程类别		学分	所占比例（%）	备注
通识教育课程	必修课	29	18.1	
	选修课	8	5	人文社科和自然科学类专业交叉选修 4 学分，所有学生必选 2 学分文化素质类课程，2 学分美育类课程，并将美育活动学分认定（参照《西南大学本科学生创新创业实践学分认定与管理办法》中"实践学分"的认定标准）纳入美育类课程。选修与本专业重复或相近的通识教育选修课程，不计入通识教育选修课程学分。
学科专业课程	学科基础课程（必修课）	47	29.4	学院应根据专业要求确定学科基础课程，同属一级学科的专业学科基础课程原则上应当相同。所有学科专业课程整体学分不低于总学分的 50%。
	专业发展课程（必修课）	18	26.3	
	专业发展课程（选修课）	24		
教师教育课程	学科教育与教学论课程（必修课）	18	13.8	教师教育课程达到教育部教师教育课程标准规定的学分要求。教师教育选修课可替换通识教育选修课程学分。
	师范技能类课程（必修课）			
	师德教育类课程（必修课）			
	教育信息素养类课程（必修课）			
	选修课	4		
综合实践课程	教育教学综合实习	10	10	除社会实践外，其余专业实践课程学分纳入学科专业课程学分。
	教学能力测试	1		
	毕业论文（设计、作品）	4		
	社会实践	1		

（续表）

课程类别		学分	所占比例（%）	备注
个性化选修课程				跨专业全校选修，作为通识教育选修或专业发展选修学分。
自主创新创业	科研学分			科研学分可替代专业发展选修课程学分，技能学分、实践学分可替代通识教育选修课程学分，创业学分可替代专业发展必修课程学分和专业发展选修课学分。具体的认定和替换按学校相应规定执行。
	技能学分			
	实践学分			
	创业学分			
实践教学		35	21.9	人文社会科学类专业实践教学学时不少于总学时的20%、自然科学类专业不少于总学时的25%。实践教学包括课程实验、教学实训、教学实习、教学研习、教学见习、教学实践、社会实践、毕业论文（设计、作品）等。理论课 18 学时计 1 学分，实验（践）课 27 学时计 1 学分（既有理论又有实践的课程，实践课程部分按此标准折算），教育实习 1 学期计 10 学分（12 学时 / 生 / 学期），体育课 36 学时计 1 学分。学分最小单位为 0.5。综上累计共 35 学分。

3.3.3　课程内容

1. 核心课程

　　该专业核心课程包括：综合英语（A、B、C、D）、高级英语（A、B）、英语视听说 A、英语基础写作（A、B）、英译汉、汉译英、英国文学史及选读、美国文学史及选读、英语教育、英语教学设计与实作训练、语言学导论。

2. 主要实践课程

该专业主要实践课程包括：英语阅读（零课时）、英语视听说、基础口译、高级口译、外语教育技术等课程。此外，本专业实践教学还包括教育教学实习、课堂教学技能测试、毕业论文（作品）和社会实践、各类专业竞赛等。

3. 课程内容特色

西南大学英语师范专业课程内容体现"三性、一观、一教育"的特色。

英语专业（师范）课程内容明确体现出"三性"，即"专业性、基础性、科学性"，把"社会主义核心价值观"和"师德教育"有效地融入课程教学中。首先，课程内容明确体现中学教育专业性，开设有中学英语教材分析、中学英语同课异构及再构等针对中学英语教学特点的课程，以及聚焦中学英语教学具体方面的英语测试与评价、语言教学的流派、英语教学设计与实作训练等专业性课程。

课程内容体现基础性，注重双基培养，即英语专业基础知识和基本技能的培养。基础知识的培养有综合英语、高级英语、英语语法、英语国家概况、英语词汇学、西方文化、文学导论等课程；基本技能的培养有英语听力、英语阅读、实践语音、英语视听说、英语基础写作、英译汉、汉译英等课程。

课程内容还体现科学性和拓展性，开设有专业发展课程，如英语学术写作、语言学导论、英国文学及选读、美国文学及选读、第二语言习得、外语教学科研方法导论、教育统计学入门等课程。

课程的综合性和实践性体现在综合英语、高级英语等综合课程，也有强调综合运用能力的课堂教学能力综合训练、教育教学综合实习、毕业论文等。

该专业贯彻全人教育理念，人才培养的总体目标为人格健全、基础扎实、能力突出、素质全面、具有中国情怀和国际视野，在所有课程中全面贯彻社会主义核心价值观教育，按规定完整开设思想政治教育类课程，包括马克思主义基本原理概论、毛泽东思想和中国特色社会主义理论体系概论、中国近现代史纲要、思想道德修养与法律基础、形势与政策等，也有专门的师德教育课程，如教师职业道德、教师综合素质等。同时，该专业课程教学以"教单科、育全人"为总体指导原则，主张所有课程注重"全人培养"，在所有教师教育课程倡导师德教育。

3.3.4　人才培养模式

1. 课程教学体现"三个一体化"理念

西南大学英语师范专业倡导"三个一体化"（专业性、师范性、示范性一体化，探究、实践、反思一体化，目标、过程、评价一体化）理念，在不同的课程中具体实施。

例如，英语语法课程教学中既讲授英语语法知识，同时以本课程的教学内容给学生做出英语语法教学示范，体现出专业性、师范性和示范性一体化。在英语教学设计与实作训练课程教学中，坚持贯彻以下教学流程：课前小组合作备课完成教案和课件—课堂上分角色进行教学展示（实践）—对教学进行自评和他评（实践）—教师进行同课异构展示和评析—学生课后同课再构（反思），体现"探究、实践、反思"一体化。该专业课程以目标为导向、以过程为核心，教学评价体现于教学的各个环节，体现出"目标、过程、评价"的一体化。

2. 实践课程采取课内外相结合，将培养学生的实践教学能力落到实处

学生根据学院的总体要求，实行课堂内集中和课外分散相结合的形式，采取课堂教学实践与反思、课堂教学现场或在线观摩、课外社会实践、调查问卷、调研报告等多种方式完成实践教学活动。通过实践教学，学生应完成教师布置的英语阅读、听说、口译、教育技术、社会实践等相关任务，提高英语阅读、听说、口译、教学和社会实践等各项综合能力。

3.3.5　述评

西南大学英语师范专业能够通过不断改革创新，提升师范生的职业素养和综合素质。能够加强课程建设，丰富课堂教学的形式与内涵，突出教师教育课程的实践导向，紧密结合中小学的教育教学实践，倡导"三个一体化"理念，着力提升学生的学习能力、实践能力和创新能力。积极开展教育见习、教育实习以及教育教学研究等多方面、深层次的合作。

　　该专业注重体现"三性、一观、一教育"的特色，注重师德教育，能够很好地将育人理念潜移默化地渗透到教学之中，引导学生树立正确的教师职业理想与职业信念。

　　该专业注重培养学生主动运用多种途径和方法获取知识的习惯，以及时了解英语学科教学研究的新进展和动态，进行知识更新。课程内容丰富，体现多样化的特点，课程结构合理，注重全面性和层次性；整个职前外语教师教育实践模式体现理论与实践相结合的理念，能够按照师范认证的相关要求合理地设置课程，对于职前外语教师培养具有重要的借鉴意义和推广价值。

第 4 章
当前职前外语教师教育面临的问题与挑战

4.1　职前教师培养与教师实践性知识

随着我国基础教育课程改革的加快，基础教育对教师的要求不断提高，教师如何提高自我专业发展的意识和能力，成为基础教育面临的紧迫问题。在许多教育情境中，教师被认为是实施教育创新的执行者，应当将新的教育理念融入日常教学。然而，很多时候教师在经历一段时间的改变后，最终放弃了新的教学方式，并回到了常规教学模式中（Verloop et al.，2001）。所以，教育改革需要认识到教师在教育过程中的核心地位，如果教育改革与教师的知识和信念不相符，那失败是不可避免的。由此可见，教师的专业发展应重点关注加深教师的实践性知识，以促进教师的可持续发展和教学实践的改进。

教师在职前教育中获得的知识与通过教学实践经验获得的知识并不相同。有学者区分了教师的两种主要的知识类型：正式知识和实践知识，前者是由研究人员定义的、以实证论为基础的知识，后者是教师通过个人经验获取的、以社会建构论为基础的知识，并且是从实践中获取的，它不是客观或独立的，而是教师经验的总和（胡春光、王坤庆，2013；张晓蕾，2009；Connelly et al.，1997；Fenstermacher，1994）。教师实践性知识包含了对学生的学习风格、兴趣、需求、优势和难点的第一手经验，以及各种教学技巧和课堂管理技能（Elbaz，2018：5）。我国学者也对教师实践性知识提出了自己的定义，林崇德等（1996：18）认为教师实践性知识是指"教师在面临实现有目的的行为中所具有的课堂情景知识以及与之相关的知识，更具体地说，这种知识是教师教学经验的积累";陈向明（2003a：106–107）将其定义为"教师真正信奉的，并在其教育实践中实际使用和（或）表现出来的对教育教学的认识。"

正因为教师实践性知识与教学经验密不可分，它的获得对于职前教师教育是巨大的挑战。赵昌木（2004：54–55）对来自9个地区的20多所中小学196名教师的问卷调查后，总结归纳了新手教师常见的困难，按照频率由高到低分别为：（1）教材不熟，重点难点把握不准；（2）教法不灵活，难以调动学生的学习积极性；（3）教学管理能力差，难以维持课堂纪律；（4）不能与学生进行有效的交流和沟通；（5）不了解学生的学习需求；（6）对学生提出的疑难问题难以解答；（7）不能妥善处理课堂偶发事件；（8）教学材料匮乏；（9）难以处理与同事的关系；（10）教学设施简陋；（11）教学语言不流利，有时出现口误；（12）板书不规范。这些困难属于教师实践性知识的范畴，而非正式知识所包含的理论能够解决的，体现出新手教师对课堂情境缺乏足够的认知能力及敏锐的洞察力，对教学中可能出现的问题无法提前预判，不能恰当地运用语言或非语言行为来吸引和控制学生的注意力，无法做到采取灵活的教学策略、长期维持课堂教学秩序或巧妙地解决课堂冲突。新手教师实践性知识的匮乏，说明目前的职前教师教育体系未能充分关注教师实践性知识的培养。为厘清教师实践性知识匮乏的根源所在，笔者结合文献和访谈对这一问题进行探究。在文献方面，笔者阅读、分析、梳理了教师职前教育有关文献材料；在访谈方面，笔者对来自四所省属师范院校的四位教师教育一线教师进行了深度访谈。将访谈内容转写并分析后，结合文献材料，笔者认为职前教育未能充分培养教师实践性知识这一问题，主要是由于在校课程学习阶段及教育实习阶段的相关问题所导致。

4.1.1 职前外语教师教育课程问题

1. 学术取向的职前教育定位难以指引教学实践

培养目标决定了教育活动的起点和终点，职前外语教师教育肩负着为我国基础教育输送合格教学人才的任务，应将学术与实践紧密结合，以教学实践为导向。然而，目前的师范院校仍然普遍受到智育取向教学理念的影响，通常以学术研究为导向，偏重理论和研究，导致了"课程设置理论化、课程教学学术化和课程考核单一化"（黄友初，2016：87）。这样的课程设置有可能导致学生的学术能力、理论修养比较强，但实践能力相对较弱。此外，教师教育方向的专家教师由于自身也要完成科研任务，导致他们也没有足够的时间给学生们提供充分的实践指导。参与访谈的教师所在的四所院校中，仅有一所学校对教师教育方向的教师实施减免其科研任务的政策，其余院校的教师教育方向教师除了需要承担对职前教师的指导与培养工作外，仍需参与每年的科研任务考核。由于学术取向的定位导致一线教师科研任务较重，而较少有动机和精力兼顾提升对师范生教学实践的指导。

2. 课程设置有待进一步优化

1）课程结构问题

我国的师范专业外语教育曾被简单地理解为外语专业加上教育学与心理学，忽略对外语教育的实践性知识和职业能力的培养。课程设置重视语言能力培养，轻视通识课程和教育课程。师范教育中的听说读写外语基础课是按照国家外语专业大纲（如：英语语言文学）的要求开设的，虽然近年来融入了一些语言学和应用语言学课程，但是所涉及的领域比较局限，专业化的程度不够高（张琨等，2020）。而教育类课程占比较低，导致师范生缺乏对教育规律的掌握和对认知发展规律的理解，不能培养教育教学技巧和能力，难以形成热爱教育事业的职业道德核心和精髓，无法满足基础教育改革需求（李妙兰，2012）。

为推进教师教育质量保障体系建设、提高师范类专业人才培养质量，教育部于 2017 年发布了《普通高等学校师范类专业认证实施办法（暂行）》，对师范类专业必修课、选修课、人文社会与科学素养、学科专业课程、教师教育课程学分比例做出了具体要求，指引师范院校对课程结构进行优化（中华人民共和国教育部，2017）。表 2–1、表 2–2 展示了 2020 年教育部公布的有条件通过师范认证的 6 所院校英语师范专业的课程结构，与 2012 年李妙兰的调查相比，6 所院校英语师范专业的学科专业课程平均学分占比显著下降至 46.1%，教师教育课程平均学分占比上升至 13.4%，可见师范认证促进了英语师范专业课程结构的大幅优化。然而，6 所师范院校课程设置中的教学实践平均学分占比仅为 6.1%，教学专业训练课时短缺，英语师范生无法通过大量的教学实践获得实践性知识，这与培养教学人才的目标还不能非常吻合。因此，英语师范专业课程结构仍需进一步完善。

2）实践性课程问题

目前职前外语教师教育的实践类课程主要采取微格教学的形式，形式较为单一。访谈显示，虽然四所师范院校均开设了微格教学课程，但是每学期的微格教学课上，每位师范生通常只有1—2次教学机会，有效教学时间较为短暂，且不能涵盖所有课型的练习，因此提升师范生实践性知识的效果有限。另外，由于微格教学的学生多由同班同学扮演，而非实际教学对象，所以并不能反映真实的教学环境，无法形成真实的师生互动和交流，不能有效地生成实践性知识（Sen，2009）。除了无法深入关注和了解学生，微格教学的形式也无法为职前教师参与班级管理及教研工作提供学习机会，不能满足培养实践性知识及提高综合素质的需要。

3）课程实施方式仍需改善

教师教育者应注重职前教师的教育专业兴趣、教育理想信念、教育专业能力与知识的整体提升。受访的师范院校老师表示，目前较少有集体备课等形式的教研活动，教师团队内部没有形成有效的发展共同体，先进的思想和教学方式无法有效推广。部分高校教师自身的可持续发展意识较为薄弱，仍使用如"满堂灌"的陈旧的教学方法，以传授语言知识为重点，忽略创新素质培养，使得学生学习较为死板，缺乏分析问题和解决问题的能力（董新良等，2020；贾萍、郝伶闪，2009）。由于缺乏实践指导，职前教师在教学实践中只能机械式地套用理论，限制了教师实践性知识的形成。

4.1.2　教育实习存在的问题

职前外语教师教育实习的目标是使职前教师在实践情境下学会如何教学，是获取实践性知识的重要环节，并对认识英语教学、了解学生、认同自我身份起着关键性作用（郭新婕、王蔷，2009）。教育实习可以巩固和应用职前教师所学的基础理论、专业知识、基本技能，培养他们在教育教学工作中的独立工作和与人合作的能力。另一方面，职前教师在实习过程中有机会向优秀教师学习，能够更充分地认识到人民教师的光荣责任，逐步清晰自己的努力目标（李震等，2020）。

与师范院校教师的访谈显示，目前师范院校在本科4年时间内通常安排6—12周教学实习。在师范认证的要求下，部分院校已将实习时间延长至一学期。教育实习的三种形式各存在一定问题：

（1）分散实习：师范生生源地学校的教学质量和在职教师的教学水平可能参差不齐，且因为地域分散，师范院校实习指导教师的监管有难度，无法实施巡视指导，整体效果难以保证，因此师范院校并不鼓励学生参与分散实习，并设置较为严格的申请审批程序。

（2）集中实习：虽然这种方式便于系统地安排听课、备课、试讲、评课，教学指导也通常能够得到保障，但是对师范院校的组织能力及带队教师的管理能力要求非常高。此外，由于集中实习会对学校正常的教学进度和效果产生一定影响，愿意接收师范生集中实习的中小学数量并不多，且中小学能提供的学科教师岗位并不一定能与师范生实习需求匹配。

（3）顶岗实习：笔者在访谈中了解到，在中小学教师国家级培训计划的支持下，存在过置换形式的顶岗实习，即师范生入校接管学生的教学工作，原教师在此期间进入师范院校参与统一培训。在这种形式下，师范生不仅担任任课教师，甚至还有机会担任班主任，能够全方位参与到教学和管理工作中。但是顶岗实习地区一般较为偏僻，师资力量和硬件水平比较薄弱，不能保证对师范生的有效指导（李震等，2020）。

无论哪种形式，教育实习的过程中，师范生通常是在实习指导教师指导下，在实习所在学校开展教学实践活动。教育实习为师范生提供了熟悉真实的教学环境、初步积累教学经验、构建实践性知识的机会，因此教育实习是教师实践性知识发展的初级阶段。

教育实习期间，实习指导教师的指导对实践性知识的获得起着重要作用。陈爽（2017）对125位指导老师的问卷结果显示：实际指导过程中，指导老师反馈的主要内容是教学内容阐释的清晰性（占总体反馈内容的87.8%），即是以结果为导向，注重教学效果。颜煌和张朝霞（2020）的研究表示，指导教师的建议主要集中在课堂教学情境、板书设计、教学流程等方面，并不深入。访谈结果显示，由于受到教师教育方向师资力量的限制，师范院校通常安排一位指导教师负责多所实习基地的指导工作，不能保证指导教师全程驻扎实习基地，导致过程性的指导较为匮乏，仅能通过抽查形式进行指导。访谈中一位师范院校教师表示，由于该校师资条件有限，指导教师需要指导实习基地所有专业师范生，导致出现指导教师学科与实习师范生学科不匹配的情况，如：负责学科语文师范生教学的教师需要同时肩负起学科数学、学科英语等专业师范生的指导工作。由于专业上的差异和学科知识的限制，指导教师仅能对基本的教姿教态、教学环节进行指导，而对于职前教师获取实践性知识至关重要的学习过程的指导和帮助往往是缺失的，部分指导教师未能为职前教师提出有针对性和可行性的意见和建议，很少能为职前教师提供量身定制的深入分析指导。除此以外，我国职前教师的教育实习往往时间较为短暂，指导教师无法对职前教师的教学行为给予全面细致的指导。综上原因，职前教师通常只能在有限的时间内对观摩到的教师课堂教学行为进行模仿学习，其实践性知识的发展也只停留在技术模仿层面，很难融会贯通。

实习学校对职前教师的接纳和支持是保证实践指导、提高实习质量的必要条件，也在很大程度上影响着职前教师实践性知识的获得（姜忠平、肖跃田，2007）。访谈中师范院校教师表示，部分学校因存在担心实习生无法保证正常教学效果的顾虑，仅安排实习生讲授极少量课程，甚至只允许实习生讲授练习课。这与陈爽（2017）的研究结果是一致的，该研究发现某师范大学英语教育专业 235 名师范生在 12 周的教育实习过程中，平均上课次数仅为 2.9 节课。职前教师通过教育实习获得的上课机会非常有限。此外，学校仅对职前教师开放少量资源，不允许旁听除指导教师以外其他教师的授课，这些情况都限制了职前教师实践性知识的获取（陈爽，2017）。

4.1.3　非师范生新手教师缺乏系统职前教育

近年来，随着教师准入政策的变化，大量的非师范生进入教师队伍。值得注意的是，相当数量的新手教师并非师范学校毕业生，没有接受过系统的职前教育（程晓堂、孙晓慧，2010）。访谈显示，师范院校中的非师范专业学生普遍未接受过教师教育，教育学、心理学知识较为匮乏。"非师范生和师范生差别还是比较大的，师范专业在教师教育课程这一块的补充还是挺多的。像翻译、商英专业的学生，也会有部分会选择当老师的，但是很多人说他们就像一张白纸一样，没有很多教育理念"（H 老师，某师范院校教师，2020 年 9 月）。非师范生普遍未参与过教育实习，未能通过教育实习培养教师实践性知识。这些学生对新课标了解有限，在进入工作岗位时通常遇到较大挑战："非师范生不像师范的学生上台就能讲，他们很难站住讲台"（K 老师，某师范院校老师，2020 年 10 月）。景浩荣（2020）对 411 位特岗教师的调查显示，非师范类特岗教师在专业知识和专业能力维度与师范类特岗教师存在显著性差异。由于缺乏系统的专业理论与专业实践训练，非师范类特岗教师的专业知识缺乏系统性和全面性，在掌控课堂和指导学生成长等方面存在不足。

综上所述，教师实践性知识的获得对于职前教师教育来说是巨大的挑战。目前，新手教师依然缺乏实践性知识，职前教师教育需要进一步思考培养定位、推动课程设置的合理化、提升教学理念、加强对学生教育实习期间的有效指导。同时，也要考虑加强和中小学的联动，争取得到他们的接纳与大力支持。此外，师范类院校还应积极主动担负起在职教师教育的任务，推动未接受过系统职前教育的非师范生的职后发展。

4.2　职前教师培养与中小学教学实际脱节

职前外语教师培养如何解决与中小学英语教学实际脱节的问题，是职前教师培养的重大挑战。传统的外语教师课程建设和教学理念已经不能适应社会的需要和专业人才培养的要求。职前教师培养未能充分关注基础教育课程改革、缺乏专业发展学校模式及入职衔接机制等问题导致的外语教师职前培养与中小学外语教学脱节的问题日益凸显，是教师教育机构和教师教育者面临的一个重要问题。

4.2.1　师范院校与中小学的关系不够密切

为了切实培养出能够服务于基础教育课程改革的合格师资，适应和引领基础教育改革发展，《基础教育课程改革纲要（试行）》针对教师的培养明确指出："师范院校和其他承担基础教育师资培养和培训任务的高等学校和培训机构应根据基础教育课程改革的目标与内容，调整培养目标、专业设置、课程结构，改革教学方法。"（中华人民共和国教育部，2001b）。然而，师范院校未能及时把基础教育改革纲要相关内容？纳入教师职前教育课程（程晓堂、孙晓慧，2010）。产生这一现象的最主要原因是不少高校与中小学的合作关系不够密切：高校教师往往习惯教授自己专业领域内的知识，但对基础教育关注不足。访谈中，教师教育一线教师表示，除了带队进入中小学指导师范生实习工作外，较少有其他机会走进中小学课堂："一种就是带队去中学实习的，能进到中学课堂。另外就是下面老师上来培训，或者讲课比赛"（C 老师，某师范院校教师，2020 年 9 月）。因此，他们对中小学运作机制、教学实践的了解仅局限于指导实习时的经验，对中小学外语教育改革实际情况的了解有限，较难换位思考中小学教师在日常教学中遇到的问题与困难。这些因素导致平时高校课堂上教授的内容趋于空泛，仅停留在理论层面，鲜有为了解决现实问题而进行的分析与讨论，脱离基础教育外语教学的实际（郭洪洁、宋维华，2015；李虎林，2009；李妙兰，2012）。其次，师范院校与中小学校际之间沟通联系少，渠道单一，未能建立成体系的互帮互助模式。访谈的四所师范院校中，仅有一所学校邀请中小学一线教师全程教授整门课程，但该门课程受学生选课影响，并不能每年开课："我们的中学教材分析课是邀请一位初中的骨干教师给我们上课，但是这节课是选修的，是不定期的，有时候今年选了明年不选，没办法开课"（Y老师，某师范院校教师，2020年10月）。其他院校与中小学的合作模式仅局限于讲座形式，且频次较低。一方面，高校教师和中小学教师的角色定位在一定程度上阻碍了合作关系的建立。高校教师通常被赋予专家、学者的角色定位，他们对中小学教育的指导易产生或被误解为居高临下的姿态；而中小学教师的角色定位更多是课堂教学的执行者，他们最关心的问题往往处于具体操作层面，而对教学研究兴趣有限（许建美，2006）。另一方面，访谈显示，也有部分师范院校在当地的影响力有限，导致中小学与师范院校合作意向不强。除此以外，现有的中小学教师晋升机制未能有效促进中小学教师进入高校对师范生进行指导，中小学教师参与师范生教师教育动力不足。这些原因都加剧了脱节现象。值得一提的是，2018年《中共中央 国务院关于全面深化新时代教师队伍建设改革的意见》中明确提出"深化中小学教师职称和考核评价制度改革。适当提高中小学中级、高级教师岗位比例，畅通教师职业发展通道"（中共中央 国务院，2018）。为落实中央文件提出的中小学教师职称改革，一些省份的职称评审机制已经做出了相应变化，如：将中小学教师"指导培养成效"作为职称评审的重要指标之一（徐清秀，2021：121）。随着教师职称改革的逐步落实与推进，若中小学教师进入高校为师范生开设课程、进行指导可作为"指导培养成效"并对职称评定有所帮助，这将会大幅提升中小学教师参与师范生培养的动力。

4.2.2 专业课程设置不能完全满足中小学教学需求

外语师范人才的培养与科学合理的课程设置密不可分，只有平衡学科专业课程与教师教育课程之间的关系，才能培养出既能学好外语、又会教授外语的高质量人才（程晓堂，2021）。然而，目前我国师范院校开设的教师教育课程以教育学、心理学、教学法理论和原理为主，教学内容未能及时更新，与中小学教育实际相结合的内容较少（何华清，2015）。除此以外，学术类课程与师范类课程未能紧密结合。例如，单独开设教学法课程，而不是与学科知识进行融合（刘径言，2015），不利于师范生在未来的教学实践中运用教学法知识解决教学中实际存在的问题。程晓堂（2021）在综述师范院校外语专业课程设置相关研究后指出：这些师范专业的课程仍以专业学习为主，开设较多培养学生语言技能的课程，培养教育教学技能课程较少，教学法课程未能让学生积累足够的外语教育知识，不合理的专业课程设置影响了人才培养的质量。

另一方面，教育实践课程的设置也存在不合理的现象。虽然 2016 年《教育部关于加强师范生教育实践的意见》从实践形式、内容、评价以及"双导制"多角度提出各项意见指导职前教师实践课程（中华人民共和国教育部，2016）。而现实情况是，目前师范生教育实习时间较短，通常仅为 6—12 周（陈爽，2017；邹为诚，2009）；教育实习通常安排在第七学期进行，与学生求职就业、教研、考教师资格证时间重叠，导致学生敷衍应对，教学实习效果欠佳（胡芳毅等，2019）。有限的时间内，在疲于应对的情况下，师范生在教育实习期间无法深入了解中小学实际教学情况，不能全方位了解中小学教材教法、学生性格特点以及学习基础，也导致师范生缺乏对现实教学情况存在的问题进行思考、分析和处理的能力（程晓堂、孙晓慧，2010；何华清，2015）。

4.2.3　职前教育未能充分关注信息时代社会需求

教师在教育中起着关键性作用，教育质量的高低取决于教师队伍和教师教育的整体水平。社会对高素质教师资源需求的快速增长推动了教师教育人才培养的改革，创新性、自主性和多样性已经成为教师教育迫切需要解决的问题，这对教师教育机构提出了更高的要求（金晨、胡耀宗，2019）。2011 年教育部颁布的《教师教育课程标准（试行）》提出了信息技术与课程的整合。在信息技术的冲击下，学生的思维越来越灵活，获取信息的渠道也越来越多样化。因此，职前教师教育中需要体现社会和个人观念的转变，如对知识和权威的态度。在信息时代下，媒体文化对学生的生活产生了各种影响。

本书第 2 章 2.3.1 节指出：2011 年《教师教育课程标准（试行）》颁布后，部分学校在教师教育课程中增设了现代教育技术课程，有助于推进教育理念和教学模式的变革。然而，目前的外语师范专业教师仍以线下授课为主要形式，对"线上、线上线下混合式、虚拟仿真实验教学和社会实践"类课程不够熟悉，这些课程建设质量仍不理想（方秀才，2021）。目前的教师职前教育也未能考虑到学生灵活的思维和多元的信息获取渠道，课程设置也不能反映新时代的社会需求（刘径言，2015）。为解决职前教师培养与信息时代社会需求脱节的问题，职前教师教育课程应当充分考虑中小学生生活世界所发生的变化，关注教育研究的最新成果，并将信息技术论充分融入教学设计。

4.2.4　缺乏相应的入职衔接机制

入职教育阶段，是新手教师完成从学生到教师身份转变的重要时期。合理的入职衔接机制是引导和帮助新手教师进入专业角色的桥梁和纽带，起到指导新手教师教学实践的作用，为新手教师的专业化发展奠定基础（谢晓雪、田道勇，2014）。然而，目前我国中小学校教师入职教育的形式多为简单地宣读教师职业道德、熟悉学校规章制度等，鲜有关注到身份转变对新手教师带来的冲击和挑战。事实上，新手教师虽然在教育实习阶段，已经对教学实践有了初步了解，但是由于他们当时更多地以"学习者"的角色进入实习学校，而非真正意义上的教师。因此当他们入职后走上工作岗位时，常常会感受到教育现实产生的冲击。当在大学中所学到的教育理论知识无法有效地指导教学实践时，新手教师往往会产生心理上的不适应和挫败感（许建美，2006）。因此，在入职教育阶段，应建立有效的衔接机制，更好地帮助新手教师确立坚定的教育信念，帮助他们度过这段极具挑战性的时期。

关于改善我国入职教育的衔接问题，可以参考日本的教师入职制度（邵雪飞，2019）。新任教师除了应通过严格的选拔获得受聘资格外，还需要经过一年的研修期。在研修期内，必须接受入职专业培训，并通过相应的考核才能正式留用。入职培训要求新任教师在有经验的教师的指导下，参加教育机构的研修课程，这些研修课程涵盖教师行动研究、教材使用与开发、师生交往等方面。同时，中小学也会定期安排专题讲座和讨论、优秀教师教学经验分享、新任教师教学录像分析研讨等，旨在帮助新任教师更好地处理在中小学实际教学过程中遇到的各类问题。总之，新任教师的入职专业培训可以帮助他们更好地适应从学生到教师的角色转变，各类研修课程能够帮助增强教师实践性知识和反思实践的能力，培养教师自主发展的发展观，为他们未来的可持续发展打下坚实的基础（盛迪韵，2010；谢赛，2020）。

完善新手教师的入职培训措施，应以入职教育为基础，以工作坊和案例教学作为新手教师的教育实践和教学形式，而不是以报告、讲座和观察为代表的大班灌输式培训。在入职培训过程中，可以安排有经验的教师与新手教师形成学习共同体，对新手教师进行动态监控，并由有经验的教师及时解答新手教师在培训中的疑惑（谢晓雪、田道勇，2014；于忠海，2020）。

综上所述，只有加强师范院校与中小学的联动关系，建立起符合我国国情的专业发展学校模式及入职衔接机制并关注信息时代的社会需求，才能切实解决职前教师培养与中小学教学实际脱节的问题。

4.3 职前教师专业发展意识和职后可持续专业发展体系的建设

4.3.1 职前教师专业发展意识的培养

教师教育改革的焦点是教师由知识传递到专业自主的转变，教师应树立坚定的教育信念、教育意向、专业伦理、反思策略和习惯、思维方式，应对教育意义有清楚的认识（宁虹，2009）。教师专业自主的一个重要内容是教师专业发展意识，它"是指教师在专业生活中，来自个体的内在发展意识，它是建立在教师个人对自己所从事职业的正确认识基础上的为获得自身专业发展而不断地自主学习和自觉调整、完善自身教育教学理念与行为的意识，是教师对自己实践活动及教育观念的反思"（袁玲俊，2006：58-59）。教师职后可持续专业发展的目的是培养高标准、复合型教师，其基本任务是要有效地推进教师发展进程，使在职教师获得具有较高效能的可持续发展的内在驱动力。目前，教师职后可持续发展面临下列问题。

首先，教师专业发展缺乏自主性。教师教育改革的主要趋势之一即是教师专业化，但随着教师专业化的逐渐推进，当前教师缺乏专业发展自主性的问题日益突出，制约了教师的职后可持续专业发展。问题主要体现在专业发展意识、教师参与科研、外语能力三个方面。首先，我国的教师专业化是在世界教师专业化运动的潮流和国内教育改革对教师职业的要求的外在压力下产生的，而不是由教师自主发起的。在这样的模式下，教师无法个性化选择自身专业发展的路径，而是被动发展。曾经工具化、模式化的教师培养模式使得一大批教师缺乏个性及专业自主性发展的意识。同时，日益增长的改革压力让教师没有精力对自己的教学实践进行反思，不仅使专业自主发展受到了限制，还会产生职业逃避行为（郭元婕、鲍传友，2006）。

其次，教师参与研究是教师专业发展的重要途径（李茹、张燊，2019）。我国教育部 2012 年颁布实施的《义务教育英语课程标准（2011 年版）》《"国培计划"课程标准（试行）》《小学教师专业标准（试行）》和《中学教师专业标准（试行）》强调：中小学英语教师研究能力的发展不仅是教师工作的基本要求，也是中小学英语教师专业化发展的要求（中华人民共和国教育部，2012a，2012b，2012c）。然而，我国中小学教师存在科研意识与动力不足、态度不积极、能力较弱等问题。刘文娜（2020）对教师科研动机的访谈数据显示，教师参与科研的主要动力为职称晋升，次要动力为完成上级安排的任务，二者均为外部动机。而激发教师可持续发展的内部动机，如提升教学质量与自身兴趣，在访谈对象中的占比最小。由此可见，目前我国中小学教师开展科研活动缺乏自主性。

最后，教师专业发展自主性薄弱还导致了外语教师语言磨蚀现象。语言磨蚀主要指：双语或多语使用者，因减少或停止某种语言的使用，而导致的使用该语言的能力随着时间的推移而逐渐减退或丧失的现象（杨连瑞等，2009）。我国的外语教师除了规定的外语教学任务外，较少有其他外语实践和交流的机会，进而导致语言磨蚀。通过分析283位教龄从2年到25年不等的中学英语教师的问卷调查，寻阳和郑新民（2015）发现在职英语教师对自我语言能力评价较低，教师在持续流利地使用英语、用英语表达思想或做语言示范方面缺乏自信。对其中的三位教师进行半结构式访谈和课堂观察发现，三位教师课上所授内容仅局限于教材，使用的英语也存在着固定单一的模式，而且在分析课文和解释语言难点时均使用中文。除此以外，很多教师因为工作压力大，对语言磨蚀认识不足，把它当作自己的"失败"而不敢面对，对语言磨蚀持抵抗情绪，不利于教师正视并积极应对语言磨蚀（张嘉欣，2019）。因此，外语教师职后可持续发展应该关注英语教师的语言学习，减少语言磨蚀。

针对以上的这些问题，笔者认为，培养职前教师专业发展意识，是教师职后可持续发展的重要条件。提升职前教师专业发展意识可从个人和外部环境两个方面着手。在自身努力方面，职前教师应提升自己的专业认同，从内心接受和认可自己的教师职业和其内在价值、行为规范；加强自我反思能力，对过往的专业发展进行总结，对现在的专业发展进行评估，以及对未来的专业发展进行规划。同时，职前教师专业发展意识的培养离不开外部环境的支持。在社会层面上，营造尊师重教的社会风尚、提升教师社会地位和福利待遇有助于教师坚定从教信念。在学校层面上，师范院校作为培养职前教师的单位，应加强职前教师专业理想教育、改革职前教师教育课程、重视教育实习工作、积极建设校园精神文化，使教师专业发展观渗透到每一位师范生心中。

4.3.2 缺乏完整的职后教育与发展体系

我国中小学教师职后培训政策经历了20世纪50年代至80年代的

以学历补偿为主的培训、90 年代中后期的学历补偿与继续教育同时存在、21 世纪起全面推进继续教育的演变过程。这一发展过程强调学历教育和继续教育背后的价值理念是：首先，中小学教师必须具备一定的学历；在获得学历之后，仍需持续不断地学习。为此，国家实施了学历补偿教育和继续教育，促使教师可持续性学习，完善教师终生发展状态，提升教师人力资本质量（傅树京、崔彦琨，2016）。

教师职后可持续专业发展体系的建设需要政府部门、学校和教师教育机构共同努力。尽管国家为保障教师可持续专业发展提出有利的政策，但实际上，目前我国还没有建立起完善的职后可持续发展体系，学历补偿型的课程式培训依然是当前我国教师继续教育的主要形式。职后教育与职前教育内容重叠，甚至是完全照搬，导致资源浪费和培训低效。仅仅重视教育学、心理学等经典理论的学习和教学基本技能的训练，忽视在职教师的发展特点和实践需求，教学方法的培训无法体现教育理念的更新和学科特点（程晓堂、孙晓慧，2010；许建美，2006）。

4.3.3 "可持续专业发展体系"建设的思路

教师职后培训是当代社会发展和教育发展对教师素质要求提高的集中体现。加强外语教师职前和职后培训一体化、构建可持续专业发展模式是提升外语教师师资问题的有效途径，而加强外语教师职后培训是保证高质量外语教学的关键。针对上述问题，笔者对建立外语教师可持续专业发展体系的建议如下：

1. 推进教师教育一体化

教师教育一体化是指"以终身教育理念和教师专业发展理论为指导，以培养符合时代要求的高素质专业化教师为旨归，将教师职前教育、入职教育和职后教育进行有效统整和有机衔接，形成虽各有侧重但又互为整体的连续性教师教育体系"（陈时见、李培彤，2020：2）。然而在教师教育的发展进程中，国家尚未从体制机制层面对教师职前职后一体化发展提出统一的制度规定和政策措施（刘义兵、付光槐，2014）。因此，为解决教师职前与职后教育脱节的问题，应建立起职前职后教育一体化、学历与非学历教育并存、促进教师可持续专业发展的现代教师教育体系。具体实现路径为：（1）课程结构一体化：合理安排教师职前职后教育课程的类别、学时、学分，理顺各门课程开设的先后顺序；

（2）课程内容一体化：教育学、心理学、学科课程与教育理论课程、教育实践课程应合理衔接，在内容设计上应有机结合；（3）课程实施一体化：整合教师的教与学生的学，以学定教、教学合一。只有达成三个一体化，注重提高培训效率，才可以有效提高教师职后教育的质量（陈时见、王雪，2015；董新良等，2020）。

2. 创新教师教育协同培养机制

我国的各级师范院校是负责教师职前培养的主要单位，为教学一线输送了师资力量。然而，目前职后教育主要由成人教育学院和教师进修学校承担，造成了与师范院校的职前教育不衔接、不相关的脱节现象（韩宝庆，2006）。为解决这一问题，师范院校、地方政府、教育科研单位、中小学应积极合作，整合各机构和部门的优势资源，对现有教育结构进行调整优化，理顺一体化培训体系。近年来，一些师范院校开展了教师教育协同培训机制的创新性实践，将职前教育与职后教育有机结合，加强了师范院校与地方政府、教研单位、中小学的联系，提升了教师教育质量。例如，2007 年东北师范大学率先在全国建立"教师教育创新东北实验区"，探索了师范院校、地方政府、教研单位、中小学之间的 U-G-S 协同培养机制（刘益春，2012）。参与访谈的四所省属师范院校也均对 U-G-S 模式展开了一定的探索。在未来的合作中，协同各方应明确协同培养的具体目标及自身的主体责任，形成优势互补。其中，师范院校应为协同培养机制提供理论指导和政策建议；中小学应组织在职教师定期参与职后培训，并选拔优秀一线教师参与职前教育指导工作；教研单位应加强对中小学教师的指导与帮助，并负责教师教育一体化的政策咨询工作（陈时见、李培彤，2020）。

3. 丰富职后可持续专业发展形式

教师职后教育应随着社会的发展而发展，随着教师的需求不断完善。不仅应完善课程内容和具体实施的方法，而且应不拘泥于课程形式，开发多样化的培训模式。首先，可以改变职后教育课程的内容，避免和职前教育重复，应增加课程改革所需要的新内容。在实施上可以避免以往千人一课的形式，改为在职教师自主选课，并鼓励教师积极参与到职后教育课程的设计、研发过程。其次，鼓励教师形成学习共同体，协商解决教学实践过程中遇到的真实问题，培养自律，激发教师内在动力，增强教师的责任感和使命感，共同构建可持续学习的良好氛围。最后，改变流于形式的无意义、功利化的学习，采用多种多样的形式，支持和鼓励教师可持续专业发展（师远贤，2006；王明高，2010）：

（1）教师行动研究：鼓励教师开展行动研究，反思自己的教学观念和教学方法，在实践中探讨新观念和新方法，从而提升教师对大纲、教学和学习过程的理解，进而改进教学实践（Nunan，1990）。

（2）教师回炉培训：鼓励本科毕业生利用寒暑假回到高校研读课程、参加培训，这一形式并非要求教师重复职前教育学习过的知识，而是为了学习领域内的先进思想和教育方法，提升专业知识，加强对教育工作的反思，促进职业发展螺旋式上升。

（3）本科毕业的中小学教师攻读在职研究生：课程改革的深入，对于教师的要求越来越高。攻读在职研究生，是教师终身学习信念的体现。2010 年，教育部颁布的《教育部直属师范大学免费师范毕业生在职攻读教育硕士专业学位实施办法（暂行)》规定：6 所部属师范院校毕业的免费师范生在中小学任教满一学期后，可以申请免试攻读在职教育硕士，鼓励免费师范生读研深造（中华人民共和国教育部，2010a）。通过攻读在职研究生课程，一线教师可以掌握教育领域先进知识，学习更多的教学和班级管理经验，提升个人综合素质和核心竞争力。

上述模式和方法提出了建设教师可持续专业发展体系的思路，以期促进基础教育外语教师教学素养和教学能力的发展，实现外语教师可持续发展，为我国基础教育外语教学的发展提供有力的师资保障。

第二部分
基础外语教育篇：
在职外语教师发展研究

第 5 章
21 世纪我国中小学外语课程改革的发展与变革

5.1　21 世纪我国中小学外语课程改革概览

　　进入 21 世纪，中国基础教育英语课程进入了一个全新的改革发展期，国家启动了 1949 年以来全国范围内最大的也是最深刻的一次基础教育课程改革（朱慕菊，2001），即第八次课程改革。这次改革至今已经走过了 20 多年的历程，经历了两个重要阶段。第一阶段是从重视基础知识和基本技能（以下简称"双基"）的课程目标转向以学生为本的由知识与技能、过程与方法、情感态度价值观构成的三维目标，三维目标在英语课程中强调了对学生的语言运用能力和情感态度、价值观培养的重要性，实现了课程目标从 1.0 版向 2.0 版的升级。英语课程也从"双基"目标转向了对综合语言运用能力的培养。在 2.0 版的目标中，除了语言知识和语言技能目标外，还增加了对学生终身学习具有重要意义的学习策略目标、对学生了解目的语国家不可或缺的文化意识目标和对学生身心健康和良好的性格品格培养至关重要的情感态度目标，力求体现课程的人文性特征和以学生发展为本的理念。

　　第二阶段启动于 2014 年，以国家提出的落实立德树人根本任务、建构中国学生发展核心素养体系框架为标志。教育部于 2014 年年底和 2019 年分别开启了对高中各学科课程标准（实验）和对《义务教育英语课程标准（2011 年版）》的修订工作。两项修订工作均历时三年。修订工作以坚持以习近平新时代中国特色社会主义思想为指导，全面贯彻党的十八大、十九大和全国教育大会的精神，以为党育人、为国育才为目标，践行新时代发展理念，落实立德树人根本任务。以《中国学生发展核心素养》为引领，重视核心素养的引领作用，把坚定学生的理想信念，厚植学生的爱国主义情怀，增强学生的品德修养，增长学生的知识见识，培养学生的奋斗精神，提高学生的综合素质有机融入并落实到英语新课标的课程目标、课程内容、课程实施与课程评价中。《普通高中英语课程标准（2017 年版）》（中华人民共和国教育部，2018b）自 2018年起在全国分步实施。《义务教育英语课程标准（2022 年版）》（中华人民共和国教育部，2022）自 2022 年 9 月起在全国小学和初中全面实施。由此，改革的重心从综合语言运用能力转向了核心素养，实现了课程目标从 2.0 版向 3.0 版的再次升级，标志着我国基础教育课程改革全面迈入核心素养时代，也预示着基础教育全面进入质量提升的新阶段，这必将带来更加广泛、深刻和全面的改革。如何面对新时代的新要求，成为广大中小学英语教师面临的挑战。

下面就 21 世纪课程改革的发展脉络作简要梳理。

21 世纪初，伴随"基础教育课程改革纲要"（中华人民共和国教育部，2001b）的发布，各学科义务教育和普通高中课程标准相继完成研制，《义务教育普通高中英语课程标准（实验稿）》（以下简称"实验课标"）（中华人民共和国教育部，2001c）进入实验。此次英语课程改革的任务就是要改变以教师讲授语言知识为主、学生机械记忆、死记硬背的英语教与学的方式，转向以学生为本、以培养综合语言运用能力为目标的教学。为此，"实验课标"倡导实施任务型教学，强调语言学习要在语境中、在完成真实生活的任务中进行，要教会学生用英语做事情。

第一阶段的课程改革虽然取得了显著成绩，但是成绩与问题同在。从实践层面看，传统的教学理念尚未得到根本转变；内容教学多呈碎片化状态，缺乏整合，难以促成学生能力的系统发展；教学方式忽视对主题情境的创设和对主题意义的深层探究，导致学生思维培养缺失等。应试教育也是导致教师更多关注知识讲解和记忆的一个重要因素。关键是教师对于英语学科对学生发展的价值、学生应该学习什么、发展什么样的能力，以及如何评价学生的学习成效等都还尚未有足够重视和思考。这些问题不解决，英语课程以综合语言运用能力为导向的改革目标就很难落到实处。

围绕培养什么人的问题，2014 年教育部发布了《关于全面深化课程改革落实立德树人根本任务的意见》（中华人民共和国教育部，2014b），首次提出了要把立德树人作为基础教育的根本任务，并开始构建中国学生发展核心素养体系。2013 年，受教育部的委托，北京师范大学林崇德教授承担了"21 世纪学生发展核心素养"的重大攻关项目。经过三年的研究工作，课题组在 2016 年 9 月 13 日召开了"中国学生发展核心素养"研究成果新闻发布会。图 5–1 的框架中包括了三大方面、六大素养的中国学生发展核心素养。这一研究成果明确定义了学生发展核心素养，即学生应具备的、能够适应终身发展和社会发展需要的必备品格和关键能力（林崇德，2016a）。根据这一研究成果，中国学生发展核心素养以培养"全面发展的人"为核心，分为文化基础、自主发展、社会参与三大方面，综合表现为人文底蕴、科学精神、学会学习、健康生活、责任担当、实践创新等六大素养。各素养之间相互联系、互相补充、相互促进，在不同情境中整体发挥作用。该课题成果集中体现在 2016 年出版的《21 世纪学生发展核心素养研究》（林崇德，2016b）一书以及众多文章中（如：林崇德，2017）。

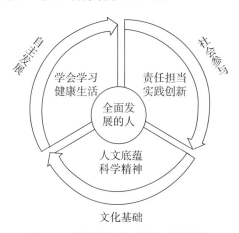

图 5-1　中国学生发展核心素养框架

　　中国学生发展核心素养的提出是对三维目标——知识与技能、过程与方法、情感态度价值观目标的优化、整合和提升。它强调学生的核心素养既要有利于学生终身发展，又要有利于社会发展。而且，核心素养不是指单一的能力，它是由正确价值观念、必备品格和关键能力构成的综合素质。它强调学生在接受教育的过程中要具有理想信念和社会责任感，同时还具有科学文化素养、终身学习能力、自主发展和沟通合作的能力。它强调学生既要学会做人，又要学会做事，做人需要具备正确的价值观念和良好的人格品格，做事需要具备关键能力。

　　中国学生发展核心素养框架公布后，对基础教育产生了重大影响，成为当今我国教育改革的思想基础之一。在中共中央　国务院 2019 年印发的《中国教育现代化 2035》文件中，也明确提出了学生发展核心素养的要求。这个素养框架成为修订义务教育课程方案和各学科课程标准的依据，也成为研制学业质量标准的重要出发点和落脚点。中国学生发展核心素养框架中的很多理念和要求也正在学科教育中不断得到实践（辛自强，2019）。

新修订的普通高中和义务教育英语课程目标强调英语课程要在培养学生语言能力的同时，发展他们的文化意识、提升他们的思维品质和学习能力。为确保这一目标落地课堂，中国需要创建本土的教学主张和实施路径，建立具有促学促教目的的课程评价体系。

5.2 21世纪中小学英语课程改革的主要变化

5.2.1 课程性质的变迁

课程性质是对一门课程的基本定位，决定着这门课程教学理念、内容选取和教学组织方式的选择。纵观中华人民共和国成立以来历次颁布的英语教学大纲，国家在相当长的一个时期内，在国际和国内政治和经济发展的大背景下，外语课程一直被确定为一门工具性课程。其目的主要是教会学生学习和掌握一门外语，用于学习、生活和生产，以及对外交流。例如，《全日制中学英语教学大纲（草案）（1963）》（课程教材研究所，2001）就指出，"外国语是学习文化科学知识进行国际交往促进文化交流增进与各国人民之间的相互了解的重要工具"。"掌握英语对吸收有益于我国社会主义建设的科学技术成果，或者向友好的国家人民介绍我们的经验，加强与各国对加强与各国人民之间的联系，团结各国人民共同对帝国主义作斗争都会有许多便利"。《全日制十年制中小学英语教学大纲试行草案（1978）》（课程教材研究所，2001）也指出，"在国际阶级斗争、经济贸易联系、文化技术交流和友好往来中，英语是一个重要的工具"。同样，《全日制中学英语教学大纲（1986）》（课程教材研究所，2001）也明确指出，"外国语是学习文化科学知识，获取世界各方面的信息，进行国际交往的重要工具"。因此，外语教学在中华人民共和国成立后的近50年间一直都被看作是一个重要的工具，教学的重心主要聚焦在语言知识的学习和运用上。

外语课程性质的变化首次是在2001年颁布的实验课标中。该文件在开篇的第一页就清晰地界定了英语课程的性质："英语课程的学习，既是学生通过英语学习和实践活动，逐步掌握英语知识和技能，提高语言实际运用能力的过程；又是他们磨砺意志、陶冶情操、拓展视野、丰富生活经历、开发思维能力、发展个性和提高人文素养的过程"。这段话中采用"既是……又是……"的表达方式，隐含地将英语课程的工具性和人文性表述出来，明确了英语课程除了具有工具性特征外，还同时兼具人文性特征。"实验课标"虽然并未显性地使用工具性和人文性的概念，但是清晰地阐述了英语课程所具有的双重特征的内涵。随后颁布的《普通高中英语课程标准（实验）》（中华人民共和国教育部，2003）也采用同样的方式，明确了高中英语课程同样具有工具性和人文性双重性质。

首次在课程标准中直接使用工具性和人文性这一课程性质的概念表述的是 2011 年颁布的《义务教育英语课程标准（2011 年版）》（中华人民共和国教育部，2012b）。该文件在课程性质一节中明确指出，"义务阶段的英语课程具有工具性与人文性双重性质。就工具性而言，英语课程承担培养学生基本英语素养和发展学生思维能力的任务，即学生通过英语课程掌握基本的英语语言知识，发展基本的听说读写技能，初步形成用英语与他人交流的能力，进一步促进思维发展，为继续学习英语和用英语学习其他相关科学文化知识奠定基础。就人文性而言，英语课程承担着提高学生综合人文素养的任务，即学生通过英语课程能够开阔视野，丰富生活经历，形成跨文化意识，增强爱国主义精神，发展创新能力，形成良好的品格和正确的人生观与价值观"（中华人民共和国教育部，2012b: 4）。2017 年，教育部同期颁布的高中英语、日语、俄语、德语、法语、西班牙语等六个外语语种的课程标准，也都分别对课程性质进行了阐述，明确了高中外语课程都具有工具性和人文性融合统一的特点。例如，《普通高中英语课课程标准（2017 版）》（中华人民共和国教育部，2018b）在课程性质一节中明确指出，英语课程"强调对学生语言能力、文化意识、思维品质和学习能力的综合培养，具有工具性和人文性融合统一的特点"。这一文件还指出，课程除了具有帮助学生进一步学习和运用英语基础知识和基本技能，发展跨文化交流能力，用英语学习其他学科知识，以及为未来的学习或就业提供更多机会等功能外，还要帮助学生"树立人类命运共同体意识和多元文化意识，形成开放包容的态度，发展健康的审美情趣和良好的鉴赏能力，加深对祖国文化的理解，增强爱国情怀，坚定文化自信，树立正确的世界观、人生观和价值观"等（中华人民共和国教育部，2018b: 2）。《义务教育英语课程标准（2022 年版）》再次强调了英语课程具有工具性和人文性融合统一的特征，并在对课程性质的阐述中更好地体现了两者的融合性。如："义务教育英语课程体现工具性和人文性的统一，具有基础性、实践性和综合性特征。学习和运用英语有助于学生了解不同文化，比较文化异同，汲取文化精华，逐步形成跨文化沟通与交流的意识和能力，学会客观、理性看待世界，树立国际视野，涵养家国情怀，坚定文化自信，形成正确的世界观、人生观和价值观，为学生终身学习、适应未来社会发展奠定基础"（中华人民共和国教育部，2022：1）。

由此可见，21 世纪中小学外语课程的定位从单纯的工具性转向了兼具工具和人文的双重性质。从学科本质的角度重新确立了我国中小学外语教育不仅具有教授语言知识、培养语言能力的功能，还有重要的育人功能。这一定位为外语教学指明了新的方向，对教学内容的选取和组织都产生重要的影响，并会持续发挥其导向性作用。

5.2.2　课程目标的转型

过去 20 年，英语课程目标实现了两次重要转型，第一次始于 2001 年启动的国家第八次基础教育课程改革，即从以知识技能为本的课程目标转为以学生为本和以学生发展为本的课程目标。20 世纪 90 年代的《中学英语教学大纲（试用）》（如，中华人民共和国国家教育委员会，1992，1993）主要把学习语言基础知识和发展为交际初步运用英语的能力作为课程的目标。在课程目标的描述中，虽然也提到要激发学生学习兴趣，养成良好学习习惯，使学生受到思想品德、爱国主义和社会主义等方面的教育，以及发展思维能力和自学能力等方面的文字，但是缺失对目标细化和落实的措施。在内容要求中除了语言知识和语言技能外，并未对兴趣、习惯、品德、爱国教育等目标提出要求。针对 20 世纪 90 年代目标设计上的不足，启动于 21 世纪的中小学英语课程改革根据英语课程具有工具性和人文性的双重性质，将英语课程的目标定位于发展学生的"综合语言运用能力"。这一能力由五个要素构成，即语言知识、语言能力、情感态度、文化意识和学习策略等（中华人民共和国教育部，2001c，2003，2012b），如图 5-2 所示。这是国家课程首次在语言知识和语言技能目标的基础上，增加了学习策略、文化意识和情感态度目标，并按不同的级别提出了分项、明确且具体的达标要求。分级目标的描述尽量使用了"能做某事"的方式，凸显可操作性。

第二次课程目标的转型始于教育部 2014 年 3 月发布的《关于全面深化课程改革，落实立德树人根本任务的意见》和 2016 年 9 月公布的中国学生发展核心素养框架。此次转型使综合语言运用能力目标转变为核心素养目标，具体包括语言能力、文化意识、思维品质和学习能力（如图 5-3 所示），其总目标是为国家培养具有中国情怀，国际视野和跨文化沟通能力的社会主义建设者和接班人。

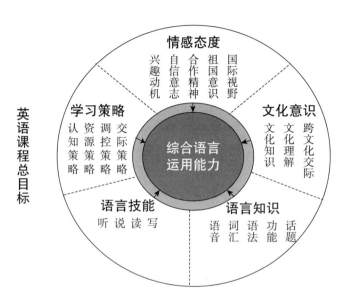

图 5-2　2001—2011 年第一次英语课程目标转型

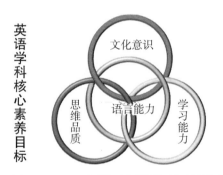

图 5-3　2017 年第二次英语课程目标转型

3.0 版的英语课程目标有三个着力点：关注学科育人价值，关注学生思维发展，关注终身学习能力培养。

首先是关注学科育人价值，即强调课程目标要从关注学科知识与技能转向关注学科育人的目标。由于多年的认知偏差，许多人认为学校育人的职责是学校德育处，其主要形式包括升旗、班会、各种艺术节、文化节或科技节等课外活动，学科教师的主要职责则是教授知识与技能。学科教师对教书育人的理解很少考虑到学科内容和学科活动的作用，而更多地认为是通过个人的师德行为、才华学识和人格魅力。事实上，学校的每一位教师都承担着育人的责任，每一个学科都具有育人的价值。

不可否认，教师的品德、行为和人格魅力都具有重要育人作用，但是如何挖掘学科内在的育人价值更为重要。培养学生的核心素养是学校教育的全部内容和终极目标，每个学科和每一位教师都要为实现这一目标而发挥出应有的作用。

第二是关注思维发展，重视推动学生的思维能力由低阶向高阶发展。多年来，由于课程发展的阶段性和人们对语言认识的局限性，语言课程的重心在很长一段时间内主要集中在重复性、机械性的低阶思维上，忽视对学生高阶思维的培养。国际经济合作与发展组织将创新思维与创造性思维以及问题解决能力列为 21 世纪学生十大核心技能的前位，说明思维品质是未来优秀人才的重要指标。思维与语言密不可分，思维是语言的内核，人们运用语言进行交流和表达的内容是源于思维的结果；反过来，语言是思维的外壳，语言所反映出来的是人的观点立场、价值取向，是思维方式外化的结果。虽然基础教育阶段的学生所学习和掌握的语言有限，但他们应该能够运用有限的语言来表达个人观点，而表达个人观点本身就是思维的具体体现。因此，重复、死记硬背的教学活动是无法调动学生的思维参与的。思维参与是指学生主动思考、获取、整合信息，再对所获取与整合的信息进行分析、分类。在信息分类后形成新的概念，运用新概念进行创新活动，对已有观点产生新看法，并用理据、证据加以论证，对作者或文本观点提出质疑等，形成个人的观点、看法、情感和态度，从而能够在真实情境中解决问题。

第三是关注学习能力的培养。近年来，终身学习和学会学习成为未来人才培养的重要目标。在学科核心素养目标中，学习能力素养是四个素养要素之一，占有举足轻重的地位。在 2.0 版的课程标准中，终身学习也是关注重点，是五个课程目标和内容要素之一，不同的是其呈现形式是以学习策略出现的。在 3.0 版的课程标准中，素养不再体现在具体策略的使用上，而是根据具体的学习目标和学习任务，选取和调控学习策略的能力，从而达到学习结果最大化的目的。综上，作为素养，通过课程培养的不是学生对某一个具体策略的使用，而是学生根据需要能够主动、自觉地选择适切的学习策略提高学习效率和效果，即学习能力。

5.2.3　课程内容的重组

20 世纪 90 年代的中学英语教学大纲所规定的课程内容一般以教学

要求的形式呈现，主要包括对语言知识的内容要求和对语言技能的要求，此外，还会以附表的形式呈现一些内容项目表，如语音项目表、语法项目表、词汇表、日常交际用语等，列表中的项目之间没有关联。

2001 年的"实验课标"、2012 年的"义教课标 2011"，以及 2003 年的《普通高中英语课课程标准（实验）》（中华人民共和国教育部，2003）都分别以能力分级的方式对语言技能、语言知识、情感态度、学习策略和文化意识五个方面提出了级别要求，没有明确哪些是内容要求。其中语言知识和语言技能中包括对语音、词汇、语法、功能和话题的内容描述，还包括了对听说读写等技能的分级要求，以能做某事的方式描述。情感态度、学习策略和文化意识则按关键级别规定分级要求。

2017 年版的高中英语课标首次将课程内容明确为课程标准中的独立章节，其中对课程内容的要求是按照主题语境、语篇类型、语言知识、文化知识、语言技能和学习策略六大要素描述学习内容和要求的，这些要素就构成了六要素整合的课程内容。2017 版课程标准分别针对六大要素的内容要求进行了细致的描述，将六要素的内容按照必修、选择性必修、选修三类进行划分，细化教学要求。

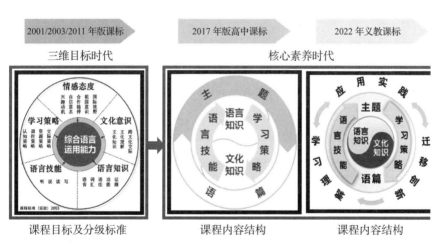

图 5-4　课程内容的变化

图 5-4 呈现了 2.0 版和 3.0 版课程内容构成的变化，其中左图为 2.0 版课标的课程分级标准示意图，图中五个要素之间的关联相对松散，要素之间虽然是关联的，但是各要素如何相互影响并不清晰，基本是采用了简单加法的方式，在原有的基础知识和基本技能之上，补充了情感

态度、学习策略和文化意识的要素。要素之间缺少上下位关系和主线贯穿，导致在教学过程出现碎片化、表层化和模式化的现象，教师关注语言工具性多于关注人文性。即使很多老师在教学中也加入了育人的环节和内容，但往往流于形式，难以触及学生的心灵、也难以引起学生的情感共鸣。

图 5-4 中的中图则不同。中图是核心素养背景下的高中英语新课标中六要素整合的课程内容结构图。首先是构成课程内容的要素发生了变化，五要素变成了六要素，保留了左图中的四个要素（语言知识、文化知识/意识、语言技能、学习策略），另外补充了两个新的要素，即主题和语篇。换言之，主题是课程内容的灵魂，是连接其他相关要素的纽带，也是所有学习内容的核心，是课程的生命线。每一节课带给学生的都应该是一个有意义的经历，或运用所学语言讲述一个生活故事，或分享一个背后的道理，从而教会学生做人和做事。教学应以主题意义——人与自我、人与社会、人与自然——为主线，把知识、技能、文化、思维都围绕意义整合起来，从而实现语言、文化、思维和学习能力发展的有机融合。

图 5-4 的右图呈现的是义务教育英语新课标中的课程内容结构图。可以看到，义教新课标对 2017 版高中课标建构的课程内容从两个方面进行了优化：一是调整了课程内容六要素的呈现方式，不再将主题和语篇作为衬托，而是明确了语言技能和学习策略不仅具有盘活语言知识和文化知识的作用，也有盘活主题和语篇知识的作用，凸显各要素对促进学生发展的意义。 第二是在内容结构的外围增加了学习理解、应用实践和迁移创新这三类学习活动。这是对课程内容构成的全新认识的具体体现。课程内容是课程的核心要素，完整的内容结构既包含学习的对象，如学科特定的事实、观点、原理和问题，也包括对学习对象的组织方式（施良方，1996；王本陆，2017）。这一认识重点关注教育教学应如何组织课程内容以达到促进学生学习真正发生的目的。换言之，外部的客观知识只有转化为学生的内在知识、内化为学生个人的智慧、美德和精神财富，才能达到促进学生发展和成长的作用。这一认识将课程知识理解成"有待发育的精神种子、文化种子"（郭元祥，2021：20），而教学活动的组织则力求促成知识的种子能够生根、开花、结果。这一新的课程内容观更关注知识对学生个体成长的意义，特别是对学生核心素养发展的意义，这也正是义教新课标在课程内容重构上的重大进步，打通了学科知识与学生核心素养发展之间的通道。

5.2.4　教学方式的变革

　　21 世纪基础教育英语课程改革的任务是改变以教师讲授语言知识为主，学生机械记忆、死记硬背的英语教与学的方式，转向以学生为本、以培养综合语言运用能力为目标的教学。为此，"实验课标"倡导实施任务型教学，强调语言学习要在语境中、在完成真实生活的任务中进行，要教会学生用英语做事情，以达到培养综合语言运用能力的目的（中华人民共和国教育部，2001c）。任务型教学途径的提出在国内中小学掀起了理论和实践的探索热潮，也在一定程度上更新了外语教师的教学理念，丰富了中小学英语课堂活动，对提高学生的语言交际能力发挥了积极的作用。对如何实施任务型教学，"实验课标"强调了要开展真实语境下有意义的交流，任务要有明确的目的，具有真实意义，学生应在完成任务的过程中使用英语，应该通过做事情完成任务，还要在完成任务后有一个具体的成果（中华人民共和国教育部，2003）。但是任务型教学对语篇或者信息中的文化意义、认知发展、高阶思维、特别是对学习者正确价值观的引导缺少关照。

　　英语学科核心素养提出之后，为确保这一目标落地课堂，中国需要创建自己本土的教学主张和实施路径。为此，"新课标"首次提出了指向英语学科核心素养目标的教学途径——英语学习活动观（以下简称"活动观"），以实现目标、内容和方法的融合统一（中华人民共和国教育部，2018b）。"新课标"明确指出，英语学习活动观是落实立德树人根本任务、培养英语学科核心素养的基本教学组织形式和重要途径（中华人民共和国教育部，2018b）。

　　"活动观"是为落实新时期英语课程目标而提出的中国的外语教学主张和解决方案。其核心是以育人为导向、以核心素养为目标，以学生为主体，以师生共同参与的一系列循环递进、相互关联的活动构成（王蔷等，2021）。

　　根据高中英语新课标（中华人民共和国教育部，2018b），"活动观"是指学生在主题意义引领下，通过学习理解、应用实践、迁移创新等一系列体现综合性、关联性和实践性等特点的英语学习活动，使学生基于已有的知识，依托不同类型的语篇，在分析问题和解决问题的过程中，促进自身语言知识学习、语言技能发展、文化内涵理解、多元思维发展、价值取向判断和学习策略运用。这一过程既是语言知识与语言技能整合发展的过程，也是文化意识不断增强、思维品质不断提升、学习能力不断提高的过程。可以看出，"活动观"将语言、文化、思维三者紧密结合，成为落实英语学科核心素养的重要活动组织形式和实施路径。

"活动观"不仅为教师如何开展教学指明了方向，也为教师设计、组织和实施教学活动提供了明确的指导。

英语学习活动观包含三类相互关联、循环递进的学习活动，即学习理解类、应用实践类和迁移创新类活动，每类活动中又各包含三种活动形式（中华人民共和国教育部，2018b：62-63，2022）。具体阐释如下：

学习理解类活动中包含感知与注意、获取与梳理、概括与整合等学习活动。其特点是这些学习活动围绕语篇所提供的基本事实性信息展开。学生从已知出发，在教师的指导下，以主题为引领，以语篇为依托，以解决问题为目的，通过获取与梳理、概括与整合等学习活动，从语篇中获取与主题相关的语言和文化新知，建立信息间关联，将新旧知识进行，形成围绕主题建构的结构化知识，为深入理解语言所表达的意义和语篇所承载的文化价值取向奠定基础。

应用实践类活动中包含描述与阐释、分析与判断、内化与运用等学习活动。具体而言，教师引导学生基于所获得信息和形成的知识结构开展描述、阐释、分析、判断、应用等以表达为主的多种形式的活动，内化语言和文化知识，达到语言运用的自动化。同时，通过分析与判断活动，学生可以探究语言背后深层次的文化现象和寓意，获得丰富的文化体验，促进知识向能力的转化。学习理解和应用实践类活动可以根据学情和语篇的长度及难度，选择小步子循环的方式进行。

迁移创新类活动中包含推理与论证、批判与评价、想象与创造等学习活动。进入这一阶段，学生已经获取了相关主题的基本信息，形成了基于主题的结构化知识，并通过分析判断和内化运用等活动，内化所学内容和语言，形成了基于主题的初步表达能力。这时，学生可以在教师的指导下，进一步学习语篇的文体特征和结构特点，探讨语篇的交际目的、组织结构、逻辑衔接手段和语言表达特点，这一活动既可以加深学生对主题、语篇和作者的理解，也可以为学生迁移所学，进行口头或书面表达创造条件。同时，教师还要引导学生针对语篇背后的价值取向和作者或主人公的态度、观念和行为进行推理与论证和批判与评价，帮助学生加深对主题的理解，把握事物或观点的本质，鉴别真善美，从而做出正确的价值判断和行为选择。在此基础上，教师进一步创设新的情境，引导学生运用所学语言、观点、思想和方法，联系自身生活实际，通过自主或合作的方式，尝试解决陌生情境中的问题，理性和创造性地表达个人观点和情感，体现出正确的价值观，促进能力向素养的转化。

从以上三种类型的活动中可以看出，"活动观"具有整体性、关联性、层次性、融合性、实践性和发展性等内在特征（王蔷等，2021）。就整体性而言，"活动观"强调整合性地学习语言知识和文化知识；关联性体现在学生将所学内容与其已有知识和经验建立关联的过程，从而将零散知识关联成为一个意义的整体；就层次性而言，"活动观"建议教师采用小步子循环的方式，围绕要解决的问题，从学习理解到应用实践，循序渐进地帮助学生建构意义和内化知识，再到迁移创新，将所学知识、思想和方法用于解决实际生活情境中的问题；就融合性而言，活动观强调语言与文化知识的学习紧密融合，意义与形式并举，将语言学习融入语篇、语境、语用之中；就其实践性而言，"活动观"强调以学生为主体，以活动为中心，通过学生主动参与的方式，开展获取与梳理、概括与整合、描述与阐释、分析与判断、内化与运用、分析与论证、批判与评价、想象与创造等多种实践活动，发展语言能力、文化意识、思维品质和学习能力；最后，就发展性而言，"活动观"适用于学生英语学科核心素养发展的不同学段，适用于不同主题、不同语言难度和不同认知层次的语篇意义探究，服务于学生学科核心素养的发展。

与任务型教学等其他教学途径相比较，"活动观"具有四个突出的特点，即鲜明的育人导向、科学的语言观取向、以学生为主体的教学理念和体现学习科学的教学路径（王蔷等，2021）。首先是鲜明的育人导向。"活动观"把培养学生英语学科核心素养作为实施教学的落脚点，强调语言学习的过程"既是语言知识与语言技能整合发展的过程，也是文化意识不断增强、思维品质不断提升、学习能力不断提高的过程"，体现了鲜明的育人观（中华人民共和国教育部，2018b：13）。

第二是科学的语言观取向。"活动观"重视语言的交际功能，强调语言学习以主题意义探究为目的。这一理念既凸显语言学习不仅是为了学习一套符号系统，更是要使学生通过学习这个符号系统，能够参与到理解和表达意义的真实社会情境下的交往活动中。同时，"活动观"注重语言学习对认知发展的促进作用，学生通过学习语言获得语言背后所承载的文化习俗和社交规约，理解语言所承载的特定文化意义和文化精神，建构新知识，从而为他们认识社会、理解社会，并通过符号中介参与和进入社会奠定基础（郭元祥、吴宏，2018）。此外，语言背后所传递的思想、观点和态度往往代表或反映出语言使用者的观点和价值取向，需要语言学习者批判性地学习和分析这些语言背后的思想、观点和态度，去伪存真，汲取精华，做出正确的价值判断和行为选择。因此，"活动观"不仅将语言看作是一套符号系统，更认为语言是实现社会交往功能，传递思想、观点和态度的工具（Kumaravadivelu，2006）。

第三是以学生为主体的教学理念。"活动观"凸显出学生是学习的主体，是所有学习活动中主动探究意义的主体。作为学习活动的主体，学生通过自主、合作、探究的学习方式，积极参与意义探究的全过程，并通过梳理、概括、整合、分析、比较、推理、论证、批判、评价等学习活动，提升逻辑思维、批判思维和创新思维，进而将所学迁移到新的社会情境中，用于解决新的问题。

第四是体现学习科学的教学路径。"活动观"强调教师在学生学习的过程中具有重要的中介作用，教师要始终把促进学生学习和发展作为教育的核心任务。教师的教学要从学生的已知出发，激活学生已有的经验和知识，引导学生学习和运用各种有效的策略，在语境中探究意义，整合性地学习和建构新知识，通过内化与运用等活动，将知识转化为能力，再通过迁移创新活动，将能力转化为素养。所有这些学习活动，都离不开教师的引导和平台搭建。作为教学途径，"活动观"也符合 Kumaravadivelu（2013）提出的大多数后方法时代的宏观教学策略，尤其是使学生学习机会最大化、促进互动与意义协商、体现语境化的语言输入、确保社会关联，以及增强文化意识等。

5.2.5 评价方式的变革

在评价方式方面，2001 年的"实验课标"提出了评价要采用形成性和终结性相结合的方式，首次强调了形成性评价的重要性和必要性。2012 年的"义教课标 2011 版"坚持了这个评价的新理念。虽然广大中小学老师很熟悉终结性评价的方式，但对形成性评价了解甚少，也缺乏可操作的案例支持。因此，不少老师把形成性评价看作是平时的小测验，把平时的测验成绩统计出平均分，构成形成性评价的得分比例。但这实际并未对学生的学习过程和学习结果产生什么影响，这也导致很多老师把形成性评价当成摆设，没有给予足够的重视和研究。

2017 年高中英语新课标和 2022 年义务教育英语新课标的发布，在继续倡导形成性评价和终结性评价相结合的评价方式的同时，首次提出教师要努力实现教、学、评一体化设计与实施。强调课程目标、教师教学与学生学习效果三者的一致和统一。这也再次引发了广大英语教师对形成性评价的关注，特别是对教与学关系的重新思考。如果"教"没有带来"学"，"教"的意义何在？如果"学"没有发生，教师该如何做？如果"学"发生了，我们怎么能够清晰地知道"学"的确发生了？我们是否可以找到能够证明"学"发生了的证据呢？教、学、评一体化实施的理念为落实形成性评价提供了更加清晰和可操作的途径和方式。

此外，3.0 版课程标准还研制了考查学生核心素养的评价体系，首次提出了与课程目标和课程内容要求一致的学业质量标准，将课程目标、课程内容、课程评价、学业水平考试及中考和高考有机地关联在一起，确保课程的有效实施和培养目标的切实达成。学业质量水平指学生在完成某类课程后的学业成就表现。学业水平的描述方式由两部分构成：第一部分是针对学生学业水平综合表现的整体描述，强调在特定情境中，围绕特定主题、依托不同文体的语篇，运用所学知识、技能、策略等，理解和表达意义、分析和解决问题的总体能力表现；第二部分是围绕听、说、读 / 看、写等技能所描述的表现性指标，这些指标既能体现语言、文化和思维的水平，也能体现学习策略运用的水平。高中学业质量中的水平一、二、三分别都包含 14 个表现性指标。义务教育学业质量按照小学 3—4 年级、5—6 年级，以及初中 7—9 年级分别包含了12、15 和 17 个表现性指标。

课程评价方面的第三个重要变化是针对学业水平考试和高考的命题建议，主要从命题导向、考查内容和考查形式三个方面提出了六项原则：第一，要发挥好命题的导向作用，要有利于引导课程朝着发展学生英语学科核心素养的目标而努力；第二，要全面考查学生在语言能力、文化意识、思维品质和学习能力等素养水平上的表现和进阶；第三，命题的形式要体现语言在实际生活中的使用，要有利于学生在未来工作和学习中使用语言的需要；第四，命题要从学生的认知和生活经验出发，易于理解，利于表达；第五和第六是对试题的信度和效度的要求以及对制定合理的评分标准的要求。

5.3　21 世纪中小学外语课程改革的成绩与问题

走过 20 年的改革之路，今天的中小学英语课程取得了令人瞩目的进步，一方面表现在课程开设的广度上，特别是小学英语的开设规模不断扩大，基本满足了国家对以三年级为起点开设小学英语课程的要求；另一方面，中小学生的整体英语水平有了很大进步，说明英语教育教学的质量正在逐步提升。此外，中小学教师在理念上有重要突破，也取得实践上的扎实进步。主要成绩表现在以下几个方面（王蔷，2018）：

第一，在课程目标上，以学生为本的课程理念深入人心，课程目标从过去的"双基"转向综合语言运用能力、进而迈入到核心素养时代；第二，在课程设置上，高中阶段的课程实现了必修和选修相结合的课程设置，在为学生搭建共同基础的同时，提供多样的课程选择；2022 年义务教育新课标则重新修订了原来的五级分级体系，构建了系统性、整体性和适切性更强的三级课程体系，还增加了预备级和级别 +，以更好地满足不同地区和学生学习英语的需要;第三,在教学方式上,力求改变单一的知识教学,强调体验、实践、探究的学习方式,让学生成为学习的主体;第四,在评价方式方面,提出了形成性和终结性相结合的评价方式,首次强调形成性评价的重要性和必要性;第五,在教师培训方面,从国家到地方,各级政府积极组织和实施多种形式的教师培训活动,倡导组建教师学习和研究共同体,凝聚智慧,开展扎根课堂的教学研究和聚焦真问题的小课题研究(中华人民共和国教育部,2022);第六,从改革效果上看,经过二十年的英语课程改革和教师培训,英语教师的专业水平和能力有了很大的提升,教学也基本扭转了中小学哑巴英语的现象。

虽然 20 年来,课程改革取得了诸多成绩,但是我们也清醒地认识到改革中还存在着不少问题(王蔷,2018):

一是改革尚未带来教师教学行为的根本转变。在认知上,虽然大多数教师赞同以学生为本的教育理念,但在实践层面上,还是更多地关注于"教"而非"学",以词汇和语法教学为主导的课堂仍然比较普遍。

二是教学呈碎片化、表层化、模式化、标签化。课堂教学趋向模式化,教师缺少个人的教学风格,导致教学进入了一种套路化或程式化的教学模式,极大地影响了学生的学习兴趣。例如,在导入之后,教师让学生快速阅读来获取文章中心思想,再通过查读和略读来判断主旨大意或定位具体信息。随后,学生通过细读获取文章细节来完成表格信息的填写或核对正误。接着,教师讲解语言点和练习题,学生对文章内容进行复述。最后,教师设计讨论、角色扮演或访谈等活动以体现对情感态度价值观的提升。这种程式化的教学模式忽略了教育的本质和核心的东西,即对语言所承载的文化和主题意义的深度探究。

三是教师对课程改革缺乏内在动力和智慧激发机制。由于课程改革采取"自上而下"的推动模式,教师被要求改革,但同时受到体制和考试的制约,教学工作繁重,缺少改进课堂教学的相关培训,公开课实践模式不成熟且缺少常态课的课堂实践基础等因素的影响,都使教师对课程改革缺乏内在动力。

四是缺少以促学为目的的课堂教学评价与研究。2001 年"实验课标"就提出了鼓励实施形成性评价,至今已有 20 年。但是由于我国基础教育在形成性评价的理论和实践研究方面都非常缺乏,在实施课程改革中也无法对教师给予更多的培训和指导。因此,多数教师对于形成性评价的内容及具体实施方式并不完全理解,甚至还存在认识和实践上的误区。这也导致终结性评价仍然占主导地位,特别是学校对教师和学生的评价都以终结性评价为主。

五是"应试而教"导致教师忽视学科育人的价值。受终结性评价导向的影响，教师更多关注学生的成绩，而忽略对学生情感、态度、价值观的培养。

新时期的课程改革旨在构建学生发展核心素养和各学科的学科核心素养，这就要求教师转变那些不利于核心素养培养的课程内容与教学方式，从而解决过去 20 年课程改革中存在的问题，把立德树人和核心素养目标落到实处。

5.4　新时期课程改革对中小学外语教师提出的新挑战

外语教师面临的最直接的挑战即是要充分认识到本学科的育人价值，并通过自己的教学实践去探索新的育人方式。缺乏对学科育人的认识是当前制约核心素养落实的主要问题，也因此导致教学长期存在碎片化、表层化和模式化现象，特别是对学生的情感态度价值观教育"贴标签"的问题。要解决这些问题，教师需要努力学习和积极践行新的课程理念，深入研讨如何通过课程内容和教学及评价方式的改革，解决学科育人的重大问题。

教师需要充分认识到教学内容不仅仅包括语言知识和语言技能，更重要的是语言背后所承载的文化知识和文化意涵，以及其所传递的价值观念。学科育人不可能通过词汇和语法知识的教学来实现，而是通过对文化知识的理解和深度加工。郭元祥和吴宏（2018：43）指出，"对学生的成长而言，教学过程中的知识其实是一粒有待发育的'精神种子'。知识是一粒思想的种子、智慧的种子、美德的种子。知识是关于'科学世界'的，但更是关于'生活世界'的"。知识获得的过程是一个逐步由外向内的转化过程。学习知识的过程，就是知识作为"精神种子发育成为个体的思想、智慧和美德的过程"。学生也正是通过学习新知识，对原有知识进行重构或丰富，发展自身的思想内涵，学会运用所学思想、观点和方法，尝试解决真实生活中的新问题，并在这一过程中，认识自我、认识他人、认识社会、认识世界，形成正确的价值观、必备品格和关键能力。因此，重新认识英语学科课程内容的构成至关重要，而深入解读课程内容中的素材是进行教学活动设计的前提。教师要有能力精选对学生发展有价值的课程内容，努力改变聚焦脱离语境的知识学习，立足核心素养的培养，把学生的知识学习和技能发展目标融入主题、语境、语篇和语用中，实施整合化教学。

在教学方式上，教师要从碎片化地教授语言知识和技能策略，向整合、关联、发展的课程和教学转变。学习不应仅满足于低层次的重复，不应割裂知识的学习与意义的理解和语言背后深层含义的探究。因为知识的学习不是纯粹的符号认知或符号解码的活动，而是通过知识所承载着的特定文化意义和文化精神，学习者认识社会、理解社会，并通过符号中介参与社会和进入社会的过程（郭元祥、吴宏，2018：45）。要实现对语言的深层学习，就要把语言、文化、思维这三者融为一体，基于课程内容、依托课堂活动，引导学生在探究主题意义的过程中学习和运用语言、获取文化知识、理解文化内涵、比较文化异同、汲取文化精华、发展思维品质、学会学习，实现真正的学科育人。具体来说，教师要通过教学活动引导学生获取信息，挖掘深层含义；通过比较分析、批判评价，分辨真善美，汲取文化精华，提升学生的文化意识。总之，要从课程内容、学习方式到教学设计，改变"贴标签"现象。同时，要把对人的培养融在课程内容里，一以贯之。

最后，在评价理念和行为上，教师要努力提高自身的评价素养，充分认识到教师的评价素养对提高英语教育质量所具有的重要意义。同时教师要积极探索评价主体多元、评价方式多样、以核心素养为导向的评价体系，将形成性评价有机融入日常教学之中，同时提高终结性评价的命题技术；通过合理创新命题形式，在考查学生英语能力的同时，兼顾对文化意识、思维品质和学习能力的考查，发挥好命题对教学的积极导向作用。

课程改革任重道远，最核心的问题是要回归英语教育的本质，深刻反思和回答好英语学科到底应该教什么，为什么教和如何教的问题，充分认识英语学科在育人方面的价值和功能，把握教师在这一改革进程中的角色和位置，实现立德树人。唯有每位教师都参与其中，这一任务才能得以实现。

第6章
在职中小学外语教师专业发展的理论与模式研究

21世纪以来，旨在发展学生核心素养的教育改革在全世界范围内广泛开展，改革的深化对外语教师专业发展提出了新的挑战，其专业化水平对改革的成败有着关键的作用。我国新一轮基础教育英语课程改革中明确指出，"教师的专业化水平是有效实施英语课程的关键"，教师专业发展必须与课程改革同步进行（中华人民共和国教育部，2018b）。面对改革的动态发展趋势和形态多样的知识信息，教师只有深刻领会新的教育理念、目标和要求，不断优化教学方式，才能不断提高课堂教学的质量，才能落实立德树人的根本任务。

6.1 在职中小学外语教师专业发展的重要理论及实践模式

第八次基础教育课程改革实施以来，外语教师的专业发展受到高度重视。在教育部门的积极推动下，相关研究借鉴国外教师专业发展研究的核心理论视角，逐渐形成了我国在职中小学外语教师专业发展的主要模式。中小学外语教师通过外部培训、地区和学校组织的教研活动、自我发展等多种途径，在教学知识、经验及态度上获得了成长与变化，对教育本质的认知有所深化。他们在教学实践中尝试使用新型、有效的教学方式，为课程改革的推进提供了前提保障。

6.1.1 重要理论视角

外语教师专业发展研究受到哲学、心理学、社会学等领域研究成果的影响，其发展历程主要体现了行为主义习得观、认知建构观和社会文化观三个重要的理论视角。多元的理论视角为课程改革中外语教师专业发展模式的多样性和有效性提供了坚实的理论基础。

1. 行为主义习得观：系统了解课程改革的理论知识与教育理念

在行为主义和实证主义的影响下，外语教师专业发展多年来以"自上而下"的、从理论到实践的线性应用科学模式为主，重视理论的"培训"和"技术"的模仿。行为主义习得观关注固有的、静止的知识获得，认为专家将教育理念传授给教师，教师就能够将理论付诸教学实践，并通过观察和模仿专家教师行为推进课程改革，实现专业成长。集中培训往往容易操作，便于组织大范围教师群体参加。教师可以通过理论培训系统地了解新的理论知识和技术策略，但往往对其背后的教育价值观及专业精神难以深度理解、掌握和转化，加之常态化工作环境的特殊性，外在的培训往往不能直接转化为教师专业知识与能力的发展。这种"技术"培训范式忽略了教师专业发展的主体性和本源动力（江世勇，2016），教师处于被动接受知识与技能的地位，对于教学方式和教育理念的深层改革收效不大。

2. 认知建构观：实践反思中主动建构知识

20 世纪 80 年代以来，建构主义对教育研究的影响不断增强，外语教师教育研究者逐渐认识到教师学习活动的复杂性和多样性，教师是在自身经验中持续构建关于教与学的认知，进而支配具体的教学行为。认知建构观倡导从下向上、从内向外地探究教师的认知心理，强调教师主体在外语学习与教学实践经验中建构自我信念的过程，认为教师专业发展应指向实践和反思循环往复的、动态的互动过程，其目标是形成独特的、与实践相统一的个人理论。在课程改革中，反思型外语教师专业发展模式反对单纯地改变教师的外在行为，而是鼓励教师批判性地思考和分析自身的实践和观念，并借助行动研究探究和解决教学问题，提高教学实践的逻辑性和实效性，促进学生的全面发展，并在这一过程中逐渐提升自身的专业知识、专业能力和专业品质，重构教育信念体系，发展成为学习型、研究型、专家型的教师。

3. 社会文化观：教师与外在环境互动

进入 21 世纪以后，人本主义社会文化理论和"全球化"文化张力的影响进一步扩大（Kumaravadivelu，2012），英语教师学习和成长的社会属性和文化向度得到更多关注（邵晓霞，2017）。社会文化观重视教师本人与所处的社会文化环境之间的互动关系，认为社会、文化、政治等客观环境因素对教师的专业发展都有影响（Fullan，1992），主张积极助推专业共同体的构建以及教师在合作中的实践与反思。近年来，生态学视角继承和发展了社会文化理论，将人与环境的互动放到更完整、更复杂的动态环境系统中，更加关注教师作为全人的综合素质结构与个人、学校和社会文化等多层环境结构之间的关联（顾佩娅等，2016）。教师在课程改革的文化生态系统中，通过个体参与及其与环境的互动逐渐更新专业知识、教学手段和教学理念。因此，有效的教师专业发展模式应融合适宜的外在制度化组织设计、政策保障和内在个体化主体自觉和价值引领（黄欢，2016）。

6.1.2　主要发展模式

基于行为主义、建构主义及社会文化理论对教师专业发展的重要启示，我国结合已有的教育文化体制，针对地域广阔、教师人数众多且教育情境差异性大等国情特点，通过国家级外部培训、地区和校本教研机制的创设以及教师自主发展等多种方式，基本形成了内外结合、多级联动的中小学外语教师专业发展体系。

1. 国家级教师培训

为促进新一轮课程改革的实施效果，中央财政安排专项经费为中小学教师专业发展提供有力的支持，教育主管部门组织了大量外部培训。其中，2010 年起教育部和财政部启动实施的国家层面、重点支持中西部农村教师的"中小学幼儿园教师国家级培训计划"（简称"国培计划"）规模最大，影响力最广，其"政府重视程度之高、财政投入力度之强、参训受益人数之多、持续发展时间之长，世界少有"。十年中，"国培计划"经过国家启动、规范实施阶段，聚焦乡村、服务基层阶段和精准扶贫、分层施训三个阶段，有力推动了参训教师的专业发展，使得教师的师德修养和育人能力有所提高，对新课程的理解有所加深，教学能力有所提升，信息素养和研究意识有所增强，形成了教师交往及互助的网络，产生了广泛的社会影响（联合国教科文组织教师教育中心，2020）。

早期的外部培训受到实用主义范式和"技术"取向的影响，大多采用来自高校的专家开展专题讲座的形式，旨在短时间内让更多一线教师了解课程改革的目标、提倡的教学理念和教学方式。然而，单向灌输的理论知识往往是抽象的、去情境化的，不利于教师的内化和课堂教学行为的改进，导致理论与实践的脱节以及培训中教师自主权及话语权缺失等矛盾。随着教师个人体验及其所处的教学工作环境对于专业学习的影响受到越来越多的关注，外语教师教育者开始反思和探索更加有效的培训方式。其中，工作坊（workshop）以其注重互动交流和参与体验的特点受到青睐（古海波，2012），观摩优秀教学实践案例则更加方便教师学习、借鉴、模仿、反思和总结（凌茜、陈飞，2013）

2. 地区及校本教研机制

在"国培计划"的带动下，我国基础教育阶段逐步构建了"国培—省培—市培—县培—校培"五级联动的教师培训体系，与传统的地区及校本教研活动相互补充，初步构建了新型的在职外语教师继续教育机制。一方面，各级教育部门结合教师职业发展轨迹的研究成果，针对新手教师、骨干教师及卓越教师等不同阶段教师的专业发展需求及特点，组织开展了各级各类外部培训。例如，新教师培训、骨干教师培训和名师工作室的实施，有助于新教师入职初期更好地适应新的工作环境和具体的教学实践，推动了经验型教师在课程改革契机下突破固有的教学模式，克服职业倦怠，使得具有教学与研究专长的专家型教师在课程改革中更好地发挥示范引领作用。

另一方面，基于区域教学需求及学校具体情境开展的常规性地区及校本教研活动，依然是促进外语教师专业发展的主阵地。地区级教研员组织教师学习和体会新的课程标准及其倡导的教学理念，研读新的教材，合理设计学习任务（彭宣红、戴日新，2011），探索有效的教学方法，通过公开课的研磨、展示与交流等一系列创新性教学研究活动，为课程改革中教师全员培训和发展起到重要的作用。中小学教研组体制为教师之间的互助与合作提供了有力的保障，集体备课、课堂观摩、同伴指导、沟通研讨等校本教研活动有利于教师的主体性参与，结合个性化需求反思和解决教育教学中的实际问题，在对话协商中创建平等、合作的文化氛围和伙伴关系，有利于增进专业认同感（黄丹凤，2015），驱动深度反思，重构自我认知（李宝荣，2017），从而实现专业发展。

3. 教师自主发展

教师在中小学外语教学工作中占据主导地位，他们对自身专业发展的认同度及主动性是其持续成长的内在推动力，是其专业发展的根本。为促进外语教师的自主发展，教师教育者应帮助他们培养反思意识，树立终身学习的思想。然而值得关注的是，"经验 + 反思"模式并不一定促成教师的自主发展，简单地积累重复性经验并不必然导致变化和发展（邹为诚，2013）。有效的自主发展模式要注重学习和研究与行为和反思的有机融合，教师教育者要在理解教师课程决策本质的基础上，引导他们积极观察自己的课堂行为，参与教学理论的生成与运用，反思并评估教学效果，形成批判性意识，通过专业学习和教学研究改进教学效果，系统、科学地总结经验，探究专业发展的新起点，从而产生持续学习的动力。

6.2 在职中小学外语教师专业发展研究

在教育生态系统中，各个要素相互联系，每一个要素都会对系统的发展产生一定的影响。基于文化生态范式，课程改革中外语教师的专业发展不仅意味着语言知识、教学知识和技能等技术层面的发展，还应重视教师情感意向、角色身份、文化环境的转变，从情感、能力、意识、环境等多个方面促进教师的全面发展，这为在职中小学外语教师专业发展研究带来了新的动向。

6.2.1 主要研究内容

多元的理论视角及基础教育课程改革的深化为我国中小学外语教师专业发展研究创设了有利的条件，产生了积极的影响。外语教师专业发展研究内容不断拓展，对课程改革中教师的主体感知、文化环境及发展模式等都有所探索。

1. 课程改革中英语教师的主体感知

过去十年中，外语教师专业发展研究最为重要的转向是突出了教师在教学实践、专业学习与发展过程中的主体性和能动性，更加关注教师自身对于教育课程改革的理解、体验、认知和学习过程。

1）教师角色的转变及身份认同

外语教师角色的转变是教育改革和教师自身专业发展的必然要求，与他们对所承担的社会文化角色的身份认同有着密切的联系（寻阳、郑新民，2014）。课程改革号召中小学英语教师从单一的知识权威者转变为承载多重角色的专业人员，包括课堂教学的组织者、学生转变学习方式的引导者、反思实践者、课程开发者等（刘萍萍，2012）。教师只有明确课程改革对"自我"的行为要求，了解并认同新的角色的意义，构建"自我"与"他者"的平衡关系，以积极、主动的态度形成持久的专业发展动力，铸就必要的心理基础（寻阳、郑新民，2015），才能在塑造新角色的过程中反思教学信念，改进教学行为，从而不断提高专业化水平（江世勇，2015）。

良性的身份认同及职业幸福感与英语教师的专业发展水平之间存在着显著的正相关关系（胡春琴、李泉，2013），有助于教师提升师德，形成先进的专业理念，优化专业知识，提高学术科研能力。相反，由于课程改革理念与自身教学经验和认知之间存在的冲突，一些外语教师面临身份认同危机，产生了焦虑的心态，对教学产生倦怠，从而阻碍自身的专业发展（许燕，2013）。调查研究发现，中学英语教师身份认同水平较高，具有情境性和阶段性的特点，但也存在一定程度的身份认同危机，主要表现在三个方面：一是教学目标矛盾，教师既认同学生核心素养的发展目标，又需注重考试成绩的提高；二是教师在多种角色中挣扎，繁重的教学任务和自身能力的欠缺让他们对实现"研究型教师"等角色感到力不从心；三是对教师评价的方式单一，缺乏组织文化的支持（寻阳，2015）。

2）教师信念的变化及影响因素

教师信念是教师对课程、教学、评价、师生关系等的综合看法，是提高教学效能和促进专业发展的重要因素，其形成与发展受到诸多因素的交互影响。文化生态学视域下，教师工作的教育场域是一个生态整体，教师的个性特征、教育背景、价值观、身份认同等内部因素与国家外语教学政策、考试制度、社会教育文化等宏观环境因素以及学校文化、同事关系、课堂环境、学生特点等微观环境因素在课程改革中产生动态而又复杂的互动，逐渐塑造了教师特有的教学信念，进而影响具体的教学实践行为。在课程改革中，学校文化、学校资源、教师激励制度、同事、学生等外因和教师专业发展观、学历和性别等内因与中学英语教师信念之间存在显著的正相关关系。其中，专业发展观与教师信念之间的相关度最高；而考试和学校类型与外语教师信念之间存在显著的负相关关系。此外，教师信念与教师行为关系密切，但两者经常存在脱节现象（张凤娟、刘永兵，2011）。

在课程改革中，外语教师信念的转变具有复杂性及情境性特征。在儒家文化教育思想、高考及学校环境的共同作用下，教师信念表面上与建构主义取向的课程改革保持一致，即接受学生参与、课堂互动及策略训练等新的理念，但实质上并没有摒弃强调语法等语言形式和机械记忆的传统外语学习理念。中学英语教师信念与行为之间往往存在着差异，他们在信念上认同课程目标及提倡的教学方法，但由于心理挑战、学生抵触、学校支持缺失、教学条件局限以及高考体制等方面的制约，他们的教学行为与课程改革要求存在着差距（Yan，2015）。

例如，基础教育第八次课程改革在2001年启动时，提倡交际型语言教学法及任务型教学法等新型教学方法，但教师对于新的教学方法的态度及认知与课程改革的要求还存在着差距。Zheng & Borg（2014）对三位中学英语教师的叙事研究发现，教师对任务型教学法的认知较为局限，认为任务型教学法与交际性活动，特别是小组及对子活动紧密关联；他们都强调了使用任务型教学方法的困难（例如班额过大），其中两位更有经验的教师在课堂中引入较多的语法教学，而年轻教师的教学实践与课程改革理念更为一致。Sun et al.,（2020）利用内隐性联想测验法开展的调查发现，毕业于同一所师范院校的24位英语教师由于受到个人、学校及社会因素的影响，对于传统教学方法及交际型教学法的隐性态度并不相同，他们说出来的显性态度与内心所想的隐性态度存在差异。

3）教师实践性知识的发展

外语教师实践性知识指教师在学科教学实践中，通过体验、反思、感悟等方式审视自己的实践行为，结合自身的生活经验以及对他人的教学观摩，逐渐积累而成的、不可言传的、独特的教育教学知识，具有情境性、默会性、整体性、生成性特征，是教师专业发展的知识基础。在外语教师专业发展研究推进的过程中，教师实践性知识逐渐走向合法化，这有助于外语教师向反思型、研究型教师身份转型，摆脱学术身份危机，成就专业发展（崔大志，2010）。

在课程改革中，教师个人实践性知识的发展受到内、外多重因素的影响。梁松林（2013）对 164 名高中英语教师的问卷和访谈研究发现，教师个人的外语学习和教学经历、主观能动性对其实践性知识的发展有着重要影响；新手教师是提高实践性知识的重点发展对象，但在知识共享过程中，普通教师尤其是新手教师则缺乏主动权；高中教师以年级备课组活动、师徒结对活动、教研组活动、校际同行交流及教学竞赛等为主要途径，注重从教学现场获取实践性知识，容易忽略现代信息技术的重要作用。杨延从和唐泽静（2016）运用扎根理论的研究方法，探讨了三名英语名师的专业成长经历，发现其个人实践知识融合了教师的信念、价值、技能与策略等因素，既受到性格特征、从业动机、专业发展内驱力等教师个人因素的影响，又受到家庭、学校、社会等外部因素的影响，外语教师可通过自我觉醒、专家引领、学习共同体研修和行动研究重建个人实践知识。

4）不同阶段教师的专业发展

新手型、经验型和专家型是教师职业生涯发展轨迹上几个重要的阶段。在课程改革中，不同阶段教师学习的心理和知能变化以及这一过程体现的个体性、过程性和情境性，日趋成为教师专业发展的重要主题（颜奕、杨鲁新，2016）。康艳和程晓堂（2013）开展的个案研究发现，新手教师入职后的课堂教学行为与其在师范教育中学到的教学方法、原则和理念并不完全一致，其专业发展是在实践中面对问题并寻找解决方案、对特定教学情境做出回应的过程。总体来说，相比于新手和专家教师，经验教师的发展需求独特，样态多元，研究焦点比较分散，还没有形成系统、全面和深入的研究结论（杨鲁新、张宁，2020）。

不同阶段教师的课堂教学行为及专业发展状况有所不同。在课堂提问及互动方面，英语经验教师在常规性实践层面比新手教师具有优势，但他们相比于专家型教师又体现出很多不足，还要学习协调和整合内外因素，对专业发展保持持续的反思和追求（邓元、牛瑞英，2014；罗晓杰、王雪，2011）。专家教师在参与培训、教学行为、教学信念和身份认同等层面都与非专家教师存在差异，他们更认同新的教育理念，认识到教师是学习条件的创造者，学生才是学习过程中的主体参与者和知识建构者，更加重视体验式教学活动，课堂教学兼顾意义与形式；此外，他们也更善于反思与研究（李伟英、邹为诚，2017）。

2. 课程改革中英语教师专业发展的环境

外语教师专业发展研究自认识到课程改革的复杂性和互动性以来，

更加关注教师个人经历、所处环境与文化、专业培训项目等内、外因素的交互作用及其对教师专业发展的影响。地区及学校层面的教研活动为教师专业学习共同体的构建创设了条件，支持性教研文化及合作学习对外语教师专业发展具有促进作用。杨鲁新和付晓帆（2014）分析了在职中学英语教师通过参与研修活动在语法教学理念及实践上的转化。林美（2015）对上海一所小学里教师专业学习共同体实现程度较高的英语教研组开展了个案研究，发现针对研讨课的集体反思及点评互动使得经验型教师难以言传的隐性知识获得外显化，促成了共享、合作、包容的氛围，使得实践性知识在教师个体和团体间传递和创生，促进了教师专业知识的螺旋上升。于金明（2015）通过问卷调查发现，初中英语教师自我效能感与其所在学校英语教师专业学习共同体的发展状况具有显著的相关性。

颜奕和杨鲁新（2017）采用历时质性案例研究，从活动系统的视角分析了我国特定外语教育情境中在职英语教师学习共同体基于矛盾驱动的拓展学习及发展过程。活动系统中不同观念的碰撞、协商与融合，促使合作的三方主体不断调整其思想与行动，致力于改进现状、创造新知。陈向明（2020）从跨界学习的视角分析了教师通过与外来学者的小组合作学习，基于意义协商、视角再造、实践重构三个机制，根据具体情境对理论进行再工具化，改进教案设计和教学实施，在提高学生学习素养的同时生成了新的实践性知识。

3. 课程改革中英语教师发展模式的创新

为满足课程改革对英语教师提出的新要求，教师教育者针对不同群体教师的实际需求，遵循主体性、发展性、实践性、研究性、互动性和个性化等原则（杨国燕，2010），不断突破传统的外在培训模式，探索新型的教师发展模式。王春晖（2013）构建了基于"信任、批判与挑战"的批判性净友团队，旨在帮助教师丰富专业发展经历，形成专业共同体意识，提高学科专业知识和能力，增强专业发展的信心和渴望。王春晖（2015）融合现代认知学徒制的新理念，从认知和技术方面建构了现代名师带徒的教练式培训模式，设置由专家教练、助理教练、同伴教练所组成的三重教练体系，通过示范和指导、搭建脚手架和清晰表达、反思和探究构成的三环递进式实施过程，为教师专业发展开辟了新道路。李佳和周利君（2017）基于社会建构主义，对教育部在"国培计划"示范性小学英语教师培训项目中进行了整体设计、课程设置、评价与反馈，通过构建动态、开放、发展的学习空间引导教师自主发展，取得了一定的理论成果和实践经验。

在课程改革中，高校与基础教育合作开展教研项目的模式取得了良好的成效。北师大与北京市海淀区基层教师合作开展的行动研究，对深化基础教育课程改革、培养研究型教师、促进教师自主发展起到了积极的推动作用（王蔷等，2010；Wang & Zhang，2014）。束定芳在江苏某初中开展的教改实验及教师培训促进了教师在理论、反思、创新和自主意识等方面的提升。校际合作中的准确定位是优化我国外语教师培训的关键因素，集中培训、教学日志反馈、主题研讨会、教材使用指导、课堂观摩反馈、教师访谈、科研指导、建立教师发展档案等一系列互动有助于教师丰富理论知识，提升教学智慧，在实践中提高专业发展的意识和能力（袁燕华，2012）。市、区、校三级联动开展需求调研、项目实施和评价的培训模式有利于新教师获得跨越式发展（徐国辉、张金秀，2016；徐国辉等，2016）。

信息网络技术的飞速发展为我国中小学外语教师的在线学习模式创造了条件。利用远程教育技术开展教学研讨，组织在职培训和进修项目，能够促进外语教师拓展知识结构，提高教学水平（张晓勤，2014）。基于网络实验室形成外语教师职前、职后网络学习共同体，能够解决职后教师进修机会少且理论知识匮乏等问题，将理论与实践连接起来，使职前与职后外语教师教育达到一体化的双赢局面（孙晓慧、罗少茜，2015）。

6.2.2　多样的研究方法

外语教师专业发展研究从行为主义向人本主义理论视角的演进，不仅拓展了内容范围，也推动着其研究方法从量化研究为主导转向量化、混合、质性研究方法并存的新局面。

1. 量化研究

课程改革初期，研究者为了解外语教师专业发展需求及其与新课程的适切性，大多采用问卷和结构化访谈等量化调查研究方法（杨茂庆等，2014）。杜新秀（2010）、张艳玲（2012）、黄涛等（2013）、丁天华（2014）、肖征等（2018）等研究分别对不同地区的小学英语教师进行了调查。整体上看，小学英语教师的学历大多已达标，但受教育程度还有待提高；专业发展方面存在着专业不对口、重专业能力而轻专业知识和专业品质、专业自信心不足、专业发展阶段错位等问题；还没有深刻领会新课程理念，关注的重点在"教"而不在"学"。绝大多数教师有学习发展的愿望，观摩教学、短期进修和网络培训是在职培训的主要方式，但培训机会还相对缺乏，且大部分教师科研意识不强，科研能力较弱。

周亚莉和吴晓昱（2011）基于文化学和教育学视角，对甘肃省藏族地区的中学英语课程实施情况开展了问卷调查与访谈，发现三语环境下存在着多种文化冲突，导致课程不被重视、教材水土不服、教学管理体制僵化、教学模式过于传统及教师专业发展滞后等问题。韩美竹和赵晓云（2013）对山西省 417 名城乡初中英语教师发展现状的调查表明，教师对新课改的整体认识水平偏低，教师在专业背景、课程资源的开发和利用能力、学生观、教学行为以及专业发展等方面存在着认识不明确、不全面、不到位的问题，认识水平参差不齐。国红延和王蔷（2013）对高中英语教师使用新课程实验教科书情况的问卷调查发现，新教科书的使用有助于教师提高自身的语言能力、教学能力和反思科研能力，能够促进教师的专业发展。

2. 混合研究

外语教师专业发展研究视角的多元化为丰富其研究方法创造了条件，综合定量与质性研究方法的混合研究有所发展。罗晓杰（2011）基于课堂话语分析法，对三名高中英语教师阅读课的问题设计、提问、候答、理答等方面的教学言语行为进行了量化和质性的综合分析。李冬耘（2012）对 156 位参与"国培计划"的农村初中英语骨干教师的专业发展现状进行了问卷调研，又选取 15 位典型代表进行面对面访谈，结果显示，农村地区初中英语教师的职业幸福感和专业满意度偏低，考试成绩对课程改革的实施有着负面的影响，"穿新鞋，走老路"的现象依然广泛存在，教师普遍缺乏专业发展的自觉性，排斥理论学习和基于教学实践改进的教学研究。

3. 质性研究

大范围的问卷调查能够快速确认中小学在职外语教师培训的现状和需求，但量化研究并不适用于对不同情境中教师的实际发展进行深入了解，需要与质性研究方法相互补充。近年来，外语教师专业发展研究更加关注特殊场景中教师个体的经验、感受和理解，对质性研究方法的应用有所增多，通过深度访谈（李伟英、邹为诚，2017）、叙事探究等方式，挖掘、发现、聆听教师具体的教育生活体验，旨在呈现教师学习的复杂性和多样性。秦杰（2012）利用定性的档案袋方法对五位中学英语新教师专业发展情况进行的跟踪研究发现，专业成长档案袋对新手教师专业成长的促进作用明显，有助于他们深化教育教学理念，增长实践性知识，发展管理与教学技能，提高批判性反思意识。崔琳琳（2014）和熊苏春（2017）都利用叙事探究的方法研究了中学英语新手教师的专业学习过程。韦杏雨和吴惠忠（2014）采用生活史研究法深入讨论了一位优秀初中英语教师的专业发展史，发现在家庭背景、人格特质、重要他人和成长经历中形成的教育信念，综合影响着教师专业素质及身份的形成与发展。

6.2.3　研究的发展趋势

伴随着近十年基础教育课程改革的不断深化，在职中小学外语教师专业发展研究获得了很大发展，体现出理论视角多元化、研究内容多维化、研究方法多样化的趋势。理论视角上，建构主义和社会文化理论强调教师个体在社会实践活动中的意义建构，强调人与社会文化环境的共生关系（何丽芬，2016），倡导教师通过自主反思与合作交流获得专业发展，弥补了行为主义只关注理论与技能而忽视个体参与的不足。

理论视角的多元化也丰富了外语教师专业发展的研究内容，更加重视课程改革中英语教师的主体感知，包括教师角色的转变、身份认同、教师信念的变化及实践性知识的建构。此外，外语教师专业发展研究也开始关注课程改革中教师专业发展的文化生态及环境因素对专业发展的影响，并在此基础上探索多样、有效的学习途径和发展模式。

为深入了解在职中小学外语教师专业发展的特性、影响因素及有效途径，研究者融合量化、混合、质性研究方法，开展了大量实证研究。课程改革初期多以问卷、访谈等量化或混合研究方法为主，旨在了解课程改革现状及教师的专业发展需求。随着课程改革的推进，案例研究、叙事探究等质性研究逐渐增多，旨在关注教师个体经历，揭示具体情境中教师的真实发展样态和影响因素（徐锦芬等，2014）。

6.3　当前在职中小学外语教师专业发展面临的问题与挑战

近十年来，课程改革有效推动了我国在职中小学外语教师专业化水平的提升，但教师的专业发展仍面临着问题与挑战，主要包括：专业发展体系仍需完善，教师自身发展意识不够强、缺乏必要的支持（程晓堂、孙晓慧，2010）。

6.3.1　多级联动的教师专业发展体系仍需完善

课程改革实施以来，教育部门投入大量精力为教师培训做好顶层设计，积极创新培训模式，培训项目的科学性、系统性、实效性不断加强（黄丽燕，2013）。从国家级培训到地区、学校的常规教研机制，在职中小学外语教师专业发展体系已初具规模，多级联动的培训体制有利于教师理念的转变及教学实践的改进，有利于教师综合素质的提升。然而，教师学习的个体性、情境性和复杂性对现有的培训方式和培训效果提出了挑战，教师专业发展体系在发展模式、文化机制、活动形式、评价方式等方面仍需进一步完善。

6.3.2　教师自主发展的意识及能力尚待增强

虽然课程改革中外在培训的机会大幅增加，对外语教师专业发展有着积极的影响，但相比外部机构组织的集中培训，主动参与的自主学习和交互式学习才是促进教师专业发展的根本途径（张嘉欣，2019）。由于我国中小学外语教师人数众多，发展水平不均衡，不少教师对于自身的专业发展认识不充分，自主发展的意识和愿望还需增强。特别是中小学教师长期以来专注于具体的教学实践，对课程改革提出的研究型教师角色还很陌生，大部分教师的教学反思能力和教学研究能力都有待提升。

6.3.3　支持教师专业发展的文化环境还需改进

在中小学外语教师专业发展研究快速增长的同时，教师发展的文化环境也暴露出一定的局限性。比如，教学任务繁重、进修机会少、考核评价机制以成绩为导向等，在一定程度上制约着教师的专业发展，仍需改进。中学外语教师对教研组文化及同事关系较为认同，但对整个学校文化生态的认同度不够（江世勇、邓鹂鸣，2016），认为教研活动存在流于形式或不够深入的问题。总体上说，中学外语教师的压力指数普遍偏高，工作仍然以个人实践的形式为主，深入的合作氛围尚未形成，支持性的学校文化氛围还很欠缺。此外，传统的应试教育文化对中小学外语教学方式及教学效果的影响很大，课程改革的深化要求教师转变以题海战术为主的教学方式，发展学生的语言交际和综合运用能力，这一目标的实现急需国家、学校层面制度的完善和人文精神的关怀（熊苏春，2017）。

第 7 章
我国在职中小学外语教师专业发展的典型案例

7.1 "北京市中小学名师发展工程"北外基地案例

7.1.1 引言

　　基础教育是一个国家教育的根基和关键，而教师则是决定着基础教育成败的重要因素（周洪宇，2010；Freeman，2016）。其中，中小学外语教师是我国培养外语人才的关键要素，决定着我国外语教育教学改革的成败（杨鲁新，2016）。我国"十三五"教育纲要规划中指出，要着力推进教育教学改革，尤其是基础教育教学改革，而改革的关键则是中小学教师队伍；同时，坚持服务导向，以服务国家发展和人民群众为教育改革发展的基本要求，着力加强教师队伍建设，提升教师素质与能力。为进一步加强北京市中小学高层次人才队伍建设，落实"十三五"教育纲要规划和《首都中长期教育人才发展规划纲要（2010—2020年）》，北京市教工委、教委推出了北京市中小学名师发展工程（以下简称"名师工程"），以"研究引领、学术涵养"为人才培养理念，以"造就一批师德高尚、思想先进、视野开阔、善于研究、勇于创新，在北京市乃至全国有较高知名度、具有广泛影响力的名师队伍"为人才培养目标，每年从全北京市中小学英语教师中挑选出一批师德高尚、专业素养强的中青年教师，依托北京高校，进行为期两年的在职培训工作。

　　北京外国语大学作为名师工程培养基地之一（以下简称"北外基地"），自 2013 年 3 月起，承担了英语学科教师的培养任务，其目标是助力中小学英语教师了解并掌握国内外前沿理论，开拓学术视野，养成科学的外语教育观念，深化外语教育专业化水平。该工程要求培养基地为每一位学员配备一位学术导师和一位实践导师，实施"双导师"培养模式，以帮助学员在学术导师的指导下更新教育教学理念、提高科研水平；在实践导师指导下改进实际教学工作。该工程要求学员经过两年的学习完成"211"任务，包括 2 节基于课题研究的研究课、1 篇发表的论文和 1 份课题研究报告。截至 2021 年 7 月，北外基地共培养了 7 批名师学员，合计 71 名；其中 28 名学员被评为北京市特级教师，14 名学员被评为正高级教师，1 名学员入万人教师计划，1 名学员被评为全国模范教师。本案例报告北外基地落实名师工程培养目标的具体方案及实施效果，并探究在职教师专业学习特点，以期为在职教师培训项目提出建议。

7.1.2　北外基地建设的理念与目标

为保证名师工程培养目标的实现，北外基地制定了工作方案。一方面，广泛征求北京市中小学英语教研员、中小学英语特级教师、部分中小学资深英语教师的意见，了解一线英语教师的工作现状及其专业发展需求；另一方面，梳理国内外关于在职教师发展的相关文献，了解在职教师（顾泠元、王洁，2003；Johnson & Golombek，2016），特别是经验教师的专业发展特点和需求（杨鲁新、张宁，2020，2021）。结合名师工程项目的总要求，北外基地确定了名师学员的培养方案应遵循理论与实践相结合的原则，充分考虑名师学员的实际学习、教学及科研需求，最大化地发挥北京外国语大学的外语学科优势。

北外基地充分调动北京外国语大学和北京其他高校的外语教学研究专家、学者担任授课教师和学术导师，同时邀请北京市英语学科的特级教师担任实践导师。根据《北京市中小学名师名发展工程导师管理办法》，学术导师和实践导师同时负责名师学员入站后为期两年的培养工作。学术导师负责制定学员个性化培养方案，定期和培养对象进行研讨、交流，对不同培养对象进行系统的理论培训和前沿问题专题指导，负责指导培养对象的课题研究，包括选题、开题、研究过程、结题的全过程指导工作。实践导师的职责是向学员展示或介绍至少 20 节特色课，并在此基础上指导学员完成听课感悟与反思报告；至少观察每位学员 5 节课，指导学员完成 2 节研究课，在听评课的基础上，帮助学员厘清教学问题，指导学员对英语教学理论知识和实践知识内容进行梳理和贯通，定期和学员交流、研讨教育教学中的问题。

在明确每位导师职责的基础上，为充分发挥导师团队的学术力量，北外基地确立集体指导原则。这主要体现在多种集体活动与集体课程的实施过程中，学员有机会向不同导师和同伴学习，不断开阔思路、扩大视野。北外基地鼓励学员与授课专家互动沟通，分享自己的教学经验，对授课内容提出质疑。综上，北外基地的培养活动采用集中理论课程学习、导师个别指导、参观学习、自主研修等多种方式，坚持深入浅出、学以致用、过程监控的教学原则。

为确保培养方案的有效落实，基地确定了"严进严出，质量把关"的培养宗旨，主要体现在：（1）上课签到、统计出勤率，提醒学员按时参加学术课程；（2）课后反思、提交反思日志，督促学员认真听讲、积极思考，也便于基地及时了解学员学习近况，以对课程进行有针对性的改进；（3）各阶段教学、研究及论文改进汇报，利于学员集思广益、听取针对性的意见，并将之付诸实践；（4）研究课进展跟踪与采访，及时了解研究课进展情况。此外，基地还组织管理团队，为名师工程各项活动的顺利展开提供各种后勤保障，包括：（1）课程提醒。名师基地管理人员在每次课程开始前一周都会邮件并电话提醒每位名师工程学员及导师上课时间及内容，最大限度地保证了出勤率，使每位名师学员都能充分利用好与导师学习和交流的机会。（2）按时课堂反馈。每次课后，名师基地会请学员做课程反馈问卷，记录下自己的收获与感悟，并提出对课程的宝贵意见。经过对每次课程反馈的整理，名师学员可以看到自己的进步，同时导师的课程也得到有针对性的改进。（3）学期总结与反思。每学期结束时，名师基地都会举行学期总结会、课题进展汇报会或教学改进汇报会，并要求每位名师学员总结、反思一学期的学习情况，并对名师基地的教学与管理工作提出建议。这些反思对进一步深化学员的认识有很大帮助。同时，全程录像跟踪所有导师的课堂，一方面保留珍贵的上课视频资料，方便以后学员查阅；另一方面也为导师日后反思并改进教学提供了良好的素材。

基地在保证名师学员培养工作质量的同时，还非常注重对学员的人文关怀，尽力让名师学员在基地感受到大家庭的温暖，缓和学员因教学、培训、科研及家庭多方"工学矛盾"带来的压迫感。在课程安排方面，名师基地尽量将每周的课程集中排到一天（如周五）、隔周上课，在开学前提供整个学期的课程安排，方便学员调配时间，并安排助理在课前提醒。在后勤事务方面，管理团队在入学初为学员统一办理北京外国语大学一卡通、图书证；每周提前为学员预约停车位；在上课的教室提供无线网络与充电设备；答辩会和汇报会举行期间，管理团队提供统一工作餐，方便学员与评委、导师及时交流沟通。

7.1.3 北外基地的培养途径和方法

1. 需求分析

　　虽然进入北外基地学习的名师学员都是来自北京各区县学科带头人、教师骨干，拥有较为丰富的教学经验，但是北京各个区县的英语学科教学现状不尽相同。通过访谈部分学员，对全体学员进行需求问卷调查，北外基地了解到学员目前的核心工作与挑战、教学与科研工作方面的困惑、对名师工程的期待等，发现名师学员的需求呈现多样化状态。几乎所有的名师学员都身兼数职，被赋予了多重身份。除常规课堂教学之外，名师学员还承担年级组长、班主任、英语学科命题组长或区命题库成员等职务，需负责学校的科研工作、区里的统考命题工作或学校学科建设的相关事务；教研员在结合课题进行日常教师培训、不断探索新课题的同时，还需要负责教师培训教材的编写、中高考教研等工作。

　　在教学中，名师学员遇到了诸多困难和问题。例如，学生两极分化现象十分严重，体现在学生的学习习惯、学习态度与学习方法等方面，如何在课堂中进行有效的分层教学、实现高效课堂是大多数名师学员面临的挑战。一些名师学员指出自己的知识储备不足，导致很难突破目前的常规教学。

　　知识储备不足导致的能力欠缺非常影响我的教育和教学。教了近二十年，总是局限于课堂教学，尽管兢兢业业深耕课堂，也做出了一定的成绩，但也忽略了自己专业素养的进一步提升，距离前沿理论研究有很大的距离。（刘老师，问卷）

　　教研员学员指出如何将学生的英语学科核心素养能力培养与课堂教学有效结合是他们目前教师培训工作中的一项重要任务。由于理论水平和研究能力较弱，教研员学员指出自己在工作中遇到瓶颈。一位教研员在访谈中坦承道：

　　在教研活动中，教师的文学素养与主题意义探究下的教学设计之间产生了矛盾，老师们的文本解读能力欠佳，不能准确找出主题意义，文本之间的关联也不能敏锐地发现。经过一些文本解读的实践，感觉老师们的文本解读能力还是不能满足教学的需求。我还是需要多读书，才能

找到更好的方法帮助老师。(杨老师，访谈)

　　在教学研究方面，名师学员普遍坦言研究能力薄弱。例如，他们在教学实践中发现很多问题，但是不清楚如何聚焦、如何找到研究问题。由于缺乏相关理论背景，在撰写研究论文时，名师学员不清楚如何梳理和提炼丰富的课堂教学数据。总之，需求分析显示，名师学员期望能提升自己的外语教育理念和外语教育研究水平，并且能够将外语教育理论融入日常教学，真正解决教学问题。多数名师学员希望自己能向研究型教师的方向发展。

2. 应对策略

1) 课程设置

　　需求分析发现缺乏系统的教学理论知识和科学的研究方法是存在于名师学员中的一个普遍性问题，这直接或间接地阻碍了他们开展有效、高质量的教学与研究活动，如无法寻找适合的研究课题、难以科学分析和梳理日常教学数据、课堂教学活动随意性强、写作能力薄弱等。针对这些问题，北外基地在制订名师学员培养计划时秉承理论与实践相结合原则，充分考虑名师工程的培养要求与学员的实际教学及科研需求，如图 7-1 所示，课程体系设置集教育学、语言学和学术研究方法为一体，旨在提升名师学员的教师职业素养和学术研究涵养，帮助名师学员成长为研究型教师。北外基地强调教育学课程与专业课程有机结合，让名师学员在提高英语水平的同时，进一步提高外语教育理论素养，拓展人文视野。除名师工程项目统一开设的通识课程（如文学欣赏、大数据与教育、从教师角度看科学素养的形成等）外，北外基地开设的专业课程包括外语教师专业发展和语言学与外语教学方法专题系列课程，将理论与实践进行了紧密结合。

　　在实际实施课程体系过程中，北外基地根据学员需求不断更新、调整课程，最大限度地满足名师学员的学习需求。例如，根据对第一批和第二批学员的观察发现，提供研究方法课程并未能解决名师学员在实际课题开展中遇到的数据分析问题，这说明名师学员需要更多的实操性指导。因此，从第三批学员起，研究方法课程改为研究方法工作坊，持续密集地开设问卷设计、行动研究、质性数据分析工作坊，通过教师讲解与学员实际操作紧密结合的方式，带领学员在实际应用过程中学习研究方法，找寻知识漏洞，提高其问卷设计及数据分析能力。

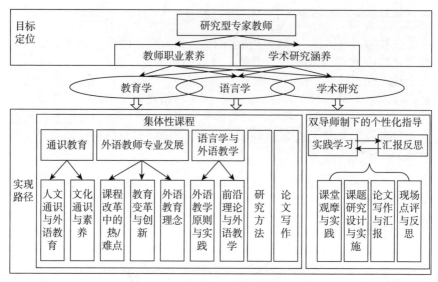

图 7-1 北外基地名师课程体系设置

2）培养方式

北外基地采用集体性学习与个性化指导相结合的培养方式。名师学员集体学习教育学、语言学、研究方法等系列课程，为开展基于教学问题的课题研究奠定学术基础。为满足学员的个性化学习需求，北外基地为学员推荐了阅读书单，与北外集体课程相辅相成，共同促进学员教育理念、英语学科知识以及自主学习能力的发展。

按照名师工程的要求，名师学员需要开展基于教学问题的课题研究，并通过研究课活动的形式呈现其研究成果。该课题研究的过程充分体现了个性化指导的特点。实践导师凭借自身丰富的教学经验，从课题选择、研究课设计到开展实施，特别是研究课的落实，对学员进行全方位的个性化指导。学术导师则充分发挥其学术背景，帮助学员落实研究设计方案，特别是在数据分析和论文撰写方面给予细致指导。导师与学员之间沟通方式多样，包括面对面、微信、邮件、电话等。其中，微信作为目前最为方便快捷的通讯软件，其文字及语音的沟通方式不受时空限制，且可传输音频、视频、图片及多种格式的文件；邮件的沟通方式可传输较大文件，且便于保存、查阅；电话与面对面沟通的方式亲切、效率高。学术导师与实践导师相互配合、及时沟通，了解彼此的理念，打通指导内容。通过与导师的沟通，名师学员在数据收集与分析的过程中逐步提升分析问题和解决问题的能力。

考虑到名师学员日常工作繁忙且研究经验不足，北外基地开展了阶段性学术汇报，对学员专业知识学习和课题研究开展进行过程性监控和个性化指导。阶段性汇报会具备四个要素，包括三人评审小组（其他学员的学术导师和实践导师、项目外专家）、针对性评价与指导（基于学员现阶段研究进展与研究困惑）、同伴反馈与学习（观摩同批次、跨批次名师学员的汇报）和反思报告（会后三天内提交）。基于对第一批和第二批学员在课题研究过程中出现的问题，北外基地从第三批学员开始增加了开题报告修改方案汇报会、课题改进汇报会和教学改进汇报会，为学员提供除导师之外的学术指导，如获得其他导师的建议，目的是充分发挥导师团队的学术力量，为学员提供及时指导，从而保证学员能够高质、有序、按时地开展课题研究。图7-2展示了名师学员所经历的"四次观摩六次汇报"。其中，观摩活动搭建了新老学员交流的平台。在观摩老批次学员的课题汇报过程中，新批次学员可以对名师工程要求的课题研究有较直观的认识。

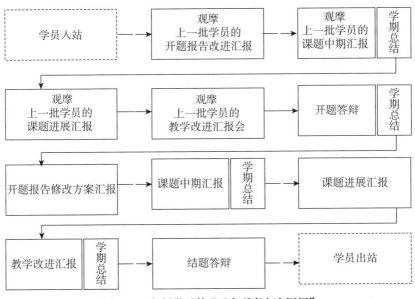

图7-2　名师学员的"四次观摩六次汇报"

课程反思是督促学员及时复习课程内容，对学员过程性学习进行有效监控的重要举措。为保证反思内容的充实性及收集过程的便利性，北外基地先后四次修改课程反思机制。第一版的《课堂教学效果反馈问卷》便于收集，但整体呈现出简而短、不够深入等特点；第二版的《复杂版课后反思》便于帮助学员及时了解课堂收获、导师面谈、同伴交流等内容，但不利于引导学员从外语教学、理论学习和研究课题等方面反思自己的课程学习活动；第三版的《课程学习记录表》在课程开始前发给学员，便于记录课程上的所思所想，但不利于学员将所学理论与实际教学及研究课题结合；第四版的《反思反馈表》将反思的角度具体化，针对每个课程设计反思问题（如表7-1所示），引导学员从外语教学、理论学习和研究课题等方面反思自己的课程学习活动和实际教学，帮助学员养成科学系统的反思意识。

表 7-1　第四版《反思反馈表》范例

姓名：	日期：20191018
上课教师：罗老师 课程："文学圈"阅读教学工作坊 （任选两个问题在右栏进行反思，每个回答不少于70字。欢迎多答。） 1. 您认为"文学圈"阅读教学的价值体现在哪里？（阅读理解、词汇拓展、写作思路、批判性思维……） 2. 您之前在课堂上实践过"文学圈"阅读教学活动吗？怎么理解"文学圈"活动中的6个角色？这些角色在课堂实施的效果（会）如何？ 3. 您今天在参与"文学圈"group work 活动中扮演哪个角色？紧张吗，为什么？这样的阅读高效吗？为什么？对您的教学有什么启发（教学理念和教学实践）？ 4. 您认为今天学生组的 presentation 怎么样？与您所在的小组有什么不同吗？您有什么评价和建议？ 5. 您认为教师在"文学圈"活动中的角色是什么？与学生互动时，需要注意哪些方面？ 6. 您在今后的课堂中，是否会开展"文学圈"阅读活动呢？如果开展，为什么？如果不开展，为什么？	反思：
您的其他评价或反思	

3）助理跟进

学生助理的设置与北外基地教研团队、管理团队的工作相辅相成，共同保证名师学员培养工作顺利进行。针对不同批次的学员，北外基地每年安排一到两位研究生担任助理，负责名师工程课程的班务管理以及上传下达、组织协调、答疑解惑等工作。例如，助理在微信群内随时为名师学员答疑解惑,统一整理、汇总问题,与教研团队和管理团队协商并及时解决学员学习过程中遇到的问题。在历次答辩会上,助理负责安排摄影、分发资料、把控学员的发言时间等工作,确保答辩会按时、有序地进行。部分名师助理还负责学员课程、课题汇报、研究课跟进与后续采访的工作,最大程度上实现与名师学员的零距离沟通,了解学员实时需求,保证北外基地培养工作的动态改进。在此交流过程中,名师助理也学习、接触到了先进的教育与教学理念,加深了对课堂、科研的理解,对自己未来的职业有了更明确的规划。

名师助理的作用可总结为五点——"万事通""课代表""小家教""技术员"和"小棉袄"。助理们既拥有关于北外基地培训的知识,也拥有课题研究的知识,"培训助理"及"研究助理"的两个作用相辅相成,融会贯通。名师助理在学员们,尤其是新学员中担任了"万事通"的角色,使学员们在整个培训的过程中及时了解课程信息以及导师、授课教师、答辩评委的联系方式,方便学员们安排自己的学习任务,及时针对自己的研究与专家进行沟通,使名师工程的培训真正做到了以学员为中心。

名师助理发挥的第二个重要作用是"课代表",最主要的任务是负责收集学员们的课后反思、课后作业,研究课、答辩会、总结会需提交的课件及报告,以及结业材料。由于基地对上述材料有一定的要求,如材料的数量、材料的具体内容,名师助理需要随时与学员们做好沟通。

名师助理在学员们准备研究课、进行论文写作及修改的过程中也担当了"小家教"的作用。在学员需要用到语言学方面的知识,自己却找不到有权威的理论依据时,在查找参考文献的渠道有限时,在撰写研究报告过程中对论文写作的规范有疑问时,都会求助于"起点高"的名师助理。由于名师助理拥有许多先前优秀学员们的写作素材以及联系方式,也会成为学员们求助范例的对象。此外,名师助理还扮演导师与学员对话的翻译者和报告校对者的角色,在一定程度上帮助名师学员解决"有问题不好意思问导师""问了之后琢磨半天还不懂"的情况。研究助理与学员共结互助小组,以同伴的身份进行交流,推进名师学员课题研究的顺利开展。

名师助理也是学员们的"小棉袄",在学员们取得进步或对自己产生怀疑的时候及时提供情感上的支持,尤其在学员们完成研究课后给予鼓励,能够在心理上较好地安慰和鼓励学员。在遇到技术方面的问题时,名师学员会把经常使用电脑软件的助理们作为"技术员"寻求帮助,如向助理询问转写软件的使用方法等。综上,名师助理们给名师工程注入了青春活力,他们认真负责地维护工程正常运转,给予学员们提供力所能及的多方面支持，也渐渐成为许多导师和学员的朋友。

7.1.4　北外基地的培养成效

在北外基地，名师学员积累了知识，提高了教学能力与研究能力，也收获了友谊。反思日志是名师学员们入站以来成长脚步的印记，记录着他们学习过程中的所感、所想、所悟与所得，及对课程的意见与建议。因此，本节通过对名师学员撰写的"课程反馈调查问卷""课程反思反馈表""学期总结""助理对名师学员的访谈"等数据的分析展示北外基地对名师学员的培养成效。

1. 课程学习的效果

北外基地开设的多元化、多样化、全方位的课程，配备以专业化、国际化、高水准的教师，给名师学员带来了精神、理论、实践、研究多层面能力的成长。例如，语言学与外语教学课程帮助学员更好地了解语言的本质、外语教学理论及在课堂教学中的应用；外语教师专业发展系列课程启发学员关注教师本身的成长；研究方法系列课程帮助学员系统地学习和掌握了量化和质化研究方法，为开展教学研究奠定基础。具体而言，名师学员高度认可主题式课程安排，将同一主题的理论和实践集中呈现，加深了学员对该主题的理解。例如，词汇教学专题包括词汇语义、词汇教学原则与方法和课堂词汇教学活动案例评析三门课程，以促进名师学员们对词汇教学更加深刻的见解。学员边老师在反思日志写道：

> 对于教学中词汇的多样处理有了很丰富的认识；对于不同教学环节词汇的处理有了新的抓手；对于问题的设置是认知层面还是理解层面有了系统的认识。同时，也了解到什么是词汇，词汇的特点是什么、包括哪些方面；在实践中如何设置词汇问题，如何引导学生去落实词汇通过不同的词汇手段。(边老师，反思日志)

外语教师专业发展模块则引导学员跳出课堂本身，从更宏观的角度去解读教学，审视注重学生的全人教育。相关课程，如周燕的"人文主义教育与理性思维""公民教育""北外优秀外语教师传统"，刘润清的"一堂课的五个境界""语言哲学与外语教学"以及程惠云的"价值观教育"等，给名师学员提供了如何看待课堂教学以及促进学生发展的新思路与新视角。学员马老师和吕老师在课程反馈中写道：

点燃学生的理想之花，教师自己首先要有梦想尊重学生，尊重生命。教师在人文主义教育中的作用：培养学生理性思维，不仅把理性思维落实到学习中，还要落实到生活管理中。（马老师，课堂反馈）

"初心"应该是一切职业的基础吧，就是一心一意地做事；说到教师，初心就是一心一意地教书育人。我以前只是认为把外语这门课程教好就够了，近十年我一直当班主任，感觉其实育人更是教师的责任。英语有一个短语"...shape one's character"（塑造人的性格），shape 这个词很形象，本意是"形状"，如果能什么事情能把人的性格变成某种形状，那这件事情太重要了。学校就是一个能够培养学生性格的地方，而性格的培养一定程度上依靠老师在课堂上与学生的道德交流。从这个意义上说，我们老师太重要了。（吕老师，课堂反馈）

学员们在课堂上认真倾听周燕讲述老一辈北京外国语大学英语教师的奋斗励志故事，如伊莎白老师、马云曦老师、祝钰老师、刘树勋老师等。基于"北外优秀外语教师传统"课程，学员陈老师在反思反馈表中动情地写道：

我认为北外老一代英语教师的素质内涵最重要的是老师们的道德修养和敬业精神。在过去艰苦的条件下，前辈们仍然保持严谨的工作作风，不顾个人得失，以祖国的教育为己任，这是多么高尚的情操！作为教师，首先应该是德高为范，爱岗敬业。没有高尚的道德修养，没有对教学的执着追求，怎么能够为学生树立榜样？怎么能够想方设法地提高教育水平？老一辈英语教师们身上的这些都是值得我们学习和借鉴的。打铁还需自身硬，他们苦练基本功，研究教学，提高个人业务水平等，这些都是我们需要努力学习的。其中我对老师们所说的"教学相长"印象很深。教学活动是师生、生生思想碰撞的过程，是师生成长的过程。教师的一个启发性的问题会燃起学生探索新知的火焰。你给学生一个想象的空间，他们会返回给你更多的意外和惊喜。我享受这样的课堂！（陈老师，反思反馈表）

研究方法模块为学员系统讲解了课题研究中可能会用到的研究方法，包括问卷设计、量化研究、质性数据收集与分析、课堂观察与分析等，填补了一线教师该方面知识的空缺。授课教师们生动形象地使用了许多例子及学员提供的数据，深入浅出地帮助名师学员理解了研究方法。学员雷老师和左老师在其课程反馈问卷中写道：

　　许宏晨老师讲课严谨、有条理，幽默风趣。我进一步了解了问卷与研究方法的关系，了解问卷与研究论文的关系，了解问卷制作中出现的问题及改进措施：如不能太专业，不在同一个题里出现多个概念；选项不能有重叠；选项不全时应加上"其他"等。老师通过让我们合作学习的方式，通过具体的实例，让我们明确了做问卷设计的相关理论知识。（雷老师，课程反馈问卷）。

　　在张虹老师的整个的课程中，我身心投入，很享受这个过程。她以自己的研究经历讲解相关理论，投入了感情，具体、生动而感人，仿佛理论都活起来了。另外，她讲练结合，我们都 got involved，经历着研究分析的过程，体会到做研究的严谨细致、一丝不苟，evidence-based，心里静下来了，仿佛心灵得到净化。在世事纷繁的生活中，北外的学习是我们心灵深处的一片净土。（左老师，课程反馈问卷）

　　北外基地开设的语言专业板块课程帮助学员弥补理论知识的不足，主要表现在学员开始用这些理论知识重新审视自己的日常教学。例如，"文学圈"阅读教学工作坊使学员认识到"文学圈"在高中英语教学中的可操作性：

　　"文学圈"对于我的两个班的教学来说可操作。我认为"文学圈"更适合英语水平较高的学生，比如概括文章主旨、质疑、主题意义探究等活动既需要学生的高阶思维，也需要学生具备一定的语言素质；但是也可以把"文学圈"的角色做适当的调整，以应用于英语水平较低的学生。（杨老师，反思日志）。

　　阶段性汇报会的设置为名师学员搭建了互相学习的平台，督促学员不断推进课题研究。例如，六批学员杨老师在听完五批学员的课题进展汇报后指出：

　　我想做阅读方面的课题研究，因为阅读对于听、说、写都起着至关重要的作用，但是不知道从哪方面入手。听了任老师的文献综述，我知道了可以从阅读能力方面入手：先想办法检测学生的阅读能力在哪些方面有问题，再聚焦阅读能力的具体维度。另外，通过老师们的研究过程介绍，我也学到了很多课堂实施方法，如付老师的课堂评价、李老师的复述支架、雷老师的阅读课教学、任老师的阅读课问题设计等，总之聆听五期学员的汇报我收获颇多。（杨老师，访谈）

　　在研究报告的写作上，每届名师学员都存在许多问题。由于缺乏系统性的研究训练与写作指导，名师学员在开展课堂研究以及论文写作方面困难重重。通过学术论文写作系列课程，学员们明白了学术论文的要求，认识到了自己写作中存在的问题。例如，小学教研员王老师反思道：

> 自己过去也进行过多次课题研究与课题报告的撰写，但那个时候写出的报告多为大话、空话以及文献的堆砌。在北外学习的过程中，通过导师的批改以及听取过去优秀学员们的报告中，我明白了真正标准的学术写作应该是什么样。（王老师，反思日志）

2. "做中学"——研究课开展中的学习效果

善于反思、精于研究是优秀教师不可或缺的素质。名师学员在北外基地不断地学习教育教学理论、科研方法，加强了科研意识。在找寻研究视角的同时，更是在学术导师和实践导师的指导下、在实际课题研究开展的过程中，不断反思，提高了自身的教学教研能力。例如，在完成第一次研究课后，五批学员在反思中指出研究课使自己对课堂教学和课题研究有了更深刻的认识，在教学上也有了新的突破。学员赵老师（教研员）在第二次研究课中，加入了学习者互动环节，现场锻炼老师们的短时记忆能力及团队协作能力，同时改善课堂的开放性，取得了良好的效果。赵老师在访谈中谈道：

> 第一次研究课的时候，没有和台下 200 多位老师互动。第二次因为都是来自各个区县的教研员，带领各区的骨干老师，所以我中间加了一个互动环节，就是今天上午没时间讲。我这有一个环节是我拿手机录了一段音，然后三个组中的第一个人跑过来，回去不许说话，然后各组第二个依序过来。我是想培养老师们瞬间记忆能力和记忆保持能力，以及小组协作能力……我们经过这样的训练，包括他们再回去训练他们的孩子，孩子的瞬间记忆和记忆保持能力是可以提升的。所以，最大的改进，我觉得可能就是开放性和选择性，即没有一个标准答案的，成了一个共识。导师和听课老师对这次活动的评价还是挺高的。

六批学员吕老师在研究课后意识到情境铺设对学生学习的作用：

> 语法教学和词汇、写作、阅读教学一样，都要为学生铺设情境，让学生通过在语境中应用语言而潜移默化地掌握语言。事实上，学生应用语言的过程才是学生能力培养的过程，这才是新课程的理念在教学中的实施。课堂中真实呈现的语法教学情境，比依靠学生回忆、想象营造出来的情境更鲜明形象，更富有魅力。尽管课堂教学受到时间和空间的限

制，创设情境的素材有局限。然而，教师只要多留心、多想办法，课堂上能为学生感知的各种人和事物，诸如教室中的摆设和教具、简笔画以及教师和学生都非常熟悉或感兴趣的话题等，都有可能被巧妙地利用。每一条语法规则的教学，只要根植于真切的情境这一丰厚的土壤，都能开出绚烂的花朵。（吕老师，反思日志）

同课异构是北外基地组织的特色活动之一，让名师学员在专于课题研究的同时，又能跳出培训框架，获得新的反思与体会。例如，2019年4月，北外基地组织了与南京外国语学校仙林分校同课异构研讨会，主题是"用思维伴随阅读、以文化品鉴绘本"。在观课评课的过程中，学员不断追问自己：如何在绘本阅读中体现思维？如何在英语教学中培养文化意识？文化意识是得体运用语言的保障，受应试教育影响，现阶段基础英语教学主要以语言知识传授为主要途径，忽视交际能力和文化意识的培养。观摩同课异构后，名师学员意识到跨文化意识的培养应该贯穿于整个语言学习过程中，学语言也是学文化；教师也要注意将文化知识转化为内在的具有正确价值取向的认知、行为和品格：

在全球化的背景下，学生通过理解中外文化的差异，逐渐形成文化意识；对中外优秀文化的认同，会影响学生的行为取向。……课堂是学生核心素养形成和发展的地方，因此课堂应富有文化含量。语言和文化密不可分，语言学习是文化学习的承袭，语言教学和文化教学紧密联系。……文化品格的培育有助于学生树立世界眼光，增强国家认同感和家国情怀，学会做人做事，成长为有文化修养和社会责任感的人。（吕老师，反思日志）

同课异构活动让名师学员进一步认识到"教无定法"的现实。作为教研员或一线教师，既要眼界开阔，更要敢于并善于结合学生实际情况选择合适的教学方法。语言是思想的载体，是一切教学活动的根基。教师在课堂教学中不仅要注重语言的教授，更要注重主题意义的探讨：

好课是没有固定模式的，但好课应该具有以下特点：（1）学生实实在在学到了东西，这个东西可以是语言技能，也可以是情感视角；（2）老师和学生之间有真正的交流和碰撞；（3）课堂可以激发学生课外的自我学习。单纯的语言操练课和单纯的主题意义探讨课都是有欠缺的。真正的课堂应该丰富多样，涵盖语言基本功的学习、活动、思想的碰撞等。课堂的选材至关重要，语言是思想的载体，让学生多接触鲜活灵动的真实素材，同时辅以扎实的句法、文法训练，才能真正激活我们的外语课堂。（周老师，反思日志）

3. 学员总体学习感受

从一、二、三批学员进行的课程反馈问卷调查、学期汇报与总结，到四、五六批学员的课程反思日志撰写（逢课必写）、阶段性汇报（逢辩必报），再到六、七批的新版课程反思反馈表，北外基地的教师团队和助理团队不断总结，不断创新。北外基地对名师学员的要求越来越高，学员为达到北外基地的高标准和严要求，努力奋发，在巨大的挑战中获得的成长也越来越多。

一批学员程老师用"蝶变发展"来比喻自己在名师工程项目学习以来的变化，她指出"蝶变发展是一种内源性能源驱动的发展，可以帮助教师实现由外而内的整体提升。蝶变创新发展策略要求教师具有自觉学习、主动获取批判性思维的知识和能力，突破自我肯定、自我欣赏的惯常，养成内省、反思的习惯，借助教育共同体中的学者、专家等外援性发展力量，不断提升自己的思想、道德、智慧的境界，实现自我突破、自我超越性发展。"全新的名师培养方式，让每位学员感到身处一个独特的大教育共同体中。名师学员可以清晰地感受到北外基地的学习对自己的影响，如找到了课题研究的方向，体验到了课题研究的乐趣，感受到自己教育教学能力的提升，突破职业倦怠等：

将近一年的学习让我有了脱胎换骨的感觉。以前也参加各种培训，基本在 what、which 的层面打转转，这次与以往不同，老师们的课程使我更深入的在 why 和 how 的层面进行思考，为什么教书？教什么？语言的本质是什么？学生在你的课题得到了什么？如何能在有限的时间里训练学生掌握更扎实的知识？（马老师，学期总结）

在参加北京外国语大学的"名师"课程前，我常常感到工作的劳累和教学负担的繁重，很担心自己出现了职业倦怠的症状。但是自从踏进培训中心的大门，看到北外教授们讲课时的精神矍铄，听到他们对教育的真知灼见以及体会到他们在学术上的一丝不苟时，我一扫往日对教学的疲惫感，再次重温了做教师的幸福，因为所有对教育的思考、体会和困惑，都在这里有了再认识、再提升，特别是我得以重新审视和反思何谓教师的学科素养以及如何走向真正的专业发展之路。（汪老师，学期总结）

7.1.5　讨论与总结

本研究发现中小学外语教师是在各种矛盾的交互中挣扎求生（Freeman，2016；Goodnough，2018；Johnson & Golombek，2016），而职培训活动在某种程度上增加了这些教师的负担。如图 7-3 所示，虽然市教委已经尽其所能地为名师学员们提供支持，但是进入名师工程项目后，大多数名师学员依旧需要承担所属单位原有的工作量。因此，他们需要拿出额外的时间和精力投入到名师工程要求的学习中，加剧了名师学员面临的多重矛盾，特别是工工矛盾、工学矛盾和家学矛盾。

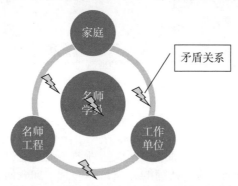

图 7-3　名师学员学习特点分析（矛盾关系图）

工工矛盾是指名师学员在原本单位中存在其自身多重身份（如一线教师、备课组长、科研秘书等）或多种工作（培训、备课、上课、班级建设、师生关系建设等）之间的矛盾。这使得名师学员始终处于一个忙碌的状态。这些学员在工作中需要完成很多学校和区里下达的任务（如出试卷、集体备课、带实习老师，指导学生比赛等），占用了大量的学习时间。

工学矛盾是指学员的学习时间是碎片化的。大多数学员平时都是在把单位、家庭的事务处理完毕后，在夜深人静时才能抽一点时间来学习。虽然学员们平时会按照研究计划下载并收集相关文献，收集数据，但是没有充足的时间做细致的文献综述和数据分析，出现了"囤文献"和"囤数据"的状况，报告的写作在很多情况下是集中在某一个开题或者中期汇报前 5 天突击完成。除规定的集体上课和汇报活动的时间外，名师学员实际阅读文献的时间很少，造成对很多理论知识的理解停留于表面。学员在课上的所想所得或所感，在课后很难持续发酵，更谈不上落实到教学实践。

家学矛盾是指名师学员的学习中还出现家庭与工作、学习的矛盾。在访谈和反思中，有老师们频频提到自己是在"医院—学校—北外"三点之间来回奔波，还有的老师提到经常会收到一些来自家人的温馨"劝退"。

　　名师学员自身内部也存在着诸多矛盾，在研究开展上主要表现为理论与教学实践的脱节——"做的很多，却写不出来"的窘境。其次，理论知识的匮乏造成名师学员研究意识薄弱，这主要表现在他们长期的教学已经积累起一套在实践中可行的教学习惯，但这种习惯的形成方式来自日常实践，而非理论学习，从而造成这些教师在教学中盲目地"跟着感觉走"或"随大流"。他们注重教学，但是缺乏"把教学作为研究"的意识，对研究的基本方法和研究范式缺乏了解。

　　教师面临的多重矛盾是设计和开展在职教师培训或发展项目需要考虑的一个关键因素。首先，在职教师的学习时间很有限，且碎片化。课程设计和教学活动需关注教师的实际需求和学习特点。北外基地的实践经验表明主题式系列课程、工作坊式的教学模式更符合在职教师的学习期盼和学习方式，能更有效地落实培养目标。例如，基于对名师学员的观察和调研，北外基地逐步增加聚焦专题的课程，如语法、词汇、听说、阅读、写作专题，且在教学内容方面将教学理论与教学案例相融合，有效地促进名师学员对外语教学的深刻反思和再认识。由于长期在中小学工作，名师学员一定程度上缺乏学术阅读习惯或能力以及系统的研究方法训练，不清楚如何开展教学研究。虽然参加过或主持过学校的一些研究，但是这些研究多是跟着感觉走，缺乏严谨的问题意识、数据收集和数据分析。为帮助名师学员尽快掌握基本研究方法，研究方法课程逐步改为主题式、系列研究方法工作坊，加大实操环节的分量。课程观察和学员反思日志都反映了工作坊有效地促进了名师学员对研究方法的理解和掌握。

　　其次，在职教师培训项目，特别是较长期的培养项目，需要设置"双导师"制度。北外基地为每位学员配备了两位导师：大学教授担任学术导师，特级教师担任实践导师。两位导师各有所长：学术导师熟悉外语教育理论，具有扎实的研究功底；实践导师熟悉课堂教学实践，具有丰富的教学经验，能够及时发现名师学员教学中存在的问题。两位导师密切配合，及时沟通，有利于形成教研互补学术共同体，从而有效促进在职教师的学习。通过共同研讨学员的示范课、观摩示范课及课后研讨，学员与实践导师和学术导师相互切磋，对学员理解和运用所学理论起到重要作用；基于教学问题的研究不仅促进名师学员研究能力的提升，而且也帮助名师学员深入理解理论，发现出现教学问题的根源，从而找到针对性的解决方法。

　　再次，在职教师培训的学习内容要关注教师所关切的教学问题。针对基础阶段教师研修情况的前期调研结果以及对名师学员的需求分析，北外基地坚持根据教育热点问题和学员的需求开设多种研讨活动。例如，北外基地针对社会所关心的高考英语考试改革问题组织研讨，帮助名师学员深入理解考试与外语教学的关系。在教学过程中，北外基地始终坚持"以案例教学为载体"的方法，结合名师学员的教学实际及其关切，对外语教学原则进行深入浅出的探讨，避免空讲理论的说教模式。另外，北外基地充分发挥英语学科优势，给学员提供国内外最新外语教育与教学的研究成果。在课程教学和研讨过程中，学术导师和主讲教师把国内外最新的外语教学研究理论介绍给学员，并结合我国外语教学现状，进行深入分析，共同探索提高我国基础阶段外语教学质量的路径，有效提升名师学员的理论素养。

最后，在职教师培训要注意过程监控，及时解决教师在学习过程中遇到的问题。北外基地在名师工程的实施过程中发现名师学员对作为高等院校教授的学术导师大多抱有崇敬之心，不忍"打搅"导师；而学术导师的日常工作也十分繁忙，可能不会经常主动联系学员。这些因素共同作用，妨碍学员与导师之间的定期交流。因此，北外基地设立名师助理，搭建了学员与导师的沟通桥梁。

名师工程项目让我们重新思考教师是如何学习的。在职教师具有丰富的教学经验，不同类型的教师培训活动应充分考虑教师自身的经验和学习时间的碎片化特点。教学活动应能联系教师已有的教学经验，采用体验式、反思式的教学方法，促进教师深刻反思，激发教师的能动性（顾泠元、王洁，2003）。名师工程项目也说明了建立高校教师教育者与中小学实践者合作伙伴关系的必要性（杨鲁新，2016）。名师工程的"双导师"制促进学术导师深入学员的实际课堂去了解教学实践，促进实践导师从理论视角审视熟悉的教学实践，促使北外基地的科研工作更加"落地"，更有效地解决课堂面临的实际问题。这种互动互惠的培训方式促进了高等教育和基础教育的共同发展。

7.2 以主题式研修促外语教师培训者专业发展 ——教育部"国培计划"示范项目英语教师培训者培训案例解析

7.2.1 项目背景

"国培计划"是 2010 年由教育部和财政部联合启动实施的大规模教

师在职培训计划——"中小学幼儿园教师国家级培训计划"的简称，旨在提升基础教育阶段教师，特别是中西部教师的专业能力和素养，为基础教育课程改革提供师资保障（李瑾瑜、王建，2017）。"国培计划"共分为三类，其中"国培计划示范性项目"是由教育部直接组织实施，面向省级教师培训团队、骨干教师的培训团队高级研修，目的在于培养一批优秀培训专家和"种子"教师，开发一批优质培训课程教学资源，凝练一批"线上线下"混合式培训先进模式，为各地科学有效开展中西部和幼师国培项目提供典型示范和资源支撑。

北京教育学院外语学院 2010—2019 年承担六期教育部国培示范项目，共计培训 332 名来自全国高校、教科院、中小学等的英语教师培训者。这五期培训针对培训对象专业水平较高、培训周期相对较短（集中 10 天）的特点，采用了主题式研修，得到了学员的高度认可，在项目组自评中每期培训学员满意度均为 100%，在教育部组织的匿名评审中多次名列前茅。更重要的是，在"国培计划"的带动下，很多学员成长为优秀的教师培训者，在各地的教师培训中发挥着引领作用。同时，培训中形成的如专家讲座、教学案例、培训案例等优质课程教学资源，也成为学员们在自己所在区域开展教师培训时的常用资源。

7.2.2 主题式研修的概念界定和理论基础

1. 概念界定

随着我国教师培训研究和实践的不断深化，中小学教师主题式培训模式经证明是具有较强针对性的培训模式之一（唐良平等，2017；吴伦敦等，2016）。在学习文献和长期实践经验基础上，笔者将主题式研修界定如下：主题式研修是针对研修对象的专业发展需求凝练研修主题，围绕主题设计研修目标、安排研修课程、组织研修资源、组合研修方式、评价研修效果的教师专业发展模式。与广谱式、拼盘式的常规教师培训相比，主题式研修中研究目标和内容的聚合性、结构性、深刻性，研修过程和方式中的合作性、情境性、问题解决等特点，对教师专业发展具有极强的针对性。

2. 理论基础

主题式研修具有以下三方面的理论基础：

1）教师学习

国际外语教师培训理念发生过四次变化。首先是传统的教师培训，强调对外语教学技术、技能的培训，结果打造了一批教书工匠。人们发现其局限性后，提出教师教育这一概念，即开设应用语言学、科研方法等课程，提高教师的理论素养。但反思后发现这仍然是把现成的理论或发现告诉教师，无法发挥教师的创造性。随后，学界开始关注教师专业发展这一概念，即强调在"教育"的基础上，鼓励教师结合他人的发现观察和反思自己的教学，不断调整自己的教学以适应学生的发展需求。同时，外语教学上的后方法时代也大力提倡教师专业发展的"多元性、开放性、和自主性"（张虹、王蕾，2010）。最近十年，随着学界对教师从作为专业人员的工具性功能转向对教师作为生命个体的本体性存在的重视，强调人格发展、终身发展的教师学习成为新的教师专业发展理论，引领教师的全面和高质量发展（郑文芳，2020）。

2）学习共同体

现代学习理论在倡导个体化学习的同时，也倡导协作学习、团体学习。其中，"学习共同体理论"受到学者的广泛关注和认可，在实践界也得到交流推广。该理论提出学习者与同伴以及教师以共同完成的学习任务为载体，在多向互动对话、协作交往中进行知识建构与意义协商，实现成员的全面成长（赵森、洪明，2019）。20 世纪 80 年代后期和 90年代期间，学习共同体理论在美国大学较为盛行。21 世纪以来，随着日本学者佐藤学在中小学倡导学校学习共同体改革取得的成功，学界开始关注学习共同体理论应用于中小学教师、促进其专业发展的理论和实践建构。

学习共同体的实现有两个要素，一是共同体文化的构建，让教师能够在平等、愉悦、共享、安全的氛围中开展协作性的学习活动。学习共同体的第二个要素是具有实践意义的、具有一定开放性、复杂性、挑战性、表现性的学习任务。该任务的实践意义和挑战性能够激发教师参与学习活动的兴趣；该任务的开放性意味着不同教师可能会对任务中蕴含的问题有不同的观点和思路，从而引发教师间丰富的讨论交流；该任务的复杂性有利于组织小组合作学习活动；最后，该任务的表现性使得各个学习小组能够提交一份"产品"或"作品"，相互交流，并通过这份"产品"对教师的学习成果进行评价。

3）深度学习

随着学界对人们学习心理研究的深入，深度学习成为顺应人类学习规律、提升学习效果的新兴学习理论。在对国外深度学习理论进行综述的基础上，我国学者归纳了深度学习的本质内涵、内在结构以及基本模式（李松林、杨爽，2020）。深度学习是以学生学习的深层动机为本源、以切身体验和高阶思维为过程、以深度理解和实践创新为结果的学习系统，是触及心灵的学习、深入知识内核的学习、展开问题解决的学习。深度学习的发生机制是情境诱发—问题驱动，深度学习的维持机制是切身体验—高阶思维，深度学习的促进机制是实践参与—问题解决。

　　这三方面的理论帮助我们从教师全人发展和终身学习这一宏阔视野和格局来思考教师专业发展项目中关于"教师学什么，怎么学"的关键问题。首先，在学什么方面，要在教师的学习内容中增加关于教育信念、职业价值、个人理想等方面的内容，而非简单的教学策略和方法的学习。但这并不意味着需要开设专门的师德课程，而是在富有思考张力的某一主题学习和研讨中激发教师对于教育信念、自我发展等主体性意识的思考和拓展。同时，在怎么学方面，如何通过高质量的学习任务凝聚形成教师学习共同体，如何根据深度学习的基本原理设计指向深度学习的教师专业发展项目，体现教师为了实践、来源于实践、在实践中创生的学习逻辑，也是教师专业发展项目设计者们必须认真思考和落实的重要命题。

7.2.3　"国培示范项目"主题式研修的设计

1. 诊断学员专业发展需求凝练研修主题

　　国培示范项目是针对教师培训者的培训，因此参加该项目的学员均为已入选省级及以上教师培训专家库的高等学校和各级教师培训机构的骨干教师培训者。以 2019 年北京教育学院承担的英语国培示范项目为例，入选的 50 名学员来自全国 30 个省市区，其中高校教师 20 名、中小学英语教研员 22 名、中小学英语教师 8 名，学员来源涵盖汉族、满族、壮族和苗族 4 个民族，年龄层次从 25 岁至 53 岁。尽管学员们工作环境、工作内容、学历职称各不相同，但都有一个共同身份——英语教师培训者。项目组围绕英语教师培训者的发展需求，通过研读教育部国培文件、发挥自身培训优势、调研学员发展需求等"自上而下"和"自下而上"相结合的方式凝练了 2019 年英语国培示范项目的培训主题——中小学英语教师分层分类培训设计和实施。

1)"分层分类教师培训"主题确定依据

教育部在 2018 年和 2019 年下发的国培计划通知都在强调"突出分层分类、遵循成长规律系统设计项目",可见设计和实施分层分类培训能力是培训者应具体的专业能力之一。北京教育学院在多年培训探索实践经验基础上形成了"3+1+n"教师培训体系,其中"3"是针对不同专业发展阶段的教师分层培训,"1"是针对学校教研组整体的分类培训,"n"是针对课改热点难点的专题培训。该体系已经形成相对较为成熟的人才培养方案和课程体系,可供教师培训者参考借鉴。同时,利用问卷对国培学员进行培训需求调研发现,85.3% 的参训学员表示希望在培训方案和培训课程设计方面有所收获。基于以上政策和实践依据,项目组确定了"中小学英语教师分层分类培训设计和实施"这一研修主题。

2)"分层分类教师培训"概念界定与内涵

中小学英语教师分层分类培训是指针对教师不同的专业发展需求进行分层分类培训,以提升培训的精准性和针对性。分层培训是指按照教师不同专业发展阶段层次设计培训主题和培训内容。有研究将教师专业发展阶段大致分为新任教师、成熟教师、卓越教师三个层面(张金秀,2015),将面向新任教师的培训主题和内容确定为"课堂胜任力",将面向成熟教师的培训主题和内容确定为"教学领导力",将面向卓越教师的培训主题和内容确定为"课程领导力"。分类培训是指按照教师所承担的不同岗位的职责发展需求进行培训主题和内容的设计,如针对教研组长的培训主题和内容为"校本教研能力",针对乡村教师的培训主题和内容为"教学方式的变革与创新"等。从这一概念可以看出,分层分类培训具有育人为先、实践为本、赋能为基的内涵特点。

育人为先,即相信教师培训要以教师发展为本,要尊重教师的生命价值和发展差异,通过培训增强教师的教学自信;实践为本,即培训主题来自教师的教学实践,培训内容也指向教师教学实践问题解决;赋能为基,即在培训中要从学员技能、认知、情感、心智模式等多角度发展切入,让学员在活动体验、合作反思中将培训所学转化为自己的综合素养,实现可持续发展和终身发展。

2. 聚焦研修主题设计研修目标和成果

在"分层分类英语教师培训设计和实施"这一主题下,项目组将国培示范项目为期 10 天的研修总目标确定为提升中小学英语教师培训者基于培训对象特点的分层分类培训方案设计、培训模式创新以及培训组织管理能力与水平，为促进教师培训质量的提高提供支持。具体目标如下：

（1）学员能够了解国家教师培训政策与英语课程前沿发展趋势，宏观把握教育深综改革背景下教师培训的原理、范式与规律；

（2）学员能够深入理解依据教师专业发展阶段进行的分层，以及依据区域、承担职务特点进行的分类培训的内涵、意义、类型、方案设计与具体实施过程和方法；

（3）学员能够依据分层分类培训理念，围绕需求分析、目标定位、课程开发、课程逻辑、师资团队、项目自评与项目管理等要素，设计适合自己区域的某层某类中小学英语教师培训方案，或优化已有中小学英语教师培训方案，并能够有效实施培训项目。

体现研修目标的成果有两类：一是学员个人撰写本区域英语教师分层分类培训方案；二是在培训过程中形成的理论讲座和实践案例资源。

3. 围绕研修目标设计结构化课程和活动

项目组围绕研修目标，按照学、练、用的学习逻辑整体安排了结构化的课程模块和体验式学习活动，如图 7-4 所示。

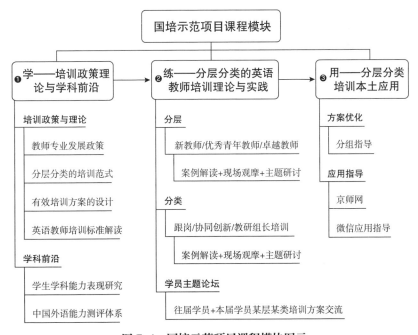

图 7-4　国培示范项目课程模块图示

（1）学习模块。在学习模块，项目组安排了教师培训政策理论与学科前沿学术讲座课程。原教育部教师司司长王定华、国家课标组组长王蔷、中国教科院龚亚夫等知名专家学者为国培项目学员细致讲解了国家层面对教师专业发展的最新政策以及核心素养背景下学生英语学科能力表现、英语多维目标等最新研究成果。北京教育学院钟祖荣、张金秀等分别从北京教育学院"3+1+n"分层分类培训体系设计理念从整体到学科进行了交流分享。这些讲座课程为学员思考分层分类教师培训提供了高站位、深学术、新原理的学理基础。

（2）练习模块。在练习模块，项目组安排了分层分类实践类课程。该模块课程主要由两部分组成。第一部分是分层分类培训现场观摩研讨，项目组带领学员前往北京教育学院长期探索分层分类培训的4所中小学进行观摩研讨。在北京二中，学员们观摩了北京教育学院分层培训中卓越教师工作室团队的一次培训活动，由团队成员呈现两节体现课程创新的现场课，工作室其他成员点评，工作室负责人总结提升；在首都师范大学附属育新学校，学员们观摩了北京教育学院分类培训中针对教研组长的一次培训活动，项目学校老师代表汇报了校本行动研究微课题进展，教研组进行研讨，项目负责人点评提升。这两次培训现场观摩为学员们尝试分层分类培训，特别是针对卓越教师课程领导力、教研组长校本研究能力开展培训提供了实践样例和鲜活模板。该模块课程的第二部分活动是学员论坛。考虑到参加国培示范项目培训的学员都有一定的教师培训经验，因此为促进大家在学习共同体中的分享交流、协同发展，项目组组织了两次学员论坛。一次是本届学员代表交流本区域教师培训理念和经验；另一次是往届国培学员代表交流参加教院国培后在本区域开展分层分类培训的实践探索。学员论坛引导学员在更开阔的视野下反思本区域教师培训实效，进而能够应用所学改进和提升教师培训项目质量。

（3）应用模块。在应用模块，项目组安排了分层分类培训本土应用课程，也包括两个部分。一是研修中的分组指导，学员运用所学分组优化本区域分层分类培训方案，指导教师组织小组研讨并指导；二是研修后的个人应用指导，学员返回工作岗位后实施国培研修中设计的分层分类培训方案，项目组组织指导教师通过京师网、微信等在线互动平台进行指导。

4. 设计多元评价工具，以评促学

在研修过程中，项目组综合运用过程性评价和结果性评价，促使学员深度参与研修过程，以评促学、以评促训，保证培训的质量和效果。项目组设计的过程性评价工具包括：

（1）作品分析。学员在参加培训伊始提交一份自己主持的教师培训方案，培训结束时修改初始培训方案，通过培训方案的前后变化来评价学员参与本次培训的能力提升。

（2）课程出门条。学员在每次课程结束前要完成书面"3-2-1"出门条，即"3 things I've learnt today, 2 things I'd like to try at work, 1 thing I still wonder"，总结反思本次课程的学习收获和问题思考。

（3）课堂参与。学员在理论类课程中与主讲教师的提问互动、在实践类课程中的发言点评以及出勤都计入学员学习评价，以此激励学员积极参与课堂活动，深化学习收获。

项目的终结性评价包括学员撰写的分层分类培训方案、评价满意度调查问卷、学员访谈等工具，多路径调研学员在培训中的收获和发展，以反思并优化调整今后的培训设计。

7.2.4　主题式研修的实施要素

1. 创设尊重平等氛围，构建学习共同体

参加国培示范项目的学员差异极大，包括身份差异（高校培训者、地方教研员、学校一线教师等）、地域差异（来自全国 30 个省市自治区）、工作对象差异（教授小、初、高不同阶段）以及培训经验差异（既有零经验的培训者，也有资深优秀培训师）。如何弥合差异可能带来的隔阂，以及如何将差异转化为资源，是项目组实施该项目时首要考虑的问题。

项目组在需求调研的基础上，从生活和学习上为学员来京的学习做了精心准备。首先学院为学员准备了专用的学习教室，制作了新颖的学员签到图。学员到京后，立刻开展中外教合作的、以小组活动为主的团队建设及破冰活动，迅速拉近学员之间的距离并创设团队合作氛围。同时组建了班委会，做到学员的自主管理与服务。

此外，项目组还在培训中期组织了以学员为主的班级联欢会，既有利于缓解学员紧张的学习压力，也促使学员之间积极合作，多方位展示，增进了解，提升了学习凝聚力。同时，全程参与是保证学员深度投入和获得有效收获的前提。项目组精心设计高质量培训课程和陪伴研

修，确保学员的参与度。首先，项目负责人和班主任全程参加所有的培训课程，并在课程过程中组织学员互动研讨，在课程后针对学员未解决的问题进行个性化答疑；其次，项目组在必要时通过班级微信群、邮箱、问卷等方式在研修过程中征求学员的意见建议，并据此做出相应调整；最后，项目组组织学员轮流主持培训课程研讨、点评培训活动、开展学员论坛，给学员搭建展示交流的平台。国培研修班呈现出明显的学习共同体文化，几乎每次培训都达到 100% 的出勤率。

2. 全过程强化研修主题，提升研修目标达成度

本次研修主题"分层分类教师培训设计"，是组织和安排培训课程和活动的主线，需要全过程凸显和强化。在培训前，项目组围绕"分层分类教师培训"调研学员的已有经验和学习需求，要求学员准备一份自己所在区域的教师培训方案参加培训，同时为学员准备了聚焦研修主题的阅读文献，激发学员对提升分层分类教师培训能力的学习期待。培训中，无论是专家讲座，还是学校现场观摩活动，项目组都引导学员不仅关注学科内容，如学生英语学科表现能力的三个水平，或者一线教师在课堂上使用的阅读圈策略，更要思考如何结合这些内容开展分层分类培训，指导学员围绕研修主题进行系统思考。项目组在设置大班主题讲座的同时，安排专门的小组分层分类培训方案撰写和研讨指导活动，对学员进行个性化指导。培训后，项目组在一段时间内持续跟踪学员设计和实施分层分类教师培训的情况，及时给予反馈指导，推动学员学以致用，切实提升培训质量和育人水平。

3. 运用多样化培训工具模板，以培训示范培训

多样化培训工具是落实精准培训的重要手段，也是培训者比较欠缺的专业资源。同时，项目组使用这些培训工具的具体情境和目的也促使培训者能够以参训学员的身份体验感悟这些培训工具的应用效果，起到以培训示范培训的目的。项目组在培训前使用了两份调研问卷，一是一般性培训调研问卷（含基本信息、已有的培训经验、对本次培训的学习期待等项），调研学员在培训方面的专业水平以及专业增长点。项目组依据对问卷信息的综合分析，确定本次培训主题为"分层分类的英语教师培训"，并形成初步的培训方案。二是针对本次培训方案调研问卷（含对培训主题的认同、对培训课程的建议、自己能够在培训中发挥的作用等项），项目组根据学员反馈进一步完善培训方案。这些调研问卷

为学员们今后的设计培训提供了需求调研模板。在培训中，项目组给学员提供的培训方案（含培训六要素）、主题资料汇编等，为学员撰写培训方案、汇编资料提供了实用模板。在讲座过程中，项目组给学员提供"3—2—1 反馈单"；在带领学员下校听课时，项目组给学员提供课堂观察表；在组织学员论坛进行培训课程分享时，项目组给学员提供课程方案模板；在撰写研修总结时，项目组给学员提供总结模板。所有这些过程性培训工具模板为学员作为培训者开展培训提供了思考和实践的具体抓手，受到学员好评。

以培训课程开发为例，项目组给学员提供了以下工具模板：（1）课程名称；（2）课程教学对象；（3）课程理论基础；（4）课程实践调研分析；（5）课程目标；（6）课程内容要点及相应教学方式；（7）课程考核与评价；（8）课程师资组成；（9）主要参考文献。

7.2.5　项目研修效果实证分析

1. 定量分析

1）满意度调查结果

项目组在培训结束前对学员进行了培训满意度问卷调查，问卷包括"学员对项目的整体满意度""项目满足学员学习需求的程度"等共 12 个项目，数据显示本次培训得到学员的高度认可。如图 7-5 所示，学员对项目的整体满意度、团队服务态度与质量、成果与收获、师资水平、研修资源满意度均为 100%，其中目标定位、课程与活动、研修方式、需求满足满意度均达 93%。学员纷纷表示，此次培训理论与实践相结合，团队教师对项目设计及指导即能仰望天空，结合当前英语教学与培训前沿动向，又很接地气、脚踏实地，给学员设计了学术大餐。项目团队严谨的治学态度、谦和的服务，让学员在专业和情感上都有很大收获。

2）学员的研修成果

经过 10 天共 60 学时的面授和 30 学时的自主研修学习，48 名学员完成了 48 份所在区域中小学英语教师某层或某类的培训方案设计。

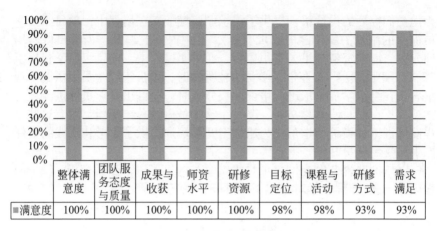

图 7-5　国培项目满意度调查结果

2. 质性分析

从学员的调查问卷及研修总结中，学员提到的高频关键词如下："疲惫但喜悦""芝麻开门""灯塔""钥匙""专业、规范、细致和新颖""理论实践化 + 实践理论化""学生（员）为中心""大家庭 + 难舍难分""不舍得跨出提前回家这一步""成长"，从中可以看出学员在专业和情感上的获得感都是巨大的。例如，学员代表在临行前表示（表 7-2）：

表 7-2　学员代表反馈表

学员代表	学习反馈
A（有培训经验的高校教师）	在这十天培训中，北京教育学院国培团队如黑暗中的引路人，带着我们跋涉穿越黑暗的沼泽，让我们在行动中逐渐明白什么样的培训才是好的培训，才是成功的培训。
B（无培训经验的高校教师）	我长期从事高校英语专业教学，从未接触过中小学英语教师培训工作。学校选派我参加这次培训，主要是拟充实我校师资培训队伍的后备力量。通过十天的培训学习，我从一个对教师培训工作什么都不知道的新手，到目前虽然没有实际操作经历，但至少学习收获了大量开展教师培训工作实用的技巧和方法，这次经历势必为我将来从事师资培训工作奠定坚实的基础！

（续表）

学员代表	学习反馈
C（教研员）	1. 前沿信息量多，知识面广。这里的信息和知识不仅仅是课堂各位大咖和老师带给我们的知识盛宴，还包括与同学交流所获取的有关教师培训和教师诉求方面的新知识、新方法和宝贵经验。同学们都是各部门的精英，感觉到自己要学的还有很多。好在我们有微信群，以后可以方便交流请教。 2. 管理团队的专业与敬业。优化的课程方案、管理者的不懈陪伴与支持，都令人感动。说实话，我自己也是教师培训者，也负责过相关国培项目，深知国培管理者背后的付出与不易，特别钦佩北京教育学院国培项目组老师们的专业和敬业，点赞！
D（资深一线教师）	1. 培训本身带给我很多新的理念以及相关实践操作，需要我接下来在工作中融合、消化、吸收；2. 培训中获得了大量难得的宝贵资料；3. 结识了全国各地的专家、老师以及教研员同仁们，结交了朋友，拓展了友谊；4. 培训导师们推荐的各种前沿性的书籍资料，给我以方向上的指引。感谢导师们、感谢同学们！有你们，真好！

7.2.6 主题式研修需要进一步思考的问题

在设计和实施主题式研修时，培训者需要注意以下问题：

1. 学员遴选

主题式研修是针对某一领域的窄式学习，只适用于对该领域有强烈而明确的专业发展需求的学员，在招收学员时要有所考虑和条件限制。如"分层分类英语教师培训设计"的主题比较适合从事教师培训的培训者，如高校教师培训项目负责人或省市区教师培训部门的研修员。学科教学主题，如"核心素养导向下的中小学英语单元整体教学"等，更适合中小学一线英语教师学习。

2. 主题确定

在主题式研修中，研修主题是关键。在确定研修主题时，培训者要注意避免三点。一是避免把培训者自己的研究课题作为研修主题。因为尚在研究中的课题还未形成系统性共识，无法转化为可操作的培训内容。二是避免把学术研究热点问题作为研修主题。由于学界往往会对研究热点问题有热烈讨论甚至产生分歧，同样无法将其转化为共识性、系统性的培训内容。三是避免将实践问题直接作为研修主题。主题式研修中的主题源于教师教育教学实践中的真实问题，但从表述上来讲，研修主题应该是一个命题，要指向问题解决；如"如何提升教师的科研水平"是一个问题，"骨干教师行动研究能力提升"才是一个好的研修主题。

3. 课程资源的建设

实施主题式研修，培训者需要应对的另一项挑战是课程资源的建设。这里所说的课程资源包括授课教师、课程内容、教学材料等。如前所述，主题式研修是培训者"自下而上"的对教师教学实践能力的应然性描述，把它转换成课程就需要"自上而下"的梳理和提炼。如果来自理论和来自实践的研究热点契合，课程资源就会十分丰富，如面向新任教师的"教学设计和实施能力提升"这样的研修主题。反之，课程资源将会非常有限，如面向专家型教师"课程领导力提升"这样的研修主题，在理论上有着较为成熟的成果，在实践中却缺乏足够系统的案例和策略支撑。这样的研修主题可以根据理论设计出非常吸引人的课程名称，但在项目实施过程中会因课程内容过于抽象而影响教师的学习效果。

对此，培训设计者需要有意识地积累课程资源。一方面，要根据项目的研修主题进行课程系统建设，特别是确定合适的授课专家；另一方面，培训设计者要与授课教师积极沟通课程效果评估结果和学员意见，促使其对课程做出针对性的调整，逐渐完善课程。

综上，在我国当前不断推进、深化课改的教育情境下，国家和人民对基础教育教育教学质量、课堂育人水平提出了更高的要求。有研究指出，与降低师生比、提高教师工资、增加教师教学经验相比，开展教师专业发展项目是最能促进学生学业进步的教育投资举措（Darling-Hammond，2000）。实践表明，主题式研修有助于教师的知识转化、心智转化和策略迁移，是有效的教师专业发展方式之一。

7.3　高校与基础教育教师合作行动研究促进英语教师转变的质性研究

教师转变是教师在情感、认知和教学实践等方面发生系列转变，在具体的教育教学情境中表现为教师的知识、观念、行为等产生正向的积极变化（Clarke & Hollingsworth, 2002; Richardson, 1990）。在目前教育改革纵深发展的背景下，改革所要求的课堂实践的变革成功与否取决于教师如何想、如何做（Fullan, 2001），教师成为教育变革的主要焦点。为进一步推动教师自身的转变与发展，推进教育改革，教育部在 2013 年颁布《关于实施卓越教师培养计划的若干意见》，明确提出构建以高校与地方教育行政部门和中小学协作促进教师发展的机制。可见，高校与基础教育合作已成为当前教育改革和政策的现实需求与诉求。合作行动研究作为高校与基础教育协作方式之一，对推动教师转变具有独特作用（Burns, 1999），在转变教师的观念和行为，解决教育改革中的教学策略和技术问题（顾泠沅、杨玉东，2003），完善教师知识、推进和评价教育改革等方面都具有重要的意义（Somekh & Zeichner, 2009）。

从 20 世纪 80 年代开始，国外学者致力于通过高校研究者与基础教育教师合作行动研究促进教师转变、推动教育改革（Miller & Hafner, 2008），国内相关研究始于 20 世纪 90 年代（王蔷、李亮，2017），近年来逐步在外语教育与教师教育领域得到关注与实践（如王蔷、张虹，2012；文秋芳、任庆梅，2011a，2011b；杨鲁新，2016）。已有相关研究凸显了高校研究者与基础教育合作行动研究对英语教师转变与发展的重要作用，但缺乏历时性的动态跟踪研究，对基础英语教师在合作情境中怎样实现转变的问题仍在不断探索之中。本研究聚焦高校研究者与小学英语教师合作行动研究，深入探讨小学英语教师在高校研究者支持下，通过行动研究实现自身转变的过程，及其与高校研究者之间的互动与合作机制。

7.3.1　行动研究与教师转变

教师转变泛指教师在课程改革或日常教学实践中的积极转变（Cuban, 1998）。在课程改革情境下，教师通过更换新教材、采用新教学示例、设计新教学活动、使用先进教育技术等以响应和适应改革；在日常教学实践中为解决问题、改变现状，教师通过转变思维、更新观念、探索新的教学方式，主动追求转变从而改变现状。教师转变体现在课堂教学行为、教学理念和学科知识的变化，以及价值、观念、情感等心理改变（Nelson，1995），并受到社会、文化等多方因素的影响（Guskey，2002）。在我国课程改革的背景下，国内学者认为教师转变既是教师在知识、观念、行为、态度等方面为满足改革需要而产生的适应性改变的过程（操太圣、卢乃桂，2003；靳玉乐、尹弘飚，2008；尹弘飚、李子建，2007），同时也是外部力量施加影响的过程（刘义兵、郑志辉，2009）。

以计划、行动、观察、反思为基本过程（Kemmis & McTaggart，1988），旨在改进的行动研究（Townsend，2013），是促进教师转变与发展的有效途径之一，其价值与意义得到广泛关注与认可，并在教师发展的实践活动中运用推广（Burns，1999）。在教学实践方面，行动研究有利于提高教师教学效能（Cabaroglu，2014）、改善教学效果（Kincheloe，2003）；在教育知识方面，行动研究促进教师的实践性知识形成（陈向明，2011a），促进教师的理论知识学习与内化，提高教师的理论素养（蔡京玉，2013；Goodnough，2006）；在情感态度方面，行动研究有助于教师教育信念的形成与发展（Sales et al.，2011），增强教师对教学的自信心（Bonner，2006），减少职业倦怠感和孤立感（Allan & Miller，1990），提升职业幸福感；在对学生和学习的认识方面，行动研究增进教师对学生和课程的理解，有助于改善师生关系（王蔷等，2010）和对学习形成新的认识与理解（Kane & Chimwayange，2014）；在研究能力方面，行动研究利于培养教师的问题意识以及分析和解决问题的能力（Kitchen & Stevens，2008），增进教师的批判反思能力和研究能力（Qian et al.，2015）。

然而，在实际教学中，教师个人很难顺利地实施和完成行动研究。由于缺少时间，欠缺学习资源、理论知识和研究方法，教师对开展行动研究缺乏信心，甚至惧怕和抵触。缺少有效的支持和条件，教师凭借个人力量难以开展或坚持实施行动研究。为帮助教师解决通过行动研究实现自我转变过程中的实质困难，高校研究者与基础教育教师合作开展行动研究的模式应运而生，并以其独特的作用和价值受到越来越多教育研究者和实践者的关注与重视（Miller & Hafner，2008）。高校研究者与基础教育教师携手合作，弥合了教育理论与教育实践之间的沟壑（Van de van，2007）。高校研究者能够为基础教育教师的教学及科研提供理论指导，帮助教师总结提炼个人知识（Lytle & Cochran-Smith，1990，1992）。高校研究者与基础教育教师合作开展行动研究的模式为双方提供了平等对话的平台，双方协同合作，共同策划完成研究任务，实现改进教学的共同目标。双方在意义协商中达成共识，平等参与、相互尊重，发展成为合作伙伴关系；通过平等的专业对话增进相互信任与理解，相互接纳与支持，形成专业共同体，共同解决问题（宋崔，2015；Borrero，2010；Wenger，2000）。共同体的力量帮助教师克服自信心不足，减少教师的孤独感（Burns，1999），也使得双方通过合作实现互惠共赢，共同提高，并能够扩大研究影响力（Handscombe，1990）。

7.3.2　研究背景

本研究基于对"××区小学英语教师行动研究项目（2012 年 12 月—2015 年 12 月）"为期二年的跟踪调查（2013 年 9 月—2015 年 7 月）。该项目以英文绘本阅读教学行动研究为依托，由××师范大学教师教育研究机构与当地教研机构及一线教师三方联合，共同组成高校研究者与小学英语教师合作行动研究项目组。

1. 项目宗旨

该项目以改进教学实践为出发点，以探索高校与基教研合作构建培养中小学英语骨干教师的新模式、建构有利于教师可持续自主发展的支持系统为目的，旨在获得促进教师发展和课堂教学质量提升的最大效益。

2. 项目组构成

该项目由区教研机构、5 名高校研究者、6 名研究生助研，以及 19 名一线小学英语教师共同参与，形成多方合作的专业学习共同体。其中，区教研机构负责组织管理工作；高校研究者提供教学与研究方面的智力支持；小学英语教师为研究主体，在高校研究者的支持下开展英文绘本阅读教学行动研究，并针对自己的课堂教学开展研究；研究生辅助高校研究者与小学英语教师的协调沟通。19 名小学英语教师被分成 5 组，每组由 1 名高校研究者负责指导，并配有 1—2 名研究生助研协助工作。

3. 项目实施

该项目坚持教学与研究并进的原则，采用集中培训学习、教学观摩、研讨汇报与入校听课等活动形式为教师提供教学方法、研究方法的指导与支持；同时创设交流研讨的机会与平台，以帮助教师改进教学、推进研究。表 7-3 简要描述了项目实施过程中，每个阶段的实施目标与活动内容。

表 7-3　行动研究项目实施过程与活动内容

项目实施过程	项目阶段目标	主要活动与内容
准备阶段 （2012.12—2013.06）	• 遴选参与学校及教师 • 前期准备	• 行动研究、绘本教学讲座 • 定性定量研究方法培训 • 组内研讨
实施阶段 （2013.09—2014.06）	• 确立研究主题与计划 • 实施、监控和调整行动研究计划	• 绘本教学方法与课堂活动设计培训 • 行动研究工作坊 • 研究计划制订与撰写培训 • 数据收集与分析培训 • 入校听课 • 教学观摩研讨 • 研究汇报与讨论
深入阶段 （2014.07—2015.04）	• 深化课堂教学改进及数据收集与分析 • 调整研究主题，深入推进行动研究	• 入校听课 • 研究汇报与讨论 • 教学观摩研讨
升华阶段 （2015.05—2015.12）	• 完成行动研究报告撰写与修改	• 学术论文写作技巧培训 • 一对一指导 • 研究总结与汇报

　　合作行动研究项目分为四个阶段：准备阶段、实施阶段、深入阶段和升华阶段。项目初始阶段目标即遴选参与教师，并做好教师行动研究课题启动前的准备工作；在此期间，高校研究者通过讲座培训的方式为教师介绍行动研究和绘本教学的基本理念与方法，并以小组研讨的方式启发教师思考自身教学中的问题。在项目实施阶段，高校研究者通过相关的讲座培训、入校听课、教学观摩和汇报研讨等活动帮助教师确立研究主题、制订研究计划，监控实践效果。项目深入阶段主要以入校听课、汇报研讨的方式协助教师深化课堂教学改进、进行数据收集与分析、调整研究计划，以推进教师行动研究深入实施。在项目升华阶段，教师总结行动研究、撰写研究报告；高校研究者为教师提供学术论文写

作培训，以一对一讨论反馈的方式协助教师完成行动研究报告的撰写与修改。

在具体实施过程中，高校研究者团队针对教师研究和教学的切实需求，为其穿插提供针对性的、能帮助教师解决实际问题的教研方法与理论的支持，包括教学设计、课堂提问、持续默读、课堂评价、教材分析等教学方法，以及研究计划与撰写、数据收集与分析、教学反思、学术写作等在内的研究方法。同时，采用集中学习、研讨汇报与入校指导的形式为教师创设学习交流的平台和机会。行动研究项目具体的活动形式与内容如表7-4所示。

表7-4　行动研究项目活动形式与内容汇总

项目活动形式	次数（次）	项目活动内容
教学方法培训	17	小学英语绘本阅读教学、故事阅读教学设计、阅读素养、持续默读理论与实践、课堂互动、有效提问、合作学习、教材分析、课堂评价。
研究方法培训	13	行动研究的理论与实践、定量定性数据的收集与分析、个案研究方法、研究计划的制订与撰写、教学反思、学术论文写作。
教学观摩研讨	10	中小学英语教师行动研究、小学英语分级阅读、特色样板校、研究素养、教育学会外语学术年会、中小学英语阅读教学研讨、绘本教学行动研究观摩与研讨。
组内研讨汇报	5	研究方案和行动计划、教学设计、研究进展汇报、数据收集与分析汇报。
入校听课指导	10（每组）	听课评课、针对教学与研究问题对话讨论。

4. 项目教师行动研究步骤

小学英语教师作为行动研究的主体，从自己的课堂教学问题入手，分六步实施行动研究：发现教学问题；通过反思与调查确立研究主题；在文献学习的基础上制订研究计划；在教学中实施行动计划、收集相关数据；分析数据、评价和反思教学效果，并及时调整行动策略；撰写研究报告、公开分享研究成果。在实施行动研究过程中，依据项目组的要求，教师将反思与实践相结合、计划与行动相结合、报告与研讨相结合，并定期提交相关文本资料。教师行动研究历程可以大致划分为两个阶段：第一个阶段为发现问题、确认主题、文献学习、制订计划、实施计划阶段；第二个阶段为计划调整深入、总结和撰写研究报告。经过两个阶段的行动研究，教师依据自身具体教学情境与问题确定不断调整修正研究主题，逐步深入，最终完成本次行动研究周期。表 7–5 呈现了参与本研究的四位小学英语教师不同阶段的行动研究主题。

表 7–5　四位小学英语教师行动研究主题

项目教师	第一阶段研究选题	第二阶段研究主题调整
Cesilia	立足文本，提升学生情感参与	以情感参与促进学生思维发展的绘本教学行动研究
Lydia	立足文本，增强学生文本意识	设计有效活动，在绘本教学中以读促写
Audrey	通过朗读训练，提高学生英语口语表达能力	如何通过故事讲演提高学生口语表达能力——通过行动研究探索提高英语课堂教学的实效性
Zuma	采用小组合作学习方式，提高学生英语阅读素养	合作学习在小学高年级英语阅读教学中的应用

7.3.3　研究设计

1. 研究视角

社会文化理论认为人的进步与发展是人作为主体，在中介工具作用下与社会历史环境不断互动的结果（Vygotsky，1978；Wertsch，1998）。连接个人主体与其所处的社会历史文化环境，并起到调节作用的中介工具可以是物质的，如图书、期刊、影像资料文化制品（cultural artifacts），也可以是心理层面的，如语言（Engeström，1987，2001；Leont'ev，1981a；Vygotsky，1978）。Engeström（1987）围绕中介概念绘制了由主体、中介工具和客体三方组成的中介概念三角构念，如图 7–6 所示。

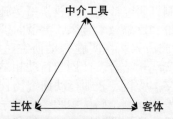

图 7–6　中介概念三角结构表征（Vygotsky，1978）

　　Vygotsky 中介思想的三角结构形象地说明了主体只有在与其环境中的工具、符号和他人互动中才能建构意义（郑葳、王大为，2005），而中介工具的使用本身就是中介活动（Cole，1996），社会文化理论也因此被认为是人利用中介工具开展社会活动的理论（Swain & Yang，2008）。在中介活动思想基础上，社会文化理论继承者进一步提出以活动为核心的活动理论（activity theory）（如图 7-7 所示），强调社会活动是主体学习和发展的最重要形式，关注个体与集体之间的互动关系，明确地将规则、分工、共同体三要素纳入社会活动系统（Engeström，1987；Leont'ev，1978）。其中，主体遵循共同体既定规则，与成员合作分工，承担不同的角色任务，通过工具的中介作用，为实现共同目标进行集体活动，从而取得某种成果。

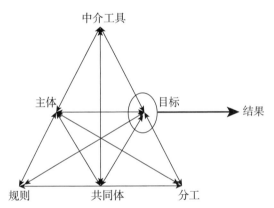

图 7-7　活动理论框架（Engeström，1987）

　　从社会文化理论视角来看，高校研究者支持下的小学英语教师行动研究具备活动系统的要素与特征，可以构成一个完整的活动系统（如图 7-8 所示），映射了活动理论的三角架构。在行动研究活动系统中，目标（客体）是教师转变；主体是开展行动研究的小学英语教师；共同体指行动研究活动系统中的成员，即小学英语教师和高校研究者；中介工具是系统成员用来促进教师转变所使用的物质和心理工具；规则指规约行动研究活动的契约、要求、计划等；分工是共同体成员任务、角色和功能的分配；结果是行动研究对教师转变的影响。

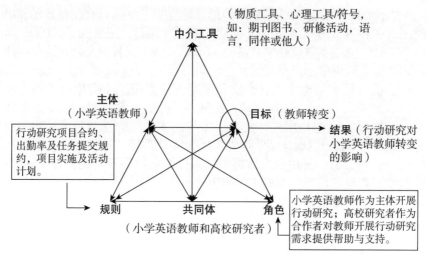

图 7-8　高校研究者支持下的小学英语教师行动研究活动系统

2. 研究方法

研究采用质性研究方法，对由高校研究者与一线小学英语教师共同参与的行动研究项目进行了为期两年的跟踪，收集分析访谈、实地观察、教师研究计划与报告，教学反思、学生作品等文本资料，以期达到多源数据之间的三角验证。研究借助质性分析软件 Nvivo 10 管理、组织和分析各类资料（Gibbs，2002），通过反复阅读建立初级编码，合并归类生成类属，归纳形成核心类属，完成资料的整理与分析。

3. 研究对象

研究对象的选择遵循目的性抽样原则，旨在选取能够提供和研究目的相关的丰富信息个体（陈向明，2006；Bloomberg & Volpe，2008）。为确保研究参与者有充足的时间和条件参与研究，并能够与研究者积极合作与交流，本研究以自愿加入研究的四位小学英语教师为研究对象，其中 2 名为高级职称教师（年龄 44 岁，平均教龄 19 年，具有较为丰富的教学和研究经验）另外 2 名为中级职称教师，平均年龄 31 岁，平均教龄 9 年，无研究经历。研究对象具体信息如表 7-6 所示。

表 7-6　研究对象背景信息

姓名	性别	年龄	教龄	学历	职称	研究经历	职务	社会服务
Cesilia	女	32 岁	10 年	本科	中学二级	无	班主任	无
Lydia	女	30 岁	8 年	本科	中学二级	记忆模糊	无	无
Audrey	女	44 岁	18 年	本科	中学高级	参与课题两项；主持课题一项（已结题）；4 篇论文获奖。	外事主任	国培小学英语教师"研训一体"主讲教师
Zuma	女	44 岁	22 年	硕士（在读）	中学高级	参与课题两项；主持课题一项（已结题）；多篇论文获奖。	英语组长	区级兼职教研员

7.3.4　研究发现与讨论

1. 合作行动研究对教师转变的影响

本研究发现，教师在参与行动研究过程中，教师知识、研究素养、课堂教学实践能力、反思能力等方面都产生积极变化。由于教师个人背景和原始起点不同，教师虽在整体上呈现出积极转变的态势，但转变的侧重和程度却有所不同。

（1）教师知识增长：研究发现，在开展行动研究过程中，教师的实践性知识和理论性知识不断积累与增长。理论性知识包含学科教学法、学科内容、教育学、课程论、心理学等教育原理知识；实践性知识指教师在教育教学中实际使用和表现出来的，通过实践获取的、关于实践的知识（陈向明，2003a）。教师在开展行动研究过程中，发现问题需要了解理论，分析症结需要理论支撑，制订计划需要理论指导，阐释结论需要理论依据。出于研究需要，教师在研究中有针对性地学习与自身研究主题相关的前人研究成果和相关教育科学理论知识，并以此为指导改进行动计划与策略，将理论应用于实践。就像 Zuma 在访谈中说到的：

"因为对合作学习这个话题进行研究，我才对这个问题看得更清晰一些，对它的认识也更深一点。"在理论知识学习的同时，教师也在实践经验的积累中形成了个人的理解与思考，甚至创新运用，生成实践性知识，如绘本阅读教学方法、以读促写的教学方法及理念、开展合作学习的途径等；行动研究末期，在高校研究者的协助下，教师通过论文写作的方式提炼实践经验，将隐性的实践智慧转变为显性的个人知识与理论，用于指导将来的教学实践。

（2）研究素养提升：教师通过行动研究获得研究能力发展，从发现问题、分析问题到解决问题的实际操作过程中，逐步增强问题意识，逐渐掌握研究基本步骤、数据收集与分析方法和学术写作技能。教育情境的复杂性和不确定性决定了教师面临的教学矛盾与困难无时不有，但如何解决，教师们常常无从下手。参与行动研究使教师意识到解决教学问题即是从发现问题做起，认识到要主动地去发现问题、思考问题才是突破困境的途径，才可以适时改变。教师 Audrey 就此在日志中写道：

行动研究就像是一扇门，使我了解到未来的教学中不管遇到怎样的问题和困难，我都有信心找到解决的办法。发现问题是第一步，再查找文献、确认问题、多问问学生的学习感受，在教学中不断反思和总结。这就是一个围绕问题而不断发现问题、解决问题的过程。行动研究交给我们的是一个方法，只要我们具备问题的意识，掌握了方法，我们就会找到解决问题的办法。（Audrey，教师日志，2015 年 6 月 22 日）

教师通过行动研究掌握研究基本步骤、流程，具备必要的研究知识与技能，对教学研究进行系统学习，对研究数据的收集与分析方法有了深入的学习和运用。行动研究末期，在撰写研究论文过程中，针对教师学术写作困难，高校研究者提供了论文写作培训和一对一指导反馈；经过写作学习和多次修改反馈，教师研究报告从写作规范、语言组织、论文结构，到数据综合分析和结论提炼升华都取得长足进步。在这个过程中，教师克服了对学术写作的心理障碍和技术困难，写作技能、综合分析能力和逻辑推理能力都得到极大提升。如，作为研究新手的 Cesilia 和 Lydia，通过写作实践，掌握了学术写作的流程、规范与技巧。对 Cesilia 来说，撰写研究报告原本超出了能力范围，但是在不断的写作实践中，她不仅掌握了写作的流程和技巧，也逐步形成了自己的写作心得和体会：因为做了调查，再有理论，这些例子又是根据这个理论来的，所以就能够运用起来这个理论，写论文不再是那么可怕的事。

（3）课堂教学实践转变：教师通过开展行动研究，教学行为实践呈现出从教学指令到教学设计的全面变化，主要表现在课堂组织、提问方式、教学材料分析与处理等行为方式转变。研究资料表明，教师在开展行动研究的过程中提问方式产生变化，课堂提问方式从封闭式转向开放式，从低层次转向高层次问题；教师在教学中更注重设问的艺术性，增加追问以深化学生理解和促进学生思考。以下课堂观察笔记分别记录了在行动研究初、中期间，两次阅读图片环游环节的教师提问。教师课堂发问由事实性的低层次问题向逻辑、分析和评价等高层次问题转变，更有利于培养学生的逻辑思维。

T: who are they?

T: Where are they?

T: what are they doing?

T: what's wrong with the boy's hand?（Zuma，课堂观摩笔记，2014 年 3 月 28 日）

T: Look at Tiger's face, is he happy? Why?

T: Tiger can't eat all. What will he do?

T: Two children one piece, what can they do? How to solve the problem?

T: They were into bin, how can they come out of it?

T: Why are they surprised?

T: what would they see in the bin? How did they feel in the bin?

（Zuma，课堂观摩笔记，2015 年 5 月 11 日）

教师教学实践的另一个转变表现在课堂组织行为的变化。行动研究初期，教师课堂教学以教师为主导的全班集体学习的单一形式为主，在高校研究者的指导下，学员教师逐渐采用多种不同的组织形式实现教学互补和优化。课堂中个体活动和小组活动频次逐渐增加；个体、同伴、集体、小组等不同形式的活动在教学中应用比例趋于平衡，教师在教学中实施小组表演、同伴制作、对话讨论、小组采访等活动，大大提高了学生的课堂参与度和学习兴趣，如 Audrey 在日志中所写：通过改变课堂组织形式来还课堂于学生。

课堂教学实践转变之三是教学材料分析与处理方式的转变。与行动研究初期相比，项目教师对教学材料的处理更加科学、合理和有效。这里的教学材料主要指绘本教材及辅助课堂教学的其他材料，如录音、实物、课件、讲义等。项目教师在初期的绘本教学实践中存在对文本解析和其他材料利用不足的问题，在行动研究过程中则不断加强对文字、标点、图片等文本信息的挖掘，以及对其他课堂辅助材料的开发利用，如对标题、封面封底的利用，引导学生通过封皮、扉页、封底的文字和图片信息预测故事内容，增强学生的书本概念；并且在教学中充分挖掘文字和图片信息，启发学生想象和思考，引导学生通过观察图片、分辨标点、区分字母大小写等方式增强对人物情感和故事情境的体验，从而帮助学生深入理解故事内容，深化学生的文本概念意识。Lydia 在行动研究报告中详细描述了为培养学生的文本概念意识所进行的文本材料处理，从书的封面、扉页、作者等信息，到标题的作用及书写方式，再到理解和区分标点符号的意义，呈现递进式深入的变化。

（4）教师反思意识与水平改善：嵌入在行动研究中的反思是教师学习和成长的关键因素。研究发现，教师在开展行动研究过程中反思的方式、内容、反思发生的时间等都与以往有所不同，教师反思的能力与意识有不同程度提高。项目教师当中，Cesilia 的反思意识转变较为明显。在项目初期谈起反思时，Ceasili 似乎不以为意，按学校要求每学期例行提交 8 篇教学反思，在她看来不过是应付差事，无非是写给别人看的套话、空话，和写论文一样。加入项目之后，Cesilia 按照项目组的要求坚持撰写反思日志共 23 篇，远多于其他教师所写。虽然同样也是在外力推动下反思，但在持续的反思实践中，Cesilia 反思的技巧逐渐提升，反思内容也不断丰富，从单一的对教学方法的反思到涵盖了对学生发展、教育理论的思考。她逐渐认识到反思是改进课堂教学的第一步，做一个会反思的教师，才能使自己的课堂不断进步，行动研究始于"反思"。

Lydia，如其他教师一样，在日常教学实践中，也会对自己的教学效果、方法步骤、教学技巧等有所思考，但多数情况只是想一想，思考的时间少而且不固定。但是，开展行动研究之后，Lydia 基本每一节课的课前、课后都会反思，更加关注教学过程和自身的教学设计与行为，而且有空就写下来。从 Lydia 的教师日志来看，Lydia 的反思的确呈现出由对课堂教学现象客观描述向对教学技巧的思考的变化，从只关注活动是否有效，到开始关注活动的内在设计。Audrey 在行动研究中，对教学投入的思考更多了，思考问题更加细致，更注重课前预测性的反思。她意识到课前的反思可能更重要，就是反思学生的情况，老师教学的情况，在设计当中要注意什么问题，可能要比课后反思还要关键。Zuma 在以往的日常教学中时常会对自己的教学进行反思，但是反思的时间短，问题思考较为浅显，只在特定的时间才会记录下来。随着行动研究的实施，Zuma 不仅增加反思的频率，而且更加关注自我反思的质量与深度。通过一次项目组有关教师反思的培训，Zuma 了解到教师反思的层次之分，例如技术层面、情境层面以及教育价值层面；此次培训还激发了她对自身反思的思考，让她意识到自己的反思现在是第一层次，还应该把这个问题再想的更深一点。

教师在行动研究中逐渐适应反思，并有意识地对自己的研究和教学提出质疑，进行积极、持续的思考，逐渐形成反思与记录反思的习惯，反思相对更具有持续性、连续性，反思的水平与内容也不断扩升。

2. 教师转变的机制

本节基于社会文化理论视角分析教师在行动研究中发生转变的机制。作为开展行动研究活动的主体，教师通过中介工具的利用与转化、共同体成员的互动与对话，及矛盾的平衡实现自身转变。

1）中介工具的利用与转化

社会文化理论视角下的教师教育与发展的活动系统中，教师学习与发展的中介工具包括文化制品和活动（如图书、教学日志、讲座培训活动等）、科学概念（如先进的教育理念与经验）以及社会关系（如教师与专家的关系），在利用和掌握这些中介工具的过程中教师获得转变与发展（Johnson，2009）。在本研究中，高校研究者通过组织讲座培训、教学观摩、研讨汇报、入校听课等活动为教师带来绘本阅读教学理论与方法、行动研究的方法与手段，以及相关的学术文献。这些活动、方法理念、文献资料成为教师转变的重要中介工具和资源。

如在行动研究初期，项目组为教师特别介绍了"制作个人绘本"的读后教学活动设计，不仅能激发学生兴趣，还能通过绘本制作增强学生的文本意识，并利于学生对故事内容的理解和内化，作为拓展活动培养学生想象力和创造力。受培训启发，Lydia 结合"增强学生文本意识"的研究主题，依据学生的语言水平，设计了"绘制小报"的活动以增强学生对书本结构和文本概念的理解。在后来的教学中，Lydia 结合具体教学内容和目标持续实施故事制作活动，通过实践和反思不断修订、改造、开发多种由简入难、由半封闭式转向开放式的绘本制作活动，如单页绘本（one-page book）、我的绘本（my book）、四格漫画、思维导图（mind map）等。通过不断反思实践，Lydia 不仅生成以读促写的教学心得，还在绘本制作活动的使用和创新中积累个人经验。Cesilia 在行动研究过程中发现学生思维能力欠缺。她通过阅读高校研究者推荐的《布卢姆教育目标分类学：分类学视野下的学与教及其测评》（洛林·W. 安德森等，2009）一书，厘清了思维的分类、层级水平以及不同思维能力间的关系。她以前认为那些逻辑思维、批判思维、创新思维才叫思维，现在了解到理解和记忆思维是基础，是每节课需要踏踏实实做的；学习和运用高校研究者提供的拼图（jigsaw）、阅读圈（reading circles）、思维导图等教学方法，利用科学概念和方法指导自己的教学，逐渐形成对发展学生思维教学的个人理解与认识。

教师在行动研究活动系统中，能够充分利用中介工具，并通过个体的理解、思考和实践将其改造和转化为适合具体教学情境的教学工具。教师对中介工具的利用与转化，实际上也是教师隐性知识外显化的过程，教师接受来自外部的中介工具的刺激，对其进行模仿和思考，形成自我理解，并通过在教学实践中的应用、检验和改造，生成新的中介工具。这一过程中，以工具中介为桥梁，教师的内部心理活动与外部实践活动循环交互，不断积累和丰富教学经验，生成和创造新的实践性知识，从而促使教师主体本身发生转变。

2）共同体成员的互动与对话

基于社会文化理论，个体的成长与发展不是孤立的，是在个体与群体的互动融合过程中建构而成，活动主体与所在的群体的其他成员构成了活动系统的共同体。共同体成员通过分工合作、对话协商促进共同目标的实现和个体的转变与发展（Lave & Wenger，1991）。在教师发展活动系统中，教师与同伴、教师与专家的合作互动可以促进教学实践改进和教师学习与发展（刘学惠，2011）。这一过程中同伴和专家等重要他人通过意义协商的对话方式为教师搭建支架，促进教师教学实践改进和教学方法理念更新；相反，如果支架缺失，教师在学习和发展的道路上会遭遇阻力。本研究中，行动研究的主体小学英语教师与高校研究者构成了行动研究活动系统中的共同体。其中，高校研究者作为能力长着，承担着"重要他人"（Knowledgeable others）（Mewald & Mürwald-Scheifinger，2019）的角色与分工，为小学英语教师开展行动研究搭建脚手架，提供支持与帮助；小学英语教师通过与高校研究者的协作与对话，在意义协商中借助其能力获得自身潜能的发展，实现自我转变。以上中介工具利用和转化的过程中，充满了小学英语教师与高校研究者的互动与对话。高校研究者以研讨和入校指导的方式为教师学习教学理论方法、分享行动研究心得与困惑搭建平台，教师通过与高校研究者的互动对话来化解困难、消除疑惑，建构对教学实践的认识与理解。

Audrey 在第一阶段"通过故事朗读提升学生口语能力"的行动研究中取得一定成效，但却未对自己的教学和接下来的研究进行深入思考，2014 年 9 月底 W 教授入校听课后的反馈唤醒了她的思考，引发了她的系列变化。

W：你觉得今天的课效果怎么样呢？

Audrey：上半节课有些沉闷，可能因为有人听课，学生放不开吧，

　　　　　　后来做游戏的时候学生们兴趣挺高的。

　　　　W：你为什么要让学生做这个游戏呢？

　　Audrey：因为想让他们在快乐中学习。

　　　　W：那学生们是快乐了，学到了什么呢？

　　Audrey：这才一节课，就是先让他们了解一下故事内容。

　　　　W：那这样把故事情节割裂开来，一句一句地读，学生们了解
　　　　　　到故事讲什么了吗？

　　Audrey：……（低头不语）

　　　　W：学生们按书上的内容朗读的也不顺畅流利啊，更不能脱开
　　　　　　书本自己讲故事。只是让学生照着书本朗读，却没能让学
　　　　　　生有真实的情感体验和语言交流。那朗读的目的是为了什
　　　　　　么呢？……

（Audrey，课后备忘录，2014年9月24日）

　　W教授在讨论中提出朗读最终的目的是要提高学生的口语表达能力，强调语言学习的情境性和真实性，建议Audrey接下来以故事讲演的方式继续深入推进研究。她回观教学录像才意识到设计这节课的时候把重点放在了学生的朗读训练上，是比较片面的，忽略了课堂教学活动的真实性，也没能给学生一个整体认知。她采纳W教授的建议，突破现状，以故事讲演形式继续深入研究，在之后的教学中她更加关注教学的真实性和实效性。

　　Zuma在开展合作学习行动研究的中期，在项目组研讨活动中汇报研究进展，介绍研究阶段性成效及数据收集情况。L教授就她的研究数据提问并质疑："你所发放的问卷调查是让学生自己进行合作能力的评价吗？你有录像吗？每个组的录像？如果有录像的话，你所观察到的和学生自己写的足以说明问题。你可以从录像中挑出3—4个组，转写他们的对话，看他们是怎样对话、怎样合作的，每个人说什么、说多少，结果再和这几个组的问卷结果做个对比。"L教授的提问与建议引发了Zuma对学生合作能力与效果评价监控的深入思考。在后来的行动研究中，她挑选了3组学生小组进行跟踪观察，通过收集观察数据和问卷数据，比较学生合作能力的发展，为她的研究提供充分举证。

　　综合上述分析可见，与高校研究者的对话互动激发项目教师思考与反思，促成意义的构成和新的行动形成。教师在这样基于问题的探索和开放的经验分享的对话中建构对教学实践意义的理解，将科学概念与日常概念有机结合，找到理论与实践的契合点，从而改组和重建教学理念与方法（毛齐明，2009）。

3）矛盾张力的平衡与突破

本研究中的四位教师在开展行动研究过程中感受到并且承受着源于自我、工作、家庭情境中的各种张力，在个人与社会、个体与体制、能力与发展的矛盾中寻求平衡与突破。教师主要面临三种形态的矛盾：个人意识和能力与研究所需的矛盾、研究投入与日常教学负荷的矛盾、自我实现与家庭归属的矛盾。

教师在行动研究中面临的基本矛盾是个人意识和能力与研究的矛盾。行动研究是系统的、科学的、严谨的研究过程，需要教师具备一定的研究意识、研究方法、理论知识以及批判反思的能力。而本研究中的四位教师恰因为自身研究意识与能力的不足，体验着由此带来的自我发展的阻力，如：Audrey 和 Lydia 理论知识不足，行为停留在经验层面，研究难以推进；Cesilia 和 Zuma 欠缺数据分析方法，不能有效地在研究报告提供数据举证。然而，正是这样的矛盾促使教师充分利用中介资源思考、学习和践行。教师在克服自身不足的过程中获得能力拓展。

研究投入与日常教学负荷的矛盾是项目教师在行动研究中遇到的主要困难。教师日常教学事务繁重，除了按照学校的工作计划、教务处的课程与活动总体安排组织和开展上课备课、出题阅卷、批改作业、辅导学生、管理班级、处理师生关系等教学和管理工作外，还要定期参加区、市级大小规模的研讨学习和教学大赛，应对学校和管理机构的各项检查与考核。这就构成了教师日常教学工作时间和精力投入与开展科研、提升专业水平之所需时间与精力投入之间的矛盾。项目教师有提高知识深度、专业水平高度以及实践能力的愿望和需求，但时间和精力成为教师追求自我发展的最大挑战。教师一方面要完成学校任务；另一方面又要在浩繁稠密的事务中压缩课程任务、提高自我效能，抽挤时间、延长工作时间、牺牲个人生活来进行研究和学习。

教师在开展行动研究时直面的另一个矛盾是自我实现与家庭归属的矛盾。个体的需要，从低到高分为生理需要、安全需要、归属和爱的需要、尊重需要和自我实现的需要（Maslow，1954）。家庭是教师核心生活领域之一，也是归属和爱的需要，而本研究中当教师参与行动研究追求个人发展时，便会产生自我实现的需要和爱的需要之间的矛盾。四位教师均为女性教师，在家庭中有着妻子、女儿、母亲等多重角色，承担对应的家庭责任，而当她们投入更多的时间精力于个人发展而不能够满足家庭需要的时候，便可能引发个人与家庭的矛盾。这样的矛盾曾让 Zuma 和 Audrey 一度意志消沉，对自身价值、当前境遇和未来的愿景产生质疑，甚至开始怀疑自己的职业选择和价值目标追求。然而，她们最终还是在教学研究中获得的精神充实感和成就感的驱动下，重新审视内心的真实需求和召唤，主动与家人沟通交流，调节心态，坚定不移地争取实现自我价值的机会。也正是这样自我实现的内心价值导向驱使教师主动地寻求自我更新：

> 我还是不希望自己就此停止，像其他的普通教师一样，就完成一点点自己的教学任务，下班以后过自己的家庭生活，或者顾得更多一些。我也奢望那样的生活，但是从我的心里来讲，我好像觉得，好像还是欠缺点什么东西。（Zuma，第二轮访谈，2014 年 6 月 20 日）

教师转变是平衡和协调各种矛盾与张力的结果，也是采取行动解除干扰的过程。对教师来说，在行动研究中所遇到的矛盾和冲突可能会制约个人发展，导致情感危机，但也是激励教师学习和转变的重要因素。由于教师所处的社会文化环境不同，矛盾和张力的影响和作用有所不同，教师在其中的体验与感受亦会不同，获得的意义与结果也存在差异。四位参与教师在行动研究中遇到的问题、困难和矛盾，虽然会在一定程度上阻碍教师的发展，但是教师解决问题、协调矛盾的过程也是学习的过程，对问题、困难、矛盾的积极反思和解决难题的过程是教师获得发展的关键（顾佩娅，2008）。教师在矛盾中挣扎，关键不是最终是否解决了什么问题，而是教师在迎接挑战、解决问题的过程中增长了知识，提升了能力（Tsui，2003）。

高校研究者支持下的行动研究带动了四位小学英语教师在知识、研究素养、教学实践等方面的积极转变，四位教师积极转变是通过中介工具的利用与转化、共同体成员对话互动、矛盾张力的平衡化解而得以实现的。首先，教师在利用和转化中介工具过程中，通过个体的理解、思考和实践将其内化，并转化为适合具体教学情境的教学工具，在对中介工具的内化和转化过程中，教师不断的积累和丰富实践性知识，提升认知和实践能力。其次，中介工具利用和转化的过程中充满了教师与高校研究者的对话互动。作为主体的小学英语教师与提供支持的高校研究者构成行动研究活动系统中的专业共同体。教师通过与高校研究者的对话互动，找到理论与教学的契合点，借助高校研究者专业助力实现自身潜能发展。最后，教师转变是一个充满矛盾和张力的过程，主要包含个人意识、能力与研究所需的矛盾、研究投入与日常教学负荷的矛盾、自我实现与家庭归属的矛盾。矛盾作为活动系统的基本要素，是引发主体发生转变和发展的主要原因。教师主体在矛盾和张力的平衡与化解的过程中实现自我突破和超越。

7.4 课例研究对中学英语教师专业发展的持续影响研究——活动理论视角

7.4.1 引言

随着基础教育新课程改革的不断深化，发展学生的英语学科核心素养、落实立德树人根本任务成为当前英语课程的育人目标。这一全新目标对英语教师的专业素养，特别是教师对新课程的理解和实施能力提出了新要求，寻找行之有效的教师专业发展路径成为教育领域的重要任务。从世界范围看，教师专业发展正由传统的既定教学理论和方法及技能的培训模式演变为更注重课堂实践的合作和情境化模式（Canagarajah，2015）。正如 Mewald & Mürwald-Scheifinger（2019）所指出的，如果教师的专业发展能够植根于由指导专家、同行教师以及与他们的学生共同合作的情境之中，在中介和互动作用下进行知识的社会建构，更有可能取得成功。从我国新课程改革实施 20 年的经验来看，"课程改革成功与否在教师"已然成为共识，参与新课程实施的过程则是教师专业成长的重要契机和"摇篮"（康丽，2021）。因此，植根于课堂的教学研究正在成为新时期教师专业发展的重要路径（王蔷，2020），"自下而上"的反作用力不可逆转地使新课程在一些地区生根开花（康丽，2021）。

课例研究被广泛认为是一种合作探究、反思实践型的教师专业发展范式（Coenders & Verhoef，2019；Hervas & Medina，2020）。这一范式顺应了教师专业发展向合作探究、反思性教学、扎根课堂实践方向转变的趋势。它是由教师全程参与，通过研究课（research lesson）的集体设计、课堂实施、效果研讨、调整优化，辅之以持续的教学改进，以达到促进学生学习质量提高的目的。研究课强调教师以专业学习共同体的形式，以课堂教学研究为主渠道，在持续改进教学的过程中，提升自身的专业素养和学生学习成效。课例研究能够让教师参与到教学改革中，不仅为教学创造实践性知识，也能够"发展教师应对课堂教学现场的行动能力"（顾泠沅、王洁，2003），解决教师培训所面临的理论难以转化为实践的突出矛盾（陈向明，2011b），架起连接理论与实践的一座桥梁（王蔷，2020），成为在微观层面上推动教师研究和课堂教学改进、在中观层面上推动学校的教育教学改革、在宏观层面上促进课程理念最终落地课堂的渐进式改革方式（杨玉东，2019）。然而，课例研究到底在多大程度上能够带来教师的改变？这种改变是否可持续？改变是如何产生的？带着这些问题，我们对 2015—2019 年间参加过基于课堂教学改进的课例研究项目（以下简称"课例研究"）的 122 名教师中的 103 名自愿参与此次调研的英语教师进行了跟踪访谈，以期对上述问题开展实证分析。

7.4.2　研究背景

2015 年至 2019 年，北京师范大学外语教师教育者团队以英语学科能力框架（王蔷、胡亚琳，2017）为理论指导，与全国 49 所学校的 122 名中学英语教师分十批次合作开展了课例研究，旨在推动教师在日常教学中更好地践行新课程理念，提高教师课堂教学能力，最终提升学生英语学科能力和学校教育质量。

这一课例研究采用高校与中学跨界合作的模式，由高校教师教育者入校指导，以中学教师主体参与并持续改进课堂教学为主要途径，聚焦教学中存在的关键问题，共同研读课程标准、深入分析教材内容，研究确定教学目标，多轮次设计、实施，并通过观摩课堂学生学习效果，课后专家反馈、研讨来改进课堂教学。课例研究的实施过程主要分为三个阶段，包含 9 个环节，具体如图 7-9 所示。

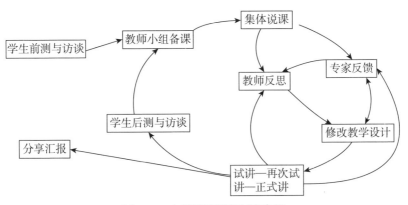

图 7-9　本章课例研究实施步骤

改进前（即图 7-9 中的前 2 个环节）通过前测与访谈，诊断学生的英语学科能力薄弱点，以便更有针对性地解决教师教学和学生学习中存在的问题。授课教师根据教学进度确定研究课的主题，与所在年级教研组的教师团队围绕该主题共同备课，并基于前测和学生访谈的结果，制订有利于学生学习和发展的教学目标，围绕目标设计教学活动，完成教学设计。

改进中包括 5 个主要环节：（1）授课教师参加集体说课；（2）高校专家团队与教师研讨并给出可操作的改进建议；（3）授课教师反思设计中的问题，酌情吸收专家反馈；（4）修改教学设计；（5）进行第一次试讲，由高校专家与教师团队一起观摩试讲，记录学生表现；至此，第一轮改进小循环结束。此后重复第 2—4 环节，即授课教师反思授课中的问题，由专家评课、解答疑惑并再次给出改进建议，授课教师参考反馈意见，与教师团队共同讨论，再次修改教学设计，进入第二轮试讲；至此，完成第二轮改进小循环。试讲后仍然重复第 2—4 环节，授课教师反思、专家反馈、合作研讨，继续优化教学设计，最终进入正式讲；至此，完成第三轮改进小循环。

项目结束后，教师对改进班和对照班进行后测，以检验改进班学生的英语学科能力提升情况；最后，授课教师总结自己经过课例研究，在理念和教学方式上的变化，撰写课例研究报告并与同行分享收获。每一位参与教师在五年中的不同时间都参加了 3—4 个月（一个学期）的课例研究。项目结束后参与教师会继续在各自教学岗位进行正常教学。在接受本次访谈时，参与教师距离课例研究项目结束的最长时间为 4 年，最短为 1 年。

从本项目实施五年的成效看，所有参与教师均在区级以上优秀教学设计或教学观摩课评比中获奖；部分教师还获得全国或所在市教育教学成果奖，在核心刊物上发表论文，其中很多都成长为市、区级英语学科骨干教师。

7.4.3 追踪访谈的设计

1. 研究问题

本研究主要通过追踪式访谈，探寻课例研究对参与教师的专业发展是否产生了持续的影响，进而分析对其产生持续影响的关键因素。

2. 访谈对象

根据"知情同意、自愿参与"原则，122 名教师中有 103 名参与了追踪访谈，他们的教龄覆盖不同发展阶段，如表 7-7 所示，参与教师主要为教龄 1—15 年的中青年教师，低教龄与高教龄教师所占比重较小。

表 7-7　参加课例研究教师的教龄结构（$n=103$）

教龄（年）	人数（人）	所占比例（%）
< 1	10	9.7
1—5	28	27.2
6—10	23	22.3
11—15	23	22.3
16—20	14	13.6
> 20	5	4.9

表 7-8 显示了参加课例研究教师的职称情况，其中，约一半教师为中学二级职称，约三分之一教师是中学一级职称，14.6% 的教师是中学高级职称，整体分布与一线教师群体的人才金字塔结构类似，代表了无干预状态下教师总体的自然状态。

表 7-8　参加课例研究教师的职称情况（$n=103$）

职称	人数（人）	所占比例（%）
无	8	7.8
中学一级	34	33
中学二级	45	43.7
中学高级	15	14.6
讲师	1	1

3. 数据收集

追踪访谈采用一对一在线访谈的方式，在征得被访谈老师的同意后，分别发送访谈问题。研究者在收到回复后，整理成访谈转录文字稿，并返回给被访谈老师确认。103 名教师的跟踪访谈转写文本共计 151 402 字。

访谈问题除个人基本信息外，主要包括六个方面：改进前的状态和参与该项目的动机；参与过程中印象深刻的事情或场景；参与该项目的过程和感受是否与参加其他项目或培训活动有什么不同；改进后对教学的思考和实践的变化；改进后取得的教学和科研方面的成果；参与该项目对教师专业发展的影响。

4. 数据分析

在对 103 份访谈原始数据编号后，本研究按照扎根理论（Corbin & Strauss，2008：159–191）的分析方法将转录文本导入 NVivo 12 plus 软件进行编码分析。在开放式编码过程中，首先逐字逐句阅读选取与研究问题相关的意义单位，建立自由节点，并保留三次以上被提及的初始概念；随后进行轴心式编码，研究者在关注初始概念所在的原始语境及背后意涵基础上，寻找有关联的概念归类，整合形成树节点；最后通过辨析概念类属之间的关系，进一步抽象出更具概括力的选择式编码。编码示例如表 7–9 所示。

表 7–9　数据分析编码示例

选择式编码	轴心式编码	开放式编码	原始数据举例
实践性知识增长	教学活动	设置合理的问题链激发学生兴趣和思维发展	以前觉得上课很无聊，学生觉得无趣不愿意配合，我也上得很痛苦，但是不知道问题出在哪里。现在知道了为什么以前的传统课堂那么无趣，因为我没有真正关注到学生，我的课堂逻辑线索不清楚，学生不知道我到底想干吗。更多的时候是因为活动链或问题链的设置不合理，不能激发学生的学习兴趣和思维发展，现在起码知道努力的方向了。（IN2T30B）
	课程、课标、教材知识	上课更依托教材的思路	对我变化比较大的是怎么用这个教材。经过这个改进过程，我就觉得还是要按照这个新教材的思路往走，多去看教材编写组专家老师们的思路。所以在改进之后，在上课的时候，我就会更依托于教材了。（IN2T3A）
	教学评价	及时准确地追问反馈	我在整个课当中一直对自己不满意的一点就是做不到特别及时的 follow up，没有办法给到特别精确的反馈。然后我就在后面的教学中，有意识地去培养自己这方面的能力。特别认真地去听清楚学生的问题，去追问，然后给出自己的反馈。（IN2T7C）

7.4.4　课例研究对教师专业可持续发展的影响

依据访谈数据中浮现的教师参与课例研究后的变化，研究者分析出课例研究对教师专业可持续发展的影响主要体现在教师教育观念转变、实践性知识增长、教师情感提升和合作意识增强。

1. 教育观念转变

教育观念是指教师个体在其所处的特定经济、政治、文化等背景下形成并信奉的关于教师职业、教学、课程、学生等的观念（辛涛、申继亮，1999），对其教学行为有指导作用，是教育行为的基础和内在依据（庞丽娟、叶子，2000）。在本章中，教师的教育观念转变表现为参与课例研究的实践促进教师对原有教师角色、教学方式、育人目标等方面的反思和转变。

我以前比较注重学生能否理解我所讲授的知识，而现在我是更多地侧重于课堂，学生有没有参与进来我所设计的活动，有没有积极参与。我所设计的活动能否锻炼学生的能力，根据课程目标，锻炼课程目标中提到的能力。(IN2T46B)

教师的理念发生变化，才能带动课堂真正地活起来，只有学生真正地进行深层次的思维活动，与文本进行有效的信息加工和对话，学生的学科关键能力才能有提升的机会。(IN1T35B)

从以上摘取的访谈片段可以看出，教师摒弃了以往注重知识理解的育人目标，转变为以培养学生学科能力和核心素养为目标的教学。在教学设计和实施中，更注意贴近学生实际、关注学生的需求、激发学生的学习兴趣和主动性，融入有深层次思维参与的教学活动。同时，在教学方式上，教师认为要将以前灌输式、控制性的课堂转变为给予学生充足时间和充分信任进行自主学习和合作学习的"活"课堂，从而有效地促进学生语言、文化和思维的融合发展。

2. 实践性知识增长

教师实践性知识是教师经历过行动中反思后，"自下而上"形成的、能够实际指导教师实践的"使用理论"（陈向明，2009），涉及有关学科的、课程的、授课的、自我的以及环境的知识等内容（Elbaz，1981）。从教师访谈浮现出的本土概念看，教师实践性知识的增长表现为教师在课例研究中，经历实践、验证、反思而生成的关于课程、课标、教材、教学设计、教学组织与实施，以及课堂评价等个人实践性知识，这些实践性知识成为真正指导其新的教学实践的原则。

一开始设置的问题层次性并不是很强，我感觉学生在回答的时候有困难，不太知道你想让他回答什么。后来在改进的过程中，我把这些问题分了三个层次，第一个是特别 general 的 basic information，第二层次是需要学生去描述阐释的，第三层次就是再次梳理文章之后深入思考的问题，是回答了前面两个问题并阅读全文之后的升华。……先要有浅层次的基本信息的提问，帮学生梳理完了之后，再让他回答一些需要读完了之后用自己的语言去阐述的问题，最后是帮他生成和升华个人的认识。（IN1T10D）

新的评价方式使得学生对个人的学习目标、过程和结果都有清晰的认识、评价与反思，使得课堂教学实效性大大增强，不再像以前那样，很多孩子不知道干什么，会跑题，不会自我评价和相互评价。（IN2T26A）

我们从以上访谈片段可以窥见，课例研究促使教师在实践中总结出指导其自身教学活动设计、实施和评价的实践性知识，能够做到深挖文本，理清文本主线，基于英语学习活动观设计有层次、逻辑连贯的问题和指向语言能力、文化意识、思维品质和学习能力培养的教学活动；以往形式主义的评价有所转变，教师实施有效教学评价的能力有所提升，也能够有意识地指导学生通过参与评价积极主动反思、监控和调整自身学习目标和学习方式。

3. 教师情感提升

教师情感在教师的专业发展中扮演着"催化剂"的角色，对教师理解教育改革、落实改革举措具有重要推动作用（胡亚琳、王蔷，2014）。从访谈中提取的编码来看，教师情感的提升表现为教师职业倦怠感大大缓解，职业动机转变，教师专业身份认同和自我效能感提高。

重新点燃了对自己职业的兴趣。工作 20 年，有些倦怠，这次活动中和导师、同事、学生一起研究并实践，感觉英语教育还是有很多魅力，魅力其实主要来自于不停地思考，不断地交流、实践和改进。当然，没有引领，会缺乏动力。导师的引领一方面指明了方向；另一方面也为我们树立了榜样，（他们的）责任、专业、高度，都值得我们学习。（IN2T23C）

上述片段节选自有着 20 年教学经验的教师访谈，她认为"英语教育还是有很多魅力"，表明她对教师职业的认识转变为积极的评价。除教龄之外，也有评完高级职称的教师认为"本来觉得自己评完高级就行了的心态突然改变了"（IN2T26A），"在评完高级之后，有更强烈的愿望和动力提升自己，对自己的要求更高了，从惰性的拿来主义、借鉴别人到结合自己的学生情况进行设计创造"（IN1T18D）。由此可见，在高校教师教育者的专业支持和精神引领下，教师在提高教学能力、改善学生学习体验的同时，也提升了教学自信心和幸福感；教师重新焕发对教学的热爱和憧憬，工作态度呈现更加"积极向上"（IN2T37C）、"严谨认真"（IN2T44C）的状态。教学实践的改进"魅力""满足了对教师职业所有的美好的期待"（1N1T11D），是支撑和推动教师不断发展的精神动力源泉。

4. 教师合作意识增强

教师合作是教师专业发展的重要向度（崔允漷、郑东辉，2008），是教师们基于相互的投入（mutual engagement）、共同的事业（a joint enterprise）、共享的知识库（a shared repertoire）三个结构要素（Wenger，1998：72-73），就共同感兴趣的问题，以自愿、平等的方式共同探讨解决而形成的一种批判性互动关系，有利于激发教师持续发展的意愿，强化能力的提高，保证教师发展的可持续性（饶从满、张贵新，2007）。访谈数据表明，教师通过参与课例研究进入专业学习共同体，就英语教学方面的问题在同事和同伴之间互动交流、互相启发，在集体备课的过程中碰撞思想，共同学习新的理念、知识和技能；在高校专家自始至终，从教学目标到教学内容、教学方法以及教学评价的全方位一体化的支持和引领下，激发了对英语教学的研究热情、对实践性知识分享和传播的意愿，教师合作意识明显增强。

现在我特别喜欢和我的一些同事以及我的一些同学去探讨一些英语教学方面的问题。在过去的一年，我也和备课组的同事一起备了几次课，在这个过程中，我们相互交流彼此的看法，产生思想上的一些碰撞。并且形成了学习的一个群体，我们会共读一本书，一起看看慕课，专家关于教学设计方面的视频，或者是一些新的一些文章帖子。这些都让自己很受益。（IN2T37C）

在教学实践的同时，积极开展课题研究，提高科研水平，并使之更有效地服务于教学。我希望把自己从专家那里学到的教学理念及自己教学实施中的收获，和我的同仁们分享，让更多的老师尽快走进新的课程标准，改变教学理念，改进教学模式，有效培养学生核心素养。（IN2T49B）

从上述访谈片段可以看出，课例研究通过专业学习共同体协同解决课堂教学中存在的问题，促进了同伴之间的沟通交流和更大范围专业学习共同体的建立，促进了教师之间合作和共同探究氛围的形成。教师在课例研究中发展了不断学习、实践、反思的能力，真切地体会到理论是如何落实到教学实践中的，进而生发了不断钻研英语教学、积极主动开展课题研究以持续促进教学效果提升的追求。

鉴于本研究追踪访谈的教师人数较多，为宏观认识课例研究对参与教师所产生的变化情况，表 7–10 呈现了依据访谈数据中浮现出的四个方面变化的教师人数占总人数的百分比。其中，有 95 位（92.2%）教师谈到获得了实践性知识的增长，80 位（77.7）教师谈到自身教育观念的转变，48 位（46.6）教师感受到了职业情感的提升，46 位（44.7）教师表示增强了合作探究的意识。此外，有 92 位（89.3%）教师认为，一个学期的课例研究给他们带来的变化具有持续性，他们在项目结束后的日常教学中仍继续坚持依据学科能力框架（即英语学习活动观）开展教学。这种改变是潜移默化而又不可逆的："改进一直没有停止"（IN1T35B），"回不到以前了……已经渗透在我的血液里了"（IN1T18D），"坚定了我继续前行的决心"（IN2T26A）。

表 7–10　课例研究给教师带来的主要变化（$n=103$）

变化	人数（人）	所占比例（%）
教育观念转变	80	77.7
时间线知识增长	95	92.2
教师情感提升	48	46.6
教师合作意识增强	46	44.7

值得说明的是，统计数据仅阶段性地客观反映教师在访谈时对自身变化的认识，且不同教师自我报告的侧重点具有个体差异性和不完全性，但课例研究对教师专业发展的影响并不是割裂的，而是一个有机融合、动态发展的整体。此外，研究表明学校共同体的领导者的领导智慧和能力直接影响学校学习文化氛围的定位和形成，不同教师个体的信念和先前经验影响教师决策和学习意愿，对教学实践和改变非常关键（转引自裴淼等，2016）。从访谈中我们也认识到，尽管课例研究对参与教师的专业发展及持续影响总体效果显著，但受到学校教研团队文化建

设、共同体成员理论水平、专业视野、价值观念、指导策略等外在因素，以及教师个人意愿、经验、性格、能力、情感态度等内在因素的影响，课例研究带给教师的改变程度和可持续发展的动力是存在一定差异的。

7.4.5　影响教师专业可持续发展的因素分析——活动理论视角

从以上数据分析可以看出，大部分项目教师在五年中都实现了明显的可持续发展，那么到底是什么因素促进了教师专业的可持续发展呢？活动理论为本研究提供了一种分析视角，特别是对各要素是如何互动并影响教师学习和发展的具有较好的解释力。

1. 活动理论与活动系统分析

活动理论（Activity Theory）由苏联心理学家 Vygotsky 提出，他认为人的高级心理机能是在物质工具（包括机器、生产资料等）与心理工具（包括语言、符号等）中介（mediation）的作用下，与周围人的交互、沟通过程中产生与发展起来的。虽然第一代活动理论突出了个体发展中中介工具的作用，但仅限于分析个体独立的行动（action），并没有把个体行动视为集体活动（activity）系统中的事件，没有完全解释个体行为的社会性和协作性，个体行动背后的动机缺失（Engeström et al.，1999：30）。Leont'ev 及其他研究者进一步发展了该理论，把规则（rules）、共同体（community）、分工（division of labor）三个要素纳入第二代活动理论（如图 7-10 所示）：活动系统是目标（object）导向的，由主体与共同体分工合作，在中介工具（mediating artifacts）的作用下，遵循显性的规定、法律政策，以及隐性的规则，共同建构意义（Engeström，2001）。

在本研究中，一线教师及年级教研组的其他教师与高校教师教育者尽管属于不同的活动系统，但都以提升学生学科能力薄弱点为共同目标，可看作同属于一个新的跨界活动系统（如图 7-11 所示）：授课教师（主体）承担上课任务，与年级教研组的其他教师（共同体），遵循学校的制度和文化、课例研究的规范和流程等（规则）开展教学改进；其他教师和高校专家承担课堂观摩、记录学生表现并给出改进建议的任务（分工），主体在评价反馈、教师反思日志、英语学科能力框架等中介工具的作用下（中介），逐步解决教学中存在的关键问题，提升学生学科能力薄弱点（客体），最终实现学生学科能力的发展和教师的专业发展（结果）。

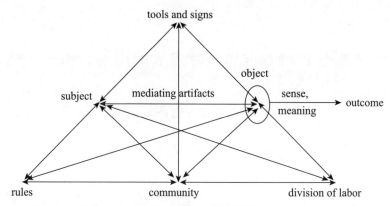

图 7-10　Engeström 的第二代活动理论模型（Engeström，2001）

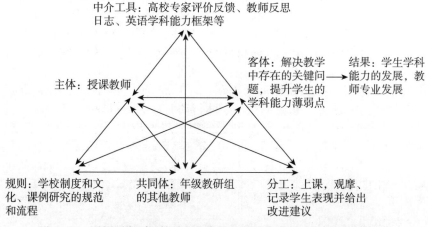

图 7-11　课例研究项目校教师与高校教师教育者组成的活动系统分析

Engeström 认为，历史性累积和演变的内部矛盾是活动系统运动、变化和发展的主要来源（Engeström，2015：xvi）。活动系统的矛盾有四个层次：第一层矛盾是存在于中心活动系统各组成要素内部的主要矛盾，具有双重性的特征；第二层矛盾是存在于中心活动各要素之间的次要矛盾，如僵化的等级分工落后于并阻碍了先进工具带来的可能性；第三层矛盾是中心活动的客体／动机与更先进的文化活动的客体／动机之间的矛盾，如小学生上学为了玩的动机与父母老师试图让他认真学习的动机之间的矛盾；第四层矛盾是中心活动与相邻活动在相互作用中出现的矛盾。"相邻活动"包括 4 种：嵌入到中心活动的立即出现目标和结果的活动；为中心活动生产关键工具的活动，最普遍的代表是科学和艺术；中心活动的主体接受教育的活动；制订规则的活动（Engeström，2015：66–71）。活动系统的四层矛盾从内到外依次展开，活动的发展意味着像剥洋葱一样，一层一层解决前一矛盾。

下文将具体讨论主体内部的矛盾、主体与客体之间的矛盾、中心活动与更先进的文化活动之间的矛盾及与相邻活动之间的矛盾是如何产生、突破并最终促进活动系统的发展。

2. 主体意识的激发是教师改变的必备前提

主体内部的矛盾源于教师期望的自我与实际的自我之间的失衡。在访谈中，老师们这样描述参加项目的动机："到了瓶颈期，好像无法突破"；"特别想接触新的教学理念……让自己的课堂做到真正的高效"；"第一次改进的老师收获了很大的成功，这深深震撼了我"。"高效"、"震撼"说明教师对于转变为期望达到的状态充满渴望和动力，然而"瓶颈期"教学固化的实际状态阻碍了教师的转变。马克思认为人类活动本身是人的感性活动，意识发展与外部活动是辩证统一的（转引自 Engeström et al.，1999：3），活动主体的意识受到外部实践和环境的影响，意识反作用于主体外部的行为活动。主体意识的激发是教师改变的必备前提。在诸多"自上而下"、理论灌输式的教师培训中，教师往往被动参与，缺乏学习动力（Chen，2017），认为提升内容与教学实践关系不大（Roth，2002），游离于课程改革之外。而在扎根课堂的课例研究中，教师亲身参与到日常教学的情境中，不再被动接受外部信息，而是在与共同体备课研讨，与专家交流中反馈建议时产生新的想法，并将想法付诸尝试，完整地体验教学目标的制订、教材内容的分析、学生情况的分析、教学活动的设计、教学效果的评价及教学反思的改进过程，通过不断的教学实践与反思，不断突破实际的自我局限，能动地将内部意识与外部行动统一起来，尝试成为期望的自我，进而达成客体目标。

3. 学生学科能力的发展是教师改变的关键事件

在活动系统内部各要素之间，主体的行为是以目标为导向的（Engeström，2001）。提升学生的学科能力薄弱点、解决教学中存在的关键问题是活动系统的目标。目标与主体之间的次级矛盾引发主体对现有实践的质疑和批判，并尝试新的解决办法化解矛盾。

改进前的学科能力测试表明，在当前的英语课堂教学下，学生的应用实践能力和迁移创新能力表现水平普遍较低，该诊断结果与基于综合语言运用能力考查的普通测试成绩有着显著区别，学生学科能力发展的真实水平引起教师的不解与强烈关注，同时也侧面反映出教学中的薄弱环节。

在课堂教学改进过程中，教师反思道："第一堂课试讲之后，整个课堂特别的压抑，跟我想象的完全不一样。"（IN1T30B）在这种情况下，教师的课堂预设效果没有实现，学生的学科能力发展需求也未得到满足，矛盾的张力促使教师反思教学设计和实践中存在的问题。

由此可见，学生在能力测试及课堂上的实际表现与教师预期之间存在较大反差，这一矛盾能够促使教师意识到自身教学的不足，从而针对学生学科能力薄弱点制订教学目标和教学难点，设计能够激发学生积极参与并有机会内化和表达的教学活动，逐步提高自身教学设计、实施和评价的能力，最终实现学生学科能力的发展和自身的专业发展。

4. 系统的专家指导和科学的理论框架是教师改变的必要条件

中心活动与更先进的文化活动之间的矛盾是指教师原有的教学活动与高校教师教育者依据学科能力框架指导的教学活动之间的矛盾。教师普遍表示以前的教学活动"针对性不是很明确"，"很死板"，"如何把新课标的理念带入到实际教学中去是一个亟须解决的问题"。高校教师教育者作为"重要他人"是活动系统的中介，既能站在学科的高度，又能够结合具体的教学问题与情境，将前沿的课程改革理念及先进的教育理论融入对教师主体的教学实践反馈中（Takahashi，2014），帮助教师加强对高深抽象理论的理解和认识，增强其教学设计的科学性和合理性；同时"手把手"引领教师围绕教学实施效果展开反思，帮助其发展"看到学生的眼睛"（陈向明，2020），认清"问题的症结所在"（IN2T35A），解决教师面临的困惑，并针对性地给出具体的、可操作的建议；教师表示"如获珍宝，那样的感觉真的是醍醐灌顶"（IN2T43C），"开窍了"（IN1T53A），"豁然开朗"（IN2T2A）。同时，高校教师教育者还帮助教师挖掘教学行为背后隐性的、缄默的观念和原则，"去提炼课堂的教学理解"（IN2T30B），启发教师升华为个人实践性知识和理论，生成可持续的自主发展能力；这个过程不是生硬的灌输，而是双方互动交流、意义协商，是教师在专家的引领下，体验、分析、尝试好的方法和新的理念。除此之外，学科能力框架使教师设计活动有据可依，贴近一线教师的实际需求，同时也遵循学生的认知规律，解决教师在教学中的实际问题和困难，由此发展教师专业知识和能力、提高教师的专业素质、促进教师的学习和转变，并最终提升了学生的学业成就。

第四层矛盾是中心活动与相邻活动之间的矛盾。本研究分析发现，在大多数情况下，随着前三层矛盾的解决，当活动系统发展至令各要素满意的结果，则不存在第四层矛盾。相反，当教师所在的学校学习文化氛围和教研团队保持基本不变或变得更好，中心活动会更支持和促进相邻活动的发展。原因在于课例研究激发了教师作为主体追求发展的内在动力，产生较强的专业可持续发展内驱力；当进入相邻活动时，教师解决矛盾的能力和合作的意识会更强。例如，有参与教师在项目结束后成长为新课程的示范者，受邀在国家级培训会上分享教学改进经验和个人实践性知识；很多教师在项目结束较长时间后仍然主动多次参加项目的学习活动；在参加教学课例比赛或优秀教学设计评比时，项目教师更为自信，也能取得较为满意的成果。而当教师调动工作，新学校领导不支持教师的个人实践理论时，教师受到外在的工作压力阻碍，则不易坚持持续原来的教学方式，需要在新的中心活动系统中与各要素磨合。

7.4.6　结论与启示

本章基于实证研究探讨了基于课堂教学改进的课例研究对中学英语教师专业发展的持续影响，并从活动理论的视角阐释了教师通过课例研究实现可持续改变的影响因素，得出结论如下：

第一，扎根课堂的课例研究有效地促进了一线教师的专业成长。主要表现在：该项目促进了参与教师育人观念的转变、实践性知识的增长、教师情感的提升和合作意识的增强。第二，本章从活动理论视角分析了课例研究活动系统中影响教师专业可持续发展的因素：教师主体意识的激发是教师改变的必备前提；学生学科能力的发展是促使主体以目标为导向重构教学逻辑，解决目标与主体之间的矛盾，获得教师改变的关键事件；专家全方位系统的、深入浅出、精准到位的专业引领和可操作的学科能力框架是促进教师在反思实践中实现转变的必要条件。本研究的理论贡献在于，验证了中心活动与相邻活动之间未必一定存在矛盾关系，当教师主体所在的学校学习文化氛围和教研团队保持基本不变或变得更好，中心活动有利于相邻活动的发展。

本研究为新课程改革背景下在职英语教师课堂教学实践与专业发展

研究带来以下两点启示：第一，在当下基础教育课程改革迈入全面深化的阶段，课例研究—扎根课堂的教学改进，不仅持续促进了教师的专业发展，还成为发展学生核心素养、落实立德树人育人目标的有效路径。为有效推动课堂教学变革，基础教育需要更多的高校教师教育者团队深入学校和课堂，与一线教师合作开展跟进式的课堂教学改进，共同探索课堂层面新课程理念的落地。第二，作为一种"自下而上"的教师专业可持续发展模式，课例研究激发了教师参与改革的热情和活力，赋予他们持续地把对课程的认识转化为有效的课堂教学行动的动力和能力。教师在应对新的教学挑战时，发挥出了积极性、主观能动性和自主创造性，通过构建教师专业学习共同体，借助高校专家团队"重要他人"等力量的支持，在意义协商中不断突破自我，获得更多的职业幸福感和身份认同，最终使更多的学生受益。

（注：本章的部分访谈与转写得到了项目组助研陈曦、陈祥梅、樊凡、潘雪、彭秋侃、吴昊、杨亚维、杨启伟、于洁、张华清、张慧、郑雅馨等人的协助，谨表衷心感谢。同时也非常感谢参与追踪访谈的 103 位老师的支持和贡献。）

第三部分
高等外语教育篇

第 8 章
《国标》视野下外语类专业
教师能力框架 [1]

　　2017 年 9 月 24 日中共中央办公厅、国务院办公厅印发《关于深化教育体制机制改革的意见》（以下简称《意见》）。《意见》指出："党和国家高度重视教育工作，坚持把教育摆在优先发展的战略位置。要健全促进高等教育内涵发展的体制机制。强调要创新人才培养机制。高等学校要把人才培养作为中心工作，全面提高人才培养能力……统筹推进世界一流大学和一流学科建设。"师资队伍是人才培养的决定因素，培养高质量人才，必须有高水平的师资。2018 年 1 月 30 日，教育部颁布了《高等学校外语类专业本科教学质量国家标准》（以下简称《国标》），全国高校外语类专业新一轮教学改革悄然展开。教师是课堂教学的组织者，也是教学改革的实施者；没有教师对教学改革的积极响应、准确理解和身体力行，任何教学改革都将无果而终（孙有中等，2016）。

　　如果说教师是实现一切教育目的的根本依靠，是当前我国高校"双一流"建设的根本保障，那么，教师能力的发展则是根本之根本。高校外语类专业承载着为国家培养各类创新型、复合型外语专门人才和国际化高端人才的重要使命，任务艰巨而紧迫。虽然师资队伍整体素质与过去相比已有相当大的提高，但由于历史原因，我国高校外语类专业教师在数量和质量上堪忧（戴炜栋，2009；钟美荪、孙有中，2014）。一个特别突出的问题就是，从全国范围外语类专业教师的总体情况看，大多数教师只能归为"外语（语言）教师"，而达不到"外语类专业教师"的要求，教师"能力赤字"问题严重。相当一部分教师对职业的理解和定位还是从事语言教学的外语教师，而非作为高等教育一个独立学科的外语类专业的专业教师。简言之，无论是教师自身还是从事教师发展的研究者，都对外语类专业教师这一特殊群体（不同于大学英语教师、中小

1　本章主要内容发表在《中国外语》2018 年第 2 期上，此次纳入有修改。

学或培训机构的外语教师）的身份定位出现了比较严重的偏差，最终有可能误导外语类专业教师发展的方向。

为此，我们必须通过建立教师能力框架重新认识和界定外语类专业教师身份，为外语类专业教师发展设定基本目标和评价依据。本章参照《国标》对人才培养目标和培养规格的定义及其对外语类专业教师素质与发展提出的要求，在全面考察国内外学术界对外语教师能力界定的基础上，提出我国高校外语类专业教师能力框架，并据此对当前高校外语类专业教师发展和教师研究提出建议。

8.1 《国标》对外语类专业本科人才培养目标与规格的定义

人才培养目标是教师从事教育和教学活动的根本指南。《国标》规定，"外语类专业旨在培养具有良好的综合素质、扎实的外语基本功和专业知识与能力，掌握相关专业知识，适应我国对外交流、国家与地方经济社会发展、各类涉外行业、外语教育与学术研究需要的各外语语种专业人才和复合型外语人才。"长期以来，外语类专业高度重视外语基本功训练，这无疑是必要的。但外语类专业人才培养目标如果仅囿于外语基本功训练，那就自动降格为语言培训，也就难以培养出《国标》规定的人才。为此，《国标》强调外语类专业要在夯实外语基本功的基础上培养学生的"专业知识与能力"；这就意味着，外语类专业教师自身应首先超越外语语言教师的定位，拥有专业知识（即学科知识）和专业能力（即教学能力和研究能力）。

8.2 《国标》对外语类专业本科人才培养规格的定义

培养规格是根据人才培养目标所确定的特定专业的毕业生在素质、知识与能力三方面应达到的具体标准。在素质方面，《国标》规定，"外语类专业学生应具有正确的世界观、人生观和价值观，良好的道德品质，中国情怀与国际视野，社会责任感，人文与科学素养，合作精神，创新精神以及学科基本素养。"在此，被纳入核心素质的"中国情怀与国际视野"显然是为响应经济全球化时代全面崛起的中国对外语类专业人才的跨文化能力所提出的更高要求；"学科基本素养"则再次提示面向未来的外语类专业人才应超越外语语言学习，接受比较系统的学科训练。

在知识方面，《国标》规定，"外语类专业学生应掌握外国语言知识、外国文学知识、区域与国别知识，熟悉中国语言文化知识，了解相关专业知识以及人文社会科学与自然科学基础知识，形成跨学科知识结构，体现专业特色。"与外语界对外语教育内涵的传统理解相比，《国标》对外语类专业学生的知识广度和深度提出了更高标准，要求他们在掌握传统语言知识和外国文学知识的基础上，更加深入和系统地了解对象国和中国自身的历史与现状，形成具有特色的跨学科知识结构。这无疑对外语类专业教师的学科知识提出了更高要求。

在能力方面，《国标》规定，"外语类专业学生应具备外语运用能力、文学赏析能力、跨文化能力、思辨能力、一定的研究能力、创新能力、信息技术应用能力、自主学习能力和实践能力。"注重能力培养是教育部对各学科制定《国标》提出的一项重要原则。除"外语运用能力"以外，《国标》明确强调外语类专业应致力于培养学生的文学赏析能力、跨文化能力、思辨能力、一定的研究能力和创新能力。这些能力的培养只有贯穿外语类专业的每一门课程和培养模式的各个环节，才能保证各项能力培养目标的实现。这对外语类专业教师能力提出了更高要求。外语类专业教师的"能力赤字"问题第一次如此严峻地摆在了我们面前。

8.3 《国标》对外语类专业教师素质与发展的要求

以上从人才培养达成目标和规格角度解析了《国标》对外语类专业教师提出的新挑战。事实上，《国标》也专门对外语类专业教师素质和教师发展提出了明确要求，规定专任教师应满足以下5项要求：

（1）符合《中华人民共和国教师法》和《中华人民共和国高等教育法》规定的资格和条件，履行相关义务；（2）具有外国语言文学类学科或相关学科研究生学历；（3）具有厚实的专业知识，熟悉外语教学与学习的理论和方法，对教育学、心理学等相关学科知识有一定了解；（4）具有扎实的外语基本功、教学设计与实施能力、课堂组织与管理能力、现代教育技术和教学手段的应用能力，以及教学反思和改革能力；（5）具有明确的学术研究方向和研究能力。其中，第（3）和第（5）两项值得特别强调，即"具有厚实的专业知识"和"具有明确的学术研究方向和研究能力"。也就是说，外语类专业教师如果仅具有外语能力和外语教学能力，而不具有相关学科的专业知识和研究能力，就不能算是一名合格的教师。

关于教师专业发展，《国标》从学校和教师自身两方面提出明确要求。从学校层面来说，"学校应制定科学的教师发展规划与制度，通过学历教育、在岗培养、国内外进修与学术交流、行业实践等方式，使教师不断更新教育理念，优化知识结构，提高专业理论水平与教学和研究能力。"这一规定要求学校应针对教师发展进行顶层设计，"自上而下"地为教师发展创造条件，提供全方位支持，其目的是促进教师在专业知识、教学能力和研究能力三方面的全面发展。

教师发展不仅是学校对教师的要求（Bowen，2004），更重要的是教师自身的责任和义务。因此，从教师个人层面而言，《国标》要求："教师应树立终身发展的观念，制订切实可行的发展计划，不断提高教学水平和研究能力。"可见，合格的外语类专业教师应"自下而上"地自主、持续发展，不仅应精于教学，而且应善于研究，做到教研相长。

8.4　教师研究领域对外语教师能力的基本理解

当今时代，国际政治的权力结构正经历前所未有的裂变，国际经济的全球化与反全球化浪潮相互博弈，国际社会的人口大流动加剧了各类社会问题的跨国交织，世界多元文化在冲突中进一步融合。种种历史性变化对各国高等教育，特别是以培养国际化人才为己任的外语教育提出了新挑战。外语类专业教师应发展哪些能力才能适应时代需要，已成为全球外语教师研究领域普遍关注的问题。

8.4.1　国外研究综述

为提高外语教师专业化水平，提升外语教育质量，自 20 世纪 80 年代以来，很多发达国家如美国、英国、法国、加拿大、澳大利亚、日本等都将外语教育和外语教师发展列为国家语言政策规划的重要内容。各国在大力推进教师教育工作的同时，高度重视外语教师能力建设，陆续设立教师教育认证机构，相继颁布教师从业资格标准或相应的纲领性文件，研制了一系列教师能力标准与评估指标体系。本节将重点评述美国、欧洲、澳大利亚的教师能力研究。

1. 美国

美国国家教师教育认证委员会（National Council for Accreditation of Teacher Education，简称 NCATE）于 2008 年颁布《教师培养机构认证专业标准》（Professional Standards for the Accreditation of Teacher Preparation Institutions）。这一《标准》中有一项专门针对英语作为第二语言（English as a Second Language，ESL）的教师。《标准》包括 5 个方面：专业素养、语言、文化、教学和评估。其中，"专业素养"是核心，"语言"和"文化"是基础，"教学"和"评估"是应用。一方面，"专业素养"是其余四个领域交汇融合的结果；另一方面，"专业素养"统辖其余四个领域，说明优秀的语言教师无论在任何一个领域都应该向着提升自身"专业素养"的方向努力。2002 年，美国外语教学委员会（American Council on the Teaching of Foreign Languages，简称 ACTFL）和美国教师培养认证委员会（Council for the Accreditation of Educator Preparation，CAEP）共同制定《外语教师职前培养标准》（ACTFL/CAEP Program Standards for the Preparation of Foreign Language Teachers），州际新教师评估与支持联盟（Interstate New Teacher Assessment and Support Consortium，简称 INTASC）制定《新手外语教师入职认证标准》（Model Standards for Licensing Beginning Foreign Language Teachers: A Resource for State Dialogue），国家专业教学标准委员会（National Board for Professional Teaching Standards，NBPTS）2001 年制定《儿童青少年世界语言（非英语）教师标准》（World Languages Standards for Teachers of Students Ages 3–18+）。几所机构分别于 2013 年、2011 年和 2015 年公布了以上标准的修订版。以上三个标准分别针对中小学和幼儿园职前外语教师、新入职三年的外语教师以及优秀外语教师的能力提升，基本能力包括学生知识、语言知识、文化知识、语言习得知识、课程开发与教学设计能力、评估能力、反思能力、职业道德等方面。在此基础上，美国幼儿园与中小学外语教师专业发展框架基本形成。

2. 欧洲

欧盟委员会（European Commission）于 2004 年发布《欧洲外语教师教育纲要》（European Profile for Language Teacher Education—A Frame of Reference），从外语教师的基本要求、知识、技能及价值观等方面，为欧洲各国中小学和成人外语教师职前以及在职教育政策制定者和外语教师教育工作者提供指导性纲要，是欧盟外语教师专业发展的重要参考依据。欧盟委员会于 2013 年将教师专业能力进一步界定为以下三方面：（1）对教育政策环境、制度和机构的知识与理解；（2）团队工作的意向与技能；（3）合作与建立工作关系网。

英国从 20 世纪 80 年代开始致力于教师专业标准的制定与完善。1983 年，英国教育与科学部发布《教学质量》（*Teaching Quality*）白皮书，其中提到，只有国务大臣具有授予教师专业认可的法定权力。进入 21 世纪后，英国对教师标准的修订更加频繁，相继签发一系列教师资格标准。尤为值得一提的是剑桥大学考试委员会（University of Cambridge Local Examinations Syndicate，UCLES）发布的一系列英语教学和教师标准，包括《剑桥英语教学框架》（Cambridge English Teaching Framework）〔该框架包括《剑桥英语教学——框架因素》（Cambridge English Teaching: Framework Components）和《剑桥英语教学框架——能力表述》（Cambridge English Teaching Framework: Competency statements）〕、《剑桥英语培训者框架》（Cambridge English Trainer Framework）和《英语教师可持续专业发展框架》（Continuing Professional Development Frameworks for English Language Teachers）等。其中，《剑桥英语教学框架》围绕学习与学习者、教学 / 学习和评价、语言能力、语言知识和语言意识、专业发展和价值观这五方面将教师分成四个等级：基础等级（Foundation）、发展等级（Developing）、熟练等级（Proficient）、专家等级（Expert），并对每个等级要求做了细致描述。

3. 澳大利亚

澳大利亚的教育质量在国际上走在前列，主要归功于高素质的教师和学校领导者。澳大利亚教学和学校领导力机构（Australian Institute for Teaching and School Leadership，AITSL）于 2012 年 8 月颁布《澳大利亚教师业绩和发展框架》（Australian Teacher Performance and Development Framework），其目的是在澳大利亚学校内创建一种业绩和发展文化。此框架关注学生的学习参与和幸福感，要求教师对有效教学有清晰的理解，强调学校领导者在教师业绩和专业发展中的作用；指出学校需要根据自己的具体环境和历史灵活运作；教师业绩和专业发展需要与学校整体发展规划相协调。虽然该框架并非针对外语教师，但其所关注的要素同样适用于外语教师。2005 年，澳大利亚现代语言教师协会联合会（Australian Federation of Modern Language Teachers Associations，AFMLTA）颁布《优秀语言与文化教师专业标准》（Professional Stan-

dards for Accomplished Teaching of Languages and Culture），并于 2012
年发布修订版《杰出语言与文化教师专业标准》（Professional Standards
for Lead Teachers of Languages and Culture），修订版包括教育理论实践、
语言与文化、语言教学法、伦理责任、专业人际关系、国际视野、语言
教育倡导、个人特质等 8 个方面。

以上标准大都针对中小学外语教师，基本上将外语教师能力归为专
业知识、专业技能和专业素质三方面。其中，专业知识包括语言知识、
语言能力、文化知识和教学知识等；专业技能包括评估能力、开发教学
资源能力和教研结合能力等；专业素质主要以可持续在职专业发展、教
学反思为重点。上述标准尽管在国外产生的背景和应用的对象与中国高
校外语类专业的情形大有不同，其局限性显而易见；然而，这些标准经
由西方应用语言学领域的权威学者传播到中国后，对国内高校外语类专
业教师发展研究的理论与实践所造成的影响不应低估。

8.4.2　国内研究综述

笔者于 2017 年 9 月在中国知网（CNKI）核心期刊和 CSSCI 期刊以
"外语（英语）教师（专业）能力"或"外语（英语）教师（专业）素质 /
素养"为主题进行检索，时间范围为 1997 年以来，共检索到 164 篇相
关文章。囿于篇幅，为紧扣本章主题，本部分将简述 21 世纪以来国内
学术界对高校外语教师能力的相关研究。吴一安（2005a）提出优秀外语
教师专业素质框架，包括：外语学科教学能力、外语教师职业观与职业
道德、外语教学观、外语教师学习与发展观。文秋芳和常晓玲（2012）
提出高校外语教师能力应包括：师德风范、教学能力、研究能力、管理
能力、教育技术能力。仲伟合和王巍巍（2016）认为英语类专业教师应
具有七种能力：教学设计与实施能力、教学策略能力、现代教育技术应
用能力、教学反思和改革能力、教研科研能力、实践能力、评估测试能
力。王立非和葛海玲（2016）认为商务英语教师专业能力包括：语言能
力、教学能力、专业知识、实践能力。周凌和张绍杰（2016）提出合格
的英语教师应具有三大核心素质：道德素质、专业素质和职业素质。

笔者用 CiteSpace 5.1.R6 对这 164 篇文章进行分析，通过自动抽取
文献中的关键词或名词短语产生聚类标识，归结研究聚焦点。每一个聚
类可以被认为是一个联系相对紧密的独立研究领域。基于聚类分析方
法，我们绘制出教师能力 / 素质领域知识图谱，如图 8-1 所示。图中每
个节点（node）代表一个关键词，节点由一圈圈年轮构成，半径越大，

表明其被使用频次越高，节点间的连线表示共现关系，粗细表明共现强弱。

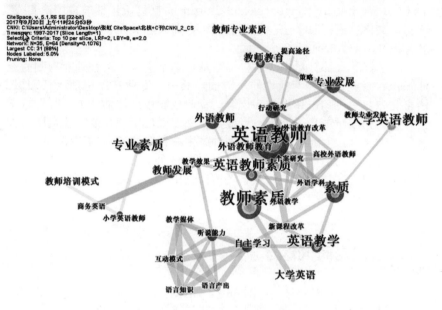

图 8-1　国内教师能力/素质领域权威期刊关键词知识图谱（1997—2017）

从图 8-1 可以看出，1997—2017 年 20 年间国内外语教师能力领域权威期刊中关键词有比较明显的自然聚类，164 篇文献中最大的聚类是"英语教师"，接下来依次为"教师素质""素质""专业素质""英语教师素质""大学英语教师""英语教学"和"外语教师"。聚类中没有出现"外语类专业教师""教师能力"或"教师专业能力"这样的概念，说明对这三个领域的研究尚不多见。

我们又通过 PowerGREP 这一文件处理与搜索工具软件对这 164 篇文献进行检索，图 8-2 显示了"英语群体"的研究情况。其中最多的研究群体是"英语教师"（140 篇），很少涵盖其他语种教师，其中更多聚焦于大学/高校英语教师（62 篇）；以"外语教师"为研究群体的文章有 37 篇，但即使用到"外语教师"这一概念，也多指英语教师。用到"英语类专业教师"这一概念的文章总共 2 篇（孙有中等，2016；王立非、葛海玲，2016；仲伟合、王巍巍，2016），没有文献提到"外语类专业教师"这一概念。图 8-3 进一步分析了研究"主题"的使用情况，出现最多的主题是"教师素质"（82 篇），其次是"教师专业素质"（30 篇），提到"教师能力"和"教师专业能力"的分别为 10 篇和 6 篇。

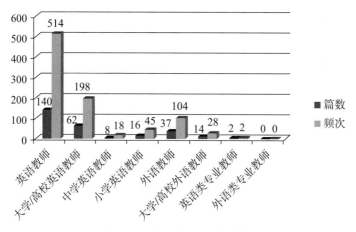

图 8-2 "教师群体"研究情况

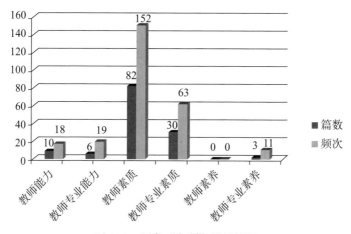

图 8-3 研究"主题"使用情况

通过以上对国内外教师能力/标准/素质领域的文献综述发现：
（1）国外教师能力框架主要针对基础教育阶段和通用英语教学层次的外语教师；聚焦专业知识、专业技能、专业素质三方面，但国外研究领域中的"专业知识"主要指关于语言的知识，如语言知识、语言能力、文化知识、教学知识等；（2）国内学者开始关注英语类专业教师的"学科知识""研究能力"和商务英语教师的"专业知识"，在不同的文章中会零散提到个别概念。综上目前亟需提出一个统一的能涵盖所有语种教师能力的上位概念——高校外语类专业教师能力框架。

8.5 《国标》视野下高校外语类专业教师能力框架

基于对《国标》的深入解读和有关教师能力的国内外文献研究，本章提出高校外语类专业教师能力框架如图 8-4 所示。

图 8-4　高校外语类专业教师能力框架

必须首先明确的一点是，当我们讨论在高校外语类专业从事教学的教师群体时，"外语教师"这个概念已经过时。我们认为，应该用"外语类专业教师"取而代之。这并不是一个咬文嚼字的学究游戏，而是要重新界定在高校外语类专业从事教学的这个特殊的教师群体。他们不是纯粹的语言教师，不是外语培训机构的培训师，也不仅是自身外语出色并熟练掌握外语教学方法的外语教学专家，更不是以从事外语教学为职业的所谓"外国专家"；他们是拥有外语类专业学科背景的高校专业教师。

在此意义上，外语类专业教师能力应涵盖四个方面，即职业道德、教学能力、研究能力和学科知识。其中，职业道德是对教师（包括高校外语类专业教师）的普遍要求，倡导教师在职业生涯中"德高为范"，做"有理想信念""有道德情操""有仁爱之心"的教师。这一维度必不可少，从学理层面讲，教学不是一个简单的技术工作，同时承载着伦理道德责任（Buzzelli & Johnston, 2002; Hansen, 2001; Mann, 2005）。从国家需要来看，加强师德师风建设是创新教师管理制度的长效机制，应把教师职业理想、职业道德教育融入培养、培训和管理全过程（中共中央办公厅、国务院办公厅，2017）。

教学能力是教师为实现教育教学目标顺利实施课堂教学和实践教学的能力。外语类专业教师的教学能力应包括外语教学能力，其构成要素包括关于学习、学习者、语言、二语习得、文化、教学环境等方面的知识，教师自身的语言能力以及课程设计、实施与评价的能力和外语教育技术运用能力等。但是，面向未来，外语类专业教师仅有外语教学能力是远远不够的。更为重要和紧迫的是,他们还必须具有语言与学科内容融合式教学能力、跨文化外语教学能力、思辨外语教学能力等。外语类专业教师应善于将"技能课程知识化"和"知识课程技能化",在语言技能和专业知识课程的教学中同步提高学生的语言能力、跨文化能力、思辨能力、人文素养和学科素养(胡文仲、孙有中,2006)。

研究能力包括专业研究能力与教学研究能力。前者指对外语类专业某一学科领域的专门研究,如语料库语言学研究、莎士比亚研究、翻译能力研究、美国研究、跨文化交际研究等;后者指结合教学实践进行的研究,这里有必要特别提倡外语教学理论与实践、外语教材编写、工具书编纂、精品课程建设等直接服务于人才培养的实践性教学研究。总体看来,我国高校外语类专业教师普遍需要大力提高研究能力,这不仅是教师职业发展的需要,而且关系到外语类专业创新型人才培养的成败。

学科知识是高校教师的基本素养。外语类专业教师的学科知识构成了外语类专业教师的学科背景,主要涉及外国语言学、外国文学、翻译学、国别与区域研究、跨文化研究、国际商务研究等领域。当前,我国高校外语类专业还存在一大批没有学科背景和研究方向的纯语言教师,他们的职业发展遇到瓶颈,同时也严重制约了外语类专业高层次国际化人才的培养。

8.6 结论与建议

本章在学术界首次提出"外语类专业教师能力框架"的概念,旨在为外语类专业教师发展设定基本目标和评价依据,为本领域的学术研究开辟新视野。外语类专业教师不能等同于外语教师。学术界应超越从国外移植的外语教师能力框架体系,探索外语类专业教师的研究能力构成与发展路径以及学科知识结构的搭建,在理论上构建适应我国高校外国语言文学学科发展的外语类专业教师能力框架。在实践层面,高校外语类专业应在新的教师能力框架下重新认识外语类专业教师的身份与发展定位,创新教师发展的形式与内容,着力提高教师学科知识与研究能力。在教学能力提升方面,外语类专业要引导教师更新教育教学理念,积极探索语言与学科知识融合教学、跨文化外语教学和思辨外语教学的新路径和新方法。

第 9 章
课程改革中高校外语教师
在职学习与发展

9.1 研究背景

9.1.1 多向并进的外语课程改革引发教师理念冲突

　　过去十年，我国高校外语课程改革蓬勃发展，呈现出多向并进的态势。影响深远的课程改革包括"内容依托式教学"课程改革（如常骏跃，2014）、专门用途英语／学术用途英语课程改革（如蔡基刚，2019）、人文教育课程改革（如金利民，2010）、"互联网＋"课程改革（如陈坚林、马牧青，2019）、"产出导向法"课程改革（如文秋芳，2018）、"以英语为媒介的教学"课程改革（如李颖，2012）等。这其中的多个类别也是国际课程改革的重要趋势。对高校外语教师而言，课程改革打破了他们的教学常态和惯习，给他们带来来自学生、教学、科研、专业知识（如学科内容知识、学科教学知识）、政策支持不到位等多个方面的全新挑战（刘晶、陈坚林，2019；陶坚、高雪松，2019；夏洋等，2012）。在很大程度上，这些全新挑战源于课程改革背后的新教育理念与教师在过去经验基础上形成的原有认知、价值观念和教学方式（陶丽、李子建，2018；Ketelaar et al.，2012）等的矛盾冲突。教育理念冲突进一步引发教师对课程改革的消极情感，如状态焦虑（王欣、王勇，2015），并制约他们在课程改革上的投入（章木林、邓鹏鸣，2019）。

9.1.2 教师在多途径应对理念冲突中实现专业发展

持续不断的教师学习是课程改革的关键（Lieberman & Mace，2008），也是教师应对课程改革带来的多重挑战的必然途径（高雪松 等，2018）。事实上，很多研究已经表明，课程改革在给教师带来挑战的同时，也为教师学习带来了一定的契机（程云艳，2014；吴一安，2008；Macdonald，2016），"课程的变革就是教师的变革，课程的发展就是教师的专业发展"（张莲等，2013：33），特别是能够促进教师教学能力提升（王守仁，2017）。此外，课程改革所带来的挑战的背后是教师理念冲突，而最新研究表明，高校外语教师职业生活中的矛盾及其破解是教师学习的原动力（孙曙光，2020；颜奕、杨鲁新，2017；杨鲁新，2019），职业矛盾及其破解在教师学习中的推动作用得到活动理论（Engeström，1987）、转化性学习理论（Mezirow，2000）等的支撑。由此可见，高校外语教师通过多种途径应对课程改革引发的理念冲突的过程就是教师学习的过程，它能同时促进课程改革和教师专业发展。

9.1.3 课程改革中的高校外语教师学习研究缺乏

虽然外语学术界在理念上重视教师在课程改革中的重要作用，但在实际的课程改革中，高校外语教师缺乏话语权（顾佩娅等，2014），时常被忽视（张虹，2019a），课程改革中的高校外语教师学习也未得到充分关注（夏洋等，2012）。为拓展和深化课程改革中的高校外语教师学习研究，本章通过科学网（Web of Science）、谷歌学术（Google Scholar）、中国知网等搜集相关文献，具体分析这些文献的理论视角、研究主题及方法等，进而剖析已有研究的贡献和局限，最终分析研究发展趋势并提出具体选题建议。

9.2 概念界定

9.2.1 教师知识性学习和转化性学习

基于不同理论视角的教师学习概念存在较大差异。考虑到课程改革情境的创新和变革取向及其对教师理念的冲击，本章从成人学习理论视角审视教师学习，依据教师是否转变理念将教师学习分为知识性学习和转化性学习。在知识性学习中，教师学习新的观点或拓展深化已有观点（Mezirow，2000），仅涉及知识与技能的增长或延展运用，不触及知识与技能背后的教师理念。知识性学习可能出现在教师接受外来培训、教师探索性或反思性实践、教师群体合作交流、教师专业知识学习等多种活动中。在课程改革前、中、后期，教师可能经历所有这些类别的活动，并在一些活动中发生知识性学习。

根据 Mezirow 的界定，来自成人学习领域的转化性学习指的是这样的过程："转变习以为然的认识参照体系，使其更具包容性、辨识性、开放性、情感应变力和反思性，以产生更加正确合理的信念和观点，指导实践"（陶伟，2017：11；Mezirow，2000：7-8）。可以看出，转化性学习触动教师理念，引发教师某个方面具体信念或整体信念体系的转变，比如语言信念、学习信念、教学信念、课程或教学项目信念、语言教育职业信念（Richards & Lockhart，2000）等。但是，与知识性学习相比较，转化性学习更难实现。Mezirow 将转化性学习凝练为一个由四阶段十步骤组成的过程模型（陶伟，2017：24；Mezirow，2000），如表 9-1 所示。

表 9-1　转化性学习过程模型（陶伟，2017：24；Mezirow，2000）

阶段	步骤
迷惘困境	迷惘困境
批判性反思	带着恐惧、愤怒、内疚和羞愧感进行自我审视
	对假设进行批判性评价
反思性交流	意识到个体的不满和转化过程是共享的
	在实践中探索新角色／行动／关系
行动	计划行动路线
	获取执行个人计划的知识与技能
	尝试新角色／行动／关系
	在探索性活动中建立能力和自信
	带着新信念进入实践

该模型的主要观点是：转化性学习起步于迷惘困境，特别是原有理念无法解释新经历、新情境之时；发展于批判性反思和反思性交流，特别是成人对原有理念进行批判进而产生新理念之时；强化于新理念指导下的行动之中。很多研究在具体情境中批判进而进一步补充细化了这个过程模型（如 Hoggan，2015；Lee & Brett，2015），特别是强调了情感

的极端重要性（如 Dirx，2001），但也都认可该过程模型四个主要阶段的重要指导作用。放到外语课程改革中，课程改革导致的教师理念冲突引发教师反思和交流，当反思和交流触及教师原有理念之时，教师便可能转变原有理念，并在教学实践中进一步确认和强化新理念。这些主要阶段的出现也将引发教师转化性学习。不难发现，与知识性学习可能出现在课程改革前、中、后各项活动中不同，转化性学习更多地出现于教师在课程改革中体验理念冲突、进行批判性反思和反思性交流，并开展行动的综合实践过程中。

9.2.2　课程改革中的教师学习描述性定义

课程改革作为一种重要情境，需要、也会引发教师学习，包括知识性学习和转化性学习。课程改革中的教师学习指高校外语教师在自身工作情境中，在了解、参与和投入课程改革前、中、后期，在个人、群体或外在中介下经历的知识性学习（即：学习新的观点或拓展深化已有观点）和转化性学习（即：转变某个方面的具体信念或整体信念体系）。综合课程改革的创新和变革取向，本章认为，转化性学习是课程改革中教师学习的应然追求，教师只有经历转化性学习产生新教育理念，才会真正落实课程改革。

9.3　国内外研究回顾和评价

9.3.1　理论视角

本章参考外语教师学习领域的演进路径（崔琳琳，2013；顾佩娅等，2017），同时整合对已有文献的分析，认为课程改革中的教师学习研究也主要在行为主义习得观、认知建构观和社会文化观的指导下展开，但课程改革的创新和变革取向决定了成人学习批判视角是未来研究的理论视角走向。

在行为主义习得观下，课程改革中的教师学习就是教师被动接受课程改革所需要的知识与技能，这主要出现在围绕课程改革的专题讲座和教学示范等培训活动中，这种培训多为零散的、与教师教学情境（学生、教材等）联系不紧密的偶然性活动。整体而言，行为主义习得观下课程改革中的教师学习难以引发持续性、深入性学习。在认知建构观下，课程改革中的教师学习是教师在参与课程改革实践并进行反思的过程中主动建构课程改革所需知识（特别是实践性知识）的过程，离不开教师在自身教学情境中的课程改革实践。但是，认知建构观下课程改革中的教师学习更大程度上重视教师个体，在一定程度上忽视了教师所处职业环境的影响。在社会文化观（Johnson，2009）下，课程改革中的教师学习是在关于课程改革的文化产品、科学概念、社会关系等的中介作用下，教师作为课程改革参与者发生的内化和转化过程，教师主体和职业环境都很重要，两者的互动引发教师学习。但是，社会文化观下课程改革中的教师学习重视的是教师知识和认同建构，对他们的理念和认同转变仍然重视不够。

　　行为主义习得观、认知建构观和社会文化观都不专注成人学习，拓展应用到具有成人学习本质的教师发展领域后更重视教师的知识性学习，每个理论视角强调了教师知识性学习的不同维度，但都不够重视教师在课程改革之前已经形成的理念。对于具有创新和变革取向的课程改革情境来说，教师在课程改革之前形成的理念对课程改革具有重大影响，课程改革中教师学习最重要的方面就是转变原有理念。成人学习批判视角对此具有较强的指导力。根据 Brookfield（2005）的观点，批判视角下的理论观点分布在从通过批判性自我反思实现自我转变到通过社会批判实现社会转变的连续统上，前者更侧重自我转变，后者更侧重社会公平正义。放到课程改革中的教师学习领域，教师通过批判性自我反思转变理念之后，可以开展更加符合新时代要求的课程教育，而这有助于培育社会发展所需人才，间接推动社会进步。因此，课程改革中的教师学习所需要的成人学习批判视角是处于 Brookfield 所述连续统左端的指向自我转变的批判性自我反思。转化性学习理论非常契合这一需求。该理论应该成为课程改革中教师学习研究的指导性理论视角。

9.3.2　研究主题及方法

　　在不同理论视角的指导下，课程改革中的高校外语教师学习研究主要聚焦五个主题：教师对课程改革的主体感知和实际参与、课程改革对教师的素质要求及其引发的教师学习需求、课程改革中的教师学习过程、课程改革中的教师学习结果，以及课程改革中的教师学习环境。

　　教师对课程改革的主体感知和实际参与研究聚焦教师关于课程改革

的信念、态度和实践策略等。相关研究主要采用质性方法或具有质性特征的开放式问卷调查展开，极个别研究采用混合方法进行。Campion（2016）通过半结构访谈数据，研究了英国六位教师对从通用英语转向学术英语的感知，结果显示，六位教师认为该转向是一个需要教师在学术英语素质标准的指导下，在一系列非正式学习活动中不断提升知识的长期过程。Jiang & Zhang（2017）基于四位大学英语教师的课堂观察、课堂观察后访谈和焦点团体讨论等数据，探究了他们对使用"以英语为媒介的教学"的专门用途英语/学术用途英语课程改革的感知，结果发现参与教师认为"以英语为媒介的教学"在专门用途英语/学术用途英语中的使用有益于学生建构性学习的发生；这种课程改革能够满足学生和教师对语言的需求，但英语教师在学科内容知识上的不足是其阻碍。郑新民和苏秋军（2020）采用质性个案研究方法，探究了三位大学英语教师的混合教学策略和信念，结果发现，三位教师的混合教学策略各不相同（课前预习、课中讲授、课后检测；课前自学、课中研讨、课后答疑；课前设问、课中汇报、课后研讨），这些差异的背后是教师混合教学信念的异同。张虹（2019a）基于对 117 位高校英语专业教师的开放式问卷调查，探究了他们对思辨英语教学的感知、困难、需求等，编码分析得出，教师基本认同应将思辨能力培养融入英语专业课程教学。章木林和邓鹂鸣（2020）基于对 189 位高校外语教师的开放式问卷调查，探究了他们由通用英语向学术英语教学转型的动机，结果发现了认同调节、内部动机、基本心理需要、外部调节和内摄调节五类动机。Comasquinn（2011）综合课堂观察、问卷调查和访谈探究英国语言教师在混合式教学中的体验，多数教师认为自己为混合式教学做了足够的准备；关于在线教学工具的有效性，教师观点则因工具的功能差异而有所不同；参与教师还感受到了很多技术方面的困难。这些研究表明，各类课程改革大都得到教师认可，但其有效推进都还需要更深入的研究和实践探索。

课程改革对教师的素质要求及其引发的教师学习需求研究主要分析课程改革要求的教师角色、知识、能力等以及由此产生的教师学习需求。这类研究在方法上分为两类，一类是研究者的理论思辨；另一类是研究者的实证调查。其中后者多以质性方法进行，个别研究以量化方法展开。郭燕玲（2012）分析了专门用途英语教师角色的多元维度（动态需求分析者，具备语言教学知识、学科知识、教学法知识的教师）和特殊性（多方位的协商者）。李颖（2015）分析了高校外语教师在翻转课堂教学模式中的十项任务，这些任务均对教师角色、知识、能力提出了具体要求。Morton（2017）思辨提出并举例说明内容依托式教学需要教师同时具备服务于内容教学的普通语言知识和专门语言知识。王雪梅（2020）提出，包括新文科、课程思政和在线教学在内的教育新常态要求高校外语教师建构基于融合理念的教师认知、丰富问题导向式跨学科或超学科知识、提高核心价值观融入式课程设计能力以及发展基于"整合技术的学科教学知识"（technological pedagogical content knowledge）的情感认同。张莲和叶慧敏（2018）通过现象图析学的方法，探究了五位高校外语教师在课程 / 教学改革中的角色，发现了参与者（包括被动参与者）、实施者、拥护者、抵触者、推动者和承受者六种角色，且每位教师的角色呈多元化特征。张虹（2019a）的开放式问卷调查还发现高校英语专业教师围绕思辨英语教学提出了以下需求：通过实例示范等展开的长效性思辨英语教学设计与测试方法培训，丰富的思辨英语教学资源，以及相关政策、领导和同事的支持。阮晓蕾（2020）认为能动性这一素质对于英语专业教师的课程改革非常重要，其对三位教师的质性研究发现教师教学能动性具体体现为能动信念、能动实践和能动倾向三个方面。张松松等（2016）对 92 位大学英语教师的调查研究发现，教师在"互联网 +"课程改革特别需要的教育技术能力上存在不足（如教育技术应用手段和方法单一，不熟悉部分工具或软件和教育技术研究方法等），因而教育技术能力成为教师需要发展的能力。这些研究表明，各类课程改革对高校外语教师提出了很多新要求，也进而引发了多项教师学习需求，课程改革要取得成功就需要教师不断学习以满足这些新要求。

　　课程改革中的教师学习过程研究探究课程改革中的教师学习特征及其阶段。这类研究近两年才出现，都采用质性方法进行。例如，陶坚和高雪松（2019）通过民族志方法探究了三位专门用途英语教师在教学转型中的学习过程，结果发现他们在教学转型动机、专业知识学习需求和教学实践中的学习等方面各不相同，他们的学习具有个性化、情境化以及非线性特征。刘晶和陈坚林（2019）基于正式访谈、非正式交谈和反思日志，探究了三位大学英语教师的学术英语教师身份建构过程，结果发现，教师先经历了艰难的摸索期，但通过发挥包括批判性和创造力的能动性，适应了学术英语教学，并成为积极的教学改革者。吕琳琼（2019）通过叙事探究，描述了自己主动尝试作为"互联网 +"课程改革组成部分的微课的经历，该经历中教师持续、丰富的反思促成了其实践性知识的发展。文秋芳（2020）研究了三位熟手型外语教师在运用"产出导向法"过程中的学习，多类数据分析发现三位教师经历了尝试性、解释性、创新性和解放性四个发展阶段。这四个发展阶段反映到具体教师又呈现为各具特点的学习过程，包括邱琳（2020）经历的试水期、内化期和自觉期三个发展阶段；孙曙光（2020）经历的边学习、边反思、边创造、边发展的横向、动态发展路径；张文娟（2020）经历的求真（受理论指导的学徒模式）、求实（实践理论的应用科学模式）和求善（与理论对话的反思性模式）三个发展阶段。这些研究表明，课程改革中的高校外语教师学习过程具体复杂性特点，进一步探究不同学校环境下课程改革中复杂的教师学习过程有助于更好地推进课程改革中的教师学习。

课程改革中的教师学习结果研究主要分析课程改革中的教师素养提升以及转变，相关研究融合在对课程改革综合效果的实践经验总结当中。例如，常骏跃（2014）基于大连外国语大学英语学院多年实施内容依托式教学的实践经验，总结凝练了内容依托式教学的效果，其中关于教师发展的效果包括：提升了教师专业知识结构和教学驾驭能力、发挥了教师的专业特长、提高了教师教材开发能力。张静和韩佶颖（2020）的个案研究分析了一位大学英语教师在从通用英语转向学术英语的课程改革中的实践性知识发展，结果发现该教师在"英语教学目的""学生理解""课程"和"教学策略"四方面的实践性知识发生了变化。卢军坪和张莲（2021）对三位教师的个案研究也发现，他们在从通用英语向学术英语转型的课程改革中，遇到和化解了四重矛盾，并在这一过程中初步实现了由大学通用英语教师向学术英语教师的身份转型。这些研究显示，高校外语教师在推进课程改革过程中实现了多个方面的发展，显示出课程改革和教师学习的协同发展作用。

课程改革中的教师学习环境研究主要剖析影响课程改革情境中教师学习的各类因素，相关研究包括实践经验总结和以质性方法为主的实证研究。孔令翠等（2010）总结了地方师范院校通过精品课程体系建设促进外语教师发展的做法，其中的有利因素包括：教师专业发展规划、精品课程管理制度、教学与学术共同体、校本教材开发、教育教学研究与改革和教学技能提升。张莲等（2013）在提炼北京外国语大学英语专业课程改革与教师发展良性互动的机制时总结的策略与实践是保证这一机制有效运行的积极因素，包括：调查研究、制定规划，明确理念、促成共识，以及完善机制、培育文化。Chen & Peng（2018）对五位参与"以英语为媒介的教学"专业发展项目的教师的访谈数据分析发现，该项目过程中教师关于"以英语为媒介的教学"的思考、教师教育者的示范、教师之间形成的学习共同体、以及教师微格教学参与等因素助推了教师"以英语为媒介的教学"效能感提升。刘晶和陈坚林（2019）在分析学术英语教师身份建构过程时，也分析得出了其三类影响因素：个人因素（教师的能动性、教师反思、教师知识和教师情感）；人际因素（师生关系、教师与行政部门的关系）；机构因素（学校政策）。章木林和邓鹂鸣（2019）通过对 189 位大学英语教师的开放式问卷调查，探究了制约他们投入学术英语改革的因素，发现了主体因素（如教师知识与能力）、共同体因素（如同事／领导）、规则因素（如评价与激励）、中介工具因素（如教务管理资源）、角色因素（如教学外投入）等多类制约因素。这些研究表明，课程改革中的教师学习面临较多阻碍，但教师个人、群体或机构搭建的专门环境有利于教师学习，因此各相关方应该合力优化课程改革中的教师学习环境。

9.4　研究发展趋势与具体选题建议

上述相关研究对课程改革中的高校外语教师在职学习与发展理论与实践做出了重要贡献。首先，近十年关于各类课程改革中教师学习的研究快速增长，确立了课程改革中教师学习作为一个独立研究话题的学术地位。其次，不同研究侧重课程改革中教师学习的不同方面，初步揭示了课程改革中教师学习的多个特征。此外，这些研究反映了课程改革及其中的教师学习的一些现实情况，对相关实践具有启示。但是，已有研究在数量上还偏少，相关研究在理论视角、研究主题方法上也有较多提升空间，本节就此提炼研究发展趋势并提出具体选题建议。

9.4.1　研究发展趋势

1. 理论视角

理论视角方面，更多地以成人学习批判视角（特别是聚焦教师理念转变的转化性学习理论）为指导。分析已有文献可以发现，相关研究基本都是从行为主义习得观、认知建构观和社会文化观等理论视角出发审视课程改革中的高校外语教师学习，少有研究从成人学习批判视角出发，探究教师在课程改革中的教育理念转变。但是顾明远认为，"转变观念对中国教师来讲是最最重要的"（邱超，2014：83），没有教育理念的转变，教师就不能高度认同课程改革，也不会在行动上推进课程改革，课程改革的实效便无法达成。因此本章认为，未来研究应该更多地从成人学习批判视角审视课程改革中的教师学习，更多地以转化性学习理论为指导。

2. 研究主题

研究主题方面，更多地关注课程改革中的教师学习过程和环境，以及其中的教师转化性学习。从已有文献来看，关于课程改革对教师的素质要求及其引发的教师学习需求、教师对课程改革的主体感知和实际参与两个主题的研究相对更多，而关于课程改革中的教师学习过程的研究最近两年才开始增加，关于课程改革中的教师学习环境的实证研究也是近期才开始发展。课程改革是一个复杂情境，其中的教师学习过程具有复杂性，受很多因素影响，揭示教师学习过程及影响因素有助于触及其中的教师学习本质。因此，未来研究要更多地关注课程改革中的教师学习过程和环境。另外，从转化性学习理论的视角来说，教师深入参与课程改革的过程就是他们转变教育理念的过程。因此，未来研究特别要更多地关注课程改革中的教师转化性学习。

3. 研究方法

研究方法方面，更多地采用混合方法、自我研究等，更多地开展跟踪较长时期的历时研究。在已有文献中，实践经验总结、理论思辨研究和质性研究是采用较多的方法，其中的质性研究多由外来专家实施，且追踪的时期不长，少有作为课程改革参与者的教师开展的自我研究，也鲜有研究采用混合方法。但是，自我研究能够有效地呈现教师真实的课程改革过程，而混合方法能够融合量化方法和质性方法的优势，更充分深入地揭示课程改革中的教师学习。因此，未来研究应该更多地采用混合方法、自我研究等。

9.4.2 具体选题建议

基于前文论述，以下具体选题值得深入研究。第一，课程改革中的高校外语教师学习自我研究。该选题需要教师自己记录进而总结反思在课程改革中的学习，包括经历了哪些困难、产生了哪些情感、进行了哪些思考、得到了哪些方面的提升等。第二，课程改革中高校外语教师与职业环境的互动过程。该选题需要分析教师个体的素养及其所处的特定职业环境，进而揭示两者之间的互动。第三，课程改革中高校外语教师的教育理念转变过程。该选题需要关注教师的哪些教育理念在课程改革中发生了多大程度的转变。第四，课程改革中的高校外语教师转化性学习机制。该选题需要对课程改革中的教师转化性学习规律进行提炼，进而建构课程改革情境中的教师转化性学习模型。第五，课程改革中的教师转化性学习项目探索性实践。该选题需要基于课程改革中的教师学习研究主要发现，搭建有利于课程改革中的教师转化性学习的项目并付诸实践检验。对这些选题的深入研究有助于探明课程改革中教师学习特别是转化性学习的本质，推动课程改革中的教师学习特别是转化性学习，也有助于间接推动课程改革的深入发展。

第 10 章
高校外语教师专业发展环境研究：
视角、现状与启示

10.1　新时代高校外语教师专业发展环境问题

　　当今社会的高度发展和时代变革使我国外语教育领域正经历着前所未有的挑战，一些深层次结构性问题不断凸显。广大外语教师深切感受到专业发展的多重环境制约，对职业发展前途感到困惑和迷茫（顾佩娅等，2014；徐浩，2014；张莲，2013）。教师在时间文化、数字文化和空心文化中进行妥协、回避和自救（张洁、周燕，2017）。探究教师的生命价值和真实生活世界（吴一安等，2008；叶澜等，2001），帮助教师找回主体精神，走出发展困境已成为当务之急。

　　虽然外语教师发展环境研究在国际上已经获得一些标志性进展（Barkhuizen，2008；van Lier，2004），但在我国，直到 21 世纪前十年，系统的、基于实证的环境研究一直是个有待填补的空白（吴一安，2017）。究其原因，显然不是学界没有看到教师发展环境研究的重要性和迫切性，而是环境研究的难度让人感到无从下手。人们感到困惑的共同问题是"环境究竟是什么？"，"应该怎样去着手研究环境？"。要解答这些涉及环境的本体论、认识论和方法论问题，有必要进行系统深入的调查研究。

　　我们首先以"教师"（teacher）和"环境"（context、environment、climate、atmosphere）、"因素"（factors）、"文化"（culture）、"条件"（conditions）、"共同体"（community）等为搜索词，在中国知网和国外重要数据库（Sage、Elsevier、EBSCO 等）中搜索相关文献，并通过浏览标题、关键词、摘要、期刊信息等对文献进行初步筛选；然后再次阅读文献摘要、浏览正文，进一步筛选出相关文献作为基础文献。我们最终使用的 200 多篇文献包括过去 40 多年中，发表在普通教育学中的《学习环境研究》(*Learning Environments Research*)、《教学与教师教育》(*Teaching and Teacher Education*)、《教师学院记录》(*Teachers College Record*)、《教师教育期刊》(*Journal of Teacher Education*)、《成人教育季刊》(*Adult Education Quarterly*)等刊物，外语教育研究领域的《对外英语教学季刊》(*TESOL Quarterly*)、《应用语言学》(*Applied Linguistics*)、《英语语言教学》(*ELT Journal*)、《语言教学》(*Language Teaching*)等刊物，以及出版于重要国际国内出版社和发表在国内核心期刊上的相关文献。对这些文献的梳理和筛选帮助我们理清了整个领域的发展脉络，而笔者作为外语教师、外语教师教育者和研究者三重身份的个人经验以及与本领域国内外同事、同行间的交流则成为形成主要观点的基础[1]。

本章总结国内外教师发展环境研究的历史沿革，包括理论视角变迁及范式转换、不同视角下的研究主题和方法变化，并以一项有关我国高校英语教师专业发展环境的规模性实证研究为例，展示国内该领域在新视角、新方法指导下完成的新成果。最后基于对已有研究局限的评析，提出与研究发展趋势相关的启示与建议。

10.2 理论视角、核心主题与方法的历时演变

10.2.1 理论视角变迁与范式转换

环境是一个复杂的概念，涉及人的发展环境的研究存在多种理论视角。回顾 40 多年教师发展环境的研究，我们发现该领域的历史沿革即是行为主义和人本主义两大认识论取向影响下的三个理论视角变迁：传统心理学视角、社会文化视角和生态学视角。传统心理学视角受行为主义认识论影响，常常把本质上相互依赖、相互作用的人和环境分开研究；社会文化理论视角强调人与所处的动态社会文化环境之间的互动关系；而生态学视角不仅将交互作为研究的首要原则，而且将人境互动与发展放到更完整、更复杂的动态环境系统中去考察，努力还原人与环境复杂关系的生态本质。正是这些理论视角的变迁使得该领域呈现出起步、发展和全面深化三个阶段，每个阶段对环境的不同理解导致了研究

---

1 参见顾佩娅，陶伟，古海波，金琳 . 2016. 外语教师专业发展环境研究综述. 外语教学与研究，(1)：99–108.

内容的演变以及研究范式和方法的转换，如表 10-1 所示。

表 10-1　教师专业发展环境研究理论视角变迁

	认识取向		
	行为主义	**人本主义**	
理论视角	传统心理学视角	社会文化理论视角	生态学视角
代表人物	Moos，R. H.、Fraser，B. J.	Day，C.、Hargreaves，A.、Sato，M.	Barkhuizen，G.、van Lier，L.
研究阶段	起步阶段（1970—1990）	发展阶段（1990—2010）	全面深化阶段（2010—至今）
环境认识	环境决定论，单向、孤立、静态的环境观： • 环境由外在结构组成、与教师主体相互孤立 • 环境各层级相互孤立 • 主要为课堂和学校环境	人与环境交互作用论，即宏观、互动的环境观： • 环境由教师内在认知、情感、实践与外在环境相互作用而成 • 社会文化和历史宏观结构 • 环境的具体结构不够清晰	全人发展环境系统论，即整体、系统、互动的环境观： • 环境由教师全人与多因素结构系统互动而成 • 环境各层级紧密关联 • 教师个体特质的影响力 • 环境即教师真实生活世界
研究内容	• 环境要素与结构 • 外在环境对教师的影响	• 环境与教师的关系 • 教师个人特征与环境相互影响	• 教师生态环境现状 • 教师环境改善实践探索
研究范式	实证主义	实证主义、解释主义	解释主义、批判主义
研究方法	量的研究	量的研究、质的研究	质的研究、混合研究、行动研究

文献显示，20 世纪 70 至 90 年代是教师专业发展环境研究的起步阶段，行为主义取向下的传统心理学视角在这一阶段发挥了主导作用。普通教育学领域的 Moos 和 Fraser 等研究者是这一视角的代表人物。在这一视角及其指导下的研究中，环境被认为是独立于主体的外在结构（Roth，1999），可以通过实证主义的量的研究方法进行精确地测量和分析。这一视角奠定了环境研究的重要地位，推动了环境内涵结构的清晰化以及相关量具的开发和广泛应用。然而，由于过分强调客观环境对教师的影响，未对教师主体及其与环境的互动给予足够的重视，这类研究难以呈现教师发展环境的复杂性和动态性。

从 20 世纪 90 年代末开始，人本主义取向下的社会文化理论视角逐渐成为环境研究的统领性视角，将该领域带进了发展阶段。Day、Hargreaves 和 Sato 等一批研究者是这一视角的代表人物。在社会文化理论视角下，环境不再是完全孤立于主体的客观存在；相反，教师认知、情感和实践都与外在环境条件相关，而且教师之间存在个体差异。此外，教师与环境的交互作用深受宏观的社会政治和文化环境影响。因此，环境研究应该聚焦在宏观社会文化环境的影响下，不同教师在自身生活世界中与环境互动的过程、结果及意义（Gu & Day，2007）。在此视角下，以诠释为内涵和目的的解释主义的质的研究逐渐增多，虽然量的研究依然存在，但是叙事研究、案例研究等质的方法正在得到越来越多的运用。社会文化理论视角挑战了传统心理学视角，从教师主体及其发展的社会性和交互性出发审视环境（Johnson，2009；Sharkey，2004）。但是，社会文化视角对环境本身的多因素系统性认识不足，对教师作为全人的综合素质结构与环境结构的多元互动关注不够。

近十年来，同样隶属于人本主义取向的生态学视角正引领着环境研究走向全面深化阶段。代表人物为 Bronfenbrenner 和 van Lier。该视角是对社会文化理论的继承和发展，尤其凸显了教师主体的个人特征和环境的层级性以及系统关联性。生态学视角将环境界定为包含着发展中个体的、影响人的发展也受人的发展影响的所有事件或条件之和，认为环境在内涵上表现为一组多个层级内嵌相连的类似俄罗斯套娃的结构（Bronfenbrenner，1979，2005）。依据这一界定，教师专业发展环境就是教师的生活世界，亦即教师感知和体验到的职业生活和成长环境。这个环境是教师作为一个全人，与自身心智的关系，与当下或更远他人（学生、同事、领导、专家等）的关系，以及与支持或阻碍其发展的所有条件的关系的总和。这个多层系统交织而成的环境结构可以凝缩为三个核心的层级结构：个人环境、学校环境和社会文化环境（Barkhuizen，2008）。教师与环境之间的互动关系决定了教师是环境的营造者。在生态学视角影响下，教师发展环境研究转向关注教师的职业生活环境中那些阻碍或者支持发展的多因素作用机制，以及探索和创建适宜教师生存和发展的生态环境。这种研究需求使得质的研究（如叙事探究、案例研究等），以及以解决真实、复杂实践问题为特征的混合研究和行动研究得到更多接受和应用，出现了解释主义和批判主义教师发展环境研究范式并存的态势。

综上所述，教师专业发展环境研究的理论视角变迁体现了从行为主义到人本主义的演进。这种演进不仅促进了环境认识的不断完善，也推动了研究方法从量的研究为主导转向质的研究并与各种研究方法并用。

研究取向和方法的转换映射了价值观的质变，即从强调研究的科学价值转向关注教师发展和解放的人文价值。我们认为，最新兴起的生态学视角是这种价值观的最佳体现，它与"以人为本、天人合一"的中国传统文化思想高度契合，为外语教师专业发展环境研究提供了一个新的概念框架：环境是包括教师在内的一个多层级系统，教师主体位于这一系统的中心，是最重要的组成部分；学校文化和社会文化则最能揭示这一系统运行的深层内核；教师的个体特征（认知、情感、实践等）与其他各层环境，特别是与最近环境（教学与科研实践中的人与事）的积极互动，推动着教师的发展。

10.2.2 不同视角下的研究主题及方法演进

上述理论视角变迁与范式转化共同推动了教师发展环境研究的累积和演进。对相关文献的分析显示，最突出的主题有三类：教师发展环境要素与结构研究，环境与教师关系研究，以及教师发展生态环境及其改善实践研究。它们可以依次归属到上述三个理论视角之下。

1. 传统心理学视角下的教师发展环境要素与结构研究

早期教师发展环境研究主要受传统心理学视角影响，聚焦客观环境是什么和现状怎么样这两个基本问题。首先是对环境要素与结构进行精细化静态分析，这类研究以量具研制和规模性调查为主。以量具研制研究多以 Moos（1974）提出的三维环境结构进行本土化应用和探索，以将其引入教师环境研究中（Fraser，1989，1998）。精细化量表研制和基于量表的调查研究从不同角度反映了不同群体教师的社会心理环境现状（Dorman，2000）。规模性问卷调查主要包括教师发展环境现状调查（Huang，2006）、不同学科教师环境比较和教师与学生环境比较（毕雪飞，2013）。无论是量具研究还是规模性调查，这些研究都为该领域的发展奠定了基础，但此类研究因未重视教师个体差异性以及教师与环境交互的本质特征，不利于深度认识教师的生活世界，研究结果较难用以指导改善教师发展环境的实践。

2. 社会文化视角下的环境与教师关系研究

受社会文化视角影响，环境研究过去十多年中涌现出的一个重要主题是环境与教师之间的关系，包括环境与教师认知、情感和实践的关系，主要聚焦环境对教师的影响和人境互动。环境与教师认知关系研究涉及教师信念、认同、能动性和韧性等。多数研究揭示了环境对教师认知的形塑和制约作用（顾佩娅、古海波，2015；Day，2011），也有研究发现教师认知不仅受环境影响，还与环境互动（周燕等，2008；Gu & Day，2007）。与教师认知一样，教师情感也与环境紧密关联，相关研究多聚焦于教师职业倦怠、工作满意度和自我效能感。多项研究显示，环境因素是教师职业倦怠的触发和调节因素（张庆宗，2011；Skaalvik, E. M. & Skaalvik, S.，2009），也有研究揭示了教师情感与环境的双向互动（古海波、顾佩娅，2019；Pyhältö et al.，2011）。已有研究还探究了环境与教师教学、科研和专业学习等多种实践的关系，反映出环境对教师专业实践的制约（张莲，2013；Barkhuizen，2009；Gorsuch，2000）。

这些环境与教师关系研究开始关注教师主体，在教师与环境之间建立起一定的联系，初步关涉教师与环境的交互。但是，多数研究只关注环境对教师认知、情感、实践单个维度的影响，少数涉及教师与环境互动的研究也未深入到作为全人的教师与复杂关联的各层环境之间的多维度系统交互问题。

3. 生态学视角下的教师发展环境及其改善实践研究

近年来，生态学视角的兴起推动了教师专业发展生态环境研究的涌现，环境的多因素系统性以及包含全球化等因素的社会文化环境得到更多关注。已有文献主要涉及两大类，教师发展生态环境现状和环境改善实践探索。部分教师发展生态环境现状研究指出当下的教师专业发展环境缺乏生态性（罗婷等，2006；Hwang，2014），教师的生存和情感需求得不到满足（文秋芳、张虹，2017a），专业发展特别缺乏多层级系统支持（刘熠、张洁，2020；文秋芳、张虹，2017b；周燕、张洁，2016）。与揭示教师职业困境的环境研究不同，也有研究报告了在某些特定学校场景中的教师发展生态化环境特征及作用机制（宋改敏，2011）。实际上，学界已出现教师自主发起的"自下而上"的环境改善探索和研究者与教师的合作探索。一些一线教师基于日常实际问题，探索了有利于教师成长的教育改革和专业发展项目（吴宗杰、黄爱凤等，2005；Saavedra，1996）。也有研究表明，在当前教师自主发展机制尚不健全的情况下，教师教育者与一线教师合作的实践探索成为环境改善实践研究的主体（文秋芳、任庆梅，2011a；Gorodetsky & Barak，

2008），教师学习共同体是帮助教师实现专业发展的重要途径（文秋芳、张虹，2019；张虹、文秋芳，2020）

与其他两个主题的研究相比，教师发展生态环境研究从考察教师真实的生活世界，特别是教师在具体情境中的困境出发，汇聚包含教师的各方资源和力量，以教师的专业发展和环境改善为旨趣，表现出"以人为本"的特征，具有非常重要的改善现实和拓展教师专业发展空间的意义（顾佩娅等，2016）。

10.3　我国高校英语教师专业发展环境研究：典型案例

国内相关研究起步较晚，但近年来也陆续取得了一些突破，从关注教师对环境的主体感受（周燕，2005；张莲，2013；文秋芳、张虹，2017a）到教师与环境的互动研究（文秋芳、任庆梅，2011a；吴宗杰、黄爱凤等，2005）。但是，从生态观出发系统探究教师的真实生活世界的实证研究还很少。基于对新时代外语教师发展环境的深切关注，本章作者自 2011 年开始，带领一个跨地区、跨学校类型、跨年龄和经历的教师科研团队，历经 4 年多完成了对全国 30 多所高校的艰苦调研，最终以《中国高校英语教师专业发展环境研究》（以下简称《环境研究》）专著为结项成果完成了国家社科基金项目（11BYY042），开启了我国首项对外语教育环境的系统性、规模性实证研究（吴一安，2017），被学界认为是我国教师发展研究 40 年中为数不多的一项"自主原创"的研究（张莲，2019）。该项研究 2020 年获教育部第八届高等学校科学研究优秀成果奖（人文社会科学）二等奖（中华人民共和国教育部，2020a）。

该项研究围绕教师发展环境本体论、认识论、价值论和方法论多种复杂问题开展探索，首次比较系统地解答了我国外语学界关注的四个关键问题：

第一，教师职业发展与其所在的职业环境有着怎样的关系？运用人本主义生态学理论思路，《环境研究》强调教师的职业认知、情感和行为是教师环境的有机组成部分，积极或消极地营造着自身所在的环境；而环境总是渗透在教师的职业认知、情感和行为体系中，激励或制约教师发展。在把握自己与环境的互动中，教师的主体性起着重要作用。人本主义生态学理论思路使该研究走出了分别孤立考察环境和人的窘境，还原了人与环境复杂关系的生态本质，产出了实在、可信和有效的成果，不少教师感到困惑的"环境究竟是什么？"和"如何着手研究环境？"等问题也迎刃而解（吴一安，2017）。

第二，高校英语教师的当下状况如何？《环境研究》通过颇具新意的规模性叙事问卷调查与教师文化个案深度描述，揭示了当下中国高校英语教师发展环境的概貌特征和核心内涵。研究表明，高校英语教师身处复杂、困难的环境系统，持有种种矛盾感受和艰辛体验，教师普遍感到价值缺失、教学自主受限、科研压力大。过多的评奖、赛事、考核与不切合教师实际需求的各种活动和行政干预占用了教师大量的宝贵时间，导致教师多元角色冲突、人际关系紧张。为应对教育行政化的文化规约，教师在冲突中妥协，在高压下回避，在妥协和回避中自救。教师期望改善生存环境，从里到外包括自我改变、领导换位思考、去行政化、多元评价、尊师重教等，其中多元评价的呼声最高。

第三，教师是如何回应和驾驭他们的发展环境的？多个案例研究表明，教师的主体素质与多元环境的积极互动促进了教师成长。这里的主体素质主要指教师改造环境的解放性素质，包括解放性精神驱动下的教师全人发展能力；特别指教师面对职业发展压力和困境，通过深度学习转变信念，或者通过发挥主观能动性和群体合力摆脱消极因素束缚，从而驾驭环境和把握自我人生。特别值得一提的是，一年半的校本教师行动研究表明：行政支持、专家指导、基于项目的教师学习共同体是帮助教师走出教学科研困境的一种有效途径。

第四，我们应该如何研究环境？生态学视角下的教师发展环境研究，其人文属性和对教师经验的关注，使叙事研究成为最佳选择。叙事理念的人文价值和解放功能超越了传统研究的"科学"价值和学术功能。叙事的探究精神鼓舞我们开展大胆探索与创新，特别是在国内率先采用基于叙事框架的调查问卷，为大规模收集质性数据提供了范例；采用将叙事与案例研究相结合的方法，并发挥规模性调查与案例研究相结合的优势，从宏观到微观，全面深化对相关问题的认识。

该项研究启示：生态学视角是未来相关研究的重要取向，叙事理念及其方法有重要应用价值，教师个体素质，特别是解放性素质与多元环境的互动是未来研究重点，而改善教师评价和管理环境是帮助广大教师走出发展困境的重要保证。

为展示团队在叙事研究理念下的多元方法探索，下面重点介绍叙事问卷调查和叙事案例研究这两种质性研究方法的设计和应用（详见《环境研究》第 2 章）。

10.3.1　叙事问卷调查

本项目研究的第一阶段任务是调查当下我国高校英语教师专业发展环境现状，探究教师对专业发展环境的体验及其意义。人本主义价值观使我们最终放弃了改编学界已发展成熟的环境量表的计划，决定尝试已经在国内外多项研究中得以成功应用的叙事框架（narrative frames）（Barkhuizen，2009）。这种叙事框架不仅能让一线教师发出自己的声音，说出自己所处的环境（包括困境）和愿望，而且能让教师通过与研究者的互动一起重构现实，创造性地拓展发展空间。

在综合分析相关文献以及我国国情的基础上，我们设计出一套涵盖我国高校教师生活世界五个维度的叙事问卷（顾佩娅等，2013），从职业人际关系、教学、科研、改革、生活 5 个方面倾听参与教师对当下发展环境的整体感受和体验。每个维度由 3—5 个叙事框架构成，每个框架由 2—10 个意义关联的引导语及长短不一的空格组成。问卷最后还留有半页空间，让教师自由表述"其他想法与感受"。叙事问卷初步设计完成后，我们通过征求专家意见并在 3 所高校进行测试，反复修改，以保证该叙事问卷结构维度的合理性和有效性。

我们用了一年时间对全国 10 所不同类别高校 346 名英语教师实施了叙事问卷调查[2]，基于编码分析得出三个最显著主题：（1）教师与学生和同事关系亲和，但与行政人员存在距离和矛盾；（2）多数教师认同教学改革并参与科研实践，但其能动性受制于"重科研、轻教学"的评价体系；（3）多数教师将发展困难归咎于教育体制、传统文化、家庭责任、功利化导向等社会文化环境因素。据此，我们构建了一个由职业心态、教研实践和发展环境三要素构成的教师专业发展环境结构模型，用以概括和解释教师发展环境核心因素构成及其结构[3]，展示教师发展环境的复杂性、整体性和交互性。

实践证明，这种基于叙事框架的问卷不仅成功满足了规模性质性研究的需要，也为教师反思、与研究者一起重构现实提供了可能。研究工具的最大不足是开放性不够，叙事问卷上的内容和空间结构限制使部分教师故事的自然度和深度受到影响，需要通过后续叙事案例研究中的深度访谈来弥补这些不足（Barkhuizen，2014），以更完整揭示个体差异及教师与环境的互动和发展过程。

2　参见顾佩娅，古海波，陶伟，2014. 高校英语教师专业发展环境调查. 解放军外国语学院学报，（4）：51–58.

3　有关教师发展环境结构模型的讨论，参见顾佩娅等，2017. 中国高校英语教师专业发展环境研究. 北京：外语教学与研究出版社，52–82.

10.3.2 叙事案例研究

为进一步挖掘教师发展环境感知及体验，验证和丰富全国叙事问卷调查结果，我们在国内不同地区三所不同类型（综合类、外语类、师范类）的高校开展多个子课题的叙事案例研究，专门选择那些研究较少但影响教师专业发展的重要教师人文素质（如教师的科研与教学情感、职业韧性、能动性、转化性学习能力以及群体合作创造环境的能力等）作为切入口，揭示这些人文素质特征与环境互动的本质、规律和机制（详见《环境研究》第5至第10章）。

本章所讲的叙事案例研究指的是叙事理念指导下的案例研究（narrative case study）（参见 Rushton，2001）。案例研究（case study）是"对单个的事例、现象或社会单元作深度的、整体的描述与分析"的一种质的研究方法（Merriam，1998：19）。但是因为对案例的细致分析容易割裂事件的连续性和丰富性，有时候可能会"见树不见林"，对过程性和整体性照顾不周，在全景揭示方面尚有欠缺。我们采用叙事案例研究，这种方法既保留了叙事对于教师经验探究的优点，又有基于已有研究概念框架对特殊现象进行的深刻细致分析，能够较好达成深度研究的目的。具体是指在案例研究的数据收集、整理、分析和结果呈现过程中充分融合叙事的特色。

1. 数据收集中的叙事特色

各个子课题的数据收集综合运用了访谈、案例素材等方式进行。其中，深度访谈是最主要的方式。我们要求参与者讲述自己的故事，而不是仅关注他们的态度和看法。比如，在教师教学情感劳动和科研情感两个子课题中，就邀请参与者分别叙述他们教学和科研经历中的各类情感事件。这些关键事件本身就是叙事，为教师经历提供具体场景，一方面让数据更为生动和真实；另一方面也为我们更好理解教师经验的社会文化因素提供了支持。除访谈之外，案例素材收集过程中，我们偏向具有叙事特征的材料。比如在"教师科研情感研究"子课题中，除了收集关键事件外，还收集了研究参与者的反思日记这种具有极强叙事特征的材料（详见《环境研究》第5、第6章）。

2. 数据整理和分析中的叙事特色

首先采用写故事的方式对数据进行精简和浓缩，为寻找主题和本土概念提供大背景帮助。如在"教师转化性学习研究"的子课题中，我们在反复阅读和熟悉原始资料后，对访谈中的相关材料进行了故事化处理，一共写出了 9 位参与教师的 25 个转化性学习故事（详见《环境研究》第 9 章）。这里需要特别强调的是数据分析中的叙事特色。叙事研究的精髓在于对于故事背后意义的探究，而且叙事理念本身所蕴含的开放性也启示我们采用不同的方式达到叙事研究的目的。我们主要采用两种方式，一是主题研究，通过三级编码对意义进行探究和理论提炼（与叙事问卷分析过程类似）；二是文化研究，通过深描探究现象的文化运作机制，揭示环境的核心内涵，该方式主要体现在"教师文化"专题研究中。通过对某重点高校教师的职业生活进行深度描述和情境分析，挖掘出该群体教师文化的外部特征和内部意义结构，生动、深刻地呈现了教师在与环境的互动中回归教学这个"伊甸园"的教师文化现状（详见《环境研究》第 4 章）。

3. 研究结果呈现中的叙事特色

我们采用了两种方式来呈现研究结果中的叙事特色，第一种是教师人生故事展现，为更深入的分析讨论提供基础。如在教师职业韧性和能动性研究两个子课题中，通过故事勾画出不同类型教师的形象（详见《环境研究》第 7、第 8 章），以探究教师如何在不利环境中发挥职业韧性应对压力和通过发挥能动性把握自我人生。第二种是叙事作为研究发现的例析。这样的叙事为概念性和逻辑性的研究发现提供了情境，有助于读者理解。例如，在关于教师情感劳动的子课题中，研究者在呈现参与教师从表层行为向深层行为转变的过程样式时，通过直接引用参与教师讲述的故事"为什么要我念？"例析了这一过程，并通过进一步的挖掘探究引发这种转变的深层行为策略。

综上可见，我们力图在子课题案例研究的各个阶段融入叙事理念。这不仅是我们坚信解释主义的研究价值观，也是秉承叙事方法的开放性特征，在数据收集、整理、分析、结果呈现等不同阶段体现叙事特色，以达到更好理解教师环境以及教师与环境互动的经验。

10.4　外语教师专业发展环境研究的启示与建议

本章围绕"外语教师专业发展环境"这一议题，从行为主义和人本主义两大认识论取向影响下的三个理论视角探讨近 40 年来的国内外教师发展环境研究的主题和方法变化过程，并以一项国内该领域最新成果为例，展示生态学视角下的多元研究方法探索。纵观近 40 年来国内外教师专业发展环境研究，该领域正逐步走向成熟。但是目前相关研究还存在多方面的局限，这为未来外语教师专业发展环境研究提供了启示和建议。

第一，在理论视角方面，虽然社会文化和生态学视角等人本主义新思潮对传统心理学视角带来冲击，但新环境观指导下的教师发展生态环境研究还较为少见，主客观分离的环境观仍占据着该领域主要地位，教师主体的全人特征、环境层级间的关联性以及人境互动的系统性仍未得到足够的重视。因此，我们呼吁更多研究者积极评介和应用人类发展生态学等理论，着力帮助外语教育和普通教育研究领域跳出对环境的二元论认识，形成对教师发展生态环境系统复杂性和动态性的全面认识和深刻理解。

第二，在研究主题方面，虽然教师与环境的互动以及环境改善实践研究开始涌现，但是环境现状调查，特别是环境对教师的单向影响仍然是研究的主流。有关教师个体素质，特别是解放性素质与多元环境的双向互动、教师合作文化、教师共同体等重要微环境改善实践研究仍处于边缘地位，这些重要问题研究的不足显然难以满足外语教师发展需求、难以承担起外语教学改革的重任。因此，我们鼓励更多教师研究者参与并支持加快这方面的探究进程，为教师发展环境研究及实践探索带来更大范围的变革和改善效果。

第三，在研究方法方面，虽然质的研究、混合研究和行动研究逐步增多，但与现有量的研究相比还属于较少被采用的方法；而具有叙事特色的质的研究、混合方法和行动研究特别适合教师与环境交互、教师环境改善等新课题研究。因此，外语界的教师研究者应该广泛使用叙事研究、案例研究、文化人类学研究、行动研究等质的方法和混合研究方法，以更好地走进并呈现外语教师的职业生活世界。

综上，外语教师专业发展环境仍是一个亟须深入发展的领域。基于对已有文献的批判性分析和亲身实践，我们认为生态学视角是未来外语教师专业发展环境研究的重要取向。它与中国"以人为本、天人合一"的传统文化思想高度契合。最重要的是，这一视角带来了以人的发展为目的的新研究价值观，表达了一直具有人文关怀的教师专业发展愿景，而这正是教师发展环境研究的真正意义所在。

第四部分
外语教师教育与发展
研究热点问题

第 11 章
外 / 二语教师知识基础研究：
理论、议题和方法

11.1 外 / 二语教师知识基础研究概述

教师队伍建设的根本在于教师专业能力的提升与发展，其中关键是教师知识基础（teacher knowledge base，TKB）的建构与发展（陈向明，2003a；吴一安等，2007；Adoniou，2015；Shulman，1987 等）。近年来，教师知识基础逐渐成为我国外语教育领域的重要议题。知识基础是"专业的自我定义"，反映"特定专业从业者从事其专业工作所必备的专业知识和能力"，这种知识和能力在业内应已形成广泛共识且能够被清晰地表达（Johnson，2009：11）。因此，它通常也被视作特定专业人群作为一个职 / 专业团体获得专业地位并随之获得相应的社会、政治、经济和文化地位之根本（王定华，2020；Adoniou，2015；Shulman，1987）。知识基础定义教师的专业属性，标志着教师职业专业化的开始（Shulman，1987）。

国外教师知识基础研究始于 20 世纪 80 年代。舒尔曼（Shulman，1987）提出的教师知识基础是最有代表性，且被引用最多的研究成果。基于对中学教师的实证研究，他认为教师知识基础应包括 7 个部分，即学科知识、普通教学知识、课程知识、学科教学知识、有关学生及其特性的知识、有关教育环境的知识，以及有关教育目的、价值、哲学及历史背景等的知识。其中，"学科教学知识"是教师知道如何把自己的知识转化为学生能理解的表征习惯的知识。它体现学科知识与教育学科的整合，是区分学科专家和教师之不同的一个知识领域。在语言教育领域，Richards（1998）和 Freeman & Johnson（1998）最早提出和讨论外 / 二语教师知识基础。Richards（1998：2-11）提出外语教师知识和能力范畴，包括教学理论、教学技巧、交流技巧、学科知识、教学论证与决策技巧及教学环境知识。他刻意区分了一般"教学技巧"和"语言教师特需必备教学技巧"（a set of skills for language teachers in particular），如组织交际互动、平衡流利性和准确性以及恰当处理偏误等。他认为，语言水平和"交流技巧"是非母语语言教师发展教学专长的前提条件。应该说，该框架勾勒了外语教师的基本素质和成长过程。同期，Freeman & Johnson（1998：405–406）提出重构外语教师知识基础的概念，认为它应明确教师作为学习者的本质、学校和教育的本质和语言教学的本质（如教学思维和活动、学科和内容以及语言学习的本质）。这些研究为之后的外 / 二语教师知识基础研究奠定了重要基础（Farrell，2015；Tsui，2003，2009）。

国内外的后继研究者从学科教学知识、教师实践性知识、教师个人理论等不同角度阐释了外 / 二语教师知识基础。从概念溯源来说，学科教学知识是学科取向的，更侧重于探究"学科教师应该知道什么"，而实践性知识和教师个人理论是实践取向的，突出教师知识的实践性、个人性和情境性，侧重于"教师实际上知道什么"，但从现有研究来看，这一区别并不是绝对的。外 / 二语教师知识基础的研究主题主要包括教师知识基础的内容或要素，教师知识基础的发展途径、建构特点和影响因素等。

关于外 / 二语教师知识基础内容或要素的研究大致分两类。一类是关于外 / 二语教学知识基础的整体研究（如王艳，2011；朱晓燕，2004；Gatbonton，1999；Mullock，2006），这些研究发现教师知识基础大致包括教育目的的知识、学科知识、课程知识、教学法知识、学生知识、自我知识和情境知识等要素。另一类是关于某语言科目教学、某方面教学内容或教学方法的教师知识基础研究，如二语阅读教师的知识基础（Irvine-Niakaris & Kiely，2015）、二语语法教学中教师的知识基础（Johnston & Goettsch，2000；Sanchez & Borg，2014）、外语教师的语音教学知识（Li et al.，2022）、二语写作教师关于体裁的教学知识基础（Worden，2018）、二语教师关于交际教学法的个人理论（Mangubhai，2007）、商务英语专业教师的知识基础（姜霞、王雪梅，2020）等。另外，新冠肺炎疫情发生以来，线上教学广泛展开，与教学中现代技术应用相关的教师知识基础引发更多关注。目前，已有徐小舒等（2020）、张萌（2022）和 Qiu et al.（2022）开发整合技术的学科教学知识（Technological Pedagogical Content Knowledge，TPACK）测量工具并对外 / 二语教师的 TPACK 现状进行调查研究。

关于外 / 二语教师知识基础发展的研究主要聚焦教师知识基础的

发展途径、构建特点和影响因素。教师知识基础发展途径既有日常课堂教学中的整理和转化教学内容、认识学生和学习教学等活动（张宁，2020），也有教师教育课程（Li et al.，2021）、集体备课会（Morton & Gray，2010）、同行交流、学生反馈和教学研究（张静、韩佶颖，2020）、私下拜师（欧阳护华、陈慕侨，2019）以及利用各种资源（如讲座、教学观摩和配套教学资料）（陈菁、李丹丽，2020）等课堂之外的学习途径。教师知识基础的构建特点有实践性、反思性、互动性和自主性等（徐锦芬等，2014）。教师知识基础的影响因素可分为个人因素和环境因素。其中，个人因素包括个人性格、学习和成长经历、个人反思、个人能动性等；环境因素包括教师教育课程、家庭环境、榜样作用、专家教师和同伴的帮助等（谢佩纭、邹为诚，2015；徐锦芬等，2014；Ruohotie-Lyhty，2011；Schmidt，2022）。

就研究方法而言，关于教师知识基础的实证研究有三种研究取向。量化研究取向通过开发量具来测量教师的知识基础（如姜霞、王雪梅，2020；König et al.，2016），或分析知识基础各要素之间的关系（如 Liu et al.，2022），探究知识基础与其它因素的关系（如 König et al.，2017）。质性研究取向则源于 Elbaz（1983）和 Clandinin（1985）等开启的实践性知识研究传统，强调实践性知识的个人性、实践性和情境性，采用质性研究方法对少数教师个性化实践性知识及其发展进行捕捉和描述（如李晓博，2008；王艳，2011；张庆华、杨鲁新，2018；张惠、孙钦美，2020；Golombek，1998；Sun，2012），数据来源包括访谈、课堂观察、教师日志、教学用幻灯片等。此外，教师知识基础的混合研究取向采用多种方法形成对教师知识基础的概括，包括通过分析教师绘制的概念图和教师的解释（Meijer et al.，1999），分析以刺激性回忆法获得的教师口头报告（江新、郝丽霞，2010；Akbari & Dadvand，2014；Akbari & Tajik，2009；Gatbonton，1999；Mullock，2006）以及教师发言（Li & Zou，2017）等统计和概括教师知识基础的内容和特征。

国外的教师知识基础研究多以北美或欧洲中小学外／二语教师为研究对象，这些教师群体的教学对象、内容、要求以及教师自身发展目标与国内高校外语教师多有不同。首先，他们的基本定位是"语言（技能）教师"（ESL/EFL language teachers）（Richards，1998；Tsui，2003），其教学任务聚焦外／二语音、形、义系统和结构的教学和学生外／二语交际能力的培养。换言之，语言—交际框架下的教学（language/communication-framed language teaching）是过去数十年外语教学模式的主流（Hall et al.，2011：178–182）。但国内高校外语类专业教师不仅需要进行语言—交际教学，还承担特定学科（多为人文社会科学各学科）专业教学任务，如一位英语口语技能课教师同时也是一位西方语言学流派或国际关系史专业教师，一位日语基础写作技能课教师同时也是一位比较政治学或日本文学史专业教师。其次，随着"内容—语言"融合式教学（content and language integrated learning，CLIL）（张莲、李东莹，2019：16–24；Llinares & Morton，2017）在国内高校外语课堂的日渐兴起，"高校外语教师"不能继续满足其传统上"语言（技能）教师"的定位，仅凭熟练的外/二语语言能力，或囿于语言—交际教学的专业能力已难以满足当前高校外语教育改革与发展的要求。从国外引鉴或移植的外语教师知识基础框架未能准确反映高校外语类专业教师必备的知识基础，不利于国内高校外语类专业教师的自我定位、身份认同以及专业发展目标的确立。

国内的外语教师知识基础研究始于 21 世纪初。一些学者已就高校外语类专业教师开展过一些研究，如吴一安（2005a）、吴一安等（2007）通过大规模实证研究提出了国内高校优秀外语教师专业素质框架，对认识国内高校外语专业教师知识基础具有开创性意义。吴宗杰（2005）、顾佩娅（2009）、张莲（2011，2019）、李四清和陈坚林（2016）、Li & Zou（2017）、孙有中等（2018）也都从不同角度涉及高校外语类专业教师知识基础的定义、建构和发展问题，但这些研究结果仍未能清晰、完整地建构国内高校外语类专业教师知识基础，其中最主要的问题可能是始终未能明确区分国内的此群体非国外的彼群体。综上，调查研究高校外语类专业教师知识基础十分必要。本研究拟回答的问题是：（1）高校外语类专业教师的知识基础是什么？其基本内容、内涵和结构是什么？（2）如何建构与发展这样的知识基础？路径与方式是什么？

11.2　外语教师知识基础实证研究案例 [1]

11.2.1　研究背景

2018 年初，《高等学校外国语言文学类专业教学质量国家标准》（以下简称《国标》）正式颁布。《国标》明确了外语类专业的人文社会科学学科定位，并据此提出了专业培养目标及在学生素质养成、知识建构和能力培养 3 个方面的具体要求。为达成这样的目标和要求，《国标》对外语类

1　本节主要内容发表在《解放军外国语学院学报》2019 年第 6 期上。

专业教师的资质和发展也提出了框架性要求，其核心正是教师知识基础
的定义、建构与发展。在此背景下，调查了解国内高校外语类专业教师
的知识基础及其建构与发展的路径与方式有着十分重要的意义和价值。

11.2.2　研究方法

　　本部分报告一项大型调研的先导研究。来自国内 14 所高校外语类
院系的 20 位教师接受了口头或书面访谈。受访教师均提前了解访谈
背景、目的和具体问题。笔者在"访谈提纲"中提供了教师知识基础
（TKB）的定义。访谈设计采用现象图析学（phenomenography）的第二
级视角（the second-order perspective）。现象图析学是一种质性研究方
法，旨在调查个体体验一个特定现象的不同方式，探究个体对现象的不
同感知（参见杨凌燕、郭建鹏，2015：36；张莲、叶慧敏，2018：3-4；
Marton，1986：28-49）。就本研究而言，笔者希望了解受访教师如何
看待国内高校外语类专业教师应具备的知识基础及其建构和发展的路径
与方式，从而理解受访教师个体定义高校外语类专业 TKB 的不同方式，
了解他们关于该群体专业属性的差异性态度和立场。为获取受访教师对
TKB 的差异性体验数据，笔者在学校类别、教师性别和年龄段等方面做
了筛选。表 11-1 呈现受访者基本情况。

表 11-1　受访教师的基本情况

序号	姓名	性别	年龄（岁）	院校类别	序号	姓名	性别	年龄（岁）	院校类别
1	PFY1001	女		综合性	11	LFT1004	女		综合性
2	ZFY0930	女	60—69	外语类	12	LFY1002	女		综合性
3	LML1015	男		师范类	13	DFM0715	女		外语类
4	JFJ0905	女		综合性	14	ZFH1015	女		师范类
5	XFY0717	女		师范类	15	LFL1004	女	40—49	师范类
6	LFM1009	女		外语类	16	QFH0803	女		综合性
7	CFM0802	女	50—59	师范类	17	HMC0803	男		外语类
8	CFH0929	女		综合性	18	XMZ0718	男		外语类
9	HMH0929	男		外语类	19	CMT1004	男	30—39	综合性
10	HMP0717	男		师范类	20	DMS0718	男		外语类

NVivo 11 是本研究主要的数据分析工具。在录入至 NVivo 系统之前，笔者对文本数据进行了两轮细读并对其中浮现的概念和主题做了初始编码和分析备忘录。录入系统后，对数据进行节点关联，发现并建立概念／观点矩阵，然后形成核心概念类属可视化矩阵呈现分析结果。

11.2.3 发现与讨论

1. 高校外语类专业 TKB 的内容和结构

数据分析显示，"高校外语 TKB"作为核心类属概念，包括 11 个次类属概念／主题 [2]。图 11–1 是这些概念的可视化分析矩阵。

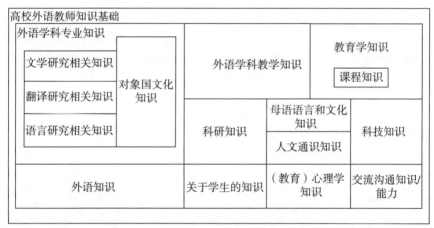

图 11–1 受访教师对高校外语类专业 TKB 看法的可视化分析矩阵

从图 11–1 可看出，高校外语类专业 TKB 包括外语学科专业知识、外语知识、外语学科教学知识、教育学知识、科研知识、关于学生的知识、（教育）心理学知识、科技知识、交流沟通知识／能力、母语语言和文化知识以及人文通识知识等。其中，前 4 类是矩阵中最为凸显的知识类别。在访谈数据中，"外语学科专业知识"和"外语学科教学知识"也是解释、说明、论证涉及篇幅最多的两类知识域。LFM1009 认为，

---

2 相较于"高校外语类专业教师"，"高校外语教师"是目前领域内更为常用的术语；因此，为避免在研究过程中引起认知混乱，本研究在访谈中仍沿用"高校外语教师"。

高校外语 TKB 应包括 "国务院学位办设定的外国语言文学学科下设的 5 个方向，如外国文学研究、外国语言研究、翻译研究、国别与区域研究、比较文学与跨文化研究之一的基础知识"。虽然表述有差异，但多数受访者呼应了此看法，如 DFM0715 认为，高校外语教师应具备 "某一学科，如语言学、教育学、文学、历史、法学、政治学、经济学等领域的专业知识"。ZFY0930 认为，外语教师应具备 "与语言学科相关的学科专业知识，如翻译学、文学、传播学等" 领域的知识。总结来看，"外语学科专业知识" 涉及外国文学、语言学、翻译学、区域与国别研究等方面的知识。这一结果与《国标》关于外语类专业的学科定位不谋而合，反映了传统的以语言技能培养为主要专业能力目标的 "高校外语（语言）类教师" 已不能准确地概括表达当前 "高校外语类专业教师" 的专业属性和定位（孙有中等，2018；Byrnes et al.，2010；Urlaub，2017）。

关于 "外语学科教学知识"，QFH0803 认为，学科教学知识指 "教师能将具体学科知识用恰当的方式使学生领会和习得……"；LML1015 认为，这是关于教和学的知识，"教的知识来自英语教学法的知识，学的知识来自二语习得的研究（成果）"。PFY1001 则明确提出，"外语学科教学知识" 应包括 "外语课程设计、课堂教学设计、实施与评价、教育教学环境、二语习得与教学法以及涉及的一般教育学知识（如教育心理学、教学管理、教育技术等）和百科知识（如人文通识等）"。HMH0929 用自己的经历作了更具体的解释："我教英语阅读，首先需要具备英语阅读本身的相关学科知识，包括词汇、句法、语篇、阅读方法、测量标准等知识。然后，我需要掌握如何把这些阅读技能和知识教授给学生方法上的能力，包括如何了解学生的水平、需求、难点；如何备课、出练习题、设计任务、教授指导要点、贯彻执行、评估效果；如何利用学科发展的关于阅读的各种研究发现、流行理论和方法、各种相关的材料和教程。再然后，我需要不断探索我所在的学校、科室，对于阅读教学的传统、做法、要求、评估标准、奖罚策略，需要不断探索我面对的学生的各种变化，包括对于阅读的兴趣、投入、期望值、方法的接收程度等，还需要不断地参与和同事、同行的交流、合作、培训、科研、竞赛等共同体实践。" 上述受访者的阐述实际上再次确认了 "外语学科教学知识" 的特殊意义，即外语教师学科（专业）知识与教育教学情境之间的桥梁，是外语学科和教育学科融合的知识域，表达高校外语类专业教师独有的学术地位（Byrnes et al.，2010；Fenstermacher，1994）。

当被问及 "根据对自己和周围同事的观察与了解，您认为国内高校外语教师在知识基础方面可能的欠缺或不足是什么?"时,HMH0929坦言,高校外语类专业教师中"许多人满足于掌握所教专业的学科知识,满足于自己作为优秀学习者达到的相关专业知识的较高水平表现上,而对这门专业知识如何从教师转移到学生身上的这个实践过程涉及的教育学和社会学的内涵并没有充分的认识和投入"。HMP0717认同此看法。他说,普遍欠缺的是"学科教学知识"。多数受访教师表达了类似的看法。可视化分析矩阵显示,明显"欠缺"或"不足"的是"外语学科教学知识""科研知识"和"外语学科专业知识"。

对此,HMC0803进一步解释道,教师明显欠缺"对学生学习规律的掌握。许多老师在这个方面实际上都是一些直觉性的认识……真正去探索或者挖掘学习规律是很少见的,这方面的知识明显不足……"。LFM1009则认为"学科研究方向的知识比较欠缺。这一点在非英语外语专业更加明显,这一现状的主要根源应该是我们国家外语专业长期以来的翻译培养模式。外语专业仍有不少教师外语能力很强,也是非常好的外语教师,但是缺乏较好的学术训练,没有明确的研究方向,不知道如何做研究,因而在一定程度上影响职业的发展"。ZFY0930表达了类似的关切并探讨了历时的原因:"外语教师普遍缺少足够的学科专业知识基础,首先是因为外语学习的本质决定了他们在本科学习期间将大量的时间投入到语言知识和能力的提升中,而对于学科的专业知识和研究能力的训练始终处于从属地位和时间投入不足的状况……在入职外语教学的行业时由于录用标准多以语言表达能力为主,对于是否具备足够的学科知识和科研训练关注不足,而世纪之交的扩招使大量本科毕业的外语专业学生进入教学岗位,更坐实了教师学科专业基础知识和能力薄弱的现实。"CFH0929则表达了对上述两方面的关切:"我觉得还是缺乏如何教的知识。如果都不缺乏了,那我们的外语教育问题就解决了吧。另外,可能还缺乏科研的知识,特别是研究方法和学术写作的知识。"PFY1001则对科研知识做了进一步的阐释,她说:"很多大学外语教师缺乏教学研究知识,不太会做基于课堂教学的研究,导致专业发展停滞不前,影响了职业幸福感。"总体来看,3个知识域被视作高校外语类专业TKB中普遍欠缺或不足的方面,分别是"外语学科教学知识""科研方面的知识"和"外语学科专业知识"。

2. 高校外语类专业 TKB 建构与发展的路径和方式

数据分析显示,高校外语类专业教师"知识基础的建构和发展"作为核心类属概念包括8个次类属概念/主题。图11-2是这些概念的可视化分析矩阵。

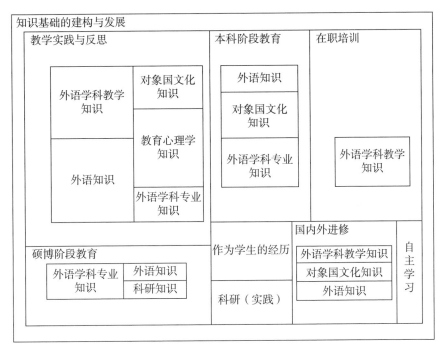

**图 11-2 受访教师对高校外语类专业 TKB 建构与
发展路径和方式的看法的可视化分析矩阵**

图 11-2 显示，高校外语类专业 TKB 建构与发展的路径与方式包括
教学实践与反思、硕博阶段教育、本科阶段教育、在职培训、国内外进
修、作为学生的经历、科研（实践）和自主学习。其中，前 4 类是矩阵
中最为凸显的路径和方式。PFY1001 认为，高校外语类专业教师"主要
是在（教学）实践中反思成长，反思实践中需要通过阅读文献和与同事、
专家甚至所教学生的交流讨论来验证与提升认识"，实现其知识基础的
建构与发展。就路径与方式而言，该教师特别指出，要在职前阶段"加
强对师资培养质量的考核，提高高校外语教师学历门槛，博士为最低标
准"，同时，"做好在职教师继续学习的指导，充分发挥各高校教师发展
中心功能……鼓励搭建教师教学发展共同体，扎实做好教师教学能力各
项培训和发展"；为此，要"开展教师评价标准改革，需要加大教师教
学能力在评价中的力度。教师教学水平和科研水平合理兼顾，不可偏废
任何一方"。HMP0717 认为，"外语教师知识建构的途径和方法因人而
异，无法一概而论。但一般来说，外语教师都经历了一个由'学语言'
到'学专业'的阶段。大学毕业时，基本上仍处于'学语言'的阶段，
专业定位不够清晰，直到研究生阶段，才有一个相对清晰的专业定位，

一般的知识基础的建构大致在这个阶段进行。"XMZ0718 和 LFM1009 都认同这种知识基础建构与发展的阶段性特点。LFM1009 以个人经历做了进一步阐述：

> 外语语言基础知识和应用能力基础是在学历教育，特别是第一学历教育中完成的，此后的学习和工作中不断提升……学科知识和研究基础在 20 世纪差不多都是在硕博研究生阶段掌握的，特别是科学研究的基本知识和能力是在博士阶段完成的……很多老师的教学法知识都是经验积累形成的，有些是在教师发展活动中和集体备课中从专家和同伴那里学到的，也有一些老师在职修读了教学法相关的课程或学历。我自己是工作 4 年后在国外攻读了一个英语教学硕士，读书时就觉得收获特别大，对很多教学中的直觉有了解释，对困惑有了答案，回校后也尝试用一些新的理念和方法。我觉得学校的教师发展中心应该设计外语教学法微专业课程，要求所有未接受过教学法培训的老师都修读这个微专业。

在谈及教师专业发展研修在 TKB 建构与发展中的作用时，ZFY0930 指出，"最近几年的教师专业发展研修使教师在学科教学知识／能力方面有所提升，但仍不属于系统性的训练，因此对于教师在专业领域的知识／能力训练和发展仍显不足。"她认为建构与发展的现实情况有这样的特点，即"外语教师的学科能力发展普遍遵循的路径是起步基础薄弱、后以经验性学习和自主学习为主、在经历了硕博训练后得以在专业发展方面积累了知识基础和个人自信，从而奠定了一部分人得以快速发展的基础，但大多数人的发展仍受到社会情境和单位文化的影响，缺乏学术共同体的能源动力和同事之间的激励和交流，因此基本上处于自生自灭的状态。"LML1015 则用"学习"和"实践"来概括高校外语类专业 TKB 的建构与发展："学习更多的是在职学习；实践是在教学实践中探索与提高。"此外，他认为，"学生的学习需要动力，教师学习也需要动力，而动力不完全来自职称的晋升，还需要教师对学科、对教学的热爱。（当前）比较常见的现象是重科研、轻教学：科研是晋升的动力和标准（有些教师的终极目标），教学是辅助的，是谋生的工具，体现出教师知识基础发展的动力不足或不长久。"

与上述观点不同的是，HMH0929 认为，"我国外语教师获取知识基础的路径大多数是由上而下的、行政安排的、专家主导的，以书本和理论知识传授讲座、公开课和比赛评估为模范案例和套路示范的。而由下而上、发自自身的、基于本单位共同体实践的、复杂竞争微政治社会学意义上的、符合本国社会文化的现状实情的、体验式反省式合作式的、行动研究式的，积极主动的知识探索和建构的努力，比较少见。"这也导致了"大多数老师的知识基础源于他们作为学生、访问学者、赛课代表、培训学员的学习经历，主要内容集中于学科的书面、理论、标准套路、规范方法的层面。而对于后两个层面（即如何教和教学的社会学知识基础）基本上都是缺陷不足的"。究其原因，该教师认为，"这与我国教育界对于知识的内容和方法的认识论的单薄狭隘有关，也与我国教育社会机制的行政化主导有关。"由此可见，就高校外语类专业TKB建构与发展的路径与方式而言，虽然在受访教师群体中有较多共识，但一定程度的质性差异亦明显存在。

3. 小结

基于上述分析和讨论，本研究得出如下结论：（1）高校外语类专业TKB应包括外语学科专业知识、外语知识、外语学科教学知识、教育学和心理学知识、科研知识、关于学生的知识、科技知识、交流沟通的知识、母语和母语文化知识以及人文通识知识等；该群体普遍欠缺和不足的知识包括外语学科教学知识、科研知识、外语学科专业知识等。（2）上述知识基础与目前普遍引用的国外外语TKB存在质性差异，具体表现在外语学科专业知识和科研知识等方面。（3）该群体知识基础建构与发展的方式主要基于实践的经验性学习和自我反思、参加国内外培训项目、在职硕博学历教育、同事和学生间的互动交流学习等，受社会情境和单位文化的影响，教师个体发展轨迹差异大。

上述结论对高校外语类专业教师发展有两点启示：（1）高校外语教师不再是单纯的语言教师，而是语言类专业教师，是具有边界清晰、深厚的学科基础、知识创造能力的专业人员。（2）高校外语类专业教师知识基础的厘清与概括是教师专业教学能力提升的基础，也是他们专业定位、明确专业发展方向的指南。需要指出的是，作为教师专业属性的基础标志，知识基础固然十分重要，但亦非全部。正如一位老师（LFY1002）在访谈中所言，"这些知识只是一小部分，外语教学是一个很复杂的过程，教师需要具备的知识很多，不仅仅是这些可以说出来的知识，更大的知识底蕴在冰山之下……最重要的是（教师的）德行与责任心，这两点做好了，知识（基础）自然就获得了。"

11.3　外语教师知识基础研究未来发展方向

随着我国外语教育界对教师知识基础研究的重视，新时代外语教师知识基础研究必将不断深入，在研究内容和研究方法上更加系统化、科学化、规范化，并具有更大的创新性和实用价值。

就研究内容而言，上述案例仅报告了高校外语类专业教师知识基础及其建构与发展的研究过程和结果，但其他类别的外语教师群体，如大学英语教师、中小学外语教师、非通用语种教师等是否建构与发展了一样或相似的知识基础，值得进一步研究。开发高质量的外语教师知识基础测量工具，确认其基于质性研究建构的内容和发展路径的普遍存在，这对开展外语师资培训、教学改革和教师评价具有重要的参考价值，也是进一步推进外语教师职业化的关键一步。外语教师知识基础的研究还应及时对接新时代外语教育的新使命和新变化。课程思政是落实立德树人根本任务的关键环节。充分发掘课程和教学方式中蕴含的思想政治教育资源，把知识传授与价值引领相统一、显性教育与隐性教育相统一，是所有教师的责任担当。因此，新时代外语教师课程思政教学知识基础及其发展是一个迫切需要研究的领域。后疫情时代的外语教学与信息技术结合更加紧密，整合技术的学科教学知识（TPACK）是外语教师知识基础中的重要内容，应进行更多的实证研究。此外，外语教师知识基础与教学实践或学生学习之间的互动关系也是值得深入探究的领域。

就研究视角和方法而言，外语教师知识基础研究应从不同学科范式汲取养分，借鉴不同学科的理论视角和研究范式，推动关于高校外语教师知识基础的跨学科研究。其次，外语教师知识基础研究应灵活采用多种质性和量化研究方法，尤其是要借助现代技术手段，开展大数据研究，为本土外语教师知识基础及其建构与发展相关知识体系和话语体系提供坚实的实证基础。此外，还应在传统质性研究方法基础上推陈出新，采用话语分析、会话分析等方法深入课堂现实，揭示外语教师知识基础的具体表现和作用。

第 12 章

外语教师课堂话语研究：
理论、方法和问题 [1]

　　课堂决定着一个国家教育的质量。为了应对日趋激烈的国际竞争，加快提升综合国力，提高国民素质，推进"课堂革命"，向课堂要质量已成基本共识（钟启泉，2017）。所谓"课堂革命"是从本质上改革与创新课堂教与学的方式，从课堂目标、动力、方式和文化入手、从根本上改变教学模式。课堂对学生发展的重要性不言而喻。除家庭生活之外，课堂是学生活动频次最密集且时间最长的场域，是学生实现全面发展与成长最重要的经验时空。实现课堂革命的前提是理解课堂，特别是教师需要重构对课堂的系统性理解。为此，系统地研究课堂，了解课堂现实是不二选择，而课堂话语（classroom discourse）研究则是课堂研究的主要方法（Allwright，1983；Gaies，1983）。

　　的确，自 20 世纪 70 年代起，课堂话语成为语言学、社会学、教育学、心理学等领域学者关注的重要议题，其原因与课堂话语和交流、教育、学生认知、语言发展之间自然而深切的关系有关（黄山，2018；欧阳嘉煜、汪琼，2021；张光陆，2021a，2021b；van Lier，1996；Lam et al.，2009）。课堂话语研究者 Walsh（2011）认为，我们如果理解了语言、互动与学习三者间复杂的关系，便知道如何帮助教师改善其教学实践。这种看法不仅说明了课堂话语与教育教学之间关系密切，也明确了课堂话语研究在教师教育与发展中的重要性。

　　从外 / 二语学习的角度看，课堂话语研究有着特别的意义，其焦点是透过研究师生间的话语交流与互动来理解语言学习和认知发展的过程。师生共同参与这个过程，因此，课堂话语既是学生内化知识、协商意义的过程，也是教师知识、信念和经验的课堂再现（representation）（杜小双、张莲，2022；徐锦芬、龙在波，2020；Li & Zhang，2022；

1　本章部分内容 2016 年发表在《山东外语教学》第 3 期上，此次纳入有增补和修改。

Markee，2015；Marton & Tsui，2004 等）。课堂话语研究不仅揭示学生学习、认知的过程，也帮助教师反观、检视自己的知识与经验，理解自己的课堂教学，自然成为教师学习和发展的重要方式（郭慧，2017；徐锦芬、龙在波，2020；张莲，2016b；张莲、王艳，2014）。值得一提的是，在大多数二语习得实验研究框架下，课堂被比作学习的"黑匣子"（the black box）（Long，1980，转引自 Markee，2015：24），课堂话语研究则使我们有机会探寻这个黑匣子中的秘密。

12.1　概念界定与研究的意义 [2]

　　1952 年，Harris 首次提出了"话语分析"（discourse analysis）的概念。此后，"话语分析"这一术语逐渐为人们所熟悉，研究者带着不同的研究背景和目的相继步入这个领域，进行探索性的研究。在之后的30 年里，话语分析逐渐发展成为一门相对独立的研究领域，建立起一整套分析方法和技术（廖秋忠，1992；徐赳赳，1990；Brown & Yule，1983；Christie，2002；McCarthy，2002）。作为一个广义的称谓，"话语分析"几乎为所有关于社会和认知语境下的语言研究所使用（van Dijk，1985）。

　　"话语"（或"语篇"）是特定社会语境中人与人之间沟通的具体言语行为，即一定的说话人、受话人、文本、沟通、语境等要素；所以，话语是意义连贯的语言片段（Brown & Yule，1983；McCarthy，1991）。"话语分析"是关于语言使用片段的分析。对语言使用者而言，这些片段均带有目的，其目的的意义体现在一定的情境中。课堂话语是教师与学生之间为实现教育目的而展开的言语交流，课堂是它出现的特定社会、认知情景，其意义体现在教学目标（pedagogical goals）的完成（Cazden，2001；van Dijk，1985；Walsh，2001，2002）。因此，课堂话语也被看作是话语的一个特殊类型。课堂话语分析（classroom discourse analysis）是对课堂话语的结构、要素、生成与理解及其与学习的关系的分析，是话语分析领域中一个重要分支。

　　与一般生活话语对比，课堂话语作为一种机构话语（an institutional form of discourse）有其特殊性（Hutchby & Wooffitt，2008；Seedhouse，1996，2004）。首先，从话语目的和话语发生的情景来看，生活话语作为一种"非机构话语形式"（a non-institutional form of discourse）

2　当然，一般生活话语也会发生在课堂里（Seedhouse，2004）。

（Seedhouse，2004：69），是日常生活中人们出于信息交换、人际交往等需要所说的话（talk-in-interaction）（Hutchby & Wooffitt，2008：11），如寒暄、问候、聊天、访谈等。生活话语也因此几乎无处不在。课堂话语只发生在特定的社会情景即学校和课堂中，是特定人群即教师和学生之间为了实现教育目的而说的话，如讲解、指令、问答、讨论等。其次，从话语参与者或主体之间的关系来看，课堂话语和一般生活话语也有很大不同。主要表现在：（1）生活话语的参与者（至少两位）通常共同为话语的进程、模式和结果负责。所谓共同负责意味着共同"管理和监控"（Edwards & Westgate，1994：116）。话语参与的双方或各方享有同等的话轮和参与权，可自行选择、维系或更改话语主题和语言（如使用何种语言）。在课堂话语的情境中，话语参与者或主体是教师和学生。因为拥有知识、语言和地位方面的相对优势，前者通常是话语进程、模式和结果的主要责任人和控制者，主导着话语的方向、模式和内容，如启动对话、分配（如递交或收回）话轮、维系或更改话题以及指定话语语言（如教师可以要求学生只用外语参与问答和课堂讨论）等；后者则通常是话语的附属参与者，有时可能演变成话语的旁观者。（2）生活话语是开放的，并无特定的核心目标或任务，但每一个课堂话语片段或序列都有明确的开始和结束，其标志是特定的机构（如教学）目标与任务的完成和身份的确认（Drew & Heritage，1992，转引自Seedhouse，2004：96），如教学内容、教师的想法或观点需要通过课堂话语被学生理解或接受。换言之，课堂话语的有效性由学习是否有效展开来评估（Bernstein，1990；Waring，2016）。综上所述，与生活话语相比，课堂话语的特殊性表现在其明确的目标性（pedagogical goals）和任务导向性（task-orientedness）。有效的"课堂话语之形式（linguistic forms）和模式（patterns of interaction）"（Seedhouse，2004：76）需与话语的目标性和任务导向性相配合，课堂话语研究也因此表现出一定的复杂性。

语言是教学的主要媒介，话语是教学的主要方式。课堂话语是任何学科的课堂上所发生的谈话。如前所述，师生通过话语交流信息以达到教学目的，如在数学课上，语言担负的任务是保证学生学会数学知识，发展数学能力。但在外语课堂中，"语言有两个目的：既是课堂学习的内容（subject matter），又是教学的媒介（medium of instruction）"（Willis，1992：162）。的确，与其他学科课堂话语相比，外语课堂话语的独特性表现在两个方面：（1）在外语课堂环境下，话语不仅是课堂组织学习、协商意义的方式和媒介，通常也是课堂学习的目标和任务；（2）课堂话语的主体双方，即教师和学生，在语言能力方面差异显著：

教师通常是语言的熟练使用者和教授者，而学生是语言学习者。教师因其语言优势自动成为外语课堂话语的主导者，影响着话语的模式、质量和方向，从而极大地影响（促进或延后，甚至阻滞）着有效学习发生的可能性（王珊、潘亦宁，2017；王珊、吴娱，2017；张光陆，2021a，2021b；张莲，2016b；张莲、王艳，2014；Walsh，2001，2011；Waring，2016）。应该说，正是这些特点使得外语课堂话语研究较之其他课堂话语研究显得更为复杂。

12.2 课堂话语研究综述

人类对语言和学习之间的关系的认识有着一种本能、经验式的认识和理解，但是话语，特别是课堂话语如何调节或干预学习和教育并不能从本能或经验的渠道轻松理解和认识。同理，我们也无法依靠本能或直觉恣意揣度、评估课堂话语研究与教师学习和发展的关系。选择合适的研究路径和方法十分重要，而在此之前一个重要的步骤是明确课堂话语分析什么，即课堂话语的结构和分析维度是什么，其次是什么样方法和手段可以触及它结构的本质及其如何影响教师学习和发展。

12.2.1 国内外语课堂话语研究现状

笔者通过中国知网数据库进行检索，以"课堂话语""教师课堂话语"为检索词，检索词之间以"或"进行组合，检索时间分别设为1979—2019年、2009—2019年，目的是了解课堂话语研究在过去30年和近十年在年度发表总体趋势上是否有差异。数据库包括期刊论文、硕博士论文、专著等，不包含非中文发表研究成果。图12-1、图12-2分别报告了两个时期的检索结果。

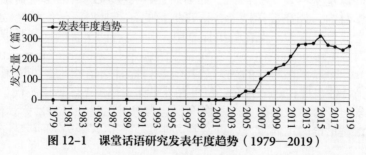

图 12-1 课堂话语研究发表年度趋势（1979—2019）

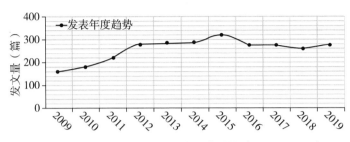

图 12-2　课堂话语研究发表年度趋势（2009—2019）

由图 12-1、图 12-2 可见，课堂话语研究近十年的活跃程度明显大于前 30 年。事实上，1979—1999 年这 20 年中，课堂话语研究成果总量仅为个位数。从年度发表趋势来看，2004 年开始兴起，在近十年形成较为平稳的热度（如年平均 200 篇以上），2015 年形成热度峰值。

用同样的方法以"外 / 二 / 英语课堂话语""外 / 二 / 英语教师课堂话语"为检索词进行检索，相关研究年度发表趋势如图 12-3、图 12-4 所示。

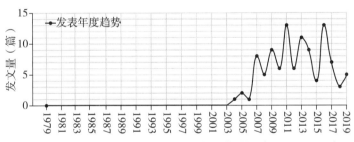

图 12-3　外 / 二语课堂话语研究发表年度趋势（1979—2019）

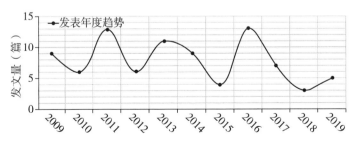

图 12-4　外 / 二语课堂话语研究发表年度趋势（2009—2019）

由图12-3、图12-4可见：（1）外语课堂话语研究在过去40年的整体趋势与课堂话语的趋势相似，即近十年的热度明显高于前30年；（2）课堂话语研究中以外语课堂话语研究为主体，这一点也得到了课堂话语40年学科分布数据的支持（见图12-5）。

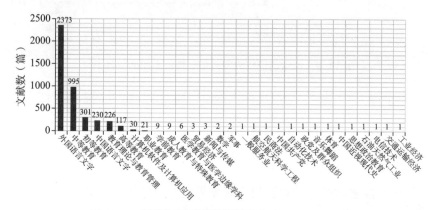

图 12-5　课堂话语研究的学科分布（1979—2019）

由图12-5可见，近55%的研究来自"外国语言文字"，其中，在形成研究热度峰值的2015年，近70%的课堂话语研究关注的是外/二语课堂。另对课堂话语研究检索结果内部主题分布进行可视化分析，如图12-6、图12-7所示。

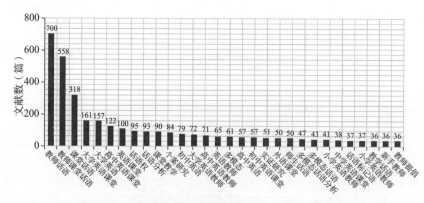

图 12-6　课堂话语研究主要主题分布（1979—2019）

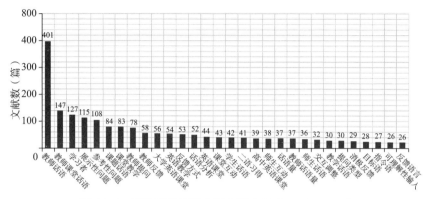

图 12-7　课堂话语研究次要主题分布（1979—2019）

　　可以看出，60% 的研究主题为"教师话语""教师课堂话语"，提示国内课堂话语研究聚焦教师话语视角，从一个侧面确认课堂话语研究和教师（课堂）话语研究关系密切，教师课堂话语研究发展的过程就是课堂话语研究发展的过程。

　　当然，由图 12-7 可见，以"学习者"为主题的课堂话语研究渐显，体现课堂话语研究由教师视角到学生视角的渐变（李冬青，2019；王珊，潘亦宁，2017；王珊，吴娱，2017；张光陆，2021a，2021b；左小玉，2017；Luk，2008；Walsh，2002，2011）。

12.2.2　课堂话语结构和分析维度

　　如前所言，课堂话语研究无法凭经验做简单、直觉的判断，而是要采用合适的研究方法和工具。在此之前，一个重要的步骤是明确课堂话语研究什么，即先确定课堂话语的结构和分析要素是什么以及用什么样的方法、手段可以触及其结构的本质。综合相关文献可以总结出以下六个分析维度，包括话语量和话语量的分布 (distribution of discourse)、话语过程和话语建构 (discourse process and construction)、角色关系（role relations）/参与模式 (participation pattern)、话语主题和主题连贯性（discourse themes and thematic coherence）、认知水平 (level of cognitive capability) 及话语效果 (effect of discourse)（郭学君、李刚，2017；姜晖，2020；刘国强、汪华，2018；欧楚莹，2019；彭亮、徐文彬，2018；戚亚军、庄智象，2017；张弓，2017；Cazden，2001；Green & Dixon，2002，2008；Walsh，2011；Markee，2015）。下面分别简要介绍：

（1）话语量和话语量的分布是课堂话语的最基本要素，指单位时间内话语参与者说话的总量。通过对课堂教学中的话语量和话语量分布进行统计分析可以知道师生各自的话语总量和占比。话语量分布通常被认为是检验课堂参与模式和实际质量的重要指标之一（Cazden，2001；Seedhouse，2004；Walsh，2006）。

（2）话语过程和话语建构指话语双（或多）方参与交流、协商意义的话语展开过程。话语量及其分布可能只是课堂话语过程的结果和表象，但与学习空间（the space of learning）（Marton & Tsui，2004：ix）建构最相关的是话语过程和话语建构。如前所言，在外语课堂中，教师因为拥有绝对的语言优势而常在话语建构中自动成为话语的引导方和控制者，而学生则因语言的劣势难以有效参与或者回避参与课堂话语的过程。如此，教师的课堂话语对有效学习空间的建构就显得尤为重要（Cazden，2001）。在话语分析实践中，话轮（turn）、话语步（move）、话轮转换（turn taking）、修复（repair）等概念可用于话语单位的切分、定义和标注，以实现话语过程和建构的量化标注和规模计量，为深入分析课堂话语的认知及教育教学功能奠定质和量的基础。

（3）角色关系/参与模式指话语主体或参与者双方拥有或互认的地位、功能和作用（Fairclough，1992）。角色定位会影响话语的过程和建构。换言之，角色定位不同，角色所涉及的话语内容、形式和过程也可能不同。在外语课堂中，教师的语言强势地位可能影响甚至是决定学生的角色和地位。在基于 IRF（Initiation-Response-Feedback）序列模型的课堂教学中，典型的参与模式是教师主导发问，学生回应。课堂话语参与模式的研究通常通过话语量分布、话语过程、话语主体间角色关系多方位立体描述和分析来完成。

（4）话语主题和主题连贯性指师生间课堂话语围绕特定的主题（与教学目标和任务相关）展开。话语量、话语分布和过程不可能凭空存在，它们承载的是课堂话语主题。为有效完成教学目标，课堂话语应具有较强的主题逻辑和连贯性，原因是话语主题的逻辑性和连贯性有助于学生理解主题的意义，且有重要的语言、逻辑和认知方面的示范作用。教师对课堂话语过程的调整与监控的一个重要方面就是把握话语主题逻辑线索以确保教学目标和任务被清晰、准确且顺畅地传达给学生。需要指出的是，话语主题及逻辑连贯性的把握还必须和学生的认知水平相匹配。

（5）认知水平指课堂话语隐含的认知目标和要求。外语教育的首要问题是落实立德树人根本任务，培养有家国情怀、有全球视野、有专业本领的复合型人才。课堂话语是实现这一目标的核心环节。在外语课堂中，常常出现的情况是，教师因为顾忌学生的语言能力可能过低估计学生的认知水平，所呈现出的课堂话语不具备认知挑战性，以致使学生觉得枯燥乏味。有时也可能因过高估计学生的语言水平和认知水平，导致课堂话语无法领会，话语支架无效或低效，学生失去参与的兴趣或根本无法参与。如此，课堂话语过程便无法有效展开，促进学习的有效发生也就无从谈起。

（6）话语效果指通过课堂话语实现或完成的教育教学目标和任务。任何类型的话语都有一个最后的结果（效果）。与一般生活话语相比，课堂话语可能更看重对话语效果的评估，因为课堂话语的出发点正是教学目标的完成。依次逻辑，课堂话语的效果应该体现在教学目标和任务的完成，而评估通常有两种方式：一是过程性的学习者自觉认可（亦称自觉效果）；二是终结性的测试。在研究实践中，因为课堂话语效果后滞的特点且需引入对比实验设计方可获取终结性效果评估，对比实验设计对教育伦理的冲击难以忽视，所以通常也采用自觉效果展开谨慎的话语效果评估。

以上是课堂话语的六个侧面，也是课堂话语分析中常见的维度和要素。它们直接决定了课堂话语的结构、特点和质量，研究者可就其中的某个或某几个方面展开对教师课堂话语能力的研究。需要指出的是，这些维度和要素通常又可以细分出更微观层面的维度和要素，如话语步、话轮、临近对、话语标记语等（Markee，2000，2015；Waring，2016；Nystrand et al.，2003）。上述维度和要素中有些是基础分析单位，如话语量和话语分布、参与模式、事件类型和话语主题，通常可通过量化标注和规模计量给予描摹和概括；有些则是深层关联分析单位，如话语过程和建构、角色关系、认知水平和话语效果，通常需要透过较为细密、深入的质性分析才能揭示和显现。

12.3　分析框架和方法

12.3.1　视角与方法概览

课堂研究对研究者的最大挑战是现象的流动性、复杂性和混沌性；如何有效捕捉和描述流动、复杂、混沌且瞬间即逝的，以课堂话语为表征的课堂现象并能开展"密集的、整体的"深入分析是该领域首要解决的方法论问题。研究者从人类学、应用语言学、教育学、语言学、心理学和社会学等不同的学科传统和理论出发，以不同的路径和方法对教师课堂话语的不同侧面进行了"多方面、多层次"（a multi-faceted and mutil-layered）的分析，取得了丰厚的相关成果（Green et al.，2015：26）。总体来说，过去近 60 年的课堂话语研究框架、路径和方法经历了三个阶段的转向（Markee，2015：48），即从早期的"教师行为量化分析"（如 Flanders 的互动分析系统和其后来各种演化系统）到后来的"具体语言特征分析"（如类似 IRF 序列模型的会话分析和基于系统功能语言理论的话语分析等）（黄山，2018；Sinclair & Coulthard，1975），再到日益盛兴的"课堂民族志历时研究"（如交流民族志、互动民族志以及新素养研究）。其中，比较成熟且被广为使用的主要框架和方法包括：互动分析（interaction analysis）（Fanselow，1977；Flanders，1970）、话语分析（discourse analysis）（Gee & Green，1998；McCarthy，1991；Stubbs，1983；van Dijk，1985；Willis，1992）、民族志（ethnography）（Watson-Gegeo，1997，2004）、会话分析（conversational analysis）（郭慧，2017；Hutchby & Wooffitt，2008；Markee，2000；Mori & Zuengler，2008；Psathas，1995；Seedhouse，2004；Waring，2016）、系统功能语言学（systemic-functional linguistics）（方琰，2005；杨信彰，2007；Halliday，1994）、批判话语分析（critical discourse analysis）（戴炜华、高军，2002；刘立华，2008；Fairclough，1989，1992；Fairclough & Wodak，1997；Kumaravadivelu，1999，2001；Lahlali，2007；van Dijk，2001）、多模态话语分析（multimodal discourse analysis）（丰玉芳、沈丰丹，2018；李冬艳、胥国红，2011；刘国强、汪华，2018；胥国红，2006；胥国红、曲航，2009；朱永生，2007；Levine & Scollon，2004）以及语料库语言学（corpus linguistics）（陈丽勤、刘洋，2017；Walsh，2011）等研究路径（冯江鸿，2012；张莲，2016b；Green & Dixon，2002，2008；Green et al.，2015；Markee，2015；Tsui，2007a；Walsh，2002，2006，2011；Wyatt-Smith & Cumming，2001；Zuengler & Mori，2002）[3]。因篇幅所限，本章不一一介绍（相关细节可参考张莲，2016a，2016b）。值得提出的是，课堂话语研究广泛吸收了众多学科的理论思想和方法手段，倾向采用综合分析（combined approaches）的路径（Skukauskaite et al.，2015；Wyatt-Smith & Cumming，2001）。本章在综合各种视角、方法和实证案例经

3　也有学者采用更为概括性的总结，如 Walsh（2011：74–89）认为，在过去近 60 年里，课堂话语的研究框架主要有互动分析、话语分析和会话分析。当然，他也提到其他的路径，如语料库语言学分析法、综合法以及其他方法（同上：90–109）。

验的基础上提出多重标注与分析方案的建议。

12.3.2　多重标注与分析方案

　　所谓"多重标注与分析方案"是指研究者综合各相关概念框架并灵活运用各话语分析方法、模型、技巧与手段（Green & Dixon，2002；Walsh，2001），实现目标课堂话语单位多角度切分，多次定义、分析和解释的方法或系统，力求全面、准确描述课堂话语与学习的关系，实现教师有效反思和学习（戚亚军、庄智象，2017；徐锦芬、龙在波，2020；张光陆，2021a，2021b；张莲，2016b；张莲、王艳，2014；Loughran，2002；Mercer，2004，2010；Rymes，2009）。以往外语课堂话语研究多单独使用某一具体标注和分析方案，不利于全方位、透彻地描述与解读课堂话语与语言学习的关系，因而无法帮助教师形成有效教学反思和学习（Korthagen & Kessels，1999；Rymes，2009）。

　　多重标注与分析方案的基础是 IRF 序列模型（杜小双、张莲，2022；黄山，2018；欧阳嘉煜、汪琼，2021；Li & Zhang，2022；Sinclair & Coulthard，1975）。虽多受诟病，但 IRF 作为最经典的课堂话语结构模型在课堂话语研究实践中潜力巨大。因简单、易操作、概括性强，该模型可用作目标语料最重要的基础标注和规模计量工具，形成语料总体模式的量化分析，如话语总量、时间、结构、师生话语量占比、步次和轮次总量等。然后，研究者在量化标注基础上对序列中每一话步的教学功能（pedagogical functions）进行再次（或多次）质性标注，如问题分类（如展示性或参考性，指向记忆性认知能力或分析性认知能力）（张莲，2009；张莲、王艳，2014；Brock，1986；Lynch，1991）、反馈步和具体策略归类（Cullen，2002）、支架功能（instructional scaffolding）分类（Wood et al.，1976：89–100）以及布鲁姆教育目标分类（Bloom's Taxonomy of Educational Objectives）（Anderson，2002：211–217）标注等，以此建立话语步与认知和学习的关系（Mercer，2004，2010），为教师理解和反思教学奠定扎实的量—质分析基础。基于上述质性标注的语料仍可再行量化统计和分析。这正是语料多重标注的优势，为有效捕捉并描述流动、复杂、混沌、以话语为表征的课堂现象并能展开"密集的、整体的"深入分析做出重要贡献。另外，因为研究视野纳入了教师和学习者，研究者在试图解读课堂话语与学习的关系时，还应注意"倾听"两个话语/活动主体即教师和学习者的声音（戚亚军、庄智象，2017；徐锦芬、龙在波，2020；朱烨，2021）。

外 / 二语课堂是一个极其复杂的话语情景，不断变化的教学目标和任务带来不断变化的课堂语境，教师和学生交互的在线性、话语意义的协商性、整个课堂话语的流动性和动态发展等，都远非一种路径和方法所能全面、准确而清晰地描述和解释的。根据研究的不同目的和不同阶段，借助于不同路径中的方法和手段，发挥各自优势，可以对研究问题实施较全面、准确的观察和分析，多种方法的使用可以有效弥补单一方法的不足，从而提高研究结果的信度和效度。

12.4　外 / 二语课堂话语研究与教师发展

如前定义，课堂话语是教学过程中师生间为了特定教育教学目的而进行的交流与互动（Cazden，2001；Seedhouse，2004；Waring，2016）。它既是学生内化知识、协商意义的过程，也是展示教师知识、理念和经验的过程（杜小双、张莲，2022；徐锦芬、龙在波，2020；Li & Zhang，2022；Markee，2015；Marton & Tsui，2004；Mercer，2004，2010）。事实上，早在 20 世纪 70 年代，Fanselow（1977）就明确建议，我们可以通过分析教师如何与学生交流来学习如何教书，但对隐于其中"如何学"机制却语焉不详。情景认知论（situated cognition）提供了一个探索、理解课堂话语研究与教师学习之间先天且深切的关系的思路和方法。情境认知论认为所有的知识都在活动（activity）中，而活动所处的社会、文化及物理环境（context）是活动本身的一部分（Brown et al.，1989；Greeno，2011）。换言之，认知、活动和环境三者互为镶嵌，融为一体，体现了"知行合一"的认知立场。该立场不仅挑战了传统认知理论关于认知是独立于环境、在人脑中独自运行的心理机制的假设，更为解读基于课堂教学，特别是课堂话语研究的教师学习机制提供了重要的理论依据（Reynolds & Miller，2003）。在这样的认知框架下，课堂教学构成教师认知 / 学习的环境，课堂话语分析则是活动（Greeno，2011）。以此逻辑，研究者（或教师自己）通过切分案例话语单位，定位、捕捉并解读参与其中的理念、知识和经验，可以帮助教师情景化地审视、反思已有知识和经验，同时建构新知识、新经验。因反思透过课堂话语实录分析而展开，反思的内容、过程及深度和广度以话语量和质的分析为基础，反思的实体化、具象化（或称情景化）成为可能，其有效性得以保障（Borko，2004；Putman & Borko，2000）。在此过程中，课堂话语分析无疑成为创设认知情景，使教师学习情景化、具象化的重要方法和工具（黄山，2018；欧阳嘉煜、汪琼，2021；彭亮、徐文彬，2018；戚亚军、庄智象，2017；张莲，2016b；张莲、王艳，2014）。

12.5　问题与展望

如前所言，课堂话语是学生内化知识、协商意义的过程，也是教师知识、信念和经验的课堂表达。课堂话语研究因而不仅揭示学生学习的过程，也帮助教师检视自己的知识与经验、理解自己的教学，自然成为教师学习和发展的重要方式。因此，基于课堂话语研究的外语教师学习和发展路径是完全可行的，它不仅是一种研究的思路，更是外语教师学习与发展的实践之路，值得开展更多系统的实证研究。在过去近60年里，教师课堂话语研究在理论和方法上都有了长足的发展，积累了丰富的成果，也达成了许多重要共识，增进了我们对语言、互动、学习，特别是外语教育教学的认识和理解。但同时也有一些尚存争议的问题。张莲（2016b：136-137）将这些问题概括为以下三个方面。

首先是我们对课堂话语研究的重要性认识不充分。虽然越来越多的学者意识到课堂话语研究在教育，特别是外语教育教学中的重要性，并开展了许多卓有成效的研究，但仍然有为数不少的学者、教师和教师教育者认为它只是一个微观、琐碎、意义不大的议题。这种看法显然与我们对（语言）学习的理解，特别是对互动在（语言）学习中的作用和意义的理解有关：如果我们认为学习是一个认知过程，那么我们可能就看不到互动在学习中的意义；如果我们认为学习是一个社会过程，学习就意味着参与和互动，那么互动就是相关且重要的（徐锦芬、龙在波，2020；张莲、王艳，2014；Walsh，2011）。目前来看，这种理解上的争议仍将长期存在。但就课堂话语研究在外语教育教学中的重要性而言，笔者认为，现有的二语习得和外语学习理论已充分说明积极开展相关实证研究的必要性（欧阳嘉煜，汪琼，2021；张光陆，2021a，2021b；张莲、王艳，2014等）。

其次是我们对课堂话语研究在促进教师学习与发展中的作用认识不到位。外/二语教师教育与发展研究文献纵览提示，多数外语教师教育与发展项目聚焦教育教学理念、学科知识和教学方法，较少花时间帮助教师理解课堂互动、课堂话语的重要性，并学习透过课堂话语分析实现自我反思和发展。事实上，课堂话语及课堂话语研究成果表明，透过课堂话语分析的窗口帮助教师审视、反思自己的知识、理念和经验完全可以成为教师教育和发展的重要途径（黄山，2018；王珊、潘亦宁，2017；张莲，2016b；张莲等，2014；张莲、王艳，2014）。

最后是上述两个问题的结果，即系统、规范的本土课堂话语实证研究尚显不足，相关知识和话语体系有待建构与发展。知识化的一个重要途径是把我们具有创造性的实践和经验概括、提炼为知识。改革开放以来，特别是新时代以来我们进行了规模宏大、影响深远的外语教育教学改革和实践，积累了丰富的经验。这些经验之所在就是课堂，它们就沉淀在课堂话语中，唯有课堂研究，特别是课堂话语研究方能解开其中之奥秘。五十年前，Hymes（1972：xviii）在《研究课堂中的语言》（*Studying Language in the Classroom*）一书的前言中写道，"研究课堂中的语言并不是'应用'语言学，而是真正意义上的基础研究。在理解课堂中的语言方面所取得的进步就是语言学理论的进步。"因此，从某种意义上来说，课堂话语研究不只是帮助教师理解课堂，改善、优化教学实践的方法，也是本土外语教育教学相关知识和话语体系建构和发展的路径。

国外（教师）课堂话语研究相对成熟，已积累大量成果，知识化程度也较高。但这些知识能否圆满地解释我们的课堂以及沉淀于其中的课堂话语有待进一步研究。篇幅所限，此处仅举一例，略作阐释。Walsh（2011：158）提出了"课堂互动能力"（classroom interactional competence）的概念。他认为，课堂互动能力是"师生双方把互动作为调节和辅助学习的工具的能力"（同上）。这一概念的重要贡献显而易见：（1）它再次确认互动在语言学习中的重要作用；（2）它明晰了课堂话语与学习的关系；（3）它提出提高教师教学水平和教学质量的一个努力方向。但结合对国内英语教育教学语境的长期观察和研究判断，笔者认为，外语教师具有课堂互动能力的基础条件是教师自身具备优良的语言基本素质和运用能力。在此基础上，教师如何理解话语与学习的关系与教师关于语言和语言学习的认知关系密切。换言之，"课堂互动能力"似乎并不能概括国内大（中小）学英语教师在课堂中交流和互动能力的必备资源和基本要素，甚至可能是忽略了其中重要的一个方面，即特定语言的运用能力。为此，开展系统、扎实、细致的课堂话语研究，发掘并提出本土外语（教师）课堂话语的描述和解释框架是十分必要的。一方面，这是我们发现问题，做出研判，优化课堂的机会；另一方面，这也是我们描摹、概括本土外语课堂实践，总结本土外语课堂经验，提出或建构本土外语课堂理论和实践知识体系的机会。

第 13 章
近十年国内外二语教师认同研究综述

13.1　研究背景

　　自第二语言（以下简称二语）[1] 教育研究兴起以来，其研究重心最初一直是学习者。20 世纪 80 年代起，研究者逐渐认识到教师在教学中的重要作用，从最初的思辨研究到 90 年代越来越多关于语言教师的实证研究（Vélez-Rendón，2002）。Johnson（2006）将过去 40 年的外语教师教育研究划分为三个发展阶段：20 世纪 70 年代中期，研究重心是教师对教学法和教学内容的掌握及其对学习者的学习成果的影响；20 世纪 80 年代中期，重心转为对教师知识、教师决策与教学实践的研究；20 世纪 90 年代中期，外语教师教育研究出现了社会文化转向，即教师被看作是社会文化共同体中的参与者，教师发展更多关心教师的"内在自我"的发展，许多研究发现教师的"内在自我"对于教师如何理解教学及其在课堂上的教学行为方面有着至关重要的影响（Weisman，2001）。教师认同（teacher identity）是教师内在自我的一个重要组成部分，影响着教师的职业效能、职业发展、应对教育改革并在教学实践中实施改革的能力和意愿，对教学决策、教学内容、教学效果等起着至关重要的作用（Beijaard et al.，2000）。

　　针对二语教师认同的研究始于 20 世纪末及 21 世纪初（Duff & Uchida，1997；Johnston，1997；Jones et al.，1999；Weisman，2001）。国内外语教育领域对教师教育与发展的研究起步于 20 世纪末，最初多以教师掌握语言知识和语言学理论为主导（周燕，2008），随着

1　本章"二语"采用其广义的概念，包括狭义的第二语言和外语。

我国对外语教育发展以及外语教育改革的实施，担当实施教学改革重任的外语教师的职业发展亦引起研究者的关注（吴一安，2005a；吴一安等，2009；周燕，2005），21世纪初出现了一些关于外语教师认同的研究（如郝彩虹，2010；李晓博，2009；刘熠，2009a，2009b；Tsui，2007b）。从起步迄今，我国外语教师认同的研究经历了十年的发展，本综述尝试梳理近十年国内外二语教师认同的实证研究论文，探讨该研究主题的现状和特点，分析发展趋势，为未来提供相关参考与启示。

13.2　研究设计

本研究采用文献分析法对近十年（2009—2019）二语教师认同国内外实证研究进行收集与梳理。在数据收集方面，我们以中国知网数据库为国内研究文献来源，按照主题词组合"外语教师/二语教师/翻译教师/英语教师"并含"认同/身份"对中文社会科学引文索引（CSSCI）刊源文献进行检索；对于国外研究，我们则在Scopus索引数据库中检索论文标题、摘要及关键字中含有以"EFL/ESL/ESP/second language/foreign language AND teacher AND identity"为检索词组合的研究论文（Article）。通过对检索文献的初步阅读，并借鉴高一虹等（1999）对于研究方法的分类标准，我们将主题与二语教师认同相关性较小的文献以及非实证研究的相关文献剔除，最终共获得符合本研究条件的文献134篇，其中文文献27篇、英文文献107篇，本章后续分析均基于筛选的134篇文献数据展开。

在数据分析方面，我们使用Bibliometrix工具对研究数据进行描述性统计分析。Bibliometrix是基于R语言的文献计量可视化工具包，可对来自Scopus和Web of Science索引数据库的文献信息进行基本指数统计以及关键词共现、耦合与文献共被引等一系列分析和可视化的结果呈现（李昊等，2018：94）。同时，本研究对中国知网数据库导出的文献信息进行了格式转换，实现了Bibliometrix对中文文献的统计分析与可视化呈现，进而更加准确地把握近十年来二语教师认同研究的整体发展脉络。通过对近十年外语教师认同研究的梳理，本章旨在回答以下三个问题：（1）近十年国内外二语教师认同研究的总体趋势如何？（2）近十年国内外二语教师认同研究在认同定义、研究对象、理论框架、研究方法方面呈现了什么样的特点？（3）现有国内外研究的差异以及未来发展趋势是怎样的？

13.3 研究发现

我们通过 R 语言加载 Bibliometrix 程序网页 [>library (bibliome-trix); biblioshiny( )]，并分别将国内、国外研究导入程序 [Data–Import or Load files]，进行年度文献产出分析与关键词统计分析，结果如表 13–1 与图 13–1 所示。

表 13–1　国内外近十年二语教师认同研究高频关键词归类统计

	关键词词云图	代表关键词	维度
国内研究		专业发展 / 身份建构 / 职业认同转化	研究内容
		大学英语教师 / 非通用语教师 / 新手教师	研究对象
		社会文化理论 / 实践共同体	理论框架
		个案研究 / 问卷调查 / 批评话语分析	研究方法
国外研究		professional identity/teacher education	研究内容
		NNESTs/EFL teachers/pre-service teachers	研究对象
		community of practice/sociocultural theory/ activity theory	理论框架
		narrative inquiry/discourse analysis	研究方法

由表 13–1 可看出，关键词主要可以归为：研究内容（主题）、研究对象、理论框架与研究方法四个维度的内容。此外，研究者对认同概念的不同理解，会对上述四个维度产生一定影响，故研究中认同概念的界定也在我们综述的范围之内。下文将分别从近十年国内外二语教师认同研究的整体趋势、认同定义、研究对象、理论框架与研究方法五个方面进行综述。

13.3.1　二语教师认同研究的整体趋势

为探究二语教师认同研究的整体趋势，我们主要采用年度文献产出分析与表 13–1 "内容" 维度关键词的归类统计。其中，年发文量可以反映研究热度的变化以及未来研究的走势；论文关键词是对论文内容的高度凝练，对高频关键词解读往往可以看出本领域研究的主题。本节将首先从发文数量演变与主要研究主题两方面入手，在宏观层面整体把握近十年二语教师认同研究的整体趋势。

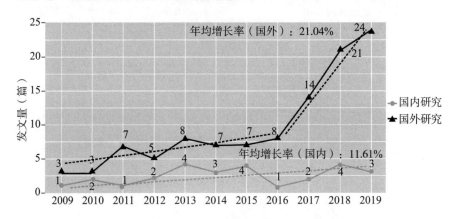

图 13–1　近十年二语教师认同研究年发文量趋势

图 13–1 为近十年二语教师认同研究年发文量趋势，由图可见，国内外二语教师认同相关的实证研究呈现不同的发展态势。国外研究呈指数增长趋势（十年来文献年均增长率为 21.04%），从文献分布来看大致可分为两个阶段：第一阶段（2009—2016）总体增长较为平缓，每年发文 4 至 8 篇，虽然 2012 年数量稍有回落，但整体呈现上升趋势，该阶段共有文献 48 篇（约占近十年发文总量的 44.86%）；第二阶段（2017—2019）文献数量增长迅猛，三年间文献数量总计 59 篇（约占近十年发文总量的 55.14%）。国内研究始于 21 世纪初期，至今仍处于起步阶段，发展较为缓慢（十年来文献年均增长率为 11.61%），每年发表实证研究数量均不足 5 篇。

从研究主题上看，十年来二语教师认同研究主题多元。在仔细研读并结合 Bibliometrix 关键词共现分析结果后，我们将二语教师认同研究共同关注的主题进行了汇总，如表 13–2 所示。

表 13-2　国内外二语教师认同研究主题

研究主题	发文数量（篇）		代表文献	
	国外	国内	国外	国内
二语教师认同建构	43	10	Fennell (2012) Berg (2014) Leigh (2019)	耿菲（2014） 张宇峰（2018） 亓明俊、王雪梅（2017）
二语教师认同的影响因素与提升路径	22	2	Lee (2013) Kitade (2014) Knoerr (2019)	窦文娜（2011） 张莲（2013）
二语教师认同现状	11	7	Liao (2017) Evripidou (2018) Fogle & Moser (2017)	唐进（2013） 温剑波（2015） 张华、许斌（2017）
话语身份认同	11	2	Trent (2011) Tajeddin & Ameri (2018) Zhang & Yuan (2019)	刘熠（2009b；2010） 徐敏、陈新仁（2015）
二语教师认同与职业发展的关系	10	4	Huang & Varghese (2015) Ellis (2016) Teng (2019)	刘熠（2011） 寻阳（2015） 寻阳、郑新民（2015）
二语教师认同的转变	10	2	Xu (2013) Martel (2015) Ostad et al. (2019)	郝彩虹（2010） 覃俐俐、王克非（2018）

从表 13-2 可以看出，二语教师认同建构、二语教师认同现状描述以及二语教师认同与其职业发展关系是国内外研究者共同关注的主题。除此之外，国内外研究在主题上又各有侧重，例如国内研究者对于课程教改视域下的二语教师认同（高雪松等，2018；刘晶、陈坚林，2019）、二语教师认同量表开发（唐进，2013）等主题较为关注；国外研究则出现了从二语教师的身份认同、职业认同向文化认同与道德认同的转变（Cabaniss，2014；Meihami & Salīte，2019）。这一点与先前的综述文献结果较为相似（如滕延江，2018）。

13.3.2　国内外二语教师认同的概念界定

"Identity" 一词常被理解为 "身份" 与 "认同"。其中，"身份" 的概念为近代社会心理学的认同理论所采用，强调个人在一个团体中的成员身份与角色（Stryker，1968；Tajfel，1959），但这一概念较为结构化，不能深刻反映和揭示教师认同的复杂性及动态性。而"认同"决定了人们采用何种方式来理解和描述客观世界（Brown & McNamara，2011：97），在符号互动理论（Mead，1934）和后现代主义思潮的影响下，建构主义认同观逐渐发展起来，关注教师认同的动态性、多元性与矛盾性。对研究者而言，教师认同的概念如何界定在某种程度上能够直接影响研究的范式与方法，因此厘清概念间的差异对于教师认同相关研究具有重要意义（文灵玲、徐锦芬，2014：45）。

国内外现有二语教师认同研究从不同视角对"认同"这一复杂概念加以界定。纵观十年来的外语教师认同研究，其教师认同的定义大多是对以往研究中的定义的借用、修正与发展（如寻阳，2015；张莲，2013；张虹，2019b；Aneja，2016；Tao & Gao，2018 等），小部分研究则从自身研究出发提出了新的认同定义（如郝彩虹，2010；刘熠，2011；Farrell，2011 等）。通过文献阅读与综述，我们将认同定义主要分为三大类，即静态结构观、动态建构观以及话语建构观，如表 13-3 所示。

表 13-3　国内外二语教师认同研究中的主要认同定义

定义类型	文献来源	概念界定
静态结构观	Richards（2008：167）	认同是指教师在教学过程中对其扮演的不同的社会和文化角色的认同。
	Farrell（2011：57）	教师身份认同归为三类：作为教学管理者的教师、作为文化移入者的教师和作为专业教师。
	温剑波（2015：145）	大学外语教师在全球化、国际化的国际知识系统中对自身位置与角色的确认与追求。
动态建构观	Wenger（1998：190）	能动者在实践中参与和协商的学习经历；能动者在各种实践共同体中的学习实践是建构认同的基本过程。
	Norton（2000：5）	"我"如何理解与外在世界的关系，这个关系是如何跨域时间与空间得以建构的，以及"我"是如何理解未来的可能性。
	Johnson（2003：788）	身份认同是依据共享经验与沟通协商，通过"我"如何看待他人以及他人如何看待"我"而建构与改变。

定义类型	文献来源	概念界定
	Beijaard et al.（2004：108）	职业认同指"我"是谁，是什么样的人，"我"赋予自己的意义是什么，别人赋予"我"的意义是什么，主要涉及教师所教授的学科、教师与学生的关系以及教师角色与角色观念三大内容。认同也在教学过程中随着个人知识的增加而逐渐构建。
	刘熠（2011：27）	作为一名教师，他认为自己是谁，是个什么样的教师，他赋予自我以及教师职业的意义；在其职业发展过程中，他与其所参与的各个校内外实践共同体的关系，以及不同共同体之间的联系。
	郝彩虹（2010：85）	教师对于教职、教学、研究具有意义的整体理解和建构，教师对自己以及自己与他人、与世界关系的解释、正视、理解和创造。
	唐进（2013：64）	教师认同不是固定的或单一的，而是处于一个复杂、动态的平衡过程，并且教师在这一过程中发挥积极作用；教师职业认同包含与之协调的次认同，即教师在不同情境和关系下承担不同角色所形成的不同的认同体验。
	寻阳、郑新民（2014：120）	外语教师身份认同是一种个体心理概念化和社会化的方式，具有动态变化、矛盾斗争、环境塑造、互动关联与话语建构的特点。
话语建构观	Morgan（2004：173）	职业认同与个人认同均为话语、权利与知识的体现，能够调节各种形式的人类活动，并赋予其社会价值。
	Varghese et al.（2005：21）	外语教师的认同基于环境而构建，并通过语言和话语不断转换和变化，具有持续和协商的特点。
	刘晶、陈坚林（2019：82）	"教师身份"是教师对自我的一种认识和理解，它是在社会结构和教师能动性的互动中建构的，体现为"实践中的教师身份"和"话语中的教师身份"。

其中，静态结构观的认同定义往往从个人角度出发，且常与"角色"

这一概念相关联，将认同视为教师头脑中相对固定的"产品"（product）（Beauchamp & Thomas，2009：177）。动态建构观则主要将认同定义为在教师发展过程中教师个人与社会之间的动态的、连续发展的、持续互动的、容易受到社会及文化等外部因素影响的"过程"（process），具有以下三点特征：（1）认同发生在具体的、互动的情境中；（2）认同是一个多元的过程而不是单一、独立的结构；（3）认同不仅仅源于个人，还是一个个人与社会情境相协商的过程（刘熠，2016）。话语建构观的认同定义广义上属于建构观的认同范畴，但侧重"话语"在认同建构中发挥的重要作用，将教师认同理解为"话语中的身份认同"（Varghese et al.，2005）。

由此可见，二语教师认同是一个内涵丰富、范围宽广而且定义多元复杂的概念。整体上来看，十年来二语教师认同研究呈现出结构主义与建构主义认同观并存的态势，认同内涵也正经历着由静态的、单一的认同，向动态的、互动的认同的转向，并且建构主义认同观逐渐成为研究者采用的主要理论基础。

13.3.3 国内外二语教师认同研究研究对象

在文献阅读过程中，我们发现二语教师认同研究的研究对象可按照不同标准归类。按教师阶段划分，可将研究对象主要分为职前教师／实习教师与在职教师两大类。一般认为，一名教师经过五年左右的教学实践就可以熟练掌握教学，逐步成为经验教师（Berliner，2004：207）。因此我们以五年为教龄标准，将在职教师进一步分为新手教师与经验教师。除关于上述某一特定阶段的教师的探讨，有研究还综合了处于不同阶段的教师群体进行混合教龄教师研究；此外，研究对象还可以按照教学对象阶段与教师授课类型进行划分。综上，国内外二语教师认同实证研究对象分类如表13-4所示。

表13-4显示，国内外二语教师认同实证研究对象存在较大差异。首先，依据教师阶段的文献分类来看，国内研究集中在经验教师与混合教龄教师研究，共有22篇（81.5%），对于新手教师的探讨有4篇（窦文娜，2011；耿菲，2014；亓明俊、王雪梅，2017，2019），而对职前教师的探讨相对较少，仅有1篇（张宇峰，2018）。国外研究中，以经验教师与混合教龄教师为研究对象的探讨同样较多，占研究总量的50.5%；对新手教师的探讨较国内稍高，为20篇（18.7%）。相比之下，国外学者较为关注职前教师（pre-service teacher）与实习教师

表13-4 国内外二语教师认同实证研究对象

研究对象 分类依据	具体研究对象	国内研究 数量（篇）	占国内研 究总量的 比例（%）	国外研究 数量（篇）	占国外研 究总量的 比例（%）
教师阶段	新手教师（在职）	4	14.8	20	18.7
	经验教师（在职）	11	40.7	34	31.8
	混合教龄（在职）	11	40.7	20	18.7
	转岗教师（在职）	0	0	1	0.9
	实习教师（职前）	1	3.7	32	29.9
教学对象 阶段	大学教师	22	81.5	95	88.8
	中小学教师	5	18.5	12	11.2
授课类型	大学公共英语教师	11	68.8	0	0
	专门用途英语教师	2	12.5	6	75
	非通用语教师	1	6.3	1	12.5
	英专教师/翻译教师	2	12.5	1	12.5

（student teacher）的职业认同情况，研究数量为32篇（29.91%）。国外研究者对职前教师的关注度高于国内研究的主要原因可能是我国的教师职前培养主要是依靠高等师范院校的四年制学位教育，而国外的教师职前教育多为以教师资格能力认证为导向的职业化培训为主（杨朝霞、王丽珍，2013），更关注培训者的职业化发展。其次，按教学对象的阶段来看，国内外研究均呈现出以高校外语教师研究为主，中小学外语教师研究十分有限的现状，占比基本一致。究其原因，大多数研究者为高校或研究机构的教师，往往喜欢在其熟悉的大学教育环境下开展研究（Cheung，2014：179），而较少关注中小学英语教师群体。再次，在授课类型方面，国内外研究对于专门用途英语教师（如高雪松等，2018；刘晶、陈坚林，2019；Ishihara & Menard-Warwick，2018；Okada，2015；Rashidi & Meihami，2019）与非通用语教师（如张虹，2019b；Andión，2013）的关注程度也较为一致。特别国内学者是对于专门用途英语教师的关注在十年内逐渐兴起。自2009年起，国家提出培养大学生专业领域内的国际交往能力和竞争能力，专门用途英语教学得到了迅猛发展。在此教育改革的大背景之下，大学（通用）英语教师大多经历着"痛苦"的转型（蔡基刚，2015），因此对专门用途英语教师认同的考察就显得尤为重要。

国内外外语教学环境不同，研究对象各具特色。国内的大学（公共）外语课程是所有高校重要的基础课程之一，在教学目标、内容的广度与深度与外语专业课程存在差异，其教师在职业发展方面也具有特殊性，这一教师群体的身份与职业认同成为国内研究者主要的关注对象（如郝彩虹，2010；刘熠，2009a，2009b，2010；温剑波，2015等）。另外，国内翻译硕士专业学位（MTI）在过去的十几年中迅猛发展，截至2020年4月，MTI培养单位数量由最初的15所发展到260所之多。MTI教育突飞猛进的发展不仅给高校外语教师带来了新的机遇，同时也带来了巨大的、前所未有的挑战，其中，师资是制约我国翻译人才培养事业发展的最大瓶颈（何刚强，2007）。通过文献的梳理，我们发现国内研究者已经开始关注翻译教师作为个人的职业发展研究（刘熠、刘平，2018：59），出现了有关翻译教师认同的探讨（如覃俐俐、王克非，2018）。

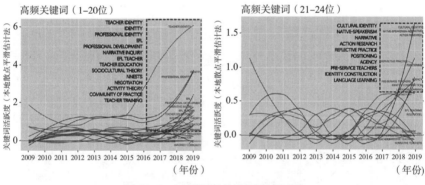

图 13-2　国外研究关键词演变图谱

通过 Bibliometrix 自动生成的关键词动态演变图谱（图13-2）还可以看出，国外研究对于英语本族语教师（Native English Speaker Teacher, NEST）和非本族语教师（Non-Native English Speaker Teacher, NNEST）的二分问题较为关注，尤其是非英语本族语教师认同的研究近年来也持续走高（如 Cabaniss, 2014; Huang & Varghese, 2015; Zacharias, 2010 等）。近些年来，二语教育领域中非本族语教师的数量逐年增长，而这种二分在一定程度上强化了本族语教师的优越感，弱化了非本族语教师的地位。这种"母语者神话"（Phillipson, 1992）的观点使得非本族语者教师处于二语教学的边缘化地位，在这样的国际大背景下，研究者纷纷为提升非母语教师的职业认同与职业自信建言献策。

13.3.4　国内外二语教师认同研究主要理论框架

理论框架作为研究的"蓝图",为研究者从哲学观、认识论、方法论与分析法等方面对研究进行框定(Grant & Osanloo, 2014: 13),同时能够使读者信服该研究是基于科学可信的论证分析,而非基于研究者的直觉。十年来国内外研究者越来越重视研究中的理论框架的选择、整合与呈现。综述发现国外研究的理论框架使用多元,其中社会文化理论(如 Golombek & Klager, 2015;Shahri, 2018;Reis, 2011)、实践共同体理论(如 Kanno & Stuart, 2011;Rashidi & Meihami, 2019;Trent & Gao, 2009;Wang, 2018)、活动理论(如 He & Lin, 2013;Karimi & Mofidi, 2019)以及定位理论(如 Berg, 2014 等)应用较为广泛,近年来研究数量仍在持续增长。文献综述还发现国外部分研究者在后结构主义思潮的影响之下,关注二语教师认同在文化、权利与声音的问题,因此近年来 Bakhtin(1981)的多声性理论(如 Huang, 2014;Ilieva, 2010)、Bourdieu(1989)的象征性权利与合法化框架(如 Martínez-Prieto & Lindahl, 2020)以及 Norton(2000)的教师认同与投资模型(如 Barkhuizen, 2016;Stranger-Johannessen & Norton, 2017)等理论框架的使用也相对较多。

相较之下,国内研究的理论框架主要为西方理论框架的借用,以社会文化理论(高雪松等, 2018;寻阳等, 2014)与实践共同体理论(亓明俊、王雪梅, 2017;覃俐俐、王克非, 2018;耿菲, 2014)使用居多。同时,国内学者还较为关注认同的话语建构,从概念隐喻(刘熠, 2010)、语用身份建构论(徐敏、陈新仁, 2015)等理论视角出发考察二语教师的认同建构。十年来国内研究的理论框架使用情况,基本与研究者对于二语教师的建构主义认同观相吻合,即二语教师认同是由话语建构的、实践中的认同,并受社会、文化等因素的影响,处于动态变化的过程中。除借鉴国外理论框架外,郝彩虹(2010)借鉴并进一步拓展了国内学者高一虹等(2003)提出的自我认同变化框架探讨了大学英语教师职后学历变化对其专业认同的影响。

近年来相关实证研究的理论框架多元,呈现出多样化理论独立共存的状态。究其原因,研究者对认同的不同定义在一定程度上影响了其研究理论框架的选用。但也有学者(如 Trent, 2011;Varghese et al., 2005)提出综合运用不同导向的理论框架,将"实践中的认同"与"话语中的认同"有机结合,对外语教师认同进行多层面的探究,更加准确地解释教师认同的复杂性与多维度性。

13.3.5　国内外二语教师认同研究主要方法

文献梳理发现，十年来国内外二语教师认同实证研究方法多元，且均以质化研究为主要范式，量化研究、量质混合研究并存（如图 13-3 所示）。本节将分别从上述研究方法对国内外相关实证研究进行梳理。

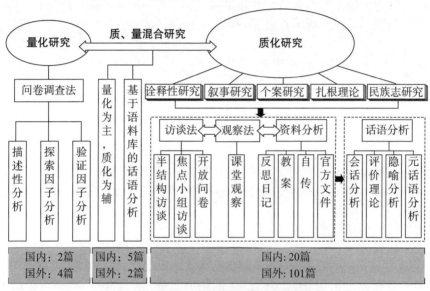

图 13-3　二语教师认同实证研究主要研究方法

十年来，二语教师认同的实证研究多以质化研究为主。质化研究的核心特点是对所研究事件进行全面深入的描述性与阐释性解读（刘熠，2015：62），更有利于深入挖掘教师的真实想法，倾听他们的声音，因此在国内外二语教师认同研究中应用均十分广泛，研究类型主要包括基础诠释性研究、叙事研究、个案研究、扎根理论以及民族志研究。叙事视角在认同研究中具有独特优势，在国内外研究中均占据主导地位（如刘熠，2009a，2012；孔彩芳，2012；Han，2016；Leigh，2019）。在数据收集方面，访谈、课堂观察与资料收集是主要的收集方法，文献综述发现有国内外的研究在质料收集上出现了由单一方法向同时运用多种方法的转变，即以一种方法为主，结合其他数据的三角验证，例如在半结构访谈的基础上结合教师反思日记、自传等资料分析，从而更加准确地把握教师的内心活动。但是按照质料收集的时间尺度看，国内外研究存在较大差异。其中，国外研究中有较多历时、纵向研究，如

Barkhuizen（2016）探究了一名二语教师职前及从业九年后的职业认同建构；Valverde & Cecilia（2014）研究了 20 名职前外语教师在其三年培训期间的职业认同建构。国内有关质化研究则多以短期的调查为主。从研究的规模看，国外研究中不乏出现借助开放问卷的较大规模的调查（如 Pfingsthorn et al.，2019；Wang & Lin，2014）。相比之下，国内研究多以小型研究、个案研究为主（如郝彩虹，2010；亓明俊、王雪梅，2019；唐进，2013）。

在质性研究资料分析方面，国内外学者均注意到了在教师认同建构过程中话语的重要意义。话语不仅仅是语言符号，更是一种社会实践，可以产生、传播、强化、削弱社会意义和社会关系，教师身份认同也具有话语建构的特点（Clarke，2008；Varghese et al.，2005）。因此，话语分析作为一种趋于质化研究的数据分析方法（田海龙，2013），逐渐被国内外研究者应用到二语教师认同研究中，为该领域研究从方法上提供了新的微观思路和多元视角，研究数量逐年递增（如刘熠，2009b，2010；徐敏、陈新仁，2015；Ilieva，2010；Okada，2015；Trent，2011）。

虽然质化研究能够走进教师内心，但是由于研究者自身为研究工具，具有一定的主观性，其客观性与代表性受到质疑（寻阳、郑新民，2014：123）。因此，一些研究者选用量化研究或将量化和质化相结合共同研究二语教师认同情况。其中，对于教师认同的量化研究（如唐进，2013；张华、许斌，2017；Rozati，2017；Sheybani & Miri，2019）能够通过客观、大规模的调查，描述某阶段国内教师认同的现状与影响维度；质化、量化混合研究（如寻阳、郑新民，2015；寻阳等，2014；张莲，2013；Barahona & Ibaceta-Quijanes，2020；Ostad et al.，2019）则倡导研究的"多元方法"与"三角验证"，取各自之所长，弥补量化研究对于教师内心活动考察的缺失。从图 13-3 中我们还发现，国内量化研究（2 篇）和量化为主、质化为辅的混合研究（5 篇）所占国内研究总量的比例（分别为 7.41%、18.52%）明显高于国外。这一现象可能与国内研究者、编委与期刊主编多年形成的研究传统与方法取向有关（孟春国、陈莉萍，2015：6）。虽然国内研究者对于量化研究的态度从全面认同到深度抵触不一（高一虹等，2000：69），但目前量化范式仍然是国内外语教育与应用语言学研究的主要范式。

13.4　结论与启示

二语教师认同研究虽然是一个相对较新的研究领域，但近些年来该研究领域在国内外都发展迅速，具体体现为：第一，国内外研究数量在十年间均呈现不同程度的上升趋势，研究者对二语教师认同这一重要话题研究的关注逐年上升；第二，相关研究中结构主义认同观与建构主义认同观并存，并正在经历向建构主义认同观的转变，二语教师认同的动态性、互动性受到研究者的广泛关注；第三，研究对象范围较为广泛，不同阶段、不同对象、不同类型的教师均有所涉猎；第四，研究方法多元，呈现出质化研究占主要地位，量化研究、质化量化混合研究兼存的态势。

通过国内外研究的对比，我们发现与国外的研究成果相比，国内相关实证研究在研究数量、概念界定、研究对象范围、研究方法上仍存在一些不足。第一，实证研究数量与质量均有待提高。国内二语教师认同研究多以"自上而下"的理论思辨型研究为主导，实证研究较为匮乏，尤其是对于教师认同研究的质化研究需进一步加强。此外，教师认同是一个动态的、不断变化的过程，国内现有的实证研究规模均较小，时间跨度较短，无法了解教师在职业发展中的认同变化。建议未来研究者在开展实证研究时扩宽时间跨度，开展纵向/历时、追踪性研究，从动态的视角把握二语教师所处不同时期的认同变化。第二，认同概念界定需要进一步清晰化。如前文所述，研究者对认同的概念界定会对研究范式产生一定影响，只有立起"靶子"，才能有的放矢开展研究，输出成果，进而更好地与读者对话。虽然国内实证研究大多在引言、文献综述部分对相关概念进行了梳理，但多数研究没有明确提出认同的定义，概念界定不够凝练清晰。第三，研究对象范围仍较为狭窄。国内研究的主要对象为从教五年及以上的经验型教师，少量研究也关注了刚入职的新手教师，但对职前教师团体的研究寥寥无几。中国高校外语学科发展联盟师范类院校委员会自 2019 年成立以来，已经举办两次专题学术会议，但从讨论主题上看仍集中于对师范类外语学科建设的探讨（如学科发展战略、跨学科发展、一流外语专业建设），而忽略对外语师范生、职前教师"全人"的职业发展的关注。职前教师阶段是外语教师职业发展的起始阶段，也是认同形成的重要时期，近年来职前教师认同也成为教师教育改革的重要目标之一（郭新婕、王蔷，2009），因此建议国内研究者应该在关注在职教师认同的基础之上，加大对于职前教师的关注，帮助他们树立正确的认同观，并对其未来的职业发展提供帮助。同时在国家层面，应着力增强外语类师范生教育的职业化，共同促进外语教师队伍的健康发展。另外，随着我国外语教育的多样化，基础教育阶段的外语教育发挥了重要作用。中小学教师、幼儿教师的认同情况如何，未来应该引起相关学者的广泛关注。第四，理论框架呈现不够多元、缺少融合。国内研究理论框架的呈现主要是借用西方学者提出的理论框架，大多研究者仅采用某单一理论框架于自己的研究中；考虑到教师认同的特点，单一理论框架无法解读教师认同这一复杂的现象。因此建议未来研究结合多种理论，对教师认同这一复杂的现象进行多层面、多视角的深入探究。第五，理论框架多采用国外理论，对本土理论有待进一步挖掘。作为拥有悠久历史文化的中国，构建具有中国特色的教师发展话语体系和研究理论框架是未来该领域研究的一个发展方向。第六，研究报告需进一步规范。国内二语教师认同研究在方法上以质化研究为主，但在阅读文献的过程中，发现质化报告的规范性不够，主要体现为研究个案的背景交代不足以及研究者的视角、反思等深描不够（刘熠，2015），造成这一现象的原因可能与研究者对质化研究的了解不够深入以及国内的期刊文章字数限制等因素有关。质化研究报告往往需要对研究背景、研究方法、数据收集与分析、结论等细节进行详细的汇报，多数国内外语类核心期刊受字数限制不能满足质化报告的需求。建议未来期刊能够放宽对质化报告的字数限制，给予质化研究者更多的发表机会。

综上，二语教师认同研究历经十年的发展，仍存在一些亟待改善的问题，例如认同定义清晰化、理论框架多元融合与本土化、研究对象全面化、研究方法科学化以及研究报告规范化等。近年来，随着教育部关于"新时代、新文科、大外语"理念的提出，《普通高等学校本科专业类教学质量国家标准（外国语言文学类）》（中华人民共和国教育部，2018d）和《普通高等学校本科外国语言文学类专业教学指南》（教育部高等学校外国语言文学类专业教学指导委员会，2020）的相继颁布，以及教育部关于课程思政工作的全面推进，新时代下中国外语教育正面临着新一轮的改革，外语教师也面临着新的环境变化与巨大挑战，其职业认同也将会产生新的建构与变化，亟须研究者进行新的解读与阐释。聚精会神抓教师发展，充分激活全体教师的教学积极性与创造力（孙有中，2020：3）是中国外语教育的重要环节，而教师认同作为教师发展一个重要环节，该方向的研究将对外语教师队伍建设以及我国外语教育的全面健康发展具有重要而深远的历史意义。

第 14 章
高校外语教师访学动机研究

14.1 研究背景

近年来,外语教师专业发展备受国家和地方各级教育部门的重视,相关研究也逐渐增多(吴一安等,2007;周燕,2008),但外语教师动机研究还较为匮乏(徐锦芬,2020),特别是对外语教师致力于专业发展(如参与教学科研项目等)动机的关注不够(刘宏刚,2016;Liu,2020),而关注教师访学动机的研究就更为少见,因此有必要对教师访学动机在维度上进行细化和确定,丰富访学动机研究成果和外语教师动机研究成果。访学,即"作为访问学者到国内重点高等学校的优势学科研修,是加强高等学校教师培养培训和队伍建设的重要举措"(中华人民共和国教育部,2004),是教师迫切需要的在职学习、自我提升的有效途径(吴一安等,2008)。在 2004 年,教育部印发了《高等学校青年骨干教师国内访问学者项目实施办法》,规定"每年选派 1000 名高等学校青年骨干教师作为国内访问学者赴国内重点高等学校重点学科领域进行研修"(中华人民共和国教育部,2004)。国家留学基金委每年资助一定数量的高校教师外出访学。各个高校也制定相关的访学管理制度,鼓励本校教师进行国内外访学进修。在此背景下,本研究基于 Boshier(1991)的成人参与动机框架,在前期提出"高校外语教师访学动机类型"(Liu et al.,2020)基础上,对来自全国 472 名外语教师(含日语、俄语等非通用语种教师)的访学动机进行调查,主要探究如下两个问题:

(1)高校外语教师访学动机是否由学术情境动机、压力缓解动机、学术关系动机、学术象征动机、政策支持动机和内在需求动机这六种动机因子构成?

（2）高校外语教师访学动机总体上和各个子动机上是否存在不同语种教师间的显著差异？

14.2　文献综述

本研究把教师的访学动机看作是成人继续教育动机在高校教师发展动机中的一种具体形式，因此成人继续教育动机领域的主要研究对本研究有重要的启示性作用。Houle（1961）研究发现，成人参加继续学习有三种动机取向——目标取向（goal-orientation），即将受教育作为完成明确目标的方式；活动取向（activity-orientation），即学习者参与学习是为了获得学习以外的目标，比如结交朋友等；学习取向（learning-orientation），即学习的目的是为了获取更多的知识。Boshier（1971）设计出一个含有 48 个题的教育参与问卷（Education Participation Scale），以惠灵顿 233 名参与继续教育课程的成人为研究对象，经过统计运算，建立了四个维度的因子模型——其他方向发展因子、学习因子、自我与他人中心因子以及社交接触因子，在此后的 20 多年时间中，该框架得到不断扩充和完善，综合起来共有如下 7 个因子：专业提升因子（Professional Advancement），指参与者有着清晰的目标，在自己的职业方面想提高自己，而进行教育参与；认知兴趣因子（Cognitive Interest），指参与者是为了学习知识，提高认知而进行教育参与；社交接触因子（Social Contact），指参与者为了追求更为广阔的人际关系而进行教育参与；社会刺激因子（Social Stimulation），指参与者为逃避生活中的不幸、孤独或烦恼，追求新奇的刺激，而进行教育参与；交流提高因子（Communication Improvement），指参与者为提高自己的口头和书面交流技巧和习惯而进行教育参与；教育准备因子（Educational Preparation），指参与者为弥补过去受教育不足的情况，或者为未来高等或专业教育做准备而进行教育参与；家庭和睦因子（Family Togetherness），指参与者为消除代沟、改善家庭成员之间的关系而进行教育参与。Boshier 的系列研究为本研究提供了重要的理论参考。

相关文献检索结果显示，国外还少见访学教师动机的研究；而国内学者主要聚焦访学制度建设等理论思考，少有实证研究。王晓华等（2006）通过对 9 名高校外语访问学者的访谈，从访问学者选拔的管理和评价机制、教师在个人发展需求上、接收单位在管理和评价机制三个方面对国内外语院校"接受国内访问学者"的培养模式进行了调查。其中发现，大部分教师是积极利用访学的机会来提高自己的教学和科研能力的；有些教师会利用访学机会寻求个人职业上的发展，如考博、准备职称外语考试或者计算机考试；也有教师是为了放松疲惫的身心。

基于 Boshier 的教育参与问卷，刘宏刚和寇金楠（2014）以及另一项研究（Liu et al.，2020）通过实证研究的方法，分别对全国 118 所高校的 182 名英语教师和 169 外语教师（含非通用语种）的访学动机进行了实证研究。后者的研究在前者的结果基础上，加入了非通用语种教师，对部分题项进行了改编。两项研究分别在不同年份展开，有一定的时代特点，但有共同的发现，如无论是英语教师还是外语教师（含非通用语种教师），其共同的访学动机因子都包括压力缓解动机和学术情境动机，但后者对前者的研究进行了深入的挖掘，把前者研究中的求知兴趣动机和学术成果获取统一归为了内在需求动机，同时增加了学术关系动机、学术象征动机和政策支持动机。两者的研究将成人继续教育动机具体化在学术情境中，其中学术情境、学术关系、学术成果获取动机是以往国内研究中未曾提到的。

14.3　研究设计

14.3.1　理论模型

本研究基于相关成果（刘宏刚、寇金南，2014；Boshier，1991），以"高校外语教师访学动机类型"（Liu et al.，2020）为理论模型，该模型覆盖六类动机。

（1）学术关系动机：指教师通过访学，扩大自己在学术圈的人际关系，如与访学的导师、参会的专家、研究班的主讲教师通过学术交流平台建立联系；与学界同行切磋学术问题、探讨教学难点，结交学界朋友，谋求个人的专业发展的动机。

（2）内在需求动机：指基于教师的内在认知兴趣驱动（提升反思能力、明确发展方向）以及由这种内在驱动需要而表征出的教师通过访学获取一定的学术成果和学术信息的需求，这些需求受认知兴趣驱动，成果和信息的获取是满足内在驱动的形式，且均以访学的目的是满足教师"内在需求"为指向。

（3）政策支持动机：指教师访学的动机来自于所在学校、学院 / 系为支持教师进一步发展所出台的文件、政策，也可能来自于国家教育政策的保障。

（4）学术象征动机：指教师希望通过访学，增强竞争实力、获得他人尊重、获得一定的自尊感的动机。

（5）学术情境动机：指与专业发展形式相关的因素带给教师的动机，如访学单位的口碑、会议主题的吸引力、参加研修班举办的时间及地点等因素为教师选择某种发展方式提供了动力来源。

（6）压力缓解动机：指教师希望通过访学，调整自己的工作节奏，缓解压力、放松身心的动机。

14.3.2　研究对象

参加本研究的教师为来自我国 18 个省、4 个直辖市、3 个自治区（内蒙古自治区、广西壮族自治区、新疆维吾尔自治区）的 472 名外语教师，其中男教师 120 人（占总人数 25.4%），女教师 352 人（占总人数 74.6%）；英语专业教师 213 人，大学英语教师 173 人，非通用语种教师 86 人。

14.3.3　研究工具

本研究采用"高校外语教师访学动机问卷"作为主要研究工具，并辅之以访谈。问卷包括导语（研究目的、问卷填答要求、研究者的身份以及联系方式）、问卷填写人的人口变量信息（性别、所教语种、所在学校类型、学校所在地、国内还是国外访学等）、问卷主体三个部分。其中问卷主体包含 25 个题项，问卷采用李克特 6 级量表（从 1= 很不同意，到 6= 很同意），具体如表 14-1 所示。访谈部分以访谈提纲为研究工具，主要了解教师的访学目的、访学申请前后的经历。

表 14-1 "高校外语教师访学动机问卷"的题项分布和举例

维度	题号	题项举例
学术象征动机	01；02；06；11	11. 访学的经历可以增加我在学生中的威信，给他们树立榜样。
学术关系动机	14；16；19；24	14. 访学可以帮助我所在学校的院系与访学单位建立联系。
学术情境动机	07；13；20；23	20. 我来这里访学是因为这里有丰富的相关专业的资料。

（续表）

维度	题号	题项举例
压力缓解动机	15；18；21；25	15. 单位的杂事太多，访学能减少我的工作负担。
政策支持动机	04；08；09；17	09. 访学的学校与我所在学校有合作，提供访学名额，所以我就报名参加了。
内在需求动机	03；05；10；12；22	05. 访学可以提高我的反思能力。

14.3.4　研究过程与数据处理

本研究于 2018 年 9 月至 2019 年 6 月完成了数据的收集和处理（部分访谈数据为 2016—2017 年收集），共采集数据 503 份，剔除错填、漏填等无效问卷 31 份后得到有效问卷 472 份，有效率为 93.84%。本研究采用 AMOS 24.0 进行验证性因子分析，尝试建立各动机因子的测量模型，最后对整体的理论模型进行验证。对有效数据（$n=472$）的偏度（skewness）和峰度（kurtosis）值进行了单维检验，结果在参考值 –2 至 +2 之间，说明数据呈正态分布（Kunnan，1998）。马蒂亚（Mardia）系数在 –0.746 至 1.217 之间，远小于本研究设定的理论值 20，说明模型的数据适合用验证性因子分析中的极大似然估计（Maximum Likelihood Estimate，MLE）进行估计。同时采用 SPSS 24.0 进行独立样本 T 检验来检测非通用语种教师和英语教师的差异。综合吴明隆（2010）和许宏晨（2019）对于验证性因子分析拟合指标和参考范围的阐释，本研究将拟合指标确定为 $\chi^2/df \leqslant 8$，$p \geqslant 0.05$，GFI$\geqslant$0.90，AGFI$\geqslant$0.90，CFI$\geqslant$0.90，RMSEA$\leqslant$0.08，RMR$\leqslant$0.10。

14.4　研究结果与讨论

14.4.1　高校外语教师访学动机的整体测量模型

1. 学术关系动机的测量模型

根据学术关系动机的理论构念，建立其测量模型，运算结果显示，虽然各项指标都达到了建议值的范围，但 Q14 题项的因子负荷为 0.27，小于 0.50 的理论参考值，因此决定删除该题，得到了学术关系动机的饱和模型，如图 14-1 所示。

在和教师的访谈中，我们发现，借助访学建立自己新的人际关系，拓宽自己的人脉，为今后的学术发展提供支持和便利是他们访学的一个很重要的原因：

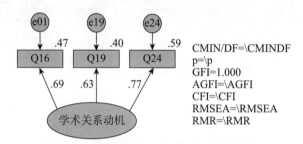

图 14-1 "学术关系动机"的最终测量模型

我想去访学吧，能到对方学校听听课，去听可能是想着能不能认识一些其他单位的人，他们可能会有一些独特之处，看能不能建立联系，以后相互合作、相互支持。另外，在人家大学任教讲课的老师都是学术专家，我也想向人家请教，最好能建立点联系，因为这些专家在国内很难遇到，周围也很少有这样的人，我也很少有机会能够见到其他学校的同行。（L 老师，访谈，2018 年 11 月 9 日）

从 L 老师的访谈片段中可以看出，他认为访学是为了"认识一些其他单位的人"，结交同行，以便促进自己以后的专业发展；同时 L 老师也希望自己能够和"学术专家"建立联系，请教问题，这反映了 L 老师希望借助外界的力量如广阔的人脉资源等，掌握更多的前沿的学术信息，获取更多的支持，促进自己的专业发展。该访谈也从侧面表明，L 老师在原单位可能没有相应的"机会"来接触专家和有能力的同行，相互切磋，而未来的访学单位可能会给他提供这些资源，这二者之间的"差"（gap）可能也是教师学术关系动机产生的原因。

2. 内在需求动机的测量模型

根据内在需求动机的理论构念，建立其测量模型，运算后模型结果显示拟合指标均在建议参考值范围内，说明由 Q03，Q05，Q10，Q12 和 Q22 这五个题项测量"内在需求动机"这个潜变量的构想得到了数据支持，该模型稳定、可靠，如图 14–2 所示。

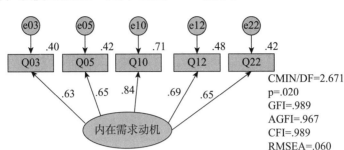

图 14–2　"内在需求动机"测量模型

内在需求动机是所有参加研究的教师共性最多的动机，在访谈中，有几位老师提到了出于丰富自己的专业知识，学习一些科研方法，提升自己的能力，而进行访学：

> 因为学英语专业的，学这么多年。然后，从 1995 年开始教课也教了 20 年了，但是就是没有一个机会亲身到这个说英语的国家生活和学习过，觉得是一个非常大的遗憾。还有呢，就是我自己教的课，因为是英国文学。你就是只有一些学的东西全都是在书本上的，然后还有一门课，我也是非常喜欢的，就是西方文化课。这些东西全部都是在纸上谈兵，所以就特别想到这个说英语的国家来体验一下啦！然后通过访学，看看国外的一流的高校是如何进行教学的，教学管理是什么样的，学生们是什么样的学习情况。然后这老师们，这个……反正就是很多东西想了解吧！因为我以前毕竟没有这个经历嘛。（Z 老师，访谈，2019 年 1 月 6 日）

从上面两位老师的访谈中可以看出，他们对自己的教学和科研都比较热爱，使其内在兴趣驱使着他们进行访学，Z 老师出于专业需要对国外的世界产生了好奇和兴趣，而访学为 Z 老师提供了看看外面世界的机会。

3. 政策支持动机的测量模型

根据政策支持动机的理论构念，建立其测量模型，运算后模型结果显示，虽然各项指标都达到了建议值的范围，但 Q09 的因子负荷仅为 0.44，小于 0.50 的理论参考值，因此决定删除 Q09 题项。删除后得到政策支持动机的饱和模型如图 14–3 所示。

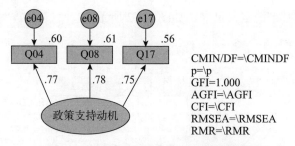

CMIN/DF=\CMINDF
p=\p
GFI=1.000
AGFI=\AGFI
CFI=\CFI
RMSEA=\RMSEA
RMR=\RMR

图 14-3 "政策支持动机"的最终测量模型

访谈中，老师们谈到他们能够来访学是因为有政策的支持：

我所在学校对我们老师申请访学很支持，特别是发给我们全额工资。这样的话我可以安心访学，不然访学期间的补助也不够。我们这个会把满额的工资全部给你，满额不仅包括你的工资，还包括你的奖励性绩效，全部给你，就一分钱不少。所以这个应该是很难做到的。因为像我们教授出来嘛，我们大概一个月有一万二，一万是满额给你的，而且年终奖里面大概有两三万也给你的，所以这一点我就是跟很多访学的人聊过以后，我们学校可能是做得比较好的一个。要是不这样的话，我就得考虑推迟访学。（Z 老师，访谈，2018 年 12 月 4 日）

Z 老师所在学校在教师访学期间发给教师"满额的工资"（"一分钱不少"），这样的政策能够让 Z 老师减少访学的后顾之忧，愿意外出访学，因为如果不是这样的政策，Z 老师可能"考虑推迟访学"。

L 老师在访谈中提到自己学院的支持，这种支持虽然没有具体的经费资助，但学院"及时通知"反映了学院对教师专业发展的关注，虽然这与 L 老师提到的省属项目支持不同，没有具体的资助条款，但能够及时传达信息，对老师来说也是一种支持，这种支持也可能对 L 老师的访学动机产生一定的影响。

我走的是湖北省的省属高校青年教师出国项目，省属的项目比较好申请，支持力度也和国家的政策也差不多，我所在的学院也有一定的支持，每次有访学的这些政策的时候都会及时给我们说，发邮件啥的通知。而且还希望我们能够抓住访学的机会，回来给同事分享。（L 老师，访谈，2018 年 11 月 9 日）

4. 学术象征动机的测量模型

根据学术象征动机的理论构念，建立其测量模型，运算后模型结果显示，RMSEA 和 p 值均未达到建议值的范围，因此考虑根据系统提供的协方差修正指标（Covariance）和回归权重修正指标（Regression Weights）结果，建立 Q06 和 Q11 之间的共变关系。从理论构念上看，Q06 表达的是教师的访学原因是自己认为访学本身是一种"荣誉"，对自己存在象征资本（Bourdieu，1986）的吸引，教师希望获得这种资本以便为自己的专业发展积攒"筹码"；而 Q11 反应的虽然也是与象征资本有关，但强调的是访学有可能带来一种间接的效应，即获得更多的"威信"和"学生的尊重"，与 Q06 的含义不尽相同，不宜建立相关的共变关系，考虑 Q11 的因子负荷比 Q06 低，因此删除 Q11，建立学术象征动机的饱和模型如图 14-4 所示。

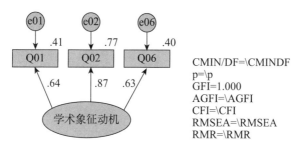

图 14-4　"学术象征动机"最终测量模型

在国家出台访学政策的背景下，学校对访学候选人进行选拔，有些教师是为了实现自己多年来的愿望，有些是为了提升自己的能力，但并不是每个申请人都能获得访学的机会。所以有的老师把访学看成是一种荣誉，为自己发展添砖加瓦的一种象征资本：

L 老师：我们学校是非常支持我们访学的，但毕竟上面给的访学名额就那几个，不可能每个人都有机会去的，我们之间的竞争那是相当的激烈，每年都有可能是几十人争取一个名额，从这可以看出，这机会有多宝贵。每次看到别人能够拿到访学的名额，我就想：这访学太牛了，拿到访学的资格跟获奖一样，多光荣！要是我也能去访学多好！真美慕有这些访学老师。

研究者：那您现在呢？

L 老师：我觉得我真是非常幸运，能从这么多人里面获胜，来到我心仪的大学，见到一些以前只能在书上见到的专家。我的很多同事都美慕我，说你真是太厉害了，我们申请了好几次都没申请上。这次访学对我来说真是一种荣誉。（L 老师，访谈，2018 年 11 月 9 日）

从上面的片段中我们可以看到，L 老师认为能得到访学机会，是"非常幸运""太牛了"的，是一种"荣誉"，自己也有要访学的梦想，获取这种访学本身可能带给 L 老师象征资本，成为了 L 老师的一种对未来的愿景（vision）（Dörnyei，2020；Dörnyei & Ushioda，2011）。L 老师访学的体验强化了这种访学的象征资本——"一种荣誉"，这也许会对 L 老师未来选择在此访学起到一定的动机激发作用。

5. 学术情境动机的测量模型

根据政策支持动机的理论构念，建立其测量模型，运算后模型结果显示，虽然各项指标都达到了建议值的范围，但 Q07 的因子负荷为0.25，小于 0.50 的理论参考值，因此决定删除 Q07 题项，删除后得到学术情境动机的饱和模型，如图 14-5 所示。

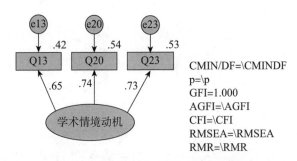

图 14-5 "学术情境动机"最终测量模型

在对几位老师的访谈过程中，他们都不约而同地提到了访学单位的学术氛围是促使自己想探索所在单位和访学单位针对某个研究领域的研究有何不同，获取一些必要的资源，安心进行研究。

Q 大学毕竟是最高学府，想感受感受这个氛围，然后看看 Q 大学的这些教授、教师是怎么上课的，学生是怎么学习的。Q 大学的西班牙语还是不错的，我这个教西语的老师也得充充电，感受一下这个学校的氛围，感受这个过程。因为我平时看 X 老师的论文比较多，也想见见她，见见大家的风采。就是这样的考虑。（S 老师，访谈，2018 年 10 月11 日）

S 老师的访学是想"感受"Q 大学作为最高学府的"氛围"，和 X 老师有近距离接触、向她请教，这些都是与访学单位的社会声誉（最高学府）、学术知名专家的影响分不开的。

我想通过申请访学，能够有一段自己独立的时间，至于能不能达到我预期的效果，现在我不能确定，但是我至少有一段时间能够做我自己的事情，会有一定的思考或者有一定的积累。再回去之后，也许逐渐地会有一些文章出来，就是这样的一个想法。（L 老师，访谈，2018 年 11 月 9 日）

从上面的访谈，我们可以看出 S 老师一直谈到"想来这儿感受感受这个文化氛围"，她非常想近距离地感受 Q 大学这所高等学府的教师和学生之间学习与讨论的日常；L 老师所需要的学术情境，是一个学术资源丰富，能够得到指导、能够参与课堂获取理论知识与教学方法的环境。L 老师觉得，她需要一段独立的时间和可以静下心来的环境，而访学正能为她提供这样的场所与时间。

6. 压力缓解动机的测量模型

根据压力缓解动机的理论构念，建立其测量模型，运算后模型结果显示，但 Q25 的因子负荷为 0.30，小于 0.50 的理论参考值，因此决定删除 Q25，删除该项后得到学术关系动机的饱和模型，如图 14-6 所示。

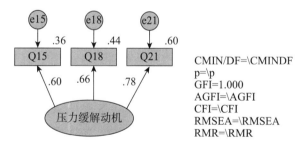

图 14-6　"压力缓解动机"的最终测量模型

访谈中，老师们都提到了目前高校外语教师面临的现实问题——职业倦怠。而访学是调整教师身心，缓解和调试职业倦怠的有效途径。A 老师的访谈中就说明了这一点：

那四年半，我觉得压力几方面的，其实读博本身还好，我觉得按部就班你去做就是了。一个方面，就是我之前评副教授的事情，按理说应该是今年能评上，但是有一些其他的原因，外部的原因没有赶上那个末班车，当时就是说我们条件还没提，还是以前，就是相当于前几年你照着这个标准准备就可以了，我就是基本上到那儿，条件够了，但是就是其他原因没有上。第二年就开始要求有 C 刊，……我还要承担教学任务，而且非常重的教学任务，我相当于骨干了，因为我们学校第一批研究生，而且一直是英语专业骨干，教高级英语、综合英语，包括文学，所以课很多。而且我们还有民办本三学院，民办本三学院做招生的时候，它的一个亮点、招牌就是说，我们跟本部在一个校区，我们是共享教师资源。是一个从学校院里面下来的任务，民办本三××学院，你必须带多少课。而且这个课基本上当时是系里面排课排下来，和本部的课是一样的，是推不掉的。不好意思，诉苦了。所以我觉得一定休息休息，而到国外访学是最好的，因为可以离单位远点，不然在国内万一有事让你从访学单位回去，你还推不掉。所以我就盼着访学能给我调整一下。（A 老师，访谈，2016 年 11 月 9 日）

A 老师有着读博、发文章、教学等多重任务，因此她希望能够通过访学来调整自己，"到国外访学"可以稍远离单位，减少负担，给自己留一些时间。

7. 高校外语教师访学动机的整体测量模型

根据上述分维度的测量模型结果，建立教师访学动机的测量全模型，如图 14-7 所示。

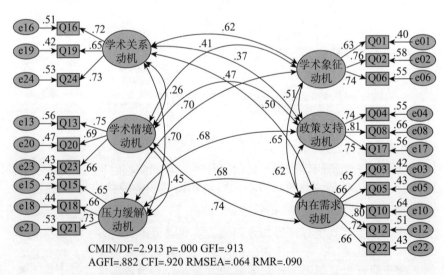

图 14-7　"高校外语教师访学动机"整体测量模型

经过三轮的模型调整，我们比较了各项指标，发现调整后的指标 p

值和 AGFI 的变化幅度不大，而且第二轮调整后的模型中出现了饱和模型中的潜变量共变情况，因此我们认为初始拟合模型的各项指标可以接受，故采用初始拟合模型为最后全模型。

表 14-2　"高校外语教师访学动机"整体测量模型三轮调整拟合指标对照表

拟合指标	χ^2/df	p	GFI	AGFI	CFI	RMSEA	RMR
参考值范围	≤8	≥.05	≥.90	≥.90	≥.90	≤.08	≤.10
初始拟合	2.913	0.000	0.913	0.882	0.920	0.064	0.090
第一次调整	2.745	0.000	0.918	0.889	0.927	0.061	0.086
第二次调整	2.583	0.000	0.924	0.896	0.934	0.058	0.087

综上所述，分动机因子的测量模型结果和总体动机的测量全模型的结果显示，在正式测量验证性因子分析过程中，删除了学术情境动机中的 Q07，压力缓解动机中的 Q25，学术关系动机中的 Q14，学术象征动机中的 Q11 和政策支持动机中的 Q19 共五个题项，最终 20 个题项构建了 6 维度的高教外语教师访学动机模型。模型的组合信度在 0.722—0.823 之间，内在信度值在 0.421—0.751 之间。

表 14-3　"高校外语教师访学动机"最终题目分布、组合信度、内在信度和马蒂亚系数

维度	最终题目分布（题号）	组合信度	内在信度（Cronbach α）	马蒂亚系数
学术情境动机（n=3）	13；20；23	0.750	0.421	−0.746
压力缓解动机（n=3）	15；18；21	0.722	0.679	1.041
学术关系动机（n=3）	16；19；24	0.740	0.582	1.217
内在需求动机（n=5）	03；05；10；12；22	0.823	0.742	1.125
学术象征动机（n=3）	01；02；06；	0.761	0.751	0.502
政策支持动机（n=3）	04；08；17	0.810	0.628	0.412

14.4.2 非通用语种教师和英语教师在学术情境动机上存在显著差异

由于本研究中非通用语种教师的数量较少（$n=86$），英语教师的人数较多，因此我们利用 SPSS 24.0 的自动筛选程序，随机抽取了英语教师 91 人作为对比样本（英语专业教师 52 人，非英语专业英语教师 39 人）。对非通用语种教师和英语教师的学术情境动机访学因子进行独立样本 T 检验（如表 14–4 所示），结果显示非通用语种教师和英语教师在学术情境动机上存在显著差异（$t=-2.297$，$p<0.05$），英语教师得分（$M=3.49$，$SD=1.20$）要显著高于非通用语种教师（$M=3.07$，$SD=1.23$）。

表 14–4　非通用语种教师和英语教师学术情境动机差异的独立样本 T 检验

访学动机因子	非通用语种教师 （$n=86$）		英语教师 （$n=91$）		MD	t	df	p
	M	SD	M	SD				
学术情境动机	3.07	1.23	3.49	1.20	0.42	−2.297	175	0.023

本研究中，学术情境动机包含未来访学的学校和机构有的领军学者的吸引、搜索相关专业资料和访学接收单位的知名度三个方面的内容，即教师访学的目的是为了在未来访学单位获得更多新知识、感受学校氛围（影响力）和跟随导师做学术。非通用语种教师和英语教师在学术情境动机上有显著差异，可能是因为他们对资源的需求程度不同。教师所在院校的非通用语种方面的专家、学术资料等资源可能不足以支持教师的专业发展，非通用语种教师为了寻求自身的进步、专业素质的提高，渴望到社会声望高的、学校氛围好的学校进行访学，以得到专家学者的指导，获取一些前沿的学术资料。而与非通用语种教师相比，英语教师在原学校面临的培训机会，与专家交流的机会都会较多，这在很大程度上满足了他们的专业需求，致使他们学术情境动机较弱。如 S 教师（西班牙语教师）在访谈中谈道：

我们非通用语种老师在学术资源、专家指导方面确实有限，比如西班牙语，全国的专家就那么几个，不像英语专家比较多，而且分散在不同学校。我们这个领域的北外、上外、广外、北大肯定是最佳，然后其他的也是复旦、山大这样的 985、211 院校，所以我更期待借助访学的机会来推进自己的学术，我很期待这来之不易的机会，因为我要去的学校

有我这块的大牛，图书资料也比我这多。（S 老师，访谈，2018 年 10 月 11 日）

而英语教师就不会面临这样的困境，如 L 老师（英语教师）在访谈中谈道：

我们英语毕竟是大语种，所以除了北上广以外，其他地区的专家学者也不少，所以我觉得我在追求图书资料、学术名气这些的时候选择范围就大，我也不会担心我自己找不到合适的学校，另外英语的访学机会也多，不像非通用语种，就那么几个，我们比较多，"东方不亮西方亮"，多找几个肯定有接收我的。（L 老师，访谈，2018 年 11 月 9 日）

从上面两位老师的访谈中可以看出，非通用语种教师的发展受到学术资源不足、缺少专家指导等一些条件的限制，而英语教师所接触的学术资料、学界权威、专家指导等资源相对较多，能在很大程度上促进英语教师的专业发展。因此，非通用语种教师更渴望通过访学接触到学界权威，得到他们的指导，促进自身的学术发展。

14.5　研究启示与不足

本研究以 Boshier 等人的教育参与框架为理论基础，基于以往的研究成果（Liu et al.，2020），提出了高校外语教师访学动机的理论模型，并运用验证性因子分析的方法对该模型进行了验证，确立了由内在需求动机（包括求职兴趣和资源获取）、学术情境动机、学术关系动机、政策支持动机、学术象征动机和压力缓解动机组成的"高校外语教师访学动机模型"。该模型将 Boshier 等人提出的成人教育动机理论具体化在外语教育领域，丰富了成人教育参与动机研究的成果，推进了外语教师动机研究，从而为目前亟待进行的外语教师心理研究（徐锦芬，2020）提供了新的证据，为后续研究继续完善和丰富外语教师访学动机提供范例。

本研究对今后访学模式的完善有如下启示。第一，各高校应当意识到，教师具有多元的访学动机，因此，在政策层面从国家到学校各级教育主管部门，应当在可能的情况下加大力度支持教师外出访学，建立有效的访学选拔机制，加强教师培训的力度（周燕，2002），满足他们的内在求知欲，降低职业倦怠带来的工作负效应，为教师的职业发展提供环境支持。第二，对于接收访问学者的具体院系、外语研究中心来说，除了依托所在学校的"名牌"效应吸引访问学者以外，还应该注重自身的访问学者培养体系建设，满足具有强烈访学动机的老师的需求。例如访学单位应考虑放宽指导教师的职称要求，让有丰富学术成果的副教授也有机会指导访问学者；如有可能，让访问学者参与导师的课题研究（Liu et al., 2020）。第三，建立访问学者的定期指导机制，采用集中指导的方式弥补导师由于精力所限无法对访问学者进行更多辅导的不足。同时发挥在读优秀硕士、博士生的作用，在他们和访问学者之间建立一定的"互助"联系，给访学教师以学术上的指导。

本研究虽对高校教师访学动机有一定的探索，但仍存在一些不足。如研究样本不够大，参与本研究的英语教师和非通用语种教师的人数都没有达到一定规模，使研究结果的推广性受限；其次，研究工具主要采用了问卷的形式，缺少质性数据的支撑和验证。因此，建议以后的相关研究可增大研究样本、完善工具，在定量研究的基础上，增加质性研究，使研究结果更具说服力和推广性。

第 15 章
教师评价素养[1]：
概念演变、研究回顾与发展趋势

15.1 新时代外语教育与教师评价素养

15.1.1 新时代人才培养的评价要求

21 世纪是知识经济的时代，各国竞争的实质是人才竞争。经济和社会的飞速发展对人才培养提出了新的要求。为应对挑战，美国、英国、法国、新加坡、日本、澳大利亚等国以及联合国经济合作与发展组织、联合国教科文组织、欧盟等国际组织或机构纷纷提出了 21 世纪人才核心素养框架。综合各素养框架可知，21 世纪的人才要有广博的知识和综合技能，具有创新意识、批判思维、解决问题、制定决策、灵活应变、主动进取、包容多元、沟通协调、与人合作、勇于承担和终身学习的能力。21 世纪的人才素养框架为人才培养指明了方向。教师只有树立清晰的人才培养目标观，将教学与评价连接起来，教学以目标为依据，以结果为导向，用评价对教学过程和学习结果进行监控，才能确保目标的达成。

针对具体的目标达成路径，有学者从教师维度出发并指出，为培养合格人才，教师需参照核心素养的技能特征，结合学生实际水平、认知特点、发展需求以及学校环境、教学资源等多种要素，制订微观的单

---

1 国内对"assessment literacy"一词的翻译有评价素养、测评素养、评估素养等。本研究倾向使用"评价素养"，因为"评价"一词涵盖了测试、课堂评价和教育评价等含义，与教师的教学更为紧密，且更符合该词词源"促学、促教"的含义。

元或课时教学目标，合理设计教学活动，在课堂上采用多种评价方法，考察目标的达成情况，及时给学生引导和反馈，并不断调整教学方案（Heritage，2013；Shepard，2009）。还有学者从学生角度入手，让学生充分参与课堂活动和评价过程，培养其高阶思维能力和人际交往技能，激发其学习动机，提高其学习自主性和主人翁意识，进而促进终身学习（Darling-Hammond & Adamson，2013；Moss & Brookhart，2013）。由此，教师明确21世纪人才核心素养的培养目标，形成评价意识，掌握评价知识和技能，在实践中灵活使用多种评价方法，设计多样学习活动，让学生充分参与自评和互评，是实现21世纪核心素养人才培养目标的有效途径。

就中国而言，我国教育部门在2016年发布了《中国学生发展核心素养》。核心素养是学生应具备的、能适应终身发展和社会发展需要的必备品格和关键能力（林崇德，2016）。核心素养背景下的教育不仅涵盖传统知识的学习与能力的提升，更强调学生的全面发展和终身学习，特别关注人与社会的统一和协调发展（程晓堂、赵思奇，2016）。英语学科核心素养在此基础上衍生而来，综合表现为语言能力、思维品质、文化意识和学习能力。这就意味着通过英语学习，学生发展语言基本技能、构建沟通能力、提升思维品质、提高人文素养、增长跨文化意识、培养创新能力和批判反思能力、树立良好的人生观和价值观（程晓堂，2017）。针对核心素养的落实，王蔷（2015）指出，只有教学与评价回归教育原点，关注人的发展，从学科出发，服务于学科核心素养的培养，教育改革才能取得成功。

综上，21世纪人才核心素养及英语学科核心素养要求教师深化对人才培养目标的认识，认真思考"为何教""教什么""怎么教""为何学""学什么""怎么学""为何评""评什么""怎么评"等问题，处理好教、学、评三者的关系。为此，教师明确清晰的人才培养定位，树立合理的人才培养目标，设计科学和适切的教学、学习和评价方案，让学生充分参与学习和评价活动，确保教、学、评的一致性，是有效教学评价的基本特征，也是人才培养目标达成的关键（Cheng & Fox，2017）。因此，转变教师评价观念，建构教师评价知识和技能，发展教师评价素养成为培养21世纪核心素养人才的必要保障。

15.1.2　外语课程与评价改革的召唤

为顺应国际教育形势发展，我国积极开展课程与评价改革。在基础外语教育领域，《义务教育课程标准（2011 版）》（中华人民共和国教育部，2012b）主张通过采用多元的评价方式，评价学生综合语言运用能力的发展水平，激发学生学习兴趣，促进学生自主学习能力、思维能力、文化意识和健康人格的发展；倡导日常教学评价以形成性评价为主，关注学生学习过程中的表现和进步。而终结性评价着重考察语言知识、语言技能、情感态度、文化意识和学习策略等方面的综合语言运用能力。《普通高中英语课程标准（2017 版）》（中华人民共和国教育部，2018b）则鼓励多元评价主体，注重多样评价形式，旨在达成多维评价目标，涵盖全面评价内容，突出课堂评价地位，倡导教、学、评一体化的实施，以促进学生学科核心素养的发展。

在高等外语教育领域，《大学英语教学指南（2020 版）》（教育部高等学校大学外语教学指导委员会，2020）明确指出，大学英语评价与测试的总体目标是推动大学英语课程的改革和发展，不断提高大学英语教学质量和大学生英语能力。为实现这一目标，大学英语政策制定者和研究者应不断探索适应新形势的评价模式，并为评价提供必要的政策保障；大学英语教学管理者应将评价视为课程体系的一个核心环节，提高教师的评价素养，监督评价的实施过程；大学英语教师应与时俱进，学习和运用先进的评价技术与手段，开展多样化、个性化教学评价，利用评价的反馈信息改进教学和学习，切实提高大学生英语综合应用能力（卢志鸿，2020）。《普通高等学校外语类专业本科教学质量国家标准（2018）》（教育部高等学校教学指导委员会，2018）、《普通高等学校本科外国语言文学类专业教学指南（2020）》针对评价也指出，注重形成性评价和终结性评价相结合，依据培养方案确定评价内容和标准，通过选择科学的评价方式和手段，合理使用评价结果，及时提供反馈信息，不断调整和改进教学，以促进学生学习和全面发展，更好地服务人才培养目标，落实立德树人的根本任务。

虽然我国教育部门进行了不懈的努力，但受考试文化、人才选拔、教育问责等因素的影响，初期评价改革的成效却差强人意（乔建中，2012），评价功能甄别化、评价内容知识化、评价方法简单化和评价主体单一化的局面依然存在（郑富芝，2014）。而评价体系改革既是外语教育改革的内容，也是教育改革的重要推动力，评价体系不改，教育改革则无法推进（金艳，2018）。为此，2018 年全国教育大会专门发出了"扭转不科学教育评价导向"的呼声。2020 年 6 月，中央全面深化改革委员会审议通过了《深化新时代教育评价改革总体方案》。该方案明确指出，教育评价事关教育发展方向，要全面贯彻党的教育方针，落实立德树人根本任务，遵循教育规律，针对不同主体、不同学段、不同类型教育特点，改进结果评价，强化过程评价，探索增值评价，健全综合评价，着力破除唯分数、唯升学、唯文凭、唯论文、唯帽子的顽瘴痼疾，建立科学的、符合时代要求的教育评价制度和机制。

综上，我国外语教育评价改革明确了前进方向，通过建构科学合理的评价体系，丰富评价手段和方法，更好地发挥评价的促教和促学作用，以促进学生的全面发展和终身发展，落实立德树人的教育任务，培养具有 21 世纪核心素养的合格人才。教育评价改革不仅是教育部门的事情，更与众多评价利益方息息相关。而教师是联结国家教育评价改革愿景与实际评价改革效果的桥梁。只有教师将评价改革理念转化为课堂评价实践，学生才能体验到。由此，《大学英语教学指南（2020）》中明确提出了教师评价素养的概念，表明教育领域课程与评价改革对教师评价素养提出了更高的要求。

15.2　概念界定

15.2.1　语言评价素养

语言评价素养（Language Assessment Literacy）概念源于教育领域的评价素养，通常指语言评价利益相关者（教师、学校管理者、考试招生人员、试题开发者、学生等）对评价的理解以及在实施评价时应具备的知识和技能（Malone，2013；Taylor，2009）。早期学者（Boyles，2005；Brindley，2001；Inbar-Lourie，2008）认为具有语言评价素养的人能结合特定评价目的，选择合适的评价方法，实施、解读、分享大规模考试成绩；能设计、评分、解释评价结果，并用于改进课堂评价；避免测试对教学产生负面影响。这种表述在不同程度涉及对评价基本概念的理解、评价方法的选择与开发、评价活动的实施、评价结果的交流处理、评价伦理的关注等方面。但上述概念多从语言测试角度出发，忽视课堂评价的地位和作用，也没有考虑社会文化等情境因素。为此，后来研究者（Alderson et al.，2017；Coombs et al.，2018；Fulcher，2012；Giraldo，2018；Levi & Inbar-Lourie，2020；Looney et al.，2018；Taylor，2013；Xu & Brown，2016）在前人基础上，适应语言社会学的转向（Roever & McNamara，2006），深入探讨语言评价的理论知识、实践技能、操作原理等内涵，不断拓展语言教学法、文化价值、本土实践、信仰/

态度、评分、反馈、决策制定、反拨效应以及评价者的身份建构等外延，不仅考虑将外部测试与课堂评价整合，同时还将评价活动置于更广的历史、社会、政治、文化情境下进行考量。由此，语言评价素养的概念由单一走向多元，由静态的知识技能论转向动态的社会文化情境论。学界对概念界定的努力仍在持续，既要继承教育测量的传统，又要体现当前促学评价范式的转变（Coombs et al.，2020）。

15.2.2　教师评价素养

教师评价素养围绕教师展开，对教师应具备的评价知识、技能、观念、态度、意识、能力（competence）和倾向（disposition）等进行探讨。语言不同于数学、物理等学科，本身具有建构性、交互性、知识性和应答性等特征（Willis et al.，2013）。语言教师[2]评价素养聚焦语言教师，探讨其评价素养。学界对语言教师评价素养概念的认识经历了逐渐深化的过程，呈现出三种不同的研究趋向。

第一种研究趋向从测试角度出发，指出语言教师应了解测试理论，能命制语言试卷、分析测试数据，掌握测试知识、技能和原理（Davies，2008；Giraldo，2018；Pill & Harding，2013）。该派观点虽针对语言，但局限在测试层面，面向不同利益相关者，没有专门考虑教师的实际需求，对课堂评价关注不足。第二种研究趋向突破语言测试的研究瓶颈，将外部测试与内部评价整合，主张在具体的教育情境中，根据课程目标和学业质量要求，通过测评手段，对教学过程和学习结果实施监控，并将外部终结性测试结果形成性地应用于课堂，从而使评价成为连续体，为教师教学决策及调整提供依据（金艳，2018；Cheng & Fox，2017；Fulcher，2012；Inbar-Lourie，2008；Taylor，2013）。然而对一线教师而言，测试理论与技术标准高，实践性不强，很难直接应用到课堂（Taylor，2009）。为此，第三种研究趋向从形成性评价出发，关注课堂，探究师生互动，以达成既定教学目标，同时互动生成新的知识，实现评价促学、促教功能（李亮、王蔷，2020；Black & Wiliam，2009；Davison & Leung，2009；Willis et al.，2013）。该派研究受考试文化、人才选拔、教育问责、教师素养等因素限制，目前亟待深入挖掘（顾永琦、余国兴，2020）。

2　语言教师包括英语、日语、汉语等学科的教师，本章重点关注中国情境下的外语教师，特别是英语教师。

从以上研究趋向可见，学界对语言教师评价素养的理解不同，相关研究呈现出三种观点交锋、三派观念争鸣之势。虽然学者们做了不懈努力，也取得了丰硕的成果，将测试与课堂连接起来在一定程度上也达成了一致，但对语言教师评价素养的概念探索仍处于革新阶段。其中概念框架到底应该立足课堂，以形成性评价为主，抑或延续传统，侧重测试知识与技能，仍是争论的焦点之一。因此，正如 Pastore & Andrade（2019）指出的那样，在探讨语言教师评价素养时，我们要从多种角度对教师的评价观念及评价行为进行审视，不仅要考虑语言测试与评价相关知识，语言习得理论和语言教学理论，还要考虑师生语言、态度、动机、学习能力等认知特征，以及评价的情境性、生成性、动态性、复杂性等社会情感内容。

15.2.3　不同评价范式的理论及视角

语言评价在不同时期经历了不同的范式转型。20 世纪 80 年代，世界范围内，包括语言学科在内的教育评价，推崇心理测量式的终结性评价，多以标准化测试形式开展，体现了行为主义和认知主义的学习理论。虽然标准化测试具有科学性、客观性、操作性强等优势，但纸笔测试常考察学生对事实性知识的回忆，忽略高阶思维能力及情感体验（Feden & Vogel，2006），不能完整显示学生受教育的实际情况，也不能促进学生的全面发展，反而鼓励被动、表面的学习，造成教、学、评相互隔离孤立，将师生引向为考而教、为考而学的歧路（Popham，2006）。到 20 世纪 90 年代，西方掀起了评价改革运动，学界开始重视形成性评价的作用。他们植根于社会建构主义学习理论，倡导学习是个体主动的意义建构过程，是自我组织的过程，也是文化适应的过程（Hargreaves et al.，2002），由此诞生了促学评价范式（Assessment Reform Group，2002；Black & Wiliam，1998）。这种范式下，评价是教学不可分割的一部分。为实现促学目的，教师灵活使用档案袋、表现性任务、提问、观察等评价方法，收集学生的学习信息，解读评价结果，据此做出判断，及时给学生反馈，并进一步调整教学设计和评价方案，最终促进学生学习（Mathew & Poehner，2014；Popham，2014；Shepard，2009）。

随着评价理论与实践的发展，近年来动态评价（dynamic assessment）和学习导向的评价（learning-oriented assessment）等新型评价范式出现并引起广泛关注。前者基于最近发展区（zone of proximal development）理论，主张通过对真实学习任务的评价，确定学习者当前水平和潜在水平之间的差距，进而提供脚手架，促进学习者超越当前水平，实现更大的发展（Lantolf & Poehner，2008）。后者关注评价的学习功能，倡导评价任务与学习目标、教学内容、教学设计、评价策略等保持一致，强调让学生充分参与自评和互评，通过教师或同伴向学生提供反馈，促进学生自我反思，培养元认知意识和自主学习能力，以促进终身学习（Carless，2007；Earl，2003；Jones & Saville，2016）。可见，新的评价范式从人本主义视角出发，凸显以学习者为中心的理念，倡导真实的学习和评价任务，通过围绕学习目标展开，向学习者提供有意义的反馈，以此建立成功学习文化，激发学习者动机，提升其学习表现。

15.3 近十年国内外语言教师评价素养研究回顾与评价

15.3.1 近十年国外研究回顾

国外研究相对成熟，相关研究不断向纵深发展，但针对核心概念及构成的理论探讨仍在继续。如 Herppich et al.（2018）将知识、过程和结果整合，提出由结构模型和过程模型组成的概念框架。他们认为教师评价素养是在相似情境中，以相对稳定和一致方式表现出来的可学、可测的认知取向。Lam（2019）研究发现，教师评价素养由知识基础、教师观念和评价实践三部分组成。其中，知识基础是关键，直接影响教师观念和评价实践，教师观念和评价实践则通过情境因素进行调节。再如 Lee & Butler（2020）综述 2001—2019 年的语言评价模型后发现，已有研究对象多为教师，忽视了学生的声音，而教师评价素养研究的终极目的是为促进学生的学习和发展。因此他们认为，从学生角度出发，将学生的声音整合进去，才能更好地理解语言教师评价素养。可见，不管是文献研究、调查研究还是实践研究，构建核心概念框架是相关研究的前提和基础，而概念的界定需要结合本土情境，体现多元动态的语言评价特点，同时考虑学生的实际需求。

在实证研究方面，已有研究主要包括调查工具开发、教师评价素养现状考察及需求分析、不同情境下教师评价素养的发展等议题。首先，开发调查工具是研究热点之一。很多学者（DeLuca et al.，2015；Tsagari & Csépes，2020；Vogt & Tsagari，2014；Xu & Brown，2017）

依据不同教育测量标准，特别是教师的学生教育评价能力标准（American Federation of Teachers et al.，1990）开发教师评价素养问卷。也有学者（Brown et al.，2011；Elshawa et al.，2017）聚焦教师评价观念，开发相关问卷。随着研究的深入，有学者（Gotch & French，2014）系统回顾已有量具后呼吁，应修订教育评价标准，以体现当前评价范式的转型，更好地回应促学评价的主题。为此，有学者（DeLuca et al.，2016）依据修订的课堂评价标准开发了新的调查工具。

其次，教师评价素养现状考察及培训需求是重要的研究议题。世界各地众多问卷调查发现，受教育背景、教学经历、在职培训、教育制度和政策、测评文化以及学校考核和管理等因素的影响，语言教师评价素养较低，具体表现为评价知识水平不高、评价技能偏弱、评价自我效能感较低等。教师对相关培训的需求强烈，主要集中在与测试相关的理论与实践，尤其是与课堂教学、学习和评价关联的话题上，但相关培训明显不足或欠缺。除问卷调查外，有学者（Berry & Sheehan，2019；Gu，2014；Lam，2015；Scarino，2013；Yan & Fan，2020；Yeşilçinar & Kartal，2020）采用访谈、课堂观察等方法或混合使用问卷与访谈方法调查发现，语言教师评价素养不高，评价观念与评价实践存在差异，评价者的身份尚未建构。因此，未来相关培训应从教师需求出发，系统关注教师的评价观念和评价行为，结合社会文化情境进行设计，将评价嵌入教学和学习，采用线上线下多种方式或手段，以提高培训内容的针对性、培训课程的相关性，进而提升培训的实效性。

第三，教师评价素养发展是重要的研究任务。全球语言教师评价素养发展主要围绕五个维度展开：（1）发展方法。有学者（Xu，2017）采用自然方法，跟踪教师评价观念及其评价行为的发展；也有学者（Koh，2011，2017）采用（准）实验方法，通过教师发展项目，对教师干预，进而发展其评价素养；还有学者（Dixon & Hawe，2018；Peterson，2017；Tsagari，2016；Willis & Klenowski，2018）采用（合作）行动研究方法，发展教师的评价素养。（2）媒介工具。研究发现，共同体（Hill et al.，2017；Meijer et al.，2020）、反思日志（Bolívar，2020）、电子档案袋（Borji & Babaee，2020）、个性化的单独辅导和同伴汇报（Odo，2016）等是发展教师评价素养的有效媒介或工具。（3）模式路径。已有研究主要包括"产生意识、提供培训、履行职责"（Zhang & Soh，2016）、"理论学习、实践探究、行动反思"（Brevik et al.，2017；Lee，2017）以及基于学徒的实践经历"熟悉、应用、调整、发展、反思、评估"（Yan & Fan，2020）等模式。（4）环境创建。已有研究从宏观、中观和微观展开（Fulmer et al.，2015；Liu & Xu，2018）。宏观上，克服考试文化，积极调整教育评价政策；中观上，改革人事管理和教师绩效考核机制，创造校本研修环境；微观上，顺应教师认知风格，激发其学习动机，提升其自我效能，培养其积极情感。（5）身份建构。教师评价素养的发展既是教师转变观念、增长知识和技能的过程，也是教师在特定情境中，与不同情境要素协商，参与共同体学习，通过实践和反思深化自身作为评价者身份的认同，建构评价身份的过程（Adie，2013；Looney et al.，2017；Xu & Brown，2016）。

15.3.2　近十年国内研究回顾

国内研究主要集中在近十年，多为综述类或引介类，理论研究常围绕"评价素养是什么""教师需要什么样的评价素养"以及"如何发展评价素养"等议题展开。很多学者（崔允漷，2018；范连众等，2019；甘凌、蒋昌盛，2019；金艳，2018；李如密，2017；林敦来、高淼，2011；林敦来、武尊民，2014；林敦来，2019；沈兆文，2015；盛慧晓，2014；吴越，2016；许悦婷，2013；杨国海，2011；余闻婧、吴刚平，2014；张露露，2018；郑东辉，2010，2011；钟启泉，2012）在分析教师评价素养重要性的基础上，积极引介和阐释国外研究动向，探讨本土语言教师评价素养的概念内涵、构成要素、缺失原因和发展策略。还有学者（李孔文，2015；周淑琪，2014；周文叶、周淑琪，2013）基于中外比较视角，从教师专业标准出发，分析职前和在职教师应具备的评价素养及提升策略。也有学者（黄剑等，2019；吕生禄，2019）专门聚焦国内相关文献，探讨其研究态势和研究焦点。有学者（耿飞飞、雒曼琳，2019）关注网络技术发展，探讨人工智能时代教师评价素养的走向。还有学者（许悦婷，2015）探讨了课堂评价的信度问题。

国内相关实证研究数量不多，但也正围绕以下三个议题如火如荼地开展。（1）本土化教师评价素养的概念及模型。如潘鸣威（2020）访谈外语测评领域专家，梳理出外语教师测评素养的盲区和薄弱环节，提取出语言测评素养构念发展的新动态和新外延，并提出了语言测评素养构念的修正模型。（2）量具开发及教师评价素养的现状调查分析。如林敦来（2014）借鉴国外研究，开发量表调查了中国中学英语教师评价素养的现状；徐鹰等（2016）从测试出发，关注命题开发、信效度、公平性等内容，通过问卷调查参加大学英语四、六级考试阅卷教师的测评素养；江进林（2019）采用情景问卷直接测量高校英语教师测评素养，并结合访谈探究影响因素。（3）教师评价素养的发展。如蒙岚（2016）援用生态学平衡和可持续发展观点，建立大学英语教师评价素养在教学过程中的运行图，探索教师评价素养的提升模式；黄恩谋和杨满珍（2019）运用情境学习与实践共同体框架，探析了两名"形评新手"大学英语教师评价素养的发展过程；孙海洋和熊洁（2020）以外研社题库共建项目参与教师为调查对象，探索了命题和题库建设对提高大学英语教师命题素养的作用和效果；李亮（2020）基于形成性评价的理念，依托教学改进项目，采用设计型研究方法，由项目专家在一个学期内对案例教师实施个性化干预，进而提升了高中英语案例教师的课堂评价素养。除直接关注教师评价素养的发展外，还有学者（许悦婷，2011；张帅，2020）采用叙事探究和个案研究方法，探讨教师在评价改革中的评价身份认同及建构问题。

15.3.3　近十年国内外研究述评

下文从研究内容、研究对象和研究方法维度对国内外近十年的相关文献进行梳理，总结取得的成就，阐释存在的问题或不足。

就研究内容维度而言，已有文献主要围绕语言教师评价素养的概念构成、评价素养现状及影响因素、评价素养的提升与发展三个方面展开。针对语言教师评价素养的概念，学者们做了大量的努力，尚未形成统一的概念界定。语言教师评价素养不仅要考虑语言学科的属性和语言评价的规律，更要凸显教师的实际需求，还要将情境文化因素考量进去。已有研究以测试内容为主，对与教师日常教学紧密相关的课堂评价关注不足，且多数研究为思辨性质，文献复现率高，缺乏系统性和全局性。针对语言教师评价素养的现状，各国学者根据教育评价范式和评价标准的变化，不断开发新的量具，进行信效度验证，然后实施调查。多数研究发现，语言教师评价素养现状不容乐观，教师没有接受或只接受了很少的培训，且培训效果不好，脱离实践。也有调查显示，教师具备一定的测评理论、测试实施技能，但课堂评价知识和技能欠缺。研究还发现，教师测试与评价课程的学习经历直接影响其评价知识建构，而教龄、年龄、学历、专业、授课类型等的影响却不显著，但也有研究表明部分因素变量能产生显著影响。这些相似或矛盾的研究结果与概念构成有关，也与样本数量有关，也说明问卷调查不能深入挖掘背后原因，需要结合质性研究方法深入探讨。针对语言教师评价素养的发展，各国学者依据对语言评价的不同理解，分别从心理测量、社会建构、生态学等视角出发，聚焦语言测试和课堂评价两个维度，采用自然研究或实验研究等方法，通过问卷、观察、访谈等工具，收集教师在自然、共同体、个性化辅导等情境下学习、实践、反思等数据，进而探究语言教师评价素养发展的媒介和模式，描绘发展路径，提出发展策略和建议。但总体来看，实证研究数量不足，结论还不够具体，建议还不够明确，操作性不强。加之教师评价素养的提升是一个复杂的过程，受多种情境因素的制约，大规模量化调查培训需求仅是前提，长期跟踪的深度质性研究仍有待开展。

　　就研究对象维度而言，国内外文献关注不同学科、不同学段、不同职业发展阶段的教师。针对学科，当前很多研究，特别是实证调查研究关注不同学科教师，语言学科的动态性、人文性、互动性、情境性等学科属性未能充分凸显出来。而语言评价素养虽然专注语言学科，但其研究对象涉及教师、命题开发者、高校招生人员等不同评价利益者，对教师的聚焦明显不够。针对学段，多数研究对象为中小学教师。中小学教师评价实践以课堂评价为主，对测评理论需求不强烈，对测试技术的掌握程度不高，而现有相关调查及培训却常围绕测试展开，与一线教师的需求脱节；高等和中等学校语言教师的评价素养还没有得到广泛关注。不同地区、不同层次、不同类型学校语言教师评价素养的内涵及构成或许存在不同之处，为此相关研究有待深入探讨。针对阶段，已有研究关注职前教师以及在职教师的培养。对于师范生而言，相关研究常从课程设置、评价实践、教师专业标准、教师资格认证等角度出发，探讨职前教师评价知识的学习、评价技能的提升、准入门槛的设定等，但相关研究没有整合，存在碎片化的倾向，不够深入和系统。对于在职教师而言，处于入门新手、成熟精进、"高原反应"等专业发展阶段教师的教育经历和教学经验不同，其评价知识和技能的掌握程度各异，对课程与评价改革的反应不一，因此其评价素养的现状及发展过程有待深入研究。

　　就研究方法维度而言，文献显示国内外相关研究包括文献研究和实证研究两类。文献类研究，尤其是国内的研究多对前人的研究进行引介嫁接、评述反思，缺少对本土情境的考量，理论层面的创新不足。少量研究通过梳理已有文献，系统分析研究主题，对未来研究具有一定的启示意义，但缺少对实证研究文献的系统整合，元分析的文献尚未出现。实证研究多以问卷调查为主，深度访谈、课堂观察、叙事研究为辅。调查内容主要涉及测评理论、评价知识、评价技能、评价观念、评价态度等，研究焦点体现在对教师评价素养现状描述、影响因素分析、发展策略和提升建议等。总体上看，调查类研究以量化为主、质性为辅，相关研究多为复制性研究。这些研究为我们了解世界各地教师评价素养现状提供了宝贵的数据，然而很难体现教师评价素养发展的过程性、情境性、动态性和复杂性，很难捕捉教师评价素养发展的轨迹。而针对教师评价素养发展的实证研究才刚起步，国外研究数量相对较多，国内研究比较少见。已有研究围绕发展方法、媒介工具、模式路径、环境创建和身份建构等议题展开，为揭示教师评价素养的发展积累了经验。这些研究常采用质性研究方法，具有一定的典型性和情境性，但数据收集工具比较单一，缺少多种数据的相互验证。

15.4　研究发展趋势与选题建议

近十年国内外相关研究表明，语言教师评价素养对提升教学质量，促进学生学科核心素养发展，促进教师专业发展具有重要的作用，相关研究愈发受到重视。学界正如火如荼地开展，但已有研究在研究内容、研究对象和研究方法等方面存在不足。有鉴于此，本章提出未来研究的发展趋势和选题建议。

研究内容方面，针对语言教师评价素养的概念构成、现状调查和发展探究维度存在的问题，建议未来研究：（1）从语言学科属性出发，充分考量本土情境，结合师生需求，深入探讨语言教师评价素养的概念及其构成，建构适合中国情境的语言教师评价素养内容框架和指标观测体系；（2）依据新概念框架，开发工具、实施调查、分析需求、开展培训。一方面，面向不同学段和专业发展阶段的语言教师，扩大研究对象范围，寻找共性规律；另一方面，聚焦典型个案，开展深度质性研究，挖掘个体层面知识、风格、情感、信念，机构层面组织管理、机构文化以及宏观层面考试文化、政策制定、课程改革等情境因素的影响。（3）增加实证研究数量，从社会建构、生态学、复杂动态等视角出发，围绕教师评价观念、评价行为、观念与行为的一致性、课堂评分、教师反馈、评价身份建构、信息技术背景下的教师评价素养等内容，开展长期历时研究。既可以考察自然情境中语言教师评价素养的发展过程，分析促成或阻碍因素，也可以借助外界教师培训或发展项目，对案例教师实施干预，通过开展（合作）行动研究项目，创造教师学习环境，打造实践共同体平台，开展评价相关课例研究，促进教师评价素养的发展。

研究对象方面，针对语言教师评价素养在学科、学段和阶段存在的问题，建议未来研究：（1）聚集语言学科，结合我国外语教学的实际，充分考虑二语习得、语言学习、外语教学等理论要求，拓展外语评价的范畴，总结外语评价的特点和规律，深入探讨外语教学、学习和评价的关系，挖掘外语评价的促学和促教价值。（2）面向中小学英语教师，开展与教学评价紧密相关的需求调查，据此设计与课堂评价相关的培训项目。高校课程与评价领域专家与中小学外语教师合作，围绕教—学—评一体化的教学设计与实施，开展校本研修活动，强调形成性评价的理论指导，发挥评价促学促教作用，探究在教研过程中一线教师转变观念、增长知识、提升技能、演变情感、发展评价素养的轨迹，透视观念与行为互动，探讨知行合一的问题。（3）面向中等及高等教育领域不同职业发展阶段在职外语教师，开展基于需求分析的调研，设计测试命题、中国英语能力等级量表与国外测试对接、形成性评价、连接外部测试与课堂评价、评价伦理、评价身份、评价信念、评价情感、学生评价素养等专题培训项目。通过讲座、工作坊、读书俱乐部等线上线下活动，提供教师阅读文献、参与研讨、实践反思、学习进修等机会，进而描述或阐释教师学习过程，分析各种情境因素在教师评价素养提升过程中的作用。（4）面向师范生，可以从教师学科教学知识、教师专业标准、教师资格认证、师范生课程设置、师范生教育实践等方向开展实证研究，系统全面地探讨职前教师教育的体制和机制等问题。

　　研究方法方面，针对语言教师评价素养在文献研究和实证研究方面存在的问题，建议未来研究：（1）在引介评述国外研究的同时，结合本土情境，深入探讨语言教师评价素养的概念及构成。还可使用软件（如CiteSpace），对已有文献进行可视化分析。对于实证研究文献，可采用元分析的方法，统计研究结果，得出相对科学的结论。（2）实证调查研究方面，可以拓展研究对象覆盖面，扩大不同地区、不同层次、不同类型、不同学段和不同职业发展阶段的外语教师的样本数量，同时混合采用开放问卷、访谈等方法，全面了解外语教师的评价素养现状及发展需求，为培训项目提供科学精准的依据。（3）开展语言教师评价素养发展的历时研究。在较长时间内（1 年以上），采用质性为主、量化为辅的后实证主义解释范式（post-positivist and interpretive approach）（Giraldo，2020），通过定性比较、个案、叙事、民族志等方法，广泛收集问卷、课堂观察、教师日志、田野笔记、深度访谈、课堂话语、学生文化制品等数据，多种数据相互验证，既可纵向追踪教师评价素养的发展轨迹、路径或变化模式，又可从媒介工具、环境支持、身份建构等横向截面深入挖掘教师评价素养发展的某个环节或要素。

第 16 章
外语教师情感研究：
概念内涵、研究评述与发展趋势

16.1　研究背景

外语教师每天都会体验到情感，但长期以来，西方哲学和文化传统对情感存有偏见，情感作为理性的对立面出现，认为情感代表了消极、女性的世界观，情感会影响专业判断且具有多变易逝、难以测量的特征（Zembylas，2003）。这些原因导致教师情感被科学化和学术化语言所遮蔽，教师"情感世界"游离于教师教育研究视野之外。但近几十年来，外语教师教育从实证主义走向阐释和人文主义，研究者通过探究教师生活世界来推动教师作为"全人"的解放与发展，从追逐以普遍性宏大叙事为特征的抽象研究走出来，把教师看作是活生生的、具有真情实感的人（吴宗杰，2008）。因此，外语教师情感研究逐渐得到关注（De Costa，2018；Golombek，2015）。

近十年来，外语教师情感研究发展迅速，国际上几乎每年都会有研究专著或者论文集出版（如 Agudo，2018；Benesch，2012，2017；Gkonou et al.，2020），外语类学术期刊也发表了外语教师情感研究专栏论文，如 *The Modern Language Journal* 的 2019 年第 2 期（Bigelow，2019）和 *Chinese Journal of Applied Linguistics* 的 2018 年第 4 期（De Costa，2018），国外主流社会科学引文索引（SSCI）外语类期刊先后发表多篇外语教师情感研究实证论文（如 Song，2016；White，2016）。国内学界不仅开始出现外语教师情感研究的综述性论文（如古海波、顾佩娅，2015；胡亚琳、王蔷，2014），也陆续发表实证研究论文（如古海波、顾佩娅，2019；秦丽莉等，2019；颜奕、谈佳，2018）。这些研究表明教师情感对教师身心健康和专业发展有着重要影响，不仅影响教师认知和职业发展信念，也影响教师教学决策和行为表现。基于此，我们有必要阐释外语教师情感内涵，总结评述已有研究并展望未来研究趋势，以廓清外语教师情感研究方向，明晰外语教师情感研究价值，进一步推动后续研究。

16.2　概念内涵

16.2.1　不同理论视角下的定义：生理、认知、社会建构和后结构视角

外语教师情感是什么？这是个不言自明但确难定义的概念。一般而言，情感是人的主观心理体验。由于情感存在不同研究视角，外语教师情感定义存在理解上的差异。一般来说，外语教师情感存在四种研究视角：生理视角、认知视角、社会建构视角以及后结构视角（Gkonou et al.，2020）。生理视角认为情感与生俱来，所有人都有情感且所有人都会以相同方式体验到相同情感，但该视角忽视了个人和环境的特殊性会影响个人情感体验。认知视角认为情感是评价方式，在个体评价某种场合或者事件以及带来的影响时出现。社会建构视角则凸显社会因素对情感的影响，社会建构各种情感范畴标签，人们通过社会化和观察来辨别和表达这些情感范畴。后结构视角认为在理解情感时，必须将个体生活史、社会身份认同、文化环境以及权力关系考虑进去。教师情感是社会文化建构的公共空间，也是改变教师、社会互动和权力关系的组成力量（Zembylas，2003）。因此，本章采取融合视角，认为外语教师情感是外语教师与所处社会生态环境因素交互中的心理体验，既受到社会文化因素的影响，也具有改变教师、社会互动和权力关系的潜能（古海波，2016）。首先，教师情感具有体验性特征，是教师的心理体验；其次，教师情感具有交互性，教师情感既受到社会文化影响，又受到个体信念和目标的影响，情感产生于个体对所处社会生态环境因素的评价与判断；第三，教师情感具有表演性功能，具有转变教师行动的潜能，是改变教师和环境的组成力量；第四，鉴于社会文化的强大影响力，教师情感具有文化差异性，不同文化背景下的教师情感存在差异。

16.2.2 外语教师情感的分类

理解外语教师情感内涵的另一种方式是进行分类。外语教师情感常采用积极和消极的二分法（Benesch，2012）。所谓积极情感是指个体趋近某个目标时产生令人愉悦的情感，通常伴随着一种快乐的主观体验，并能提高人的积极性和活动能力。消极情感则与之相对，是指发生在个体远离其目标时的令人不快的情感，通常伴随着一种明显不愉悦的主观体验，并会降低人的积极性和活动能力。Day & Lee（2011）在对已有教师情感研究归纳后，认为积极情感包括开心（joy）、快乐（happiness）、希望（hope）、骄傲（pride）、热爱（love）、同情（compassion）、希冀（wonder）和激动（excitement）；消极情感则包括罪恶感（guilt）、羞耻（shame）、嫉妒（jealousy）、伤心（frustration）、失望（disappointment）、焦虑（anxiety）、生气（anger）、恐惧（fear）、尴尬（embarrassment）和悲伤（sadness）等。

教师情感还可以分成三类。Yin（2006）将教师情感划分为积极、消极与复杂三类，补充了积极和消极这种二元对立、非此即彼型分类的不足。但这样的分类较难体现出教师情感丰富性和崇高师德等职业情感的价值。因此，本章借鉴情绪心理学研究成果（傅小兰，2016；孟昭兰，2005），将外语教师情感分为三类，第一类是个人基本情绪，包括快乐、悲伤、愤怒、恐惧、厌恶和惊奇六种基本情绪（Ekman，1999）；第二类是社会情绪，是教师在社会交往中体验到的复合情感，包括自豪、羞耻与内疚、职业倦怠感、幸福感、焦虑和抑郁等；第三类是道德情感，指与教师职业道德有关的情感体验，如自尊感、崇高感、使命感、奉献感和教育爱等。这个分类不仅从个人—社会—道德三维层面丰富了情感内涵，而且更重要的是基于我国悠久"师道"传统，凸显出崇高师德等道德情感在教师发展中的重要价值，为理解中国外语教师情感的高尚精神维度提供支持。

16.3 近十年国内外研究评述

近十年国内外外语教师情感研究取得了长足进步，研究话题不断丰富，包括外语教师情感体验、教师情感影响因素、教师情感的作用以及教师应对情感方式等多方面。在研究方法上，也更为规范和有效。

16.3.1 不同环境下的外语教师情感体验

教学有时就是一种情感实践（Hargreaves，1998）。已有研究揭示了不同场景中的外语教师情感，如常规教学、技术环境中的教学、科研、师范生实习场景等，充分展现出教师情感的普遍性、多样性和复杂性特征。在常规教学情境中，有研究通过访谈探究 9 名日本高校英语教师对学生、同事和工作所持的情感，发现教师对同事和组织表现出更多消极情感，对学生多表现出积极与温暖，这与教师作为学生的"关爱者"和"道德引领者"的身份认同有关（Cowie，2011）。颜奕和谈佳（2018）采用质性个案研究方法探究了国内 5 位高校法语教师在专业生活中的情感体验，发现他们在其专业生活的多个方面，如学生、同侪、教学、科研和职称等，体验了具有多样性、复合性及变化性的情感。在语言测试评估这一教学具体层面，有研究通过三个案例分析揭示了外语教师在评估中体验到的压力大、抑郁、倦怠感以及满足感等情感（Brown et al.，2018）。随着信息技术发展，外语教师也相应地产生很多情感，如一项研究通过问卷和访谈研究了意大利 32 位小学英语教师对于信息技术的情感，他们对信息技术持积极态度，并体验到积极情感（Azzaro & Agudo，2018）。当下我国高校大力提倡信息技术与英语教学融合，外语教师对于技术的情感值得不断探索。

在科研中，古海波（2016）对于我国东部某高校 12 位教师的质性案例研究表明外语教师在科研生活中都体验到了正向、负向和混合情感，教师体验最多的是负向情感。一项对越南某大学 24 位英语讲师的质性研究分析发现，学校科研新政策促使教师产生多种情感，主要表现为四类回应方式：激情的适应者、压力大的支持者、真心诚意的追随者以及不满意的表演者（Tran et al.，2017）。还有研究采用访谈方法（Edwards & Burns，2020），分析 5 位教师参加行动研究前后的情感体验，发现教师在行动研究不同阶段体验到复杂情感，如行动研究中间感到应接不暇或狂喜（overwhelmed or euphoric），接近尾声时感到谦逊或者如梦初醒 / 活力充沛（humble or awakened/energised），行动研究之后感到受限或者再次有激情（restricted or reenergised）。教师情感也在外语教师教育项目中有所体现，有研究通过问卷、访谈和反思日记等材料研究了西班牙 30 位职前英语教师教育实习中的情感（Agudo & Azzaro，2018），发现他们体验到了积极情感，如开心，满意，热爱以及对学生的喜欢；消极情感包括失望、沮丧、抑郁，不安全感以及焦虑。上述不同情景下的实证研究表明外语教师情感体现在教师职业生活中的各个方面。因此从情感视角研究外语教师，为外语教师发展研究提供了新的可能性。

16.3.2　具体教师情感

除了不同环境下教师的总体情感研究，研究者同样关注某项具体教师情感，如职业倦怠、焦虑、生气、幸福感和愉悦等，这些都深化了对外语教师情感的认识。这方面探讨较多的是外语教师职业倦怠，所谓职业倦怠是指个体因不能有效应对工作上持续出现的各种压力而产生的一种周期性反应，具体表现包含精疲力竭、低效能感、动机下降以及态度和行为的消极改变（Maslach et al.，2001）。范琳等（2017）通过问卷调查了浙江 203 位高校教师，发现英语教师自我概念、教学效能感水平较高，职业倦怠水平总体不是很严重，但其核心成分——情感衰竭维度水平较高。英语教师自我概念、教学效能感均与职业倦怠呈显著负相关，其自我概念与教学效能感呈显著正相关；自我概念是解释职业倦怠的重要变量，其教学满意度、师生关系、自我接纳、风险接受和主动性维度能够显著预测职业倦怠水平。唐进（2020）对来自全国 7 个省 47 所高校的 220 份有效问卷进行分析，结果表明，高校外语教师专业学习共同体不仅能对教师职业倦怠产生直接负效应，还能通过对教师专业认同的正向影响，降低教师职业倦怠水平。还有研究（Mahmoodi-Shahrebaba-ki，2017）通过问卷调查了 276 位伊朗中小学外语教师，发现职业倦怠中的去人格化特质与教师完美主义密切相关，焦虑在完美主义与情感衰竭的相关关系中起中介作用。这些研究表明外语教师职业倦怠研究从了解倦怠水平和现状逐渐走向探索影响职业倦怠的多维因素，为缓解教师职业倦怠提供了启示。

英语非母语的教师一直存有语言焦虑。有研究通过问卷和访谈研究了 12 位土耳其的职前英语教师焦虑，发现他们作为英语非母语者有着较高的语言焦虑，导致他们在课堂里避免使用目标语以及语言密集型教学实践（Tum，2015）。压力感也是外语教师常见情感，一项通过对波兰 25 位英语教师的访谈研究发现高拘束感与低自尊导致教师压力变大（Wieczorek，2016）。近年来，积极心理学在外语教学研究领域的影响日益加强（MacIntyre et al.，2019；Mercer & Gregersen，2020），教师幸福感得到更多关注，如 MacIntyre et al.（2019）介绍了教师幸福感的"积极情感、参与感、关系、意义和成就感"模型，并通过 47 位大中小学外语教师问卷调查，发现教师性格、压力与幸福感密切相关。还有研究通过对美国、日本和奥地利共 12 位高校外语教师的深度访谈研究（Talbot & Mercer，2019），发现对教师幸福感有积极影响的因素包括与学生交往、职业意义和社会影响；消极影响因素包括个人压力源，语言教师面临的具体挑战；既有消极也有积极的因素包括心理控制源以及同事与合作。这些具体情感研究打破了外语教师情感开心和不开心这种二元对立视角的窠臼，更多走向教师情感体验的复杂性本质。其他类似生气（Burić & Frenzel，2019）、教师愉悦感（Dewaele et al.，2019）等具体情感也值得进一步探究。

16.3.3　教师情感的影响因素

影响外语教师情感的因素多种多样，本文基于教师情感的社会建构视角（De Costa，2018；Gkonou et al.，2020），从教师个人因素和社会文化因素两方面简单评述。个人因素包括教师情绪智力（emotional intelligence）与教师身份认同（identity）。情绪智力是指个体对自身及他人情绪的意识、感知、评估、理解和调节能力（Mayer & Salovey，1997）。外语教师情绪智力影响教师情感表达与教学实践，如一项研究（Kliueva & Tsagari，2018）通过混合研究方法探究了塞浦路斯 102 位英语教师的情绪智力，问卷调查发现教师情绪智力与教学实践密切相关，基于访谈的内容分析表明不同环境（中小学和高校）会影响教师教学策略。还有研究探索如何通过培训提升教师情绪智力的具体做法（Hen & Sharabi-Nov，2014）。另外一个影响教师情感的重要概念是身份认同，这方面研究较多。如 Golombek（2015）呼吁对外语教师认知概念进行重构，指出教师认知应该包括外语教师情感维度。但更多研究探讨身份认同与外语教师情感的关系，如对一位美国英语教师的案例研究（Wolff & De Costa，2017）发现，情感冲突是教师身份认同发展的一部分，该教师运用了积极方式应对情感挑战。还有研究通过质性案例研究方法探究一位美国职前英语教师在参加教师教育项目前后学习中的情感与身份认同的关系，研究发现教师情感附着于身份认同，这种附着源于其过去教学的情感经历（Shahri，2018）。这些都凸显了身份认同与情感的密切关系。社会文化因素则借用情绪地理概念进行指代。Xu（2013）通过访谈研究了 3 位高中新手英语教师与学生、同事、家长以及行政管理人员交往中的情感体验，发现由社会等级而形成的政治地理奠定了教师与他人互动的情感规则，道德地理影响同事交往。

16.3.4　教师情感的作用

外语教师情感的作用到底有哪些？近年来一些实证研究表明外语教师情感会影响外语教师的教学方法、教师身份认同、能动性以及教师专业发展，这有助于确立外语教师情感研究价值。外语教学是一种情感实践（Hargreaves，1998），但到底教师情感如何作用教学？一项研究采用问卷调查了伊朗 200 位中学和语言培训机构教师，发现教师教学方法与情感存在显著相关性（Heydarnejad et al.，2017）。另外，也有研究发现外语教师情感深刻影响教师认同，情感参与他们身份认同构建（Yuan & Lee，2015）。秦丽莉等（2019）则通过对一位新手教师展开的质性研究，分别采集了其口头叙事、与导师一对一口头叙事互动录音及其书面叙事反思文本三方面的数据，发现新手教师情感对其认知发展会产生促进或阻碍作用。结合上文提及教师认同会影响教师情感，这些研究揭示了教师情感与教师身份认同的双向互动关系。

教师能动性（agency）是指"一种受社会文化影响的潜能，它能做出有目的的、深思熟虑的行动"（Rogers & Wetzel，2013：63）。White（2016）基于一位新西兰英语教师的个案研究描述了教师情感与能动性的交互关系。Benesch（2018）发现外语教师情感会激发教师能动性，通过对纽约 13 位教师的访谈研究后发现教师情感可以作为能动性的一种，是教师抵制情绪规则的表现。Song（2016）论述了教师情感对于教师发展的作用，研究基于 5 个韩国中学英语教师的案例研究，认为教师感受到的脆弱感会促进或者阻碍他们的教育实践和自我转变，从而影响他们专业发展意愿。还有研究（Karagianni & Papaefthymiou-Lytra，2018）通过探索 4 位英语教师在参加了持续十年的某非正式教师发展项目中的情感后发现，从业者作为独立的教师学习者以及同伴导师角色，在一个情感安全的环境中愿意与同事分享情感、反思情绪以及交流意见，从而发展他们的认知情绪时，教师专业发展就可以成为一个持续发展的过程。这些都表明重视教师情感、反思教师情感对于教师专业发展意义重大。

16.3.5　教师应对情感方式

如何应对情感是外语教师情感研究的另外一个重要议题，涉及教师情感调节与情感劳动两个概念。教师情感调节更偏向心理学视角，是指"个体教师如何调节所感受到和要表达的情感"（Yin，2016：5），既包括对消极情感的调节，也包括对积极情感的调节（Gross，2007）。这方面研究常基于经典情感调节模型作为研究框架（Gross，2007），如古海波和顾佩娅（2019）通过质性案例研究方法，探讨 12 位高校英语教师的科研情感调节策略，发现这些教师主要使用了反应关注调节和先行关注调节两类策略，前者包括适应、采取行动、交流、抑制和放松等，后者包括认知重构、降低期望、转移关注和隔离等；反应关注调节策略的使用频率高于先行关注调节策略。还有研究打破常规，从学生和教师两个角度，基于问卷和访谈考察教师情感调节策略的频率与效果（Bielak & Mystkowska-Wiertelak，2020）。该研究发现了一系列与丰富环境和参与者相关的外语教师情感调节策略，学生和教师在看待策略使用频率方面并不一致，但在效果方面达成共识。认知重构、情境修正和能力增强是使用最多的策略。

　　相比较而言，更多研究者关注外语教师情感劳动（emotion labor），即"个体管理自身感受来产生一种公众可见表情或者身体展示"（Hochschild，1983：7），包括表层扮演和深层扮演两类。教学是情感劳动的一种形式（Hargreaves，1998），外语教师在工作中会付出很多情感劳动，但过多的情感劳动会带来职业倦怠（Ghanizadeh & Royaei，2015）。目前较多研究探究情感劳动的表现形式，如一项基于对美国 5 位农村外语教师的访谈研究（Acheson et al.，2016）发现，这些外语教师的情感劳动主要表现在：感知到缺少社区和机构支持，教师感到激励的负担过重，运用情感劳动去激励学生，存在情绪倦怠以及感知到缺少教师效能感。还有研究（Loh & Liew，2016）探究了 10 位新加坡中学英语教师的情感劳动，表现在情绪的压力、紧张感以及与英语教学有关的挑战，这些挑战在很大程度上源于课程的价值观内容、批改学生作文的压力、高风险考试的压力以及不得不采取文化回应性教学的压力等。也有学者（Benesch，2020）直接指出外语教师情感劳动是对机构权力的回应，是对影响教师发展的社会文化，尤其是政治权力因素的抵制，体现了教师在环境面前的主体性，值得大力提倡。也有研究（Gkonou & Miller，2020）采用访谈，基于对 25 位美国和英国高校外语教师情感劳动的研究，表明通过情感劳动和教师反思活动，外语教师可形成"情感资本"（emotional capital），能转化为社会和文化资本。心理学视角的情感调节研究有助于教师更好应对情感，增强职业幸福感，而社会学视角的情感劳动研究不仅更全面揭示了社会文化、权力等因素对于教师情感的制约，也从教师利用情感劳动、发挥抵制作用方面展现出情感劳动所蕴含的改变潜能。

16.3.6　研究方法特点

近十年外语教师情感研究在研究方法方面也呈现出新特点。一是研究对象多元化，既有高校外语教师（如秦丽莉等，2019；Benesch，2017；Cowie，2011），也有中小学外语教师（如 Edwards & Burns，2020；White，2016），近来职前外语教师也得到不少关注（如 Shahri，2018；Yuan & Lee，2015）。但相比较而言，其他类型外语教师，如新教师、农村教师和教师教育者的情感研究得到的关注不多，尚需开拓。二是研究方法的复杂化。鉴于外语教师情感的内隐性和私密性使其适合叙事研究、案例研究和自我研究等质性研究方法，因此大多数外语教师情感研究采用了质性研究方法（如古海波、顾佩娅，2019；Acheson et al.，2016；Golombek，2015；Song，2016）。但针对具体情感，尤其是职业倦怠，因为有成熟的问卷，不少研究者使用了问卷调查的研究方法（如范琳、杨杰瑛，2015；唐进，2019；Mahmoodi-Shahrebabaki，2017）。随着外语教师情感研究越来越多，研究视角日益多元，越来越多研究者采取混合研究方法，既有问卷等量化方法，也有访谈、叙事、案例素材等质性方法，深度探究教师情感的复杂特点（如 Agudo & Az-zaro，2018；Kliueva & Tsagari，2018）。

16.4　研究发展趋势与选题建议

总体来说，近年来外语教师情感研究取得相当大进展，为丰富我国外语教师教育与发展研究做出了贡献。但客观来说，我国外语教师情感研究还处在起步阶段，在理论视角、研究内容和研究方法层面都还需进一步拓展。

16.4.1　理论视角需更多元

首先，由于情感研究视角多样性，当下外语教师情感理论视角存在差异，不同视角下对于情感的理解和阐释也有所不同，但很多实证研究较少表明所采取的理论视角（后结构视角的研究除外），对读者理解造成一定困扰。因此今后实证研究论文可进一步明晰理论视角，并适当交代研究视角的不足，以更全面看待不同视角观照下的教师情感内涵。其次，在中国环境下，可大力开拓后结构研究视角。情感本身具有文化差异性（Mesquita et al.，2014），我国外语教师情感会深深打上中国社会文化的烙印。由于长期以来权力文化、集体主义等价值观对中国教师的深刻影响，采用后结构视角能充分挖掘教师情感或者情感劳动背后的含义，探讨中国环境下的教师情绪规则，认识到教师情感对环境的抵制和解放功能，对理解和促进外语教师发展会有新的启示。最后，外语教师情感是一个交叉研究方向，需要及时吸收教育学、心理学、管理学和外语教育等不同学科营养，采用多元视角，可以取得更好研究效果。尤其是近年来，普通教育学领域的教师情感和心理学领域的情感研究迅速发展，如教师情感与学校管理、教师教育中的情感，情感的认知神经研究路径等，都是外语教师情感研究值得借鉴的成果。

16.4.2 研究内容需更近一步拓展

在研究内容方面的拓展可从以下四个维度进行。第一，要大力开拓外语教师情感内涵。一是需要关注其他外语教师群体和不同场景下的外语教师情感，如新教师、农村教师以及教师教育者。此外由于信息技术的迅猛发展，尤其是 2020 年以来为应对新冠肺炎疫情而紧急开展的大规模网课实践，这类信息技术改革环境下的外语教师情感特别需要重视（如 MacIntyre et al.，2020）。二是要关注具体情感研究，如外语教师幸福感，愉悦感、焦虑感，压力、生气等具体情感，需展开深入探讨。三是亟须开展外语教师道德情感的研究，如优秀老教师的奉献感、责任感、使命感等。挖掘这样的传统师德，对当下传承优秀教师精神，应对个人主义和消费主义不断膨胀所带来的教师职业冲击具有重要价值。

第二，还需更多实证研究探讨教师情感的影响与作用。虽然已有研究指出了外语教师情感在教学方法、身份认同、能动性以及教师发展的作用，但这些研究很多都是质性研究，研究对象较少、研究范围较小，迫切需要更大规模的量化实证研究以更好论证外语教师情感的作用，尤其是探讨外语教师情感对学生情感、学校管理以及学生外语学习质量的影响。基于此，外语教师情感研究也许才能获得学理上更多的合法性，其研究价值才会更加凸显。

第三，需进一步探究我国外语教师情感调节策略和情感劳动策略。情感调节与情感一样，具有文化差异性（Gross，2007）。我国关于外语教师情感策略研究还不多，尤其是中小学外语教师处在压力较大的工作环境中，为增加教师幸福感和职业稳定性，他们的教师情感调节策略更需挖掘。另外，我国教师处在权力集中的社会文化环境中，不同类型的教师情感劳动有必要进一步探讨，这对丰富国际教师情感劳动研究具有重要价值。

第四，借鉴已有普通教师情感成果，不断丰富外语教师情感研究话题。国际上的普通教师情感成果较多，出现多种新的学术概念，如情感韧性（emotional resilience）（Day & Hong，2016）、情感知识（emotional knowledge）、情感生态（emotional ecology）（Zembylas，2007）和情感隐喻（emotional metaphor）（Zembylas，2004）。当下需要密切关注这些学术概念，不断推进其在外语教师群体中的研究。

16.4.3　研究方法需更多样

总体来说，目前外语教师情感研究方法还比较简单，主要采用问卷和访谈、叙事等方式。随着普通教师情感研究的兴起，研究方法逐渐多样；对外语教师情感研究而言，需要尝试使用更多元的数据收集方式。研究应不仅仅关注教师情感，也需要从学生或者其他利益相关者视角看待教师情感；也不能仅仅停留在教师自述和回顾性方式收集情感数据，需要适当补充实时的情感数据收集方式。因此，在量化研究方法方面，可采用基于技术手段，收集实时情感数据，如关键事件抽样（experience sampling method）、投射行为实验、数据挖掘和多模态数据分析技术（Zembylas & Schutz，2016）；也需要不断开发或者借用已有教师情感问卷，如教师情感问卷（Chen，2016；Frenzel et al.，2016）、外语教师情感智力问卷（如 Moafian & Ghanizadeh，2009）、职业倦怠量表（如范琳、杨杰瑛，2015）。在质性数据收集方面，也需要不断拓展多样质性数据收集方式，如刺激性回忆、民族志（Zembylas，2003，2007）、叙事、情感日志（如 Lavy & Eshet，2018）、自我反思（Taylor，Newberry & Clark，2020）等方式。

综上，外语教师情感研究领域依然稚嫩，在理论视角、研究内容和研究方法上还需不断开拓，需要感兴趣的同行共同努力、合力推进，开辟教师情感研究新篇章，从更人本的角度关心外语教师情感，理解外语教师情感，促进外语教师发展。

第 17 章

外语教师角色研究：
新形势下的回顾与展望

17.1　新时代、新使命、新挑战

党的十九大报告指出，"经过长期努力，中国特色社会主义进入了新时代，这是我国发展新的历史方位"（习近平，2017：10）。走进新时代的中国在"构建人类命运共同体"的理念和"一带一路"的倡议下，积极参与国际治理，为解决国际事务提供中国方案。在世界各国互容、互鉴、互通的今天，语言作为中国"参与全球事务的大国重器和关键引擎"（蒋洪新、杨安，2020），是实现各国人民互联互通的纽带（仲伟合、王巍巍，2018）。"一带一路"建设需要语言铺路才能行稳致远（李宇明，2015）。"构建人类命运共同体"也需要语言架桥才能笃定前行。为洞悉新时代对我国外语教育的新要求，外语教育界开启了新一轮大讨论（蔡基刚，2020a，2020b；何莲珍，2019；胡壮麟等，2019；蒋洪新，2019a，2019b；蒋洪新等，2020；朱哲等，2019），对外语教育在新时代的历史使命与现实担当、学科建设和人才培养、理论与实践创新以及外语课程改革等重要议题进行了深入探讨。外语教育必须主动对接新时代的国家战略，肩负起新的使命，成为文化互容、发展互鉴、文明互通的利器和重要支撑，为培养具有专业能力、国际视野和大国担当的人才做出贡献。

新时代的外语教育在人才培养目标和外语教学模式上都发生了显著的变化，外语教师因此面临着巨大的挑战。一方面，随着国家战略和社会发展对外语人才需求的变化，"单科的'经院式'人才培养模式"（蔡基刚，2020b）开始向"外语＋"复合型人才的培养目标转变。这就要求外语教师必须具备"知识＋"的体系，即从单一的语言知识向跨专业、跨领域、跨学科的知识体系拓展。另一方面，借力于多媒体、"互联网＋"、大数据、人工智能等新技术，MOOC、翻转课堂、混合式教学应运而生，外语课堂教学随之走出了传统模式。三尺讲台变宽了，课本变厚了，教鞭变长了。外语教师必须具备"教学＋"的能力素养才能胜任日常的教学工作。新的挑战使得教师对传统角色产生了错位感和不适感，引发了教师对职业的再度理解和重新定位，深刻影响着教师的教学行为和职业发展。教师只有不断提升角色意识和角色扮演能力，才能强化职业认同、提升职业素养和教学质量，从而更好地完成新的教育使命。

17.2　外语教师角色概念追溯

　　"角色"概念的正式使用可以追溯到 20 世纪 30 年代。1935 年，美国著名的社会心理学家 George H. Mead 将戏剧中的"角色"引入到社会学研究中，用于讨论自我与社会的关系。次年，人类学家 Ralph Linton 出版了《人的研究》（*The Study of Man*）一书，也使用了"角色"一词来讨论人与他者的关系和社会地位。在他们看来，"角色"等同于"角色扮演"，是指个体扮演某个人物形象、表现出某种行为模式、彰显出某社会地位的总和。它是社会学领域的重要概念，和社会结构、社会关系、社会观念等密切相关。

　　"教师角色"是重要的社会角色之一。在英语主流国家，人们对"教师角色"的解读受到了行为主义、人文主义、建构主义等社会思潮和哲学流派的深刻影响，着重于在实际课堂教学需求的基础上分析教师所扮演的角色（周燕、张洁，2014）。行为主义将教学视为通过一系列可能的强化事件促进学习的过程。教师是课堂的主宰者，学习实验的设计者。人文主义则反对在教学中依靠"刺激—反应"的机械、被动的学习训练模式以及"教师是知识的传授者、道德的榜样"等传统教师角色观。在人文主义看来，教学是启发学生独立性、自主性和创造性的过程，因此教师是帮助学生生成自我、超越自我的"激励者"、"启发者"和"促进者"。相比之下，建构主义不强调"人"的生成，而是关注"知识"的生成及意义建构。所以，教师只是中介者，扮演着组织、引导、指导、合作、咨询的角色，引导学生主动探索知识，指导学生发展概念图式，并和学生一起建构意义。总的来说，教师角色扮演的差异源于不同理念对课堂实践中的教学关系和师生关系以及关系中的主体意识和地位、关系中的互动媒介等的不同解读。

我国知名教育家顾明远在其编纂出版的《教育大辞典》中将"教师角色"定义为"教师和其社会身份和地位相关联的被期望行为"（顾明远，1992：40）。可见，与西方学者的视角不同，国内对于"教师角色"的理解远离课堂，偏重教师的应然角色和社会功能。而且尽管教师角色随着时代变迁不断变化和拓展，但是它的社会意义自近代以来始终占据着核心地位。近代以前，"教师"这一概念经历了从"人师"到"经师"，再到二者之间（金忠明，2008：25-34）的角色演变，也就是从单一的"知识人"或"道德人"演变到既是知识的拥有者同时又是德行的模范。到了近代，"知识人"走下庙堂，不再为封建君主的统治服务而是身体力行地成为促进民族复兴和社会进步的重要力量和楷模。中华人民共和国成立以后，教师被比作"园丁"和"人类灵魂的工程师"，肩负起为社会主义革命和建设事业培养接班人的历史重任。他们是"匠人"，具有专业知识和技能；同时又是"思想启蒙者"，不仅"传道授业解惑"还要开启心智、塑造灵魂。换句话说，"教师是对受教育者的心灵施加特定影响为其职责的人"（叶澜，2001：10）。进入 21 世纪，教育改革不断深入，教师角色也随之多元化。教师成为一个具有权威、艺术家、促进者、学者和研究者等多种特征为一体的复合体（胡艳，2002）。2014 年 3 月，教育部印发了《教育部关于全面深化课程改革落实立德树人根本任务的意见》，明确强化教师育人能力培养。2020年 5 月，教育部印发的《高等学校课程思政建设指导纲要》强调：全面推进课程思政建设，教师是关键。2021 年 4 月 19 日，习近平总书记在清华大学考察时强调：教师要成为大先生，做学生为学、为事、为人的示范，促进学生成长为全面发展的人。

20 世纪 80 年代和 20—21 世纪之交分别是"外语教师角色"演变的两道分水岭。中华人民共和国成立之初的三十年间，老一代外语教师在一穷二白的环境下自力更生，积累了宝贵的经验，为国家培养了大量优秀的外语人才。他们对教师角色的理解也是在教学中逐渐摸索实践出来的。通过一项"抢救性研究"（周燕、张洁，2013）可以看出，老一辈外语教师在语言示范（目的语输入）、能力培养（语言输出）、学习效果评价，以及师生关系维护和营造积极的学习环境等五个方面扮演着"偶像性重要他者"和"互动性重要他者"的角色，通过对话与互动，推进课堂进程，保障教学，同时促进教师个体自身的发展。20 世纪 80 年代以后，我国研究者不断吸收西方的外语教育理念，促进外语教学与国际接轨，但是对外语教师角色的讨论却是一片空白。改革开放之后，西方国家在 20 世纪 60 年代提出的"以学生为中心"的理念和"自主学习"革命（Broady & Kenning，1996）引起了我们的关注。又过二十年才有研究者（李秀萍，2009；刘国庆、计凤如，2009；马刚，2003；覃丹，2008；张庆宗，2000）开始重新审视这些理念中的外语教师角色。由于作为知识拥有者的教师地位连同获得知识的方式都发生了改变，教师"权威者"角色向激发者、学生主动学习的引导者等转变。而在计算机技术和网络革命的影响下，教师的"知识权威者"形象又进一步弱化（周炳兰、刘晓琼，2005），"研究者和教育者"（齐登红、王保云，2004）、"帮助者和促进者"（冯辉，2006）以及"中介者"角色（章柏成，2008）凸显了出来。新理念与新技术的融入意味着教师必须从"专业型教师"向"一专多能型教师"转变（雷小川，2001），"灵活扮演多重角色"（王林海，2007），成为集"组织者""指导者""促进者"和"评价者"（廖锦超，2005；梁田等，2008；孟凡胜，2005）于一身的复合体。至此，传统的权威形象不断淡化，教师角色变得多维多样，且与西方概念的同质性较高，本土化特征欠缺。

17.3　近十年国内外研究回顾与评价

17.3.1　近十年国外研究回顾

最近十年，国外的外语教师角色研究并不丰富。现有的研究主要关注两部分内容：一是教师角色与学生个体发展之间的关系，探讨教师在课堂中的任务及其所扮演的角色如何影响学生语言习得能力和学生个体发展，如学习动机、自主学习能力、自我管理能力等；二是教师角色的转变，探讨教师的权威地位是否发生变化以及如何发生变化。

第一个关注点是教师角色与学生个体发展。研究者往往依据促进学生个体发展的原则和目标对外语教师角色进行分析。例如，罗马尼亚的研究者 Hulea（2014）从讨论语言的本质出发，认为对话者和引导组织者的双重角色可以促进学生的语言发展。Bacquet（2019）探究了外语教师在课堂内外促进学生语言身份认同的"赋能者"角色，辅助和确保学生在学习活动中的平等参与、投入以及合作。这两项研究的结果凸显了外语教师角色的学生主体意识和辅助功能，摆脱了传统的"权威者"形象。印度尼西亚的研究者 Indah Windra（2019）、Naibaho（2019）分析了英语教师在培养学生自主学习方面的角色。尽管在他们讨论的8—9 种角色中依旧包括传统角色，如"控制者"，但是该角色的功能也是辅助教学的。另外，利比亚的学者 Alhodiry（2016）对土耳其的外语教师进行了研究，讨论了教师在激发学生学习动机方面的多种角色，例如师生关系的建立者，支持性课堂氛围的营造者等，其功能也是辅助性的。匈牙利的学者 Mikusová（2019）研究了教师在促进学生自我管理方面的角色并指出教师首先要扮演自我管理学习者的角色。上述两项研究均强调了持续的教师专业发展和终身学习对于教师角色扮演、提升教学质量的重要意义。

第二个关注点是教师角色的转变。孟加拉国的研究者 Mariyam et al.（2015）认为交际教学法之所以未见成效，主要是因为教师角色未能从传统的"权威角色"中转变过来。Sahragard & Sadeghi（2017）也发现教师在管理、专业以及社会文化等三个方面的 13 种角色中依旧包括"知识传授者"的传统角色。同样，Mubaraq et al.（2019）通过实证研究发现在多媒体辅助的多元文化课堂中的教师仍然扮演着"控制者"和"学习资源"的角色。Skenderi（2017）对高等教育教师角色研究做了文献综述，对比过去和现在的教师角色差异，发现少数研究印证了上述结论，大部分研究则认为教师角色还是发生了转变，或者说是增加了新的维度，而且未来还会有更大的变化。

从上述研究结果来看：近十年来，国外对外语教师角色的理解主要还是受到哲学流派的影响，强调人文性，努力摆脱教师作为"知识的传授者""控制者""语言学习资源"等传统角色。对于教师角色的研究始终立足于课堂教学，以促进学生个体发展、提升教学质量为目标。从研究方法来看，上述研究主要涵盖思辨研究（Bacquet，2019；Hulea，2014；Indah Windra，2019；Naibaho，2019）、文献综述（Skenderi，2017）和实证研究。实证研究采用访谈（Mikusová，2019）、课堂观察（Mubaraq et al.，2019），或是课堂观察、学生问卷、教师访谈三角印证（Alhodiry，2016；Mariyam et al.，2015）等常见方法开展调查。伊朗的研究者（Sahragard & Sadeghi，2017）采用了叙事探究的方法深度挖掘了 21 位英语教师的角色认知，为教师角色研究增添了社会文化纬度，拓宽了研究取向。

17.3.2　近十年国内研究回顾

21 世纪第二个十年是"后方法时代"（Kumaravadivelu，1994，2001，2006）和大数据时代交织的十年。国内的教师角色研究延续了前十年的研究主题。研究者不再迷恋教学法而是围绕着"以学生为中心"

的理念、自主学习革命、计算机辅助教学和网络教学等进行讨论。"互联网＋"、大数据和人工智能又为教师角色研究增设了新的背景，但是对外语教师角色的认识仍然是后知后觉，研究领域一片空白。

1. 后方法时代：权威的消解和角色的拓展

"以学生为中心"理念的提出确立了"从教到学"的转向。提倡"自主学习"就是倡导由"被动性学习"转向"主动性学习"，由"灌输"转向"探究"。2007 年颁布的《大学英语课程教学要求》强调了多媒体和网络技术在外语教学中的作用。现代技术与外语教育的结合给外语教育与教学带来了生机，又进一步促进了"以学生为中心"和"自主学习"模式的实践。外语教师从刻板的"教学法角色"中解脱出来，"权威"形象逐渐消解，复合角色进一步形成。

李红梅（2010）发现外语教师在以学生为主体的教学模式中被赋予了新的角色，如导演、师傅、心理医生、朋友和合作伙伴等。黄乐丹（2019）则从自主学习者的视角探究了教师角色，研究发现在自主学习模式下，自主学习者对教师的介入充满期待，尤其希望教师能发挥促进者、指导者和培训师的作用。郑玉琪（2014）对后方法时代外语教师角色进行了调查和分析，结果显示"教学活动引导者""学生活动监控者""教学活动反思者"得到了调查对象的高度认同，认同度最低的是"教学主宰者"和"知识传递者"两种传统角色。邓志辉（2016）对外语教师角色的转型做了实证研究，发现在"后方法"理论指导下，教师可望实现集辅助者、促进者与资源于一体的角色功能，实现自主学习体系所要求的新型教师角色身份转型。吴莎（2018）进一步总结了后方法时代的英语教师角色的三个转向，即从"方法的消费者"到"方法的创造者"，从"教学的管理者"到"教学的引导者"和从"知识的传授者"到"知识的批判分析者"。

教师作为信息技术与外语教学深度融合的"执行者"和"落实者"（王娜、张敬源，2018），角色也不容小觑。陆杨（2010）指出，教师是多媒体教学中的教学设计者和组织者、学生习得知识和建构意义的引导者和信息提供者、学生自主学习的促进者、学习过程的监督者、学习问题的诊断者、学习成就的评估者、学习潜能的发现者和语言交际环境的营造者。安桂芹等（2010）、徐翔（2010）、王颖轶和张威（2013）、钟琳等（2016）也对多媒体背景下计算机辅助大学外语教学和网络背景下自主学习中的教师角色进行了研究，研究发现均指向传统教学中的"知识传授者"在课程设置、教学活动安排和学生学习等方面的角色转变。

另有研究者（Huang，2018）从学生的视角出发总结了在线学习背景下教师在认知、情感和管理三方面的角色转变。其中，学生更需要教师扮演管理型的角色。

进入 21 世纪，随着国家各项人才培养规划方案和教育政策的出台，教学改革、课程改革、教材改革等项目不断涌现。教师在教改中的关键位置毋庸置疑。研究者们也通过实践发现：最终改变教育的是课程及其发展、改革与创新，而教师及其发展将发挥主导作用（张莲等，2013）。因此，有研究者提出：教学改革的推动者应认真研究教师在改革中的角色和作用（孙有中等，2017）。但是到目前为止，教师角色对于教学实验和课程改革的重要意义还没有得到足够的重视，研究寥寥。比如，陈曦蓉（2019）、索格飞和迟若冰（2018）、杨芳等（2017）、张欢瑞等（2019）、郑咏滟（2019）、钟兰凤和钟家宝（2020）分别对口语、跨文化、商务英语、听说、学术写作和阅读等课程的混合式教学模式进行了实践和研究，但是未对教师角色进行探究。王冉（2010）探讨了高校英语教师在教改中的角色转变，认为教师要从传统课堂中的主体转变成为兴趣激发者、学习引导者和平等参与者。常俊跃等（2019）在一项课改中探究了英语教师在指导层面、人际关系层面、道德层面所扮演的角色及其存在的问题。研究发现教师依旧扮演着知识来源的角色。上述两项研究的差异在于：前者的研究背景是 2004 年教育部高教司提出的信息技术改革传统教学模式，无论是对教师还是对学生来说，获得知识的途径改变尤为突出。后者的研究背景是项目依托式课程教学改革，教育技术的辅助功能并不是显著的影响因素，因此教师的知识主导或来源地位仍然存在，但并非以"知识权威者"的形象出现。张莲和叶慧敏（2018）也发现教材更迭引致的教师专业权威性降低会影响教师课堂角色的认知与扮演。11 位研究对象都不认为自己在课堂上扮演了"权威专家"的课堂角色，而且教师"重要他人"的角色也在降低。此外，她们还分析了教师在改革中的六种角色定位，即"参与者""实施者""拥护者""抵触者""推动者"和"承受者"，足见外语教师对自己在改革中的角色认知呈多元化。

2. 大数据时代：解放的益处和取代的危机

"互联网 +"深刻地影响了人们的生产和生活方式、学习方式和思维方式，同时迅速推进了教育领域里的第三次革命。知识观、学习观、教学观不断更新。大数据时代催生了新的教学模式，翻转课堂、MOOC、复合型教学纷纷涌现。2018 年《中共中央 国务院关于全面深

化新时代教师队伍建设改革的意见》提出，教师要主动适应信息化、AI
等新技术变革，积极有效开展教育教学。一方面，教师从传统角色中解
放出来，另一方面，教师也面临着角色取代的危机。崔璐（2018）提出
了"互联网＋"时代的教师三维角色——黏合剂、润滑剂和催化剂（分
别对应知识教学、情感交流和态度价值三项内容），具体分为课程研发
者、方法指导者、活动评价者、发展陪伴者、网络保护者、道德示范者
六种角色。王添淼和张越（2017）建议慕课教师不应只作为由外在技术
与原理武装的"技术熟练者"，而要成为建构和提升自身经验的"反思
性实践者"。另有一些研究针对大数据时代背景下的教师角色转变进行
了探究，如表 17-1 所示。

表 17-1　大数据时代的教师角色转变

文献来源	"传统"角色	角色转变
黄金煜、郑友训（2014）	课前教案的书写者 课堂知识的传授者 课后练习的局外者	课程视频的设计制作者 交流互动的组织参与者 学后反思的促进辅助者
于天贞（2014）	主演	导演
田爱丽（2015）	讲解为主 知识传授 全体授课	激疑解惑 培养能力 个体指导
李智（2015）	主导者	指导者 设计师＋监督人 伙伴
韩盼盼（2016）	–	教学视频的研发者与录制者 课堂活动的设计者、组织者与参与者 课后总结反思的引导者
谢红荣、赵红霞（2016）	主导者 单打独斗者	指导者 协作学习者

以上研究充分证明了"互联网＋"时代教师角色的三个转变：一是
由单回路式教育的实施者向双回路式教育的探索者转变；二是由崇尚工
具理性的知识传授者向高举"人性"旗帜的知识解构者转变；三是由技
能熟练者向反思性实践者转变（杨爽，2016）。由此可见，科技进一步
弱化了教师的主体地位，学生的主体地位不断提升。知识的边界日益模
糊，知识获取的疆界业已打破。作为知识灌输者和知识传播者的传统教
师角色已经不能适应大数据时代的要求（陈建录等，2018）。大数据时

代的到来彻底解放了教师单一的、刻板的传统教学角色，摆脱了"权威者"的自我捆绑。教师角色变得灵活多样、立体全面，更有利于教师在流动的课堂中、变化的教育背景下有效实施并成功完成教育教学任务。

　　然而，随着人工智能走进教育领域，教育工作者感受到了新的压力。与传统教师迥异，教师从"教学者"转向"辅助者"，从"教练"转变为"导师"。教师角色从主导变成了辅助（张优良、尚俊杰，2019）。如罗莎莎和靳玉乐（2020）所说，人工智能时代的教师面临着三重危机，即知识传播者的角色边缘化、教育专业者的角色模糊化、教学评价者的角色工具化。还有人担心教师的主体地位、"教书匠"角色以及"因材施教"角色都被人工智能取代了，教师的角色优势只剩下了师生情感对话（胡伟，2019）。另有一些研究者秉持积极乐观的态度，对新时代的教师角色进行了探究。范国睿（2018）认为除了"心理和情感发展的呵护者"角色以外，教师还应该是学习分析者、信仰与价值的引领者、个性化的指导者、社会学习的陪伴者。在陈鹏（2020）的研究中，人工智能时代的高校教师角色更为多元化，教师扮演着道德价值的塑造者，心理健康的守护者，人工智能的应用者，深度学习的合作者，课程教学的设计者，信息资源的整合者，创新创业的践行者，教育科学的研究者，服务社会的引领者等诸多角色。上述两项研究强调的是教师的教育功能，即教师要做学生人生的引路人（林德全，2020）。综上，教师角色并不会被人工智能所取代。相反，教师角色在广度和深度上都在拓展，不仅要适应和满足科技进步与社会发展对教师提出的新要求，还要扎根于"立德树人"的根本任务，做新时代的大先生。

3. 角色研究：丰富的视角和多样的方法

　　最近十年的教师角色研究并不多，但是视角丰富，从传统视角到现代，从教师视角到学生视角，有静态亦有动态，有微观亦有宏观，既关注内部环境也探究外部环境。例如，周燕和张洁（2013）采用传统教育视角，对 73 位外语前辈的教学回忆和教育思想进行了整理和分析，"抢救性"地挖掘了我国老一代外语教师毕生积累的宝贵财富，还原了中华人民共和国成立 30 年间的外语教师角色群体样貌，弥补了角色研究领域的空白。常俊跃等（2019）、邓志辉（2016）、钟琳等（2016）、郑玉琪（2014）和 Huang（2018）的研究在讨论外语教师角色时不仅强调教师视角还关注了学生视角。陆杨（2010）从语言学习理论、大学英语教改、多媒体教学三方面探讨了教师的动态发展的多重角色。五年后，雷丹和柳华妮（2015）进一步指出，外语教师研究需要一个更具广度和深度的"动态的教师角色"视角，既要考虑教师自身的内在环境，也要关照其所处的学校环境和社会环境，做到主、客观因素兼顾。由静态转向动态，教师角色与环境之间的关联由此扩大，教师"生态角色"的重要性日渐凸显。（刘永莉，2017）"生态位"视角为教师角色研究提供了有益的、及时的补充和发展。与此同时，有研究者（严明，2010，2016）以教育文化为视角讨论了外语教师在文化、社会、学科等三个层面的角色担当，以及外语教师角色的整合定位和教师角色发展的融合机制。严明（2010）认为从教育文化角度透视教师角色，是跨越教师常规职业角色，着重于教师与文化的关系以及文化对教师的影响的宏观分析。张莲和叶慧敏（2018）的研究也关注了文化层面，既指向微观的课堂角色，也兼顾中观的教改角色。另外还有研究者采用主体间性视角（吴岳军，2010）和融合教育视角（谢正立、邓猛，2018）探讨教师角色。

从研究方法上来看，现有的研究以思辨研究和文献综述为主，实证研究较少且以质性研究为主，其中访谈是必不可少的数据收集手段。例如，周燕和张洁（2013）采用深度访谈的方法收集外语教师的角色认知。张莲和叶慧敏（2018）采用的现象图析学方法，倚重"第二级视角"，也是通过深度访谈获取教师对自身角色的认知和理解。常俊跃等（2019）采用定性研究范式，借助半结构化访谈和课堂观察收集数据。邓志辉（2016）、钟琳等（2016）的研究采用了问卷调查结合访谈的形式。郑玉琪（2014）运用了混合式研究方法，采用了调查问卷、课堂观察和访谈相结合的三角印证的方法。除上述研究方法外，还有研究者（严明，2010）建议要通过叙事方法深入探究外语教师主体的心声，透视教师作为社会人和文化人的角色特征。

17.4 外语教师角色研究的关键问题及发展趋势

17.4.1 外语教师角色研究的关键问题

1. 外语教师角色研究的动机

对外语教师角色进行研究首先要解决的问题是：为什么要研究外语教师角色？第一，外语教师角色研究的目的是在特定的国情和社会发展阶段从政策和理论层面解读理想的教师角色，阐释教师角色的社会意义，为教师群体提供职业规范说明，打造高素质专业化的教师队伍。第二，外语教师角色研究的实践性动机在于描述教师在教育教学活动中的现实角色。一方面是为了提升教育质量和教学质量，另一方面也可以促进教师个体的职业发展。但是现实告诉我们：对教师角色的外部规约、分析与其自身生成的角色认同之间所存在的错位和距离是导致教师在教学实践中时常感受到"职业疼痛"的重要原因（周燕、张洁，2014）。因此，研究者既要关注规定性教师角色也要关注描述性教师角色，尤其要分析差异背后的原因，帮助教师摆脱角色混乱带来的困惑和迷茫，强化职业生命力。这也是目前已有研究的不足之处。此外，教师是课程与教材改革、教学模式实验、教育技术革新等不可或缺的参与者，教师扮演何种角色关系到一切教育教学活动的成败，同时又影响着教师个体的职业幸福感和成就感。那么，只有预先唤醒和调动教师的角色意识才能保障改革的顺利实施，研究者对于教师角色的探讨也要先于任何一场教育变革进行，避免后知后觉、亡羊补牢。

2. 外语教师角色的认知与扮演

对外语教师角色进行研究要解决的第二个关键问题是：如何理解角色认知和角色扮演？首先，教师对自身角色的认知是基于个体对教师职业、外语教育与教学的理解和信念。教师角色扮演则是教师在呈现某个角色时建构出的个体形象、行为模式以及社会地位。其次，角色认知是角色扮演的内部动力，角色扮演是角色认知的外部展现。但是这两者之间时常出现不匹配的情况。因此，研究者既要挖掘教师关于自身角色的信念，又要观察并描述其角色扮演的行为。更重要的是，研究者需致力于在二者之间搭建桥梁，分析并提供教师从角色认知到角色扮演的可行性路径，弥补沟壑。反之亦可通过教师角色扮演的行为将教师内隐的或是模糊的角色认知概念化、理论化，帮助教师形成个人教学知识，促进个体的专业发展。这是目前的研究所欠缺的。

3. 外语教师角色的多重性与核心

对外语教师角色进行研究要解决的第三个问题是：如何理解角色的多样性和核心角色？"角色丛"的概念是由莫顿（2006：567）在其专著《社会理论和社会结构》（*Social Theory and Social Structure*）中首次提出的，意指人们由于占有某一特殊的社会地位而具有的角色关系的全部。而"多重角色"是指个体在不同情境中具有的身份角色（阮琳燕等，2020）。教师角色不是固定不变的，也不是单一的，其动态变化和多样性显而易见。毋庸置疑的是：作为社会人的教师具有多重角色，如母亲、志愿者、教师等；作为职业人的教师具有"角色丛"，如导师、权威、引导者等。但是在"角色丛"和"多重角色"中存在一个或多个"核心角色"。研究者需要区分工作和非工作边界，避免对教师角色的不切实际的幻想和苛责；需要辨析个体化的教师角色，避免陷入教师群体脸谱化的刻板结论当中；需要明确"核心角色"，即能够显著表明特定时期与特定情境下教师职业的特殊性、明确教师身份的特定职责、明确带有学科特征的教师使命的角色。

17.4.2　未来研究的可能议题

1. 从角色扮演到角色实践

从文献中可以看出：大部分研究是以白描的方式探讨外语教师的角色扮演，并将"外语教师角色"等同于"外语教师角色扮演"。然而，教师"抵达角色"的过程会引发教师个体的多种行为，诸如角色顺从与抵抗、角色回避与修正、角色冲突与和解等。这些"角色实践"不仅和教师的认知、信念相关，还和教师的能力直接相关。换言之，并不是每个演员都能够按照编剧和导演的实际意图扮演好每个角色，教师角色扮演亦如此。"角色实践力"的高低决定了角色扮演的效果，也决定了教学质量、教育改革的成败。利用教师角色的张力，在课堂中激发、把握和控制不同的角色扮演无疑是教师专业能力发展的重要环节，也是必修的一项任务（周燕、张洁，2014）。因此，外语教师角色研究要更加注重分析和理解外语教师角色实践的动态过程以及如何通过教师学习提升角色实践力。

2. 从 EGP 教师角色到 ESP 教师角色

Makovec（2018）指出教师角色根据文化和社会事件以及环境界定。理解和研究外语教师角色，必须关注社会文化背景以及不同时代背景下外语教育的使命和任务。新时代对国际外语人才的培养和目标指向"外语＋专业"的"专业复合式"和"外语＋外语"的"语言复合式"人才培养模式（蒋洪新，2019b）。从某种程度来说，未来的外语教师可能都将成为"外语＋专业"的 ESP（English for Specific Purposes）教师，他们也将创造出"工具理性（语言＋技能）＋人文特色（语言＋文化）＋

复合专业"的新格局。同时，他们还会面临从通用外语（English for General Purposes，EGP）教学转向专业外语教学的挑战以及从普通外语教师角色向 ESP 教师角色转变的新课题。另外，提升"语言复合型"人才的培养质量需要大批非通用语种教师的参与和支持，而非通用语种教师角色研究目前也还是一片空白。

3. 个体与文化的联结

　　教师角色研究从传统走向后方法时代，从"互联网＋"走向人工智能时代，教师角色一直都是事实（角色拓展和角色解放）与假象（权威消解和角色取代）并存。一方面，已有的研究多数强调教师的应然角色，即理论指导和文化规约下的教师角色，所得出的描述性和假设性结论并不足以解释外语教师教学行为背后复杂的深层原因，忽略了教师的主体能动性。另一方面，尽管少数实证研究调查了教师的实然角色并从中窥探出理想角色与现实角色之间的距离，但是对教师角色扮演的内外部环境及其动态变化分析不足，对教育机制、文化机制给教师角色带来的影响缺乏足够的关注。因此，外语教师角色研究必须超越角色规约，摆脱课堂教学的局限，深入探讨教师角色是如何在教师认知、信念、心理、情绪等内部环境与文化、体制、教育技术等外部环境的对话协商过程中实践的，进而充分彰显教师角色的社会性和文化性的本质。

4. 理论与实践的融合

　　外语教师角色研究一直是外语教师教育与发展研究的重要话题之一。然而，近十年的研究显示：一方面，研究者对于角色理论的探讨浅尝辄止，理论对实践的指导性较弱；另一方面，角色研究的成果也未能上升到理论层面，理论与实践的统一性不够。自"角色"概念诞生以来，角色理论日益丰富。例如，以 Ralph Linton（Linton，1936）为代表的功能主义学派主张角色是一系列社会对个体所产生的行为期待；以 George Herbert Mead（Mead，1962）为代表的互动主义学派主张角色是社会持续互动创造出来的。研究者们又陆续提出了角色紧张理论（Goode，1960）、过程角色理论（Turner，1962）、结构论角色理论（Biddle，1986）、角色冲突理论（Burke et al.，1991）等。另外还有关注性别差异的角色调和理论（Eagly & Karau，2002）以及戏剧理论（戈夫曼，2008）等。此处挂一漏万，不做赘述。毋庸置疑的是："角色"概念在社会学、心理学、管理学等诸多领域都有广泛的应用且衍生出了丰富的角色理论成果，并服务于各个学科。因此，外语教师教育研究者也需强化跨学科意识、重视理论与实践的融合，通过实践研究和理论建设细化、深化、专业化外语教师角色研究，更高效地服务于外语教师专业发展。

第五部分
新理论、新视角、新展望

第 18 章
基于社会文化理论视角的外语教师教育与发展实践和研究

18.1　社会文化理论概述

　　社会文化理论源自于苏联心理学家 Vygotsky 的文化历史心理学理论。Vygotsky 强调社会关系和文化中介工具在人类认知发展过程中发挥核心作用。不同于行为主义或认知理论，以 Vygotsky 为代表的社会文化理论强调人类认知的发展来源于社会生活，因为任何高级心理机制的发展首先源自外在的、与他人的社会互动，然后逐步内化于心（Vygotsky，1978）。换言之，人类的学习和认知发展是一个中介化（mediation）的过程，人类（主体）是借助中介工具与其周围环境发生互动，从而实现目标（客体）的活动过程，由此形成了第一代活动理论（图 18-1）。中介工具决定着人与环境的交互形式，反映了人类早期为有效解决问题而发明或改进工具的经历。工具是社会知识积累和传递的手段，不仅影响人的外部行为，而且影响其认知发展。

图 18-1　第一代活动理论模型（Vygotsky，1978）

　　后经 Leont'ev（1981b）和 Engeström（1987）等学者的继承和发展，该理论开始关注个体与共同体之间的复杂关系。Engeström 进一步指出，人类的每个活动都有一定的环境，共同体成员通过协商和调节规则促使共同体发挥作用。共同体包含了分工与合作的成分。现实生活中，人们会随着所在共同体的变化而不断调整自己的行为方式及思想观念。因此，Engeström 将社会层面的中介体（规则、共同体和分工）纳入了活动系统架构，形成了第二代活动理论（图 18-2）。该体系包含六个要素，即主体、客体、工具、规则、共同体和劳动分工。主体是参加活动的个体或集体；客体是主体在物质或精神层面进行活动的目标。主体借助工具逐步将客体转化为期望的结果。此过程不能脱离历史条件与社会情境，并受到规则、共同体和劳动分工的制约或影响。共同体由拥有共同目标（客体）的若干个体和小组组成。规则是指主体在进行任何行动时受到所处环境或共同体的某种约束（如规章制度、法律、政策、潜在的社会规范、标准、共同体成员之间的关系等）。分工是指共同体内成员的横向任务分配及纵向权力与地位的分配。该体系的架构可以更为全面、动态地分析某一社会现象与活动，更好地诠释某一个体或群体如何进行学习、实现目标，捕捉其发展与创造的动态过程。

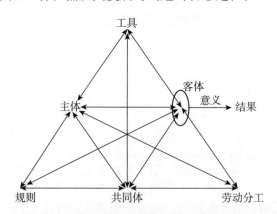

图 18-2　第二代活动理论模型（Engeström，1987）

Engeström（1999）指出，活动往往是通过拥有不同目标和背景的参与者在反复协商与实践的过程中实现的，必须要关注每个参与者所处活动系统之间的交互性。他强调活动体系内部及活动体系之间的矛盾是活动系统变化和发展的原动力，由此发展成为第三代活动理论（图 18-3）。多个活动系统的交互使得活动系统中出现了"对话性""多重声音"等矛盾性特征，但此矛盾不是问题或冲突，而是活动系统内部和活动系统之间历史积累的结构性张力（structural tensions）。解决矛盾的过程会激发新活动方式的产生，是拓展学习（expansive learning）的过程。

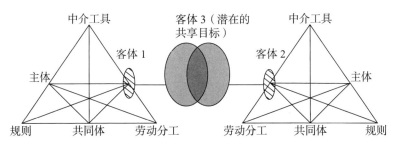

图 18-3　第三代活动理论模型（Engeström，1987）

　　人类活动在其不同阶段可能会出现四种形态的矛盾，包括初级矛盾、二级矛盾、三级矛盾和四级矛盾。如表 18-1 所示，初级矛盾具有隐蔽性，存在于活动的六个要素内部。例如，教师和培训者关于教师培训项目有效实施的不同认知。二级矛盾存在于活动要素之间。当一种新的要素进入活动系统，改变原有的要素，就会出现活动的二级矛盾。例如，教师参加专业培训活动所面临的新规则和分工对自己日常教学工作（如时间投入）的挑战。三级矛盾是更高级的活动模式与先前的旧互动模式之间的矛盾。当更高级的活动客体被引进时，先进的活动形式与落后的形式之间就产生了矛盾，中心活动的主体也会努力尝试或抵触更先进文化的活动。例如，专家认为某种教学模式有利于提高学生成绩，教师可能会尝试新模式，也有可能觉得新模式很难与自己的日常教学实践相结合。四级矛盾是中心活动与邻近活动之间的矛盾，如教师的日常教学活动与科研活动之间的张力。通过中心活动与外围活动之间的相互交换，这两种活动有可能会逐渐融合，从而得到共同发展。总之，矛盾促进了一个活动系统发生拓展性转变，从而实现个体或群体在应对矛盾过程中的不断学习或进步。

表 18-1　人类活动系统中的四级矛盾形态

矛盾类型	定义
初级矛盾	存在于中心活动各要素内部中的矛盾。
二级矛盾	存在于新的要素进入活动系统后的新旧活动要素之间，如客体与工具之间的矛盾。
三级矛盾	存在于新的更高级的文化客体被引进中心活动时，新旧活动形式之间的矛盾。
四级矛盾	存在于新的活动模式与邻近活动系统之间的矛盾。

　　根据社会文化理论，学习不是知识的线性累加，而是通过与环境及他人的互动不断进行的意义构建。关于教师学习、教师发展等方面的研究开始呈现出社会文化转向（崔琳琳，2013；毛齐明，2010；魏戈，2017，2019；张立平，2014；Roth et al.，2007；Tsui et al.，2007）。研究者指出，教师学习与发展不是单纯的个人行为，而是与其所处的社会、文化、历史环境密切相关（Johnson，2009）。首先，学习是个体学会参与某一社会群体的话语和实践活动的过程。在实践共同体中，个体学习者的身份是不断变化的，是沿着旁观者、参与者到核心成员的轨迹前进的，是动态的、生成性的概念。第二，学习是获得活动系统内的知识并为该系统创造新知识的过程。知识具有社会性，是内含在团队或共同体中的。因此，学习是个体通过与他人的对话协商共享知识、经验和能力，并且共同创造新知的过程。第三，教师学习是人与社会情境持续互动的过程，是教师个体受特定社会文化环境的影响不断发生变化，同时重塑环境的过程。第四，个体的生活史以及中介工具对教师学习有重要影响。教师学习不是听任他人灌输或者闭门读书的过程，而是在个人已有经验的基础上构建新知识的过程，是在教材、教案、课例等中介工具调节下获取意义的过程。第五，情境是教师学习研究的重要分析单位。情境与教师的日常生活和实践紧密相连，是步入教师生活空间、探究教师学习的重要出发点。作为社会文化理论的重要组成部分的活动理论能够全面深入地分析社会文化环境、人际关系对教师发展的影响，有助于捕捉影响教师发展的活动系统中每个要素、活动系统内部矛盾以及教师自身的成长经历对教师学习的影响，从而实现以整体、动态和多元的视角透视教师学习这一复杂现象。

　　近年来，越来越多的国内外学者开始运用社会文化理论，特别是以活动理论作为分析框架来阐释教育领域中的教学现象及教师发展过程。目前已有的相关研究主要聚焦于在职教师教育及专业发展，但是还存在三个方面的局限：（1）未能完整、全面地展现在职二语／外语教师学习的复杂的现实世界活动，特别是教师与其所在的共同体成员出现的多重关系和矛盾；（2）未能呈现学习活动主体化解矛盾的对策和在此过程中彼此进行意义协商的互动方式；（3）未能捕捉教师在其学习活动系统中动态和持续的发展过程以及由此带来的变化。

18.2　社会文化理论视角下的外语教师教育与发展实证研究案例 [1]

18.2.1　研究背景

当前我国的基础外语教育处于改革与发展的关键时期，探索中国社会文化环境下外语教师的学习及成长历程，帮助其找到有效的专业发展途径，已成为我国外语教育研究领域的重点。目前在职中小学外语教师面临着诸多挑战，对于外部环境结构和教师内部专业发展需求之间存在的矛盾感到困惑和迷茫，迫切需要更多有效的专业学习（杨鲁新，2016）。教师培训是推动在职教师学习的重要手段，而我国目前实施的主流教师培训模式主要依托强制推行的、外部塑形的政策体系，其本质上都是一种教师被动接受的、灌输式的发展模式（朱旭东等，2017）。基于院校合作的课例研究能够打破研究者的理论研究与教师的实践操作之间的藩篱，为双方各自的知识建构和转化提供平台；高校研究者为中小学教师带来先进的理论知识，中小学教师为高校研究者提供丰富的实践智慧，从而实现将理论扎根于实践，同时使经验上升为理论的双向转化。

然而，已有研究表明，高校研究者等"异质人员"的加入也为中小学教师带来了诸多矛盾，其中最突出的便是"理论与实践的对峙"，即负责建构与阐释教育理论的高校研究者与注重教育实践的中小学教师之间在知识基础、情感认知、价值体系等方面的不对等（陈向明，2007；冯永刚等，2017；叶澜，2014；Roth et al., 2002；Tsui et al., 2009）。因此，难以建立起民主、真诚的对话氛围（李伟，2014；Tsui et al., 2007）。然而，研究显示对院校合作中矛盾的辨识和解决是教师学习的重要动力，也是学习活动取得成效的关键，对共同体发展和教师学习等发挥着重要作用（孙元涛，2011；王晓芳，2014；郑鑫等，2015）。正如陈向明（2003b：70）指出，在教师合作学习过程中由于其不同的观点、立场、兴趣、动机、个性等因素，不同学习者可能发生多种多样的冲突，这些冲突"与小组本身的群体动力有关，是小组通向正常运作

1　本案例基于已有研究"外语教师拓展学习个案研究——活动理论视角"，《外语教育研究前沿》，2020 年第 3 期。

的必然之路"。近年来，我国有些研究者已开始关注中学外语教师在院校合作的以课例研究为载体的在职教师学习活动中所面临的矛盾（崔琳琳，2014；颜奕等，2017；杨鲁新，2016）。

由于我国小学英语教育起步较晚，对小学英语教师专业发展的研究尚处于探索之中，许多问题亟待解决（戴水娇，2013）。在当前我国外语教育处于改革与发展的关键时期，探索中国社会文化环境下小学英语教师的学习及成长历程，帮助其找到有效的专业发展途径，已成为中国英语教育研究领域的重点（杨鲁新，2016）。

18.2.2　研究方法

本研究采用历时质性个案研究方法（Yin，2014），调查了北京市一项院校合作的在职英语教师培训项目，选取了其中一所普通公立六年制小学作为研究场域，以该校一名入职五年的参训年轻女性英语教师阳光（化名）作为研究对象，跟踪了其在一学年之内参与的所有课例研究活动，通过观察、访谈和日志等方式进行了数据收集。所得数据遵循质性分析原则（即反复阅读、提炼主题、多视角对比），同时借助质性数据分析软件 NVivo 11，通过三级编码方式（Glaser et al.，2006），将质性资料进行概念性的归纳总结；之后采用活动系统分析框架，根据拓展学习理论中活动系统矛盾的四重表现形式，对研究对象在学习活动中所遇到的矛盾进行辨识及分析。

18.2.3　研究发现与讨论

本研究中，原本来自不同活动系统的高校专家王老师与小学外语教师阳光经过协商合作，构成了新型小学外语教师学习活动系统。在此过程中，作为活动主体之一的阳光经历了不同形态的矛盾，如表 18-2 所示。这些矛盾或困境表面上阻碍了学习活动系统的正常运转，甚至使之处于暂时停滞状态，然而正是化解矛盾的过程推动着活动系统的持续发展。

表 18-2　教师学习活动系统中的四级矛盾

矛盾类型	形式
初级矛盾	教师学习活动系统内部矛盾，例如教师在学习活动中的质疑与困惑等。
二级矛盾	存在于该活动系统的新旧活动要素之间，例如高校专家的参与对于教师民主平等活动规则的挑战。
三级矛盾	存在于该系统的新旧活动形式之间，例如共同体成员各自不同的活动目标。
四级矛盾	存在于新的活动模式与邻近活动系统之间，例如教师在参加该学习活动时所面临的工学矛盾。

1. 初级矛盾：质疑与提问

首先，初级矛盾存在于活动系统的主体内部，具有隐蔽性。在学习活动初期，阳光作为活动主体，是带着自身的教学困惑加入该学习共同体的。新的教学材料"英语绘本"对阳光熟悉的课本教学模式提出了挑战。阳光认为由于绘本阅读课自身的随意性，更加需要教师的发挥，因此感到"迷茫""无所适从"，特别是在教学目标和教学活动的设计等方面遭遇了诸多困惑，难以保证游刃有余地驾驭课堂：

我发现绘本阅读确实和常规课很不一样。常规的课目标很清晰，但绘本阅读……它的目标不清晰，而且教无定法，这就是一个值得探讨的事儿……最大的问题是现在不能够完全把握这节课怎么教，（不能）完全理解这节课的形式……现在太没有把握了。（阳光老师，访谈，2018 年 7 月 6 日）

因此，对已有教学知识及实践模式的质疑和批判便成为阳光拓展学习的第一步。不同于以往的在职教师学习模式，该教师学习活动以课例研究为载体，为共同体全体成员搭建了一个共同学习成长的平台。此模式无论是以参与的"隐蔽"方式，还是通过反思实践的"显性"方式，都为所有参与者提供了自我学习及互相学习的机会，使成员发挥各自专长（如教学理论、教学实践等），并通过集体协作，共同解决小学外语教师在课堂教学实践中所面临的问题。可见，活动系统的初级矛盾是活动主体对于现有模式的提问，是推动活动系统发展的第一步，也是决定活动发展的关键。然而，初级矛盾的解决过程亦伴随着新的矛盾形式的不断浮现。

2. 二级矛盾：权力与身份

二级矛盾存在于新的要素进入活动系统后新旧活动要素之间出现的张力。在本研究的教师学习活动中，新的要素（高校专家）被引入到常规的教研活动系统中，改变了教师以往的活动秩序。尽管活动规则之一是要求全体共同体成员有平等的身份和地位，取长补短、互相学习。但是，受传统历史文化因素的影响，小学教师和高校教师很难在一个完全平等的关系中进行对话交流（Chan et al., 2014）。例如，在一次三年级绘本阅读试讲课后研讨中，针对绘本故事的寓意构建问题，听课教师各持己见，阳光认为本次绘本故事并无特殊寓意，王老师则表示绘本阅读课的教学目标是让学生能够看图片讲故事，而本节绘本阅读课没有体现出绘本的特色。王老师在讨论中谈道：

绘本为什么成为绘本？绘本其实先是绘，然后再是文本内容。充分利用这些图片，就是慢慢引导学生去观察图的细节，再猜一猜，最后能让学生看着图片讲出故事，让他（学生）能够明白其中的道理，我们的目的就到达了。（王老师，研究课研讨，2018 年 11 月 13 日）

阳光认为，专家给出的情感升华建议"有点牵强，并且超出了这里孩子们的认知水平"。然而，阳光依旧选择全盘接受高校专家的意见。

很多时候，我不知道到底听谁的好……其实也有自己的想法。但后来想想，觉得王老师（高校专家）是对的，我的想法可能有点片面了……反正到最后还是会努力说服自己。（阳光，访谈，2018 年 11 月 13 日）

但是，在之后的研究课中，阳光根据高校专家意见重新设计的教学方案并未取得理想的效果，阳光设计的故事寓意被听课教师认为没有做到因材施教。可见，在权力关系失衡的情况下，阳光作为合作中的"弱势方"主动向作为"强势方"的高校专家"靠拢"，失去了教学自主性，难以合理掌控自己的教学。为解决此矛盾，共同体成员对合作模式进行了调整：一方面高校专家调整与小学教师的交流方式，虚心向其学习实践智慧，主动了解小学实际教学情况；另一方面尊重教师意见，加强其职业信心和专业自主性。经过对互动模式的调整，阳光作为共同体成员的身份和声音被接纳和重视，平等民主的权力关系得以建立，为阳光的学习活动系统营造了良性的运转空间。

现在王老师也变了，不再那么"犀利"，经常鼓励我们表达自己的想法，形成真正的对话和交流。当感觉自己的意见和想法受到了尊重时，就不会再那么胆怯，而是以更加自信的姿态，去做自己课堂的主

人……现在成就感越来越强了。（阳光，日志，2019 年 3 月 13 日）

可见，活动系统的二级矛盾是比初级矛盾更为复杂的活动系统内部矛盾，是由新要素引起的内部机制的张力或冲突，在初期表现为对新要素的抵制或排斥。然而，随着实践的深入，活动主体开始分析困境，调整现有的实践模式，并提出新的活动方案，逐渐实现了新旧要素的彼此融合。

3. 三级矛盾：理论与实践

三级矛盾是存在于新旧活动形式之间的矛盾。本研究中教师学习活动系统的三级矛盾源自共同体成员各自不同的活动目标。作为高校专家，王老师带着"给小学教师传递先进外语教学理念和方法"的任务走进了共同体，以期教师能够理解并掌握这些教学理论，并将其落实到教学实践中；作为小学教师，阳光希望获得可直接运用于教学实践的方法和策略，从而快速提高学生成绩。例如，在一次试讲课之后，王老师提出该课堂活动设计花样繁多，但"实效性"较低，并由此介绍了"以学生为中心""让学习真正发生"等理念；而阳光认为有趣的课堂活动更符合小学生的认知及情感水平，让学生实现"玩中学"。因此，阳光在活动初期认为高校专家的教学理念"高高在上"，与其教学实践无法有效对接。

王老师介绍的先进理念很重要，之前也感觉自己理解了，可具体操作起来还是出了这么多问题，感觉不是很实用。怎么在情境中让学生学习，然后又得合乎情境、合乎逻辑，还得把主动性还给他（学生），又要给他时间练，最后又要出个好成绩，真是一个难点。（阳光，访谈，2018 年 3 月 4 日）

王老师在观察后也发现，之前的很多理论说教无法发挥实际作用，教师难以将新理念落实于日常具体教学中。基于对教师所面临的矛盾和困境的分析，王老师调整了已有的指导方案，将原先只作最后总结点评的方式，变为全程参与教师的课后研讨，共同寻找解决问题的办法，使教师在实践中体验理论的内涵，以实现从理论说教到实践探究的转变，在潜移默化中引导教师正确地将教学理论运用于实际教学之中。此外，王老师从单纯的理论讲解转变为案例分享，将理论渗透到具体的教学案例中进行展示，用"接地气"的方式向阳光介绍了如何真正落实理论。在不断的磨合和碰撞中，高校专家和小学教师找到了属于共同体的"话语体系"。在此过程中，小学教师重新审视了自己的教学实践和信念，在反思中逐步提升了自己的专业素养，逐渐从实践共同体的边缘参与者成了为共同体认可的核心成员（Lave et al., 1991）。

可见，活动系统的三级矛盾是中心活动与更高级的活动之间产生的矛盾。当更高级的活动客体被引入时，先进的活动形式与原有的落后活动形式之间出现了张力。与二级矛盾相同，三级矛盾初期亦表现为活动主体对新活动模式不同程度的抵制。但是随着实践模式的不断调整，新旧活动形式之间的冲突或张力不断被缩小，共同推动着活动系统的不断发展。

4. 四级矛盾：学习与工作

四级矛盾存在于主要活动系统及其邻近活动系统之间。在本研究中，作为教师学习活动主体的阳光面临着教研活动和日常教学实践之间的张力。例如，在一次课例研讨中，阳光提到参加此学习活动需要投入大量的时间及精力，并且将绘本阅读教学融入常规教学之中，难免占用了原本就宝贵的课本教学时间，有可能意味着考试知识点的"缩水"，对学生的考试存在"威胁"。

参加这个活动，基本每周都有集体备课，一次都是好几个小时。有时白天聚不到一起就晚上备，备到夜里都是常有的事，确实多了很多的工作量，经常感觉自己快要分身乏术了。然后我觉得孩子的绘本阅读没有必要跟成绩挂上太大关系，但是毕竟他们（学生）早晚还得面对考试，你教的好不好也全看成绩了。（阳光，访谈，2018 年 12 月 11 日）

阳光面临的上述矛盾，也引发了共同体成员的思考，一场围绕着"绘本阅读与课本教学能否兼容"的讨论热烈展开。高校专家王老师认为，一切课堂教材和教学活动的选择，其出发点与落脚点是学生学习；共同体其他成员也认为，绘本能够极大地提升学生的学习兴趣。由此，阳光坚定了坚持绘本阅读教学，并继续参加共同体课例研究活动的决心。同时，鉴于日常教学及教研活动之间的"工学矛盾"，阳光在王老师的建议下调整了日常的绘本阅读教学方案，整合绘本与教材内容，取得了良好的效果。在此过程中，高校专家作为共同体中的"重要他人"，以其丰富的理论知识引导阳光化解了上述困境；共同体其他成员作为"同伴"，其建议也引发了阳光对教学经历的反思。最终阳光在两种活动系统之间找到了平衡，成功应对和化解了上述矛盾，保障了两个活动系统的正常运转，将自己的学习活动推向一个新的发展阶段。四级矛盾是更为复杂的一种矛盾，其解决过程是中心活动系统与邻近活动系统之间的重新联合，由此推动着活动系统进入新的发展进程。

　　Engeström（2001）曾指出，活动系统中的"多重声音""多元观点"以及由外部引入的新元素所带来的矛盾在活动发展和变革的过程中起着重要作用。本研究中，小学外语教师学习活动系统的发展过程是活动主体不断应对和化解矛盾的拓展学习过程，充分体现了"教师的学习是在不断的螺旋上升的过程中发展"（佐藤学，2014：135）。其中，矛盾是推动教师理论与实践不断转化、促进教师学习活动发展的动力和源泉。而课例研究及高校教师在小学教师的学习过程中起着重要的中介作用。在拓展学习过程中，活动主体经历了活动系统中出现的重重矛盾，促使其对活动系统内部的客体及概念进行重构。正如 Achinstein（2002：422）指出，"矛盾是学习的土壤，是共同体持续更新的不竭动力"。在高校专家和小学教师的不断"磨合"中，彼此间的种种隔阂逐渐缩小，理论和实践得以相互促成和转化，从而使双方形成了优势互补的合作关系。因此，"那种让外界看起来开展得并不顺利的学习活动往往因为有了倾听、思考和冲突的过程，'教师学习'才得以真正发生"（杨鲁新，2016：264）。

　　另外，"中介工具"在人类学习活动中发挥着重要作用，是人类改造活动客体、实现认知发展的核心因素（Vygotsky，1978；Wertsch，1995）。作为中介工具的课例研究在本研究的教师学习活动中发挥着至关重要的中介作用，为合作三方，特别是高校专家和小学教师创造了实现"理论实践化"和"实践理论化"的合作渠道，促进不同活动系统的主体之间进行已有中介工具的交换和共享，为教师提供了"发声"的机会，使其能够在一个合作、支持的环境中决定自己的专业发展方向，提升其能动性和反思能力；还为教师提供了一个探讨学生和教师学习问题的平台，使其能够与同事和外界专家开展对话交流，从而在一个多元又统一的教研环境中促进教师学习，实现专业发展。高校专家王老师作为本研究教师学习活动中的"异质人员"，以深度介入的方式打破了小学英语教师以往单一的学习结构线性模式，因而也成为小学英语教师学习活动的重要中介，对教师在课例研究中的学习，特别是在提升教师的教学反思能力及理论素养方面发挥了重要作用。

18.3　社会文化理论视角下的外语教师教育研究未来发展方向

　　基于目前社会文化理论视角下的外语教师教育相关研究，未来可进一步、分阶段提炼外语教师从新手、熟手到专家型及卓越教师等每一时期的发展历程及共性特征，从而构建我国本土外语教师培养模式；同时可注重挖掘影响教师成长和发展的多种社会文化因素，特别是一些"关键人物"及"关键事件"等各种"中介"对教师专业发展的促进或阻碍作用。

在研究方法方面，未来研究可采用定性和定量相结合的研究范式，充分利用现代技术，展开大数据研究，以提炼出应用性较强的教师发展及培养模式；同时研究对象的选择应该更加多元，例如可以选择不同地区、不同水平学校的教师，或不同教龄、不同性别的教师，对比其在学习过程中的发展变化，以便更好地理解不同社会文化环境因素对于教师学习和专业发展的影响。

第 19 章
外语教师教育与发展实践和研究的 复杂动态系统视角

19.1　复杂动态系统理论概述

　　复杂动态系统理论（Complex Dynamic Systems Theory）是研究自然现象和社会事物变化和发展的理论，该理论将事物的发展视为复杂系统的动态变化，关注各个要素的交互中涌现的系统整体变化（Byrne & Callaghan，2014；Cochran-Smith et al.，2014；Davis & Sumara，2006）。在解释人类认知与行为方面，复杂动态系统理论的主要观点是，个体与其生存的环境（包括各种要素、关系）共同构成复杂系统，这一系统具有嵌套性、连通性、开放性等特征，由于个体与环境的相互作用，认知并非静态地存在于个体头脑中；相反，知识或意义产生于动态的"个体—环境关系"中，因此人类的认知和行为呈现出复杂动态性（Davis & Sumara，2006/2014；Thelen & Smith，1994）。从 20 世纪末开始，经 Larsen-freeman 等人的引介，复杂动态系统理论进入应用语言学领域（Larsen-freeman，1997；Larsen-freeman & Cameron，2008），并用于解释和解决外语教师教育的理论及实践相关问题（杜小双、张莲，2021；陶坚、高雪松，2019；郑鸿颖，2015；Martin & Dismuke，2018；McQuitty，2012；Moore，2018）。

　　复杂动态系统理论在外语教师教育领域的兴起源自外语教师学习理论的自然演变和普通教师教育与专业发展研究领域内的批判性反思。一方面，过去几十年来，外语教师学习的理论视角发生了从行为主义、认知主义到建构主义、社会文化理论的更迭和转向（崔琳琳，2013；刘学惠、申继亮，2006；张莲、高释然，2019）。复杂动态系统理论是本领域的前沿理论视角，该视角下的外语教师教育研究更加强调教师认知的复杂动态性，重点揭示教师在适应外部环境的过程中其认知与实践的动态变化，深入探究复杂的教师教育系统（包括多种要素、活动、关系等）及其互动何以创设教师学习的机会和条件（陶坚、高雪松，2019；Aslan，2015；Feryok，2018；McQuitty，2012；Moore，2018）。另一方面，教师教育与专业发展领域内部的批判性反思推动了教师教育研究范式的革新。在"过程—结果"模式的主导下（the process-product model），以往多数教师教育研究关注学习活动对教师的单维影响，通常遵循以下概念框架：（1）教师经过了某种培训或活动过程；（2）这种活动过程拓展教师的学科知识和相关技能，改变他们的教学理念和态度等；（3）教师将这些知识、技能、态度和信念用于教学中；（4）教学上的变化最终提高学生的学习成效（Desimone，2009；Guskey，2002）。有学者批判性地指出，这一概念框架受到还原论范式（reductionism）（Quine，1951）和机械因果论的影响，试图将整体性的现象拆分简化，试图建立教师教育的活动过程、教师学习的结果（知识、信念等维度的变化）、课堂教学以及学生发展之间的线性因果联系。此类研究发现容易忽视多元因素的相互作用及综合影响，遮蔽教师学习发生的多重路径和多种可能性，最终加剧同类研究的结果互相排斥、难以调和的局面（Cochran-Smith et al.，2014；Ell et al.，2017；Opfer & Pedder，2011）。针对这一问题，以 Opfer、Pedder 以及 Cochran-Smith 等为代表的教师教育学者提倡运用复杂系统的思维重新审视教师教育与专业发展实践，将教师个体、学习活动、环境资源等影响教师学习的诸多因素及其互动关系视为相互嵌套的复杂动态系统，关注教师发展的复杂因果联系和非线性特征。

在复杂动态系统理论视角下，教师个体是复杂动态系统，同时教师个体嵌套在课堂、学校、教师培训项目等不同层次的复杂系统中，教师认知的发展和变化取决于系统各要素之间的联通和交互关系，这种交互关系中不断涌现教师学习和发展的机会（Opfer & Pedder，2011）。这一观点与基于线性思维的教师教育与发展观（见图 19-1）有本质的区别，具体如图 19-2 所示。

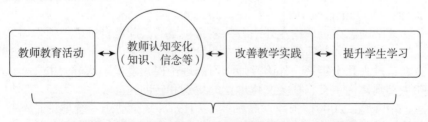

图 19-1　基于线性思维的教师教育与发展（改编自 Desimone，2009：185）

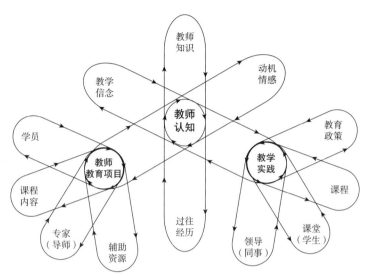

图 19-2　基于复杂系统的教师教育与发展 [1]

在图 19-1 中，圆圈中显示教师学习表现为教师知识、信念、能力等维度的变化，前后的方框分别表示引起教师认知变化的原因及结果，双向箭头表示相邻的要素之间存在线性的、相对确定的因果关系（Desimone，2009）。在图 19-2 中，椭圆环分别表示不同的复杂动态子系统，这些子系统由不同的要素构成，这些要素彼此关联和交互（图中连续箭头表示），要素及其关系共同构成互相嵌套的（nested）、彼此联结的（interconnected）的复杂系统。以在职教师教育的情境为例，教师教育的复杂系统包括由教师知识、教学信念、动机情感、学习经历等构成的教师个体系统，由学员教师、课程内容、专家（导师）、辅助资源等构成的教师教育项目系统，由宏观教育政策、学校、课堂、学生等构成的教学实践系统。在教师教育的过程中，当教师个体系统要素（如教师知识、信念、经验等）与教师专业发展活动的要素（如课程内容、专家指导等）及教学实践系统的要素（如学生、同事等）之间发生互动，教师可能产生新的想法、理解和认识或调整自己的行为以适应系统整体的变化。换言之，系统的运行取决于各个子系统及其要素或主体之间的交互，教师认知与实践的变化从交互中涌现（Opfer & Pedder，2011）。

近年来，复杂动态系统理论视角下的外语教师教育与发展实证研究越来越多，不少研究关注外语教师反思性实践等认知活动的复杂性、即

1　本图受郑通涛（2014：11）"（图 2-6 ）"启发而成。

时性和涌现性特征（Feryok & Oranje，2015；Kiss，2012），也有研究探索了教师在多层次、多要素的复杂系统中学习教学或专业成长的过程（Martin & Dismuke，2018；McQuitty，2012；Moore，2018；Strom et al.，2018），还有研究揭示了教师动机、情感以及身份的复杂动态特征（Aslan，2015；Hiver，2015；Henry，2019）。国内相关研究解读了教师信念、实践与情境之间的复杂适应性关系（郑鸿颖，2015；Yu et al.，2020），也探究了教师在日常教学中或改革情境下学习教学的复杂动态过程（陶坚、高雪松，2019；王俊菊、朱耀云，2019）等。这些研究从不同侧面揭示了外语教师认知的复杂性、生成性和情境敏感性等特点，基于系统思维和非线性思维探索了外语教师学习与专业成长的动态过程，为外语教师教育和发展实践提供了新的理论解释和实证证据。

19.2　复杂动态系统理论视角下的外语教师教育实证研究案例 [2]

19.2.1　研究背景

教师专业身份认同（professional identity）是教师内在自我的重要组成部分，涉及教师如何理解"作为教师的自我"。这一理解直接影响教师的教学决策、专业表现及自我发展方式（刘熠，2011；Barkhuizen，2016；Beijaard et al.，2004；Tsui，2007b）。所以，教师专业身份认同也被视作教师发展的内在驱动力，教师发展的过程实为教师持续建构、解构或重构专业身份的过程（张莲，2016c）。

随着教师发展理念的持续演进，外语教师教育更加关注教师的反思、研究和创新能力的发展，"教师作为研究者"成为教师教育理论与实践的共识（陈向明，2019；Lytle & Cochran-Smith，1992；Stenhouse，1983；Wang & Zhang，2014）。但在现实中，对外语教学理解存在工具化、技能化倾向，教师的理论素养、研究意识和能力尚不理想（杨鲁新、张宁，2021），中小学英语教学实践存在重复劳动、教学模式因循守旧等现象（王蔷，2016）。其中，一部分经验丰富的教师教学因长期

2　本节内容基于"学习成为教学研究者：英语教师身份认同变化个案的复杂动态系统分析"，《山东外语教学》2021 年第 6 期。

停留在低水平的熟练状态，成为"有经验的非专家"（Tsui，2003：3）。上述种种实际上限制了教师自身的专业发展。开展教学研究成为教学研究者，是教师谋求专业发展，成长为专家型教师的重要路径（Johnson，2009）。然而，日常教学工作负担重、相关理论训练和积累不足，研究方法和相关技能掌握不足等使得英语教师在开展教学研究的过程中困难重重（王蔷等，2010）。纵览国内外相关文献可知，（1）外语教师通过开展教学研究，自主成为研究者困难较大，需要借助有目的、有计划、有组织的系统干预，逐步形成研究思维，发展研究素养，实现教学研究者的身份转变，成为教学实践的自觉者、批判者和创新者（Barkhuizen，2009）；（2）从学习发生的过程来看，教师学习和认知发展过程自然涌现，具有复杂动态性和系统性（Feryok，2010，2018），所以，许多貌似精心设计、组织的教师培训活动仍难以确保教师有效学习（Kubanyiova，2012；Moore，2018）。与教师行为、知识、技能等的改变相比，身份认同的变化是教师内在自我的深层次变化，变化过程更为艰难、也更难预设。研究中如何充分关照教师学习和身份认同变化的复杂性和非线性特征成为重要考量（Cochran-Smith et al.，2014；Opfer & Pedder，2011）。本案例意在探究英语教师在开展研究活动中逐渐建构其教学研究者身份的过程，聚焦分析变化过程的复杂动态性。

19.2.2　研究方法

本研究是一项历时个案研究。根据个案研究方法的原理，对一个案例的深入探究有助于理解个体经验、行为和情境特征之间关系的复杂性（Yin，2018）。本研究的目的是追踪观察一名英语教师在培训项目支持下开展研究的过程，探究该教师作为教学研究者的身份认同变化的复杂动态性。本研究回答以下研究问题：（1）在开展研究的过程中，该教师是否建构教学研究者身份认同？身份认同呈现怎样的变化？（2）教师的身份认同变化是如何被触发的？

1. 研究对象

本研究以一名高中英语女教师周小枫（化名）为研究对象。小枫来自华北某市某中心城区的一所重点中学，拥有 22 年的教学经验，除完成日常教学工作以外，平时较少参与科研项目、论文写作等研究活动。2018 年，她进入所在城市某教师培训项目进行了为期两年的专业学习，并针对自己的实际问题开展一项教学行动研究。学习终期，小枫在指导者及专家团队的协助下完成了研究任务。

2. 数据收集与分析

本研究追踪观察小枫开展研究的活动过程，通过访谈、观察、反思日志、文件资料等方法收集数据，并运用扎根理论方法对资料进行编码、归类并提取主题（Strauss & Corbin，1997）。编码主题主要包括两个方面：一是教师如何构建教学研究者身份认同，主要关注教师的自我形象、自我效能感、工作动机、工作投入、工作满意度、任务感知六个维度的变化（Beijaard et al.，2004；Barkhuizen，2016）；二是教师身份认同变化如何被触发。

19.2.3 研究发现与讨论

1. 小枫的研究者身份认同变化历程

研究发现，小枫在研究活动中逐渐建构自身作为教学研究者的身份认同。从初期、中期、中后期，小枫在自我形象、自我效能感、工作动机、工作投入、工作满意度、任务感知六个方面分别发生了波动、减弱、先减弱后增强的不同程度的变化。

1）初期

在开展研究之前，小枫表达自己热爱教学工作，"一心为学生"，平时忙于备课、与学生互动等教学活动，常依据自己的经验应对教学问题，较少通过研究手段分析和解决问题，因此在初期小枫开展研究活动的动机不强。小枫在访谈中说道：

在教学过程中经常会有困惑，但因为各种因素有些困惑我会凭经验感觉去尝试解决，有些困惑可能一直只是困惑。（反思日志）

与此同时，小枫认为研究任务是"一线教师最薄弱的环节"，可见小枫作为研究者的自我效能感不强。小枫在给指导者李教授的邮件中说道：

我自从 2008 年研究生毕业后，就再没研读什么文献或进行课题研究，所以很需要您给予理论指导。（文件资料）

在反思日志中，小枫表示有意愿和决心投入到研究活动中，希望通过研究解决教学问题。小枫在访谈中说道：

这个课题让我下定决心去寻找答案，我相信这会是我教学的新起点。（反思日志）

以上分析表明，在研究初期，小枫对于教学工作的满意度较高，开展研究的动机和自我效能感不强，但明确表示愿意参与和投入到研究活动中。

2）中期

在研究开始后不久，小枫确认自己的实践性身份，认为自己处在"实践世界"，与大学研究者的"学术世界"不同。小枫在访谈中说道：

我觉得学术导师就是在学术世界里，其实我是在一个偏实践的世界里。（访谈）

可以看出，小枫此时并不认同自己作为教学研究者的角色。不仅如此，小枫的研究动机明显减弱，不愿意在完成教学工作的同时开展研究。小枫在访谈中说道：

我正在教学改革探索的过程中，我真的怀疑自己能否投入这样的时间，因为总时间有限，某方面的投入意味着另一方面的压缩，我是绝不愿意愧对学生的。（访谈）

此时，小枫初期的意愿和决心已经转化为消极抵抗的态度：

我其实内心里不爱做课题，也不爱写论文，我觉得做课题和论文其实是在"框住"我的思考。当然这话可能说的不对，但它确实……（访谈）

以上分析表明，在研究中期，小枫的自我形象和定位发生变化，主动疏离教学研究者角色，研究动机和工作投入明显减弱。

3）中后期

随着研究活动的持续进行，小枫的研究动机增强，研究投入明显提高。小枫描述自己在假期坚持完成课题：

我每天都在弄，这个假期真的过得特别苦，我连大年三十和初一都没有中断，一直在做事情……我重新整理了我的数据，并做了一些处理，我弄明白了文本怎样分析，我还结合学生和学段的特点重新界定了

这个维度。(访谈)

在文献阅读、数据整理和分析等过程中，小枫进一步感知到研究任务的认知难度：

你要详细地一步一步来做，比方说你要有问卷、有访谈，尤其分析文本太费劲了，我觉得太折磨了。(访谈)

与此同时，小枫的自我效能感有所降低，认识到自己研究能力的不足。小枫解释道：

作为研究者，我觉得我的能力和敏感度明显不足，不能快速地把它提炼到位，我找不到最佳的角度和呈现方式。(访谈)

由于研究任务带来较大挑战，小枫的工作满意度明显降低。小枫在访谈中说道：

它真的把我的寒假都给占了，我根本就没有时间放松休息，如果我是在正常的教学状态下，寒假我肯定想要歇一歇，我太累了。(访谈)

以上分析表明，在研究中后期，小枫的工作动机和投入显著增强，对任务难度的感知有所增强，自我效能感和工作满意度均有所减弱。

4）后期

在研究结束时，小枫开始思考做一名教学研究者。小枫在访谈中说道：

我一直在琢磨的是，我怎样从一线教师的角度去做研究者想做的事情，如果在中学 待着，我就成不了像大学老师那样的研究者，但是我真的可以去思考怎么样成为不是一个单纯教书的中学老师。(访谈)

与初期与中期相比，后期小枫的自我形象发生明显变化，认为自己应该做"不是单纯教书的人"，表明小枫开始认同教师作为研究者的角色，即身份认同的变化开始显现。在研究结束时，小枫对自己在研究活动中的表现不甚满意，觉得自己"还可以做得更好"：

其实再多花点精力，我还可以做得更好，教学也是，研究也是。但如果这两个事情都需要我多花时间才能做好，那么肯定要取舍，不可能两个事情同时都做得很好。"(访谈)

与此同时，小枫对如何分配时间和精力以平衡教学和研究仍有疑虑。小枫说道：

如果让你要非常用心的去教学，一天你可能至少得花十来个小时扑在学生身上，你觉得自己能不能去做研究？（访谈）

尽管如此，小枫在常规教学生活中的研究投入明显增强。小枫描述自己带领教研组申报课题和开展研究：

我发现自己居然开始主动写文章，还带着组里老师申请课题，虽然还是觉得很难，但真的和以前的我不太一样。（文件资料）

自主开展研究活动表明小枫认同教师作为研究者，并开始践行教学研究者身份，表明此时小枫的身份认同已经发生实质性的变化。

以上分析表明，在研究后期，小枫的自我形象再次发生变化，开始思考做一名教学研究者；对研究任务的感知也发生变化，由感知研究任务的认知难度（如研究设计、数据分析等方面的认知挑战）转为感知一线教师从事研究活动的客观条件制约（如教师兼顾教学和研究所面临的时间和精力挑战）；自我效能感和工作满意度仍呈低水平状态。后期小枫自主开展研究活动，工作投入明显增强，表明小枫开始认同教学研究者身份。

2. 触发教师身份认同变化的典型"扰动"事件

本研究将外部活动对身份认同的影响过程视为"扰动"（perturbation）。"扰动"是复杂系统自组织变化的一种表现，是指外界力量进入系统并打破系统的平衡，引发系统调整和变化的过程（Hiver，2015）。当教师在指导者及专家团队的支持下开展研究活动时，教师受到外部力量的干预，教师认知原有的平衡状态被打破，引发身份认同的波动和变化。在本案例中，触发教师身份认同变化的典型"扰动"事件包括获得指导者的反馈、课题中期汇报及专家点评、与指导者的持续性交流。

1）获得指导者的反馈

在研究过程中，小枫获得了指导者李教授的反馈和帮助。比如小枫撰写开题报告并陈述了自己的研究计划，对此李教授给出了书面反馈：

小枫：我想探究如何激发高中生在课堂上的"真思考"，提升学生思维品质和学习热情。

李教授："真思考"的衡量、判断的标准是什么？在文献中有这个说法吗？似乎没有，如果存在这样一个术语或概念，为什么没有相关表

达呢?（书面报告）

收到反馈后，小枫反思了自己基于直觉和经验的思维习惯，并在邮件中回复道：

日常教学更多的是跟着感觉走，许多理解和概念并没有出处，我需要先做一些前期文献阅读，完善自己的想法。（文件资料）

虽然李教授尝试通过书面反馈帮助小枫重构教学与研究的关系，但小枫未能接纳李教授的观点：

我曾跟李老师坦言自己的兴趣在实践上而非研究，李老师说，"兴趣点在实践上，但搞好实践的关键点在理论上。"怎么办？我还在琢磨这个问题。（反思日志）

可以看出，与李教授的交流在一定程度上挑战了小枫的既有认知，促使小枫认识到了自己缺乏理论知识和理性思维，但初期的交流并未带来预期的效果，此时小枫尚未发生明显的认知变化。

2）课题中期汇报及专家点评

在研究中期，小枫向项目的专家团队汇报了自己的研究进展。小枫收集了数据资料，但未对数据进行有效的分析。小枫在汇报时解释道：

我现在手上有一堆数据，我接下来需要处理这些数据，但我觉得这些数据可能就是给我做的事情提供一些证据吧。（现场观摩）

小枫未能基于数据分析科学地评估教学效果，未能通过研究引领和调整教学决策，而是将教学研究视为额外的任务，仅为已完成的教学实践活动"提供证据"。小枫在访谈中解释自己的想法：

我并没有特别为这个研究在做事情，我只是在坚持让学生继续读书，帮助他们整理语言，让他们在平时的写作中应用，我只是在继续做这些事情，没有精力整理那些数据。（访谈）

听完小枫的汇报，专家团队直接指出数据分析和论证方面的问题，敦促小枫加强数据分析以提高研究质量。专家团队的部分点评意见如下：

刘教授：研究的目的是解决具体问题，需要对准具体的问题，任何事情都要依靠证据说话。

孙教授：不能就这么嘴上说说，要做前后测对比，看看具体的变化到底在哪里，比较前后的作文有什么不同，学生为什么这么写。

李教授：目前这样经验的个人化色彩太浓厚，只停留在问题的表面和经验层面的观察是不够的，所谓的观察，可能本质上就是教师的主观判断，应该通过方法和手段收集数据来支持。（现场观摩）

收到专家团队的指导意见以后，小枫意识到自己的研究投入不够。小枫尝试改变自己的研究态度和信念，坚定完成研究任务的决心：

或许我首先需要做的事情是改变内心，真正去相信研究不但可以让我们的教学受益，更会让我们的学生受益。（反思日志）

可以看出，中期汇报及专家点评颠覆了小枫对教研关系的认知，挑战了小枫已有的研究信念，触发了小枫身份认同的变化。

3）与指导者的持续性交流

在研究过程中，小枫与指导者李教授进行了持续的沟通和交流，李教授多次向小枫解释教学研究的功用和价值，增强了小枫作为教学研究者的责任感。一次，小枫分享了自己阅读文献的感受，收到了李教授的留言回复：

小枫：读文献时常会发现研究者们得出的结论和我基于经验的教学感悟特别一致，所以有时候忍不住就想干脆凭直觉做事得了。

李教授：看到研究成果和个人经验一致说明这位实践者悟性好，善于总结。所谓经验乃经年所验，应该经过了多年的尝试，过程中不排除试错的成本，如果早一点读到这些成果，想必有机会降低成本。（文件资料）

李教授还多次向小枫阐明经验的局限性，敦促小枫从相信经验转变为崇尚理性和重视论证。经过持续性的交流沟通与自我反思，小枫开始思考和接纳李教授的观点。小枫在访谈中说道：

我觉得李教授特别希望看到我往研究者的方向去发展，而不仅仅停留在凭经验教学的状态。（访谈）

可以看出，与指导者的持续性交流逐渐破除小枫对经验性实践的固有认识，促使小枫意识到有必要从有经验的实践者转变为理性的研究者，逐步构建教学研究者身份认同。

3. 讨论

1）教师身份认同变化的复杂动态性

　　分析表明，案例教师的身份认同变化表现在其自我形象、自我效能感、工作动机、工作投入、工作满意度、任务感知六个方面发生了不同程度的变化。具体而言，小枫的自我形象和任务感知度发生波动，工作动机和工作投入先减弱后增强，自我效能感和工作满意度有所减弱，表明混沌性、非线性和不协调性是小枫身份认同变化的显著特征。

　　上述变化受到教师自身因素和外部活动的影响。具体而言，在专家点评与指导等外部活动的影响下，小枫开展研究的动机和投入有所增加；与此同时，由于研究知识和技能的欠缺，小枫在研究中遇到较大的困难，自我效能感、工作满意度有所降低，这表明教师自身素质和能力可能阻滞教师构建研究者身份认同。这一发现与 Barkhuizen（2009）等研究的结论相似，表明研究知识和能力不足是英语教师开展研究时的常见困难。随着研究活动的持续进行，小枫的任务感知也发生变化，在初期主要感知到研究任务的认知难度，而后期则对时间和精力挑战感受更强烈，表明中学教师在从事研究活动时容易遭遇来自社会文化环境的矛盾冲突（Borg，2007；Yuan & Mak，2016）。以上分析表明，由于教师自身因素的复杂性及其与环境的交互性，教师身份认同变化具有情境性、动态性和矛盾性等特征，这一观点与社会文化理论或情境认知论视角下身份认同建构的本质特征有相通之处（Trent，2011；Varghese et al.，2005）。不同的是，复杂动态系统理论视角强调外部活动的影响与身份认同变化之间是非线性因果关系，因此由外部活动触发的身份认同变化并不是稳定的直线变化，而是呈复杂变化态势，具有混沌性、模糊性、不确定性等显著特征。

2）触发身份认同变化的"扰动"事件

　　在教师学习活动中，部分学习事件对教师身份认同变化具有突出的干预性作用，以"扰动"的方式颠覆教师原有认知，触发身份认同的变化。在本案中，对小枫的认知产生"扰动"作用的典型事件包括获得指导者的反馈、课题中期汇报及专家点评、与指导者的持续性交流。这些事件颠覆了小枫对教研关系的固有认识，重塑了小枫的研究性思维习惯，重构了小枫的研究经验，逐步触发了小枫身份认同的变化。由于系统的自组织变化，干扰力量与其对系统的影响之间是非线性关系（Hiver，2015）。虽然受到外部活动的影响，小枫的研究者身份认同并非直线变化或稳步发展，比如小枫的自我形象、自我效能感、工作动机、工作投入、工作满意度、任务感知六个方面分别发生了波动、先减弱后增强以及减弱的不同变化。这一结果表明，外部活动的影响不一定带来预期结果，产生的变化可能是正向，也可能是负向，这种非决定性的因果关系体现了教师身份认同变化的复杂性。由于系统具有自组织性，外部干扰需要触发系统的响应才能产生实质的"扰动"效果，否则这种干扰力量只会被吸收到系统中，无法影响系统的调整或变化（Hiver，2015）。在本案中，研究初期指导者的反馈未能"扰动"小枫的认知，而课题中期汇报及专家点评、与指导者的持续性交流则产生了更明显的效果。这一结果表明，一定密度和频度的"扰动"是教师身份认同发生显著变化的重要条件。因此，在对教师实施干预时，一次"扰动"可能无法实现预期的效果，有时需要多次"扰动"形成累积和强化的效果，才有可能逐步触发教师身份认同的变化。

19.2.4　结论

本研究通过个案分析呈现了一名英语教师建构教学研究者身份认同的过程，重点探究了身份认同变化的复杂动态性。本研究发现，案例教师作为教学研究者的身份认同发生了变化，该教师的自我形象、自我效能感、工作动机、工作投入、工作满意度、任务感知六个方面分别发生了波动、先减弱后增强和减弱的不同变化，体现了身份认同变化的混沌性和非线性特征。触发上述变化的典型"扰动"事件包括获得指导者的反馈、课题中期汇报及专家点评、与指导者的持续性交流。这些事件的主要作用是颠覆教师原有认知、重构教师的知识和经验；这些事件并非必然引起教师身份认同的良性变化，而是触发身份认同的波动起伏，表明教师身份认同变化具有复杂动态性。

本研究还发现，阻滞英语教师成功构建教学研究者身份的因素包括欠缺必要的研究知识和技能、片面认识教学与研究的关系、遭遇时间冲突和精力挑战等。教师培训应注重培养中学教师的研究者身份意识，提升教师的研究技能如数据分析能力、学术写作技巧等；教师培训还应确保对教师的支持力度和指导频率，增强学习机会的丰富性，最大程度促成教师认知、信念与身份的良性转变。在获得外部支持的同时，教师自身应乐于尝试、敢于颠覆，积极开展高质量的教学实践研究，发挥研究对教学实践的引领和创新作用，以此提高教学工作的效率，节约时间和精力成本，真正做到教研相长、以研促教。

19.3 复杂动态系统理论视角下的外语教师教育研究未来发展方向

基于已有研究，我们认为复杂动态系统理论下的外语教师教育研究未来发展方向如下：

（1）采用复杂系统和非线性的思维方式，真实细腻地描摹教师个体或群体在特定情境下发展和变化的条件及其过程，回答教师教育是否生效（或不生效）、如何生效的问题；

（2）加强研究方法的创新性，在追踪研究的基础上捕捉不同时间标度下的系统变化态势，回溯和解释系统变化的轨迹，充分展现教师认知、心理等各维度的动态变化特征；

（3）关注和解决本土问题，回应国内外语教师教育实践的问题和需要，加强研究对象和研究情境的丰富性，注重复杂动态系统理论的本土化，推动本土理论的创新。

参考文献

安桂芹，张亚丽，余玲. 2010. 基于计算机和课堂的英语教学模式下教师职业发展研究——教师作为学习者和研究者角色分析. 外国语文，（4）：122–126.

毕雪飞. 2013. 中国高校英语专业课堂心理环境特征研究. 中国外语，（3）：68–74.

蔡基刚. 2015. 中国专门用途英语教学发展回顾、问题和任务. 西安外国语大学学报，（1）：68–72.

蔡基刚. 2019. 现代教育范式视域下的公共英语：从 1.0 到 2.0 转型. 外国语文，（5）：138–144.

蔡基刚. 2020a. 新时代我国高校外语教育主要矛盾研究：70 年回顾与思考. 中国大学教学，（1）：51–55.

蔡基刚. 2020b. 再论新时代外语专业复合型人才培养. 当代外语研究，（1）：44–57.

蔡京玉. 2013. 行动研究对中小学教师专业发展的助推作用研究. 东北师范大学博士学位论文.

操太圣，卢乃桂. 2003. 抗拒与合作：课程改革情境下的教师改变. 课程·教材·教法，（1）：71–75.

常俊跃. 2014. 英语专业内容依托课程体系改革的影响及其启示. 解放军外国语学院学报，（5）：23–31.

常俊跃，曾小花，米微. 2019. 英语专业英语国家研究课程项目依托教学教师角色及其问题研究. 外语研究，（3）：61–66，78.

陈丹宇，严从根，万林华. 2020. 全程·融合·协同：全日制教育硕士专业学位研究生培养体系改革探索. 学位与研究生教育，（3）：35–38.

陈坚林，马牧青. 2019. 信息化时代外语教学范式重构研究——理据与目标. 外语电化教学，（1）：12–17.

陈建录，姚瑶，蹇世琼. 2018. 大数据时代教师角色的重新定位. 教育理论与实践，（2）：33–35.

陈菁，李丹丽. 2020. 中介调节视角下高校英语教师技术教学内容知识的发展，外语与外语教学，（5）：22–32.

陈丽勤，刘洋. 2017. 基于语料库的高中英语教师话语重复对比研究. 基础外语教育，（1）：11–19，108.

陈鹏. 2020. 共教、共学、共创：人工智能时代高校教师角色的嬗变与坚守. 高教探索，（6）：112–119.

陈时见，王雪. 2015. 教师教育一体化课程体系的构建与实施. 教育研究，（8）：109–112.

陈时见，李培彤. 2020. 教师教育一体化的时代内涵与实现路径. 教师教育研究，
　（2）：1–6.

陈爽. 2017. 教育实习过程中师范生实践性知识初始阶段特征探析. 外语与外语教学，
　（4）：34–41，147.

陈曦蓉. 2019. 基于 CBI 教学理念的混合式教学模式探析——以"商务英语"课程教学
　为例. 中国电化教育，（12）：129–134.

陈向明. 2019. 中小学教师为什么要做研究. 教育发展研究，（8）：67 72.

陈向明. 2003a. 实践性知识：教师专业发展的知识基础. 北京大学教育评论，（1）：
　104–112.

陈向明. 2003b. 如何处理参与式培训中的冲突. 课程·教材·教法，（08）：68–71.

陈向明. 2006. 参与式行动研究与教师专业发展. 教育科学研究，（5）：55–57.

陈向明. 2007. "专家"与教师关系定位思考. 教育发展研究，（24）：36–39.

陈向明. 2009. 对教师实践性知识构成要素的探讨. 教育研究，（10）：66–73.

陈向明. 2011a. 搭建实践与理论之桥——教师实践性知识研究. 北京：北京教育科学
　出版社.

陈向明. 2011b. 教育改革中"课例研究"的方法论探讨. 基础教育，（2）：71–77.

陈向明. 2020. 跨界课例研究中的教师学习. 教育学报，（2）：47–58.

程晓堂. 2017. 英语学科核心素养及其测评. 中国考试，（5）：7–14.

程晓堂. 2021.《国标》背景下英语专业英语教育方向课程设置参考框架. 中国外语，
　（3）：16–23.

程晓堂，孙晓慧. 2010. 中国英语教师教育与专业发展面临问题与挑战. 外语教学
　理论与实践，（3）：1–6.

程晓堂，赵思奇. 2016. 英语学科核心素养的实质内涵. 课程·教材·教法，（5）：
　79–86.

程云艳. 2014. 直面挑战"翻转"自我——新教育范式下大学外语教师的机遇与挑战.
　外语电化教学，（3）：44–47.

崔大志. 2010. 个人实践性知识合法化：外语教师专业发展的基础. 黑龙江高教研究，
　（10）：87–89.

崔琳琳. 2013. 外语教师学习研究述评：理论、主题与方法. 中国外语，（6）：103–109.

崔琳琳. 2014. 理解教师学习：关于一名新手中学英语教师的叙事探究. 基础英语教育，
　（8）：72–79.

崔璐. 2018. "互联网，"时代教师三维角色探析. 教学与管理，（11）：1–4.

崔允漷. 2018. 亟须培育教师的评价素养. 中国教师报，9 月 12 日.

崔允漷，郑东辉. 2008. 论指向专业发展的教师合作. 教育研究，（6）：78–83.

戴水娇. 2013. 小学英语教师专业发展及其相关因素的调查研究. 教育研究与实验，
　（3）：67–70.

戴炜栋. 2009. 立足国情，科学规划，推动我国外语教育的可持续发展. 外语界，
　　（5）：2–9，17.

戴炜华，高军. 2002. 批评语篇分析：理论评述和实例分析. 外国语，（6）：42–48.

邓元，牛瑞英. 2014. 高中英语经验教师和新手教师课堂提问实证研究. 英语教师，
　　（11）：47–56.

邓志辉. 2016. 自主学习与"后方法"视域下的外语教师角色转型. 江苏外语教学研究，
　　（2）：11–15.

丁天华. 2014. 小学英语教师专业自主发展现状调查. 内蒙古师范大学学报（教育科
　　学版），（8）：63–65.

丁兴琴. 2018. 基于实践取向师范生培养"211"模式探索. 中国高等教育，（23）：
　　56–58.

董新良，闫领楠，赵越. 2020. 教师教育课程一体化构建：问题、理念及对策——以
　　地方高师院校为例. 教师教育研究，（1）：1–7.

窦文娜. 2011. 新英语教师职业认同建构的形成及影响因素——从学校环境的视角
　　出发的探讨. 现代教育科学，（8）：91–92.

杜小双，张莲. 2021. 学习成为教学研究者：英语教师身份认同变化个案的复杂动态
　　系统分析. 山东外语教学，（6）：63–73.

杜小双，张莲. 2022. 外语课堂互动中教师话语对学生思维发展的支架作用. 北京第
　　二外国语学院学报，（5）：101–108.

杜新秀. 2010. 小学英语教师专业发展的问题与对策. 教育学术月刊，（5）：50–52.

范国睿. 2018. 智能时代的教师角色. 教育发展研究，（10）：69–74.

范连众，赵娜，孔凡哲. 2019. 澳大利亚教师评价素养发展项目的内容、特点及启示.
　　现代教育管理，（3）：74–79.

范琳，李梦莉，史红薇，梁俊君. 2017. 高校英语教师自我概念、教学效能感与职业
　　倦怠现状及关系研究. 外语教学理论与实践，（1）：53–59.

范琳，杨杰瑛. 2015. 高校教师职业倦怠及应对策略探究——基于教师专业发展的
　　视角. 外语教学，（3）：44–49.

方秀才. 2021. 新文科背景下英语师范专业建设框架研究. 教育学术月刊，（4）：97–103.

方琰. 2005，系统功能语法与语篇分析. 外语教学，（6）：1–5.

费翔. 1997. 论广播电视大学英语教师的素质. 现代远距离教育，（4）：60–62.

丰玉芳，沈丰丹. 2018. 英语课堂话语多模态协同的意义建构：以一堂英语专业二年级
　　精读教学公开课为例. 外国语文，（6）：146–153.

冯辉. 2006. 计算机辅助外语教学中教师角色之探讨. 外语电化教学，（2）：34–38.

冯江鸿. 2012. 课堂话语研究方法述评. 外语研究，（5）：49–55.

冯永刚，高斐. 2017. 实践取向的教师教育困境及突围. 中国教育学刊，（11）：7–12.

傅树京，崔彦琨. 2016. 中小学教师职后培训政策的演变. 教学与管理，（9）：61–64.

傅小兰. 2016. 情绪心理学. 上海：华东师范大学出版社.

甘凌, 蒋昌盛. 2020. 教师测评素养国外研究述评. 中国考试, （1）：72–78.

高等学校外语专业教学指导委员会英语组. 2000. 高等学校英语专业英语教学大纲.
　　北京：外语教学与研究出版社.

高闰青. 2015. 卓越教师"三位一体"协同培养模式的实践探索. 课程·教材·教法,
　　（7）：115–120.

高雪松, 陶坚, 龚阳. 2018. 课程改革中的教师能动性与教师身份认同——社会文化
　　理论视野. 外语与外语教学, （1）：19–28, 146.

高一虹, 李莉春, 吕珺. 1999. 中、西应用语言学研究方法发展趋势. 外语教学与研究,
　　（2）：8–16.

高一虹, 李玉霞, 李伟娜. 2003. 我学英语—"我"是谁？——三位英专学生的自我
　　认同建构. 外语研究, （4）：69–77.

高一虹, 吴红亮, 李莉春. 2000. 关于外语教学研究方法的调查. 外国语, （1）：65–72.

高云峰, 李小光. 2007. 近十年我国高校外语教师教育研究文献评析. 外语界, （4）：
　　56–64.

耿菲. 2014. 基于课堂教学的大学英语新手教师的身份建构研究. 外语与外语教学,
　　（6）：20–24, 43.

耿飞飞, 雒曼琳. 2019. 人工智能时代教师评价素养的走向. 牡丹江教育学院学报,
　　（1）：21–23.

古海波. 2012. 例析利用工作坊促进中学外语教师的专业发展. 教学月刊（中学版）,
　　（12）：37–40.

古海波. 2016. 高校外语教师科研情感叙事案例研究. 苏州：苏州大学博士学位论文.

古海波, 顾佩娅. 2015. 国际教师情感研究可视化分析及其启示. 外语电化教学,
　　（3）：50–56.

古海波, 顾佩娅. 2019. 高校英语教师科研情感调节策略案例研究. 解放军外国语学院
　　学报, （5）：57–65.

顾泠沅, 王洁. 2003. 教师在教育行动中成长——以课例为载体的教师教育模式研究.
　　全球教育展望, （1）：44–49.

顾泠沅, 杨玉东. 2003. 教师专业发展的校本行动研究. 教育发展研究, （6）：1–7.

顾明远. 1992. 教育大词典（第6卷）. 上海：上海教育出版社.

顾佩娅. 2008. 解析优秀外语教师认知过程与专业成长. 外语研究, （3）：39–45.

顾佩娅. 2009. 优秀外语教师成长案例研究. 北京：外语教学与研究出版社.

顾佩娅等. 2017. 中国高校英语教师专业发展环境研究. 北京：外语教学与研究出版社.

顾佩娅, 古海波. 2015. 在与环境的互动中成长：老一代优秀英语教师发展案例研究.
　　外国语文研究, （3）：95–104.

顾佩娅，古海波，陶伟. 2014. 高校英语教师专业发展环境调查. 解放军外国语学院学报，（4）：51–58.

顾佩娅，陶伟，古海波，金琳. 2016. 外语教师专业发展环境研究综述. 外语教学与研究，（1）：99–108，161.

顾佩娅，许悦婷，古海波. 2013. 高校英语教师专业发展环境叙事问卷的设计与初步应用. 中国外语，（6）：88–95.

顾永琦，余国兴. 2020. 形成性课堂评估的研究方法. 中国应用语言学，（2）：150–168.

郭洪洁，宋维华. 2015. 基础教育职前外语教师实践性知识的习得途径. 中国成人教育，（18）：150–152.

郭慧. 2017. 会话分析研究与教师课堂话语构建. 教育理论与实践，（1）：57–60.

郭新婕，王蔷. 2009. 教育实习与职前英语教师专业发展关系探究. 外语与外语教学，（3）：28–33.

郭学君，李刚. 2017. "过程与方法"视角下课堂话语的探究：基于 Mercer 的课堂话语理论. 教育导刊，（10）：68–72.

郭燕玲. 2012. ESP 教师角色与教师专业发展. 中国外语，（6）：86–90.

郭元婕，鲍传友. 2006. 实现教师专业自主发展的路径探讨. 中国教育学刊，（12）：61–63.

郭元祥. 2021. "深度教学"：指向学科育人的教学改革实验. 中小学管理，（5）：18–21.

郭元祥，吴宏. 2018. 论课程知识的本质属性及其教学表达. 课程·教材·教法，（8）：43–49.

国红延，王蔷. 2013. 高中英语教师对新课程教科书的认识与使用研究. 课程·教材·教法，（8）：59–65.

韩宝庆. 2006. 关于我国教师职后培训的几个问题. 教育探索，（8）：123–124.

韩刚，王蓉. 2005. 英语师范生教师教育课程的专业化目标. 教师教育研究，（3）：25–30.

韩美竹，赵晓云. 2013. 山西省城乡初中英语教师发展现状及对策研究. 教育理论与实践，（7）：35–37.

韩盼盼. 2016. 翻转课堂中教师角色的错位及其矫正. 教育探索，（9）：128–131.

郝彩虹. 2010. 大学英语教师职后学历学习与专业认同变化研究. 外语界，（4）：84–90.

何刚强. 2007. 传统、特色、师资——本科翻译专业建设之我见. 上海翻译，（3）：49–51.

何华清. 2015. 地方师范院校英语专业教师教育类课程设置与教学现状调查. 中国高教研究，（1）：102–106.

何丽芬. 2016. 基于共生关系的英语教师专业自主发展途径. 教学与管理，（24）：41–44.

何莲珍. 2019. 新时代大学外语教育的历史使命. 外语界，（1）：8–12.

侯德东，李天凤，陈广云. 2014. 主动适应构建多元化教师教育培养模式. 中国高等教育，（6）：44–46.

胡春光，王坤庆. 2013 教师知识：研究趋势与建构框架. 教育研究与实验，（6）：22–28.

胡春琴，李泉. 2013. 中学英语教师专业发展与幸福感的关系研究. 教学与管理，（27）：51–53.

胡芳毅，李钢，陈勇，周红茹. 2019. 论中学卓越英语教师的培养：品性、挑战与策略. 当代教育论坛，（2）：105–115.

胡万山. 2018. 师范类专业认证背景下教师教育改革的意义与路径. 黑龙江高教研究，（7）：29–32.

胡伟. 2019. 人工智能时代教师的角色困境及行动策略. 现代大学教育，（5）：79–84.

胡文仲，孙有中. 2006. 突出学科特点，加强人文教育——试论当前英语专业教学改革. 外语教学与研究，（5）：243–247.

胡亚琳，王蔷. 2014. 教师情感研究综述：概念、理论视角与研究主题. 外语界，（1）：40–48.

胡艳. 2002. 从 21 世纪教育发展趋势看未来教师角色特征的变化. 北京师范大学学报，（2）：113–118.

胡壮麟，王立非，欧阳护华，杨永林. 2019. 新时代中国外语教育建设与发展笔谈. 山东外语教学，（1）：44–52.

黄丹凤. 2015. 外语教师同伴指导评价体系的初步构建. 外语教学理论与实践，（4）：49–54，94.

黄恩谋，杨满珍. 2019. 情境学习与实践共同体框架下的评价素养发展研究——"形评新手"大学英语教师为例. 外语界，（6）：27–35.

黄欢. 2016. 文化生态取向下的教师专业发展模式及其策略——以外语教师专业发展为例. 湖南社会科学，（4）：206–209.

黄剑，罗少茜，林敦来. 2019. 国内外语教育形成性评价研究述评：回顾与建议. 外语测试与教学，（3）：1–9.

黄金煜，郑友训. 2014. "翻转课堂"与教师角色转型. 上海教育科研，（6）：49–51.

黄乐丹. 2019. 自主学习者对教师角色期待的研究. 教育理论与实践，（24）：36–38.

黄丽燕. 2013. 英语教师培训项目评价现状及改进. 中国教育学刊，（4）：85–87.

黄山. 2018. IRF 课堂话语结构刍议：发现、争论与再思考. 全球教育展望，（5）：15–24.

黄涛，段海燕，黄燕. 2013. 农村小学英语教师专业素质现状调查与发展策略——以江西省南昌市为例. 教学与管理，（24）：43–45.

黄友初. 2016. 职前教师实践性知识的缺失与提升. 教师教育研究，（5）：85–90.

黄予. 2015. 泛视频标注法促进师范生教学反思的新探索. 现代教育技术，（12）：110–115.

贾萍，郝伶闪. 2009. 新课改背景下高师院校英语专业面临的挑战及思考. 教育与职业，
　　（12）：103–104.

江进林. 2019. 高校英语教师测评素养现状及其影响因素研究. 外语界，（6）：18–26.

江世勇. 2015. "自我"与"他者"的博弈：以意识发展为导向的外语教师专业发展
　　探析. 教育理论与实践，（23）：37–39.

江世勇. 2016. 技术与文化的平衡：文化生态取向下的中小学外语教师专业发展探析.
　　中小学教师培训，（11）：8–12.

江世勇，邓鹂鸣. 2016. 中学外语教师专业发展文化生态环境的现状与对策研究.
　　教学与管理，（9）：25–28.

江新，郝丽霞. 2010. 对外汉语教师实践性知识的个案研究. 世界汉语教学，（3）：394–405.

姜晖. 2020. 基于人际关系管理理论的高校英语教师课堂元话语研究. 外语学刊，
　　（4）：45–50.

姜霞，王雪梅. 2016. 我国外语教师知识研究：回顾与展望——基于外语类和教育类
　　CSSCI 期刊论文的分析. 外语界，（6）：31–39.

姜霞，王雪梅. 2020. 基于学生感知的商务英语专业教师学科教学知识量具开发与
　　应用，外语教学理论与实践，（1）：9–17.

姜忠平，肖跃田. 2007. 外语教育实习基地建设的问题及措施. 当代教育论坛（学科
　　教育研究），（12）：113–114.

蒋洪新. 2019a. 新时代外语教育改革的几点构想. 外语界，（1）：13–16.

蒋洪新. 2019b. 新时代外语专业复合型人才培养的思考. 中国外语，（1）：1，11–14.

蒋洪新，杨安. 2020. "一带一路"倡议与中国外语教育改革. 外语教学，（1）：1–2.

蒋洪新，杨安，宁琦. 2020. 新时代外语教育的战略思考. 外语教学与研究，（1）：
　　12–16.

教育部高等学校教学指导委员会. 2018. 普通高等学校本科专业类教学质量国家
　　标准. 北京：高等教育出版社.

教育部高等学校大学外语教学指导委员会. 2020. 大学英语教学指南（2020 版）.
　　北京：高等教育出版社.

教育部高等学校外国语言文学类专业教学指导委员会. 2020. 普通高等学校外国语言
　　文学类专业教学指南. 北京：外语教学与研究出版社 .

教育部教师工作司，教育部高等教育教学评估中心. 2018. 普通高等学校师范类专业
　　认证工作指南（试行）. 6 月. 来自中华人民共和国中央政府网站.

教育部人事司，教育部考试中心. 2002a. 教育学考试大纲. 北京：北京师范大学出版社.

教育部人事司，教育部考试中心. 2002b. 教育心理学考试大纲. 北京：北京师范大学
　　出版社.

教育部师范教育司，教育部考试中心. 2011. 中小学和幼儿园教师资格考试标准（试行）.
　　中国教育考试网. 10 月 24 日. 来自中国教育考试网.

金晨，胡耀宗. 2019. 一流大学举办教师教育的发展困境及其破解. 教育科学，（4）：32–37.

金利民. 2010. 注重人文内涵的英语专业课程体系改革. 外语教学与研究，（3）：176–183.

金艳. 2018. 外语教师评价素养发展：理论框架和路径探索. 外语教育研究前沿，（12）：65–72.

金忠明. 2008. 教师教育的历史、理论与实践. 上海：上海教育出版社.

靳玉乐，尹弘飚. 2008. 课程改革中教师的适应性探讨. 全球教育展望，（9）：37–42.

景浩荣. 2020. 师范与非师范类特岗教师专业发展水平比较分析. 教育与教学研究，（7）：53–63.

康丽. 2021. 新课程改革击中了教育的靶心 —— 专访北师大中国教育创新研究院院长刘坚. 1 月 6 日. 来自《中国教师报刊》网站.

康艳，程晓堂. 2013. 从新手英语教师的课堂教学看师范毕业生的专业发展. 山东外语教学，（1）：52–59.

课程教材研究所编. 全日制中学英语教学大纲（草案）（1963）. 2001. 20 世纪中国中小学课程标准教学大纲汇编：外国语卷（英语）. 北京：人民教育出版社.

课程教材研究所编. 全日制十年制中小学英语教学大纲（试行草案）（1978）. 2001. 20 世纪中国中小学课程标准教学大纲汇编：外国语卷（英语）. 北京：人民教育出版社.

课程教材研究所编. 全日制中学英语教学大纲（1986）. 2001. 20 世纪中国中小学课程标准教学大纲汇编：外国语卷（英语）. 北京：人民教育出版社.

孔彩芳. 2012. 外语教师教育过程中的一个盲区 —— 基于叙事的个案研究. 教育探索，（10）：90–92.

孔令翠，王慧，罗明礼. 2010. 精品课程建设与外语教师专业化发展. 外语教学理论与实践，（4）：52–57.

雷丹，柳华妮. 2015. 外语教师角色与教师生态位研究. 外语电化教学，（2）：59–64.

雷小川. 2001. 略论多媒体环境下外语教师的角色转化. 高等教育研究，（4）：76–78.

李宝荣. 2017. 基于中学英语教师校本研修实践研究的教师学习. 课程·教材·教法，（7）：106–111.

李冬青. 2019. 基于学习者语言能力差异的中学英语教师反馈语研究. 基础外语教育，（1）：12–20，107.

李冬艳，晋国红. 2011，优秀大学英语教师课堂的多模态话语分析. 语文学刊（外语教育与教学），（10）：98–100.

李冬耘. 2012. 初中英语教师专业发展研究：现状与对策. 河北师范大学学报（教育科学版），（6）：33–38.

李广. 2017. 教师教育协同创新机制研究——东北师范大学"U–G–S"教师教育模式新发展. 教育研究，（4）：146–151.

李海伦，李芳军，王力. 2016. 网络辅助外语教学中的教师角色：基于 Blackboard 网络教学平台的研究. 西安外国语大学学报，（2）：67–71.

李昊，潘宇光，王磊. 2018. Bibliometrix：一款新的基于 R 语言的文献计量软件介绍与评价. 大学图书情报学刊，（4）：93–104.

李红梅. 2010. 英语教师在学生为主体的教学模式中的角色转变. 黑龙江高教研究，（7）：103–105.

李虎林. 2009. 大学与中小学伙伴协作对职前教师教育的改进——以西北师范大学经验为例. 当代教育与文化，（4）：90–94.

李佳，周利君. 2017. APAR 教师专业发展模式本土化宏观应用与思考——以"国培计划"示范性项目为例. 中小学教师培训，（2）：17–21.

李瑾瑜，王建. 2017. "国培计划"对我国教师培训的创新性贡献. 教师发展研究，（2）：1–9.

李晶晶，潘苏东，廖元锡. 2017. 批判性思维教学的教师技能研究及启示. 中小学教师培训，（8）：1–5.

李孔文. 2015. 学会评价：教师学科素养的衡量标尺. 课程·教材·教法，（2）：74–80.

李亮. 2020. 高中英语教师课堂评价素养的构成及提升研究. 北京：北京师范大学博士学位论文.

李亮，王蔷. 2020. 外语教师课堂评价素养：概念构成、观测体系及实践启示. 外语测试与教学，（2）：20–27.

李妙兰. 2012. 新课程下小学英语教师职前教育课程改革探讨. 教育与教学研究，（10）：18–21，28.

李茹，张粲. 2019. 民族地区中小学英语教师研究能力状况调查. 黔南民族师范学院学报，（1）：82–87.

李如密. 2017. 教学评价教育：教师评价素养提升的重要途径. 现代基础教育研究，（4）：5–9.

李世辉，龙思远. 2017. "五体联动"视角下的大学生实习机制研究. 现代大学教育，（5）：102–111.

李四清，陈坚林. 2016. 高校外语教师知识结构与教学自主的关系探究. 外语与外语教学，（5）：88–96.

李松林，杨爽. 2020. 国外深度学习研究评析. 比较教育研究，（9）：83–89.

李伟. 2014. "U–S"式学校变革成功的阻碍及条件. 高等教育研究，（6）：68–75.

李晓博. 2008. 教室里的权威：对日语教师个人实践知识的叙事研究. 外语研究，（3）：46–50.

李晓博. 2009. 论教师研究中的叙事探究. 深圳大学学报（人文社会科学版），（4）：147–151.

李星云. 2008. 我国师范教育收费历史与思考. 南京理工大学学报（社会科学版），（3）：73–78.

李秀萍. 2009. 自主性外语学习模式中的教师自主刍议. 教育探索,（6）: 93–94.

李颖. 2012. 高校双语 EMI 课堂调查与分析. 外语界,（2）: 49–57.

李颖. 2015. 高校外语翻转课堂中的教师教学能力研究. 中国外语,（6）: 19–26.

李宇明. 2015. "一带一路"需要语言铺路. 中国科技术语,（6）: 62.

李震, 高志崇, 赵燕云. 2020. 高校师范类专业学生教育实习方式与效果的探讨. 当代教育实践与教学研究,（12）: 146–147.

李智. 2015. 建构主义视域下的"翻转课堂"教师角色探析. 教学与管理,（9）: 17–19.

李中国, 辛丽春, 赵家春. 2013. G–U–S 教师教育协同创新模式实践探索——以山东省教师教育改革为例. 教育研究,（12）: 144–148.

联合国教科文组织教师教育中心. 2020. "国培计划"蓝皮书（2010—2019）摘要. 9 月 4 日. 来自中华人民共和国教育部网站.

梁松林. 2013. 论中学英语教师实践性知识的生成、创新及共享——基于知识创生理论的视角. 教育学术月刊,（10）: 80–85.

梁田, 王春艳, 何远德. 2008. 在线自主学习特点类型及教师角色定位分析. 西南民族大学学报,（12）: 198–200.

廖锦超. 2005. 基于网络的英语教学中教师角色的定位. 外语电化教学,（1）: 70–74.

廖秋忠. 1992. 廖秋忠文集. 北京: 北京语言学院出版社.

林崇德. 2008. 我的心理学观: 聚焦思维结构的智力理论. 北京: 商务印书馆.

林崇德. 2016a. 对未来基础教育的几点思考. 课程·教材·教法,（3）: 3–10.

林崇德. 2016b. 21 世纪学生发展核心素养研究. 北京: 北京师范大学出版社.

林崇德. 2017. 构建中国化的学生发展核心素养. 北京师范大学学报（社会科学版）,（1）: 66–73.

林崇德, 申继亮, 辛涛. 1996. 教师素质的构成及其培养途径. 中国教育学刊,（6）: 16–22.

林德全. 2020. 智慧教育背景下教师角色的重构. 中国教育学刊,（2）: 78–82.

林敦来. 2014. 中国中学英语教师评价素养研究. 北京: 北京师范大学博士学位论文.

林敦来. 2019. 中小学英语教师语言评价素养参考框架. 北京: 外语教学与研究出版社.

林敦来, 高淼. 2011. 教师评估素养: 理论与实践. 外语教学理论与实践,（4）: 29–37.

林敦来, 武尊民. 2014. 国外语言评价素养研究的最新进展. 现代外语,（5）: 711–720.

林美. 2015. 教师专业学习共同体的制度化互动研究——以 Q 校英语教研组研讨课互动为例. 当代教育科学,（6）: 22–27.

凌茜, 陈飞. 2013. 利用优秀课例视频提高外语教师专业发展. 教学与管理,（19）: 70–72.

刘国强, 汪华. 2018. 多模态英语课堂话语效应研究. 中国教育学刊,（S1）: 188–190.

刘国庆, 计凤茹. 2009. 以学生为中心的教学策略与外语教师的角色调整. 教学与管理,（3）: 95–96.

刘宏刚. 2015. 英语专业免费师范毕业生在职攻读硕士学位动机实证研究. 学位与研究生教育,（1）：52–58.

刘宏刚. 2016. 教师动机. 徐浩编著. 外语教师教育重点问题研究. 北京：外语教学与研究出版社，56–81.

刘宏刚, 狄艳华. 2015. "两线双导，数字推进、评价多元、完善实践"：论英语系优质人才培养模式. 东北师范大学教学研究（内刊），76–82。

刘宏刚, 寇金南. 2014. 高校英语教师访学动机的实证研究. 外语与外语教学,（6）：13–19.

刘晶, 陈坚林. 2019. 课程改革背景下学术英语教师身份建构研究. 教育学术月刊,（4）：81–87.

刘径言. 2015. 小学卓越教师职前教育的课程与教学改革. 教育科学研究,（12）：18–21.

刘立华. 2008. 批评话语分析概览. 外语学刊,（3）：102–109.

刘丽艳, 秦春生. 2016. 协同与融合：全日制教育硕士研究生培养中的双导师制研究. 学位与研究生教育,（12）：54–58.

刘萍萍. 2012. 中小学英语教师角色定位及专业发展. 教育评论,（5）：54–56.

刘文娜. 2020. 生存心态视域下中小学教师的科研素养提升研究. 上海教育科研,（8）：38–42.

刘学惠. 2005. 外语教师教育研究综述. 外语教学与研究,（3）：211–217.

刘学惠. 2011. 社会文化理论视角下的外语课堂与语言学习. 课程·教材·教法,（7）：46–51.

刘学惠, 申继亮. 2006. 教师学习的分析维度与研究现状. 全球教育展望,（8）：54–59.

刘义兵, 付光槐. 2014. 教师教育一体化发展的体制机制创新. 教育研究,（1）：111–116.

刘义兵, 郑志辉. 2009. 促进教师改变的思维范式转向. 中国教育学刊,（7）：59–62.

刘益春. 2012. 协同创新培养卓越教师. 中国高等教育,（23）：15–17.

刘熠, 刘平. 2018. 近十年国内翻译教师相关研究综述. 中国外语教育,（1）：55–60，79.

刘熠, 张洁. 2020. MTI 教师的职业发展现状与需求探究. 外语教育研究前沿,（1）：62–67.

刘熠. 2009a. *Professional Identity Construction of College English Teachers: A Narrative Perspective*. 北京：北京大学博士学位论文.

刘熠. 2009b. CE teachers' professional identity in classroom discourse: A CDA perspective. 中国社会语言学,（2）：125–140.

刘熠. 2010. 隐喻中的大学公共英语教师职业认同. 外语与外语教学,（3）：35–39.

刘熠. 2011. 叙事视角下的大学公共英语教师职业认同建构研究. 北京：外语教学与研究出版社.

刘熠. 2012. 叙事视角下的外语教师职业认同研究综述. 外语与外语教学,（1）：11–15.

刘熠. 2015. 应用语言学中的质化研究报告：定义、规范与挑战. 外语与外语教学，
（5）：61–65，96.

刘熠. 2016. 外语教师职业认同研究. 徐浩主编. 外语教师重点问题研究. 北京：外语
教学与研究出版社.

刘永莉. 2017. 大学英语教学中教师"生态角色"的科学定位. 教育理论与实践，
（18）：31–32.

刘悦淼，王倩. 2017. 通过有效教学反思模式促进专业发展现状的调查分析. 外语学刊，
（5）：75–79.

刘蕴秋，邹为诚. 2012. 教育见习课程对职前英语教师专业发展影响探究. 全球教育展望，
（8）：88–96.

卢军坪，张莲. 2021. 大学英语教师身份转型中的矛盾与冲突分析：活动理论视角.
外语界，（4）：62–70.

卢志鸿. 2020. 大学英语教学指南（2020版）发布会主题报告 5. 10 月 18 日，北京.

陆杨. 2010. MCALL 模式下英语教师角色动态发展的实证解析. 外语电化教学，（1）：
65–68.

吕琳琼. 2019. 微课探"微"：教师实践性知识养成的叙事探究. 外语教学，（2）：
71–75.

吕生禄. 2019. 教师测评素养国内研究现状与前景展望. 中国考试，（6）：72–78.

罗伯特·K. 默顿. 2006. 社会理论与社会结构. 唐少杰，齐心，译. 南京：译林出版社.

罗莎莎，靳玉乐. 2020. 智能时代教师角色的危机、成因及其应对. 教师教育研究，
（32）3：53–59.

罗婷，刘健英，李弘. 2006. 大学教师发展的生态环境初探. 江西师范大学学报
（哲学社会科学版），（2）：95–99.

罗晓杰，牟金江. 2016. 反馈促进新教师教学反思能力发展的行动研究. 教师教育
研究，（1）：96–102.

罗晓杰，王雪. 2011. 专家—熟手—新手教师高中英语阅读课课堂互动比较研究.
课程·教材·教法，（12）：51–56.

洛林·W. 安德森等. 2009. 布卢姆教育目标分类学：分类学视野下的学与教及其测评.
北京：外语教学与研究出版社.

马池珠，魏拥军，吴迪，徐亭婷. 2017. 师范生教育技术能力培养模式构建研究. 中国
电化教育，（5）：102–110，141.

马刚. 2003. 以学生为中心的教学与教师的新角色. 陕西师范大学学报（哲学社会科
学版），（32）：204–206.

毛齐明. 2009. 论教育理论研究者对中小学教师学习介入. 教育发展研究，（22）：79–83.

毛齐明. 2010. 教师有效学习的机制研究——基于"社会文化活动"理论的视角. 上海：
华东师范大学博士学位论文.

毛玮洁，徐晨盈. 2018. 教学情境中的批判性思维含义解析与教师实践——基于对部分高中教师的问卷调查和访谈. 教育发展研究，（20）：75–84.

蒙岚. 2016. 生态理论视角下的大学英语教师评估素养提升模式探索. 西安外国语大学学报，（2）：72–76.

孟春国，陈莉萍. 2015. 走向多元融合的研究范式——中外应用语言学与外语教学期刊的载文分析. 外语界，（1）：2–11.

孟凡胜. 2005. CALL——计算机辅助语言学习的角色定位及应用策略. 外语电化教学，（2）：32–35，52.

孟昭兰. 2005. 情绪心理学. 北京：北京大学出版社.

宁虹. 2009. 教师教育：教师专业意识品质的养成——教师发展学校的理论建设. 教育研究，（7）：74–80.

欧楚莹. 2019. 社会文化视域下的外语课堂教师支架话语研究. 基础外语教育，（1）：21–29，108.

欧文·戈夫曼. 2008. 日常生活中的自我呈现. 冯钢，译. 北京：北京大学出版社.

欧阳护华，陈慕侨. 2019. "私下拜师"——教师实践性知识的本土化路径探索. 中国外语，（6）：12–17.

欧阳嘉煜，汪琼. 2021. IRF 课堂话语结构研究述评. 全球教育展望，（2）：15–28.

潘鸣威. 2020. 外语教师语言测评素养再探——基于对语言测试专家的访谈. 中国考试，（7）：34–41.

庞丽娟，叶子. 2000. 论教师教育观念与教育行为的关系. 教育研究，（7）：47–50，70.

裴淼，朱旭东，陈林，区颖欣，高晓玲. 2016. 构建校本教师学习复杂系统模型——为教师成长提供良好适宜环境. 教育学报，（1）：83–92。

彭亮，徐文彬. 2018. 国外课堂话语研究的主题与分析框架探析. 外国中小学教育，（9）：73–80.

彭伟强，朱晓燕，钟美华. 2008. 外语教师教育与发展研究：现状、思考与展望. 外语界，（5）：38–45，83.

彭宣红，戴日新. 2011. 语言学习任务设计与英语教师专业发展. 黑龙江高教研究，（9）：66–69.

戚亚军，庄智象. 2017. 课堂话语研究的范式演进与实践转型：从"会话"走向"对话". 外语教学，（6）：52–57.

亓明俊，王雪梅. 2017. 学习共同体视域下的大学英语新手教师专业认同：内涵、模型与路径. 外语界，（6）：70–78.

亓明俊，王雪梅. 2019. 学习共同体视域下大学英语新手教师专业认同个案研究. 西安外国语大学学报，（4）：46–50.

齐登红，王保云. 2004. 网络英语教学模式中的教师角色分析. 外语电化教学，（4）：59–62.

乔建中. 2012. 基础教育"八次课改"的历史轨迹与研究脉络. 江苏教育研究,（9）：20–24.

秦杰. 2012. 档案袋在外语教师专业发展中的应用. 山西档案,（6）：69–72.

秦丽莉, 何艳华, 欧阳西贝. 2019. 新手教师情感对认知发展影响的叙事研究. 现代外语,（6）：818–829.

邱超. 2014. 中国教师教育的过去、现在和未来——顾明远教授访谈. 教师教育研究,（1）：81–85.

邱琳. 2020. "产出导向法"应用中的教师发展：矛盾与对策. 中国外语,（1）：68–74.

全国教育专业学位研究生教育指导委员会. 2017. 全日制教育硕士专业学位研究生指导性培养方案（修订）（教指委发〔2017〕04 号）. 全国教育专业学位研究生教育指导委员会.

饶从满, 张贵新. 2007. 教师合作：教师发展的一个重要路径. 教师教育研究,（1）：12–16.

阮晓蕾. 2020. 课程改革背景下的英语专业教师教学能动性探究. 山东外语教学,（3）：121–131.

阮燕, 马永鑫, 朱志勇. 2020. 多重认同叠合机制：新教师专业发展角色冲突的和解路径. 教师教育研究,（1）：85–94.

邵晓霞. 2017. 英语教师专业发展的文化向度及未来路径. 兰州大学学报（社会科学版）,（4）：201–208.

邵雪飞. 2019. 日本早稻田大学教师培养模式内容、特色与启示. 现代教育管理,（9）：85–90.

沈红宇, 蔡明山. 2019. 公平价值的引领：从免费到公费的师范生教育. 大学教育科学,（2）：66–71, 124.

沈兆文. 2015. 高校英语教师评价素养发展研究. 继续教育研究,（2）：53–55.

盛迪韵. 2010. 从学生到教师的嬗变：日本教师入职的衔接机制. 上海教育科研,（3）：59–61.

盛慧晓. 2014. 外语教师评价素养的构成和发展策略. 全球教育展望,（6）：97–104.

师远贤. 2006. 中小学教师职后教育课程存在的问题与对策. 当代教育论坛,（24）：84–85.

史耕山, 周燕. 2009. 老一代优秀英语教师素质调查. 外语与外语教学,（2）：26–29.

施良方. 1996. 课程理论——课程的基础、原理与问题. 北京：教育科学出版社.

宋改敏. 2011. 教师专业成长的学校生态环境. 重庆：重庆大学出版社.

宋萑. 2015. 教师专业共同体研究. 北京：北京师范大学出版社.

孙海洋, 熊洁. 2020. 命题对提升大学英语教师测评素养的作用：基于 UNICOMM 题库共建项目的质性研究. 西安外国语大学学报,（2）：75–80.

孙名符. 2005. 关于学科教学专业教育硕士课程建设的反思. 学位与研究生教育，
　　（4）：33–36.

孙曙光. 2020. 拓展学习视角下师生合作评价实践中的教师自我发展. 中国外语，
　　（1）：75–84.

孙晓慧，罗少茜. 2015. 外语教师专业发展职前职后一体化网络实验室建设探究. 实验
　　技术与管理，（9）：239–242.

孙有中. 2020. 贯彻落实《国标》和《指南》，推进一流专业和一流课程建设. 外语界，
　　（3）：2–4.

孙有中，文秋芳，王立非，封一函，顾佩娅，张虹. 2016. 准确理解《国标》精神，
　　积极促进教师发展——"《国标》指导下的英语类专业教师发展"笔谈. 外语界，
　　（6）：9–15.

孙有中，张虹，张莲. 2018.《国标》视野下外语类专业教师能力框架. 中国外语，
　　（2）：4–11.

孙有中，张薇，郭英剑，张莲，张虹，武光军，李佐文. 2017. 教研相长，做学者型
　　优秀教师——"在教学中研究，在研究中发展"笔谈. 外语电化教学，（5）：
　　3–8，22.

孙元涛. 2011. 教师专业学习共同体：理念、原则与策略. 教育发展研究，（22）：
　　52–57.

索格飞，迟若冰. 2018. 基于慕课的混合式跨文化外语教学研究. 外语界，（3）：89–96.

覃丹. 2008. 英语自主学习课堂教学模式下的教师角色定位. 教学与管理，（5）93–94.

覃俐俐，王克非. 2018. 从译者到教师——翻译教师职业身份转化案例研究. 上海翻译，
　　（4）：24–29，94.

唐进. 2013. 大学英语教师职业认同量表编制. 外语界，（4）：63–72.

唐进. 2019. 大学英语教师专业学习共同体量表编制：以教研室为例. 外语学刊，（3）：
　　86–93.

唐进. 2020. 专业学习共同体背景下高校外语教师职业倦怠研究. 现代外语，（2）：
　　260–271.

唐良平，宋素珍. 2017. 聚焦主题的"四构三研"课例研修的实践研究. 中小学教师
　　培训，（3）：20–24.

陶坚，高雪松. 2019. 教学转型背景下的外语教师学习. 现代外语，（6）：805–817.

陶丽，李子建. 2018. 课程改革背景下教师专业身份的理解与建构——基于师生互动
　　的视角. 教师教育研究，（3）：79–85.

陶伟. 2017. 高校青年英语教师"转化性学习"案例研究. 上海：上海交通大学出版社.

滕延江. 2018. 国外二语教师身份研究（1997—2017）：现状与展望. 外语界，（4）：
　　36–43.

田爱丽. 2015. 翻转课堂教学模式下教师角色转变与综合素养提升. 教师教育研究, （5）：84–88.

田海龙. 2013. 趋于质的研究的批评话语分析. 外语与外语教学, （4）：6–10.

田静. 2017. 英语教师培训中的矛盾关系及处理. 教育理论与实践, （5）：39–41.

王本陆. 2017. 课程与教学论（第 3 版）. 北京：高等教育出版社.

王春晖. 2013. 信任、批判与挑战：教师专业发展模式探索——以浙江省农村英语教师语音培训项目为例. 课程·教材·教法, （3）：123–127.

王春晖. 2015. 名师带徒的教练式培训模式探讨——以英语学科教师培训为例. 全球教育展望, （1）：110–118.

王定华. 2020. 中国教师教育：观察与研究. 北京：人民教育出版社.

王俊菊, 朱耀云. 2019. 课堂交际失谐情境下的外语教师学习研究. 中国外语, （5）：68–76.

王立非, 葛海玲. 2016. 论"国家标准"指导下的商务英语教师专业能力发展. 外语界, （6）：16–22.

王林海. 2007. 大学英语课堂教师角色转变和现行角色分析. 外语电化教学, （2）：39–43.

王明高. 2010. 教师职后继续教育的几个误区及对策研究. 中国成人教育, （15）：66–67.

王娜, 张敬源. 2018. 信息技术与外语教学深度融合之反思——基于技术融合的大学英语课堂教学改革实践. 外语电化教学, （5）：3–7.

王蔷. 2015. 从综合语言运用能力到英语学科核心素养——高中英语课程改革的新挑战. 英语教师, （16）：6–7.

王蔷. 2016. 促进英语教学方式转变的三个关键词："情境""问题"与"活动". 基础教育课程, （3）：45–50.

王蔷. 2018. 普通高中英语课程标准（2017 年版）六大变化之解析. 中国外语教育, （2）：11–19.

王蔷. 2020. 课例研究——植根于课堂的外语教师专业发展途径. 中国外语, （6）：55–61.

王蔷, 胡亚琳. 2017. 英语学科能力及其表现研究. 教育学报, （2）：61–70.

王蔷, 李亮. 2017. 高校与中小学教师合作促进英语教师发展的研究述评. 英语学习, （4）：5–8.

王蔷, 钱小芳, 吴昊. 2021. 指向学科核心素养的英语学习活动观：内涵、架构优势、学理基础及实践初效. 中小学外语教学（中学篇）, （7）：1–6.

王蔷, 钱小芳, 周敏. 2019. 英语教学中语篇研读的意义与方法. 外语教育研究前沿, （2）：40–47.

王蔷, 张虹. 2012. 高校与中学英语教师合作行动研究的实践探索在行动中研究在研究中发展. 上海：上海教育出版社.

王蔷, 张虹. 2014. 英语教师行动研究（修订版）. 北京：外语教学与研究出版社.

王蔷, 张文华, 林周婧. 2010. 高校与基础教育合作行动研究的实践探索. 课程·教材·教法,（12）：87–93.

王冉. 2010. 高校外语教学改革中教师角色的转变. 教育与职业,（18）：52–53.

王珊, 潘亦宁. 2017. 课堂教学参与"边缘化"的发生机制：基于个案的课堂话语分析. 教育理论与实践,（14）：44–46.

王珊, 吴娱. 2017. 论学生课堂教学参与中教师的话语能力：基于费尔克拉夫批判话语分析理论的探析. 教师教育研究,（6）：29–34.

王守仁. 2017. 高校外语教师发展的促进方式与途径. 外语教学理论与实践,（2）：1–4, 15.

王守仁. 2018. 关于高校外语教师发展的若干思考. 外语界,（3）：13–17.

王添淼, 张越. 2017. 幕课教学中教师角色转换的叙事研究. 课程·教材·教法,（3）：110–115.

王晓芳. 2014. 什么样的"共同体"可以称作教师专业学习共同体. 教师教育研究,（4）：16–22.

王晓华, 赵春娟, 周燕. 2006. 外语教师发展研究：问题与对策——"国内访问学者"模式调查报告. 北京第二外国语学院学报,（8）：75–79.

王欣, 王勇. 2015. 大学英语教学改革形势下教师转型期间状态焦虑的现状分析与对策研究. 外语教学理论与实践,（2）：31–38.

王雪梅. 2020. 高校外语教育新常态下的教师专业发展：内涵与路径. 山东外语教学,（4）：11–18.

王艳. 2011. 优秀外语教师实践性知识的个案研究. 外语教学理论与实践,（1）：68–76.

王颖轶, 张威. 2013. 多媒体外语教学中教师角色定位与学生学习效果的思考. 教育探索,（3）：45–46.

王玉萍. 2014. PCK 视域下对英语反思性教学的重新解读. 西安外国语大学学报,（2）：67–70.

韦杏雨, 吴惠忠. 2014. 一位优秀英语教师专业发展的生活史解读. 吉林省教育学院学报,（12）：54–57.

魏戈. 2017. 文化—历史活动理论视角下的教师实践性知识研究. 教师发展研究,（4）：90–96.

魏戈. 2019. 矛盾驱动的教师专业学习：基于大学与中小学合作研究的案例. 教育发展研究,（4）：24–34.

温剑波. 2015. 大学外语教师职业认同的个案研究. 外国语文,（1）：144–149.

文灵玲, 徐锦芬. 2014. 国外教师专业身份研究综述. 教师教育研究,（6）：93–100.

文秋芳. 2017. 大学外语教师专业学习共同体建设的理论框架. 外语教学理论与实践,（3）：1–9.

文秋芳. 2018. "产出导向法"与对外汉语教学. 世界汉语教学,（3）：387–400.

文秋芳. 2020. 熟手型外语教师运用新教学理论的发展阶段与决定因素. 中国外语,

（1）：50–59.

文秋芳，常晓玲. 2012. 为高校外语教师举办大型强化专题研修班的理论与实践. 外语与外语教学，（1）：1–10.

文秋芳，任庆梅. 2010. 大学英语教师专业发展研究的趋势、特点、问题与对策：对我国 1999—2009 期刊文献的分析. 中国外语，（4）：77–83.

文秋芳，任庆梅. 2011a. 探究我国高校外语教师互动发展的新模式. 现代外语，（1）：83–90.

文秋芳，任庆梅. 2011b. 大学外语教师互动发展新模式下一线教师的专业成长. 中国外语教育，（1）：22–24.

文秋芳，张虹. 2017a. 倾听来自高校青年英语教师的心声：一项质性研究. 外语教学，（1）：67–72.

文秋芳，张虹. 2017b. 我国高校非通用外语教师面临的挑战与困境：一项质性研究. 中国外语，（6）：96–100.

文秋芳，张虹. 2019. 跨院系多语种教师专业学习共同体建设的理论与实践探索. 外语界，（6）：9–17.

吴伦敦，葛吉雪. 2016. 中小学教师主题式培训：内涵与结构. 教师教育论坛，（1）：85–89.

吴明隆. 2010. 结构方程模型 AMOS 的操作与应用. 重庆：重庆大学出版社.

吴莎. 2018. "后方法时代"英语教师角色的新定位及转变. 教学与管理，（10）：60–63.

吴一安. 2005a. 优秀外语教师专业素质探究. 外语教学与研究，（3）：199–205，241.

吴一安. 2005b. Aspiring after Continued Teacher Development: A Study of Effective University EFL Teachers in China. 中国外语，（2）：13–20.

吴一安. 2008. 外语教师研究：成果与启示. 外语教学理论与实践，（3）：32–39.

吴一安. 2017. 新书推荐：中国高校英语教师专业发展环境研究. 9 月 16 日. 来自外语学术科研网.

吴一安等. 2007. 中国高校英语教师教育与发展研究. 北京：外语教学与研究出版社.

吴岳军. 2010. 论主体间性视角下的师生关系及其教师角色. 教师教育研究，（2）：40–43.

吴越. 2016. 外语教师评估素养研究探析. 上海教育科研，（12）：76–79.

吴宗杰. 2005. 教师知识与课堂话语. 北京：外语教学与研究出版社.

吴宗杰. 2008. 外语教学研究的新视野：从教学走向教师. 中国外语教育，（1）：47–55.

吴宗劲，饶从满. 2018. 教育实践类课程对职前教师从教准备度的贡献研究. 教师教育研究，（6）；37–43.

吴宗杰，黄爱凤等. 2005. 外语课程与教师发展——RICH 教育视野. 合肥：安徽教育出版社.

武尊民，陆锡钦. 2007. 职前外语教师教育课程. 吴一安等. 中国高校英语教师教育与发展研究. 北京：外语教学与研究出版社，434–470.

习近平. 2017. 决胜全面建成小康社会 夺取新时代中国特色社会主义伟大胜利——在中国共产党第十九次全国代表大会上的报告. 北京：人民出版社.

夏洋，赵永青，邓耀臣. 2012. CBI 课程改革背景下外语教师知识与教师心理的实证研究. 现代外语，（4）：423–429.

项国雄，何小忠，周其国. 2014. 建设合作共同体 培养师范生教学实践能力. 中国高等教育，（2）：56–58.

肖征，于月清，荣风静. 2018. "国培计划" 小学英语教师专业发展需求探析. 教学与管理，（30）：64–66.

谢红荣，赵红霞. 2016. 翻转课堂模式下教师角色定位及转化研究. 教育理论与实践，（32）：38–40.

谢佩绐，邹为诚. 2015. 英语新手教师实践性知识的叙事研究——基于三次重复性教学的学习经历. 外语研究，（4）：57–62.

谢赛. 2020. 指向实践能力提升的日本教师培养机构活动课程——以香川大学教育学部为例. 全球教育展望，（12）：78–91.

谢晓雪，田道勇. 2014. 基于双师型视角的新教师入职培训研究. 中国成人教育，（19）：117–119.

谢正立，邓猛. 2018. 论融合教育教师角色及形成路径. 教师教育研究，（6）：25–30.

辛涛，申继亮. 1999. 论教师的教育观念. 北京师范大学学报（社会科学版），（1）：14–19.

辛自强. 2019. 面向教育实践的心理发展理论——再论林崇德教授的学术思想. 中国教育科学，（6）：16–27.

熊苏春. 2017. 制度环境对教师成长的形塑——一位高中英语教师的成长叙事. 教育学术月刊，（9）：81–89.

胥国红. 2006. 大学英语教师课堂反馈的功能研究. 西安外国语学院学报，（4）：63–67.

胥国红. 2010. 教师课堂上的言语行——对一堂大学英语精读课的多模态话语分析. 北京科技大学学报（社会科学版），（4）：7–9.

胥国红，曲航. 2009，多模态话语分析——信息时代的新视角. 山东外语教学，（2）：3–7.

徐国辉，张金秀. 2016. 市、区、校三级联动，助力新教师度过适应期——以北京市教育学院新教师培训为例. 英语学习（教师版），（1）：11–14.

徐国辉，刘杨，吴丽娟，张辰. 2016. 促进新教师快速专业发展的关键因素研究. 中小学教师培训，（12）：24–28.

徐浩. 2014. 高校外语新教师专业发展现状的调查研究——参与教师的视角. 解放军外国语学院学报，（4）：59–66.

徐锦芬. 2020. 论外语教师心理研究. 外语学刊，（4）：56–62.

徐锦芬，程相连，秦凯利. 2014. 优秀高校英语教师专业成长的叙事研究——基于教师个人实践知识的探索. 外语与外语教学,（6）：1–6.

徐锦芬, 李斑斑. 2012. 中国高校英语教师教学反思现状调查与研究. 外语界,（4）：6–15.

徐锦芬, 龙在波. 2020. 后结构主义视域下国际二语课堂话语研究. 现代外语,（6）：854–864.

徐锦芬, 文灵玲, 秦凯利. 2014. 21 世纪国内外外语／二语教师专业发展研究对比分析. 外语与外语教学,（3）：29–35.

徐赳赳. 1990. 话语分析——一门新的交叉学科. 国外语言学,（2）：1–7.

徐敏, 陈新仁. 2015. 课堂语境下大学英语教师的身份建构及顺应性. 外语教学,（3）：50–54.

徐清秀. 2021. 目标替代、习区隔与教师职称评定的内卷化——基于 T 乡镇中学的考察. 北京社会科学,（4）：116–128.

徐苏燕. 2017. "三方协同"模式下卓越教师培养的实践研究. 课程·教材·教法,（8）：104–109.

徐翔. 2010. 计算机辅助外语教学中教师角色定位及方法运用. 当代教育科学,（15）：54–55.

徐小舒, 孙以琳, 蔡基刚. 2020. 我国高校专门用途英语教师技术教学内容知识能力框架研究, 外语与外语教学,（1）：51–60.

徐鹰, 韩苏, 陈芸. 2016. 大学英语教师语言评估素养调查报告. 中国外语教育,（4）：60–69.

许宏晨. 2019. 第二语言研究中的结构方程模型案例分析. 北京：外语教学与研究出版社.

许建美. 2006. 关于我国建设专业发展学校的思考. 教师教育研究,（1）：3–6.

许燕. 2013. 外语教师自我认同危机与提升路径. 中国教育学刊,（1）：64–66.

许悦婷. 2011. 大学英语教师在评估改革中身份转变的叙事探究. 外语教学理论与实践,（2）：41–50.

许悦婷. 2013. 外语教师课堂评估素质研究述评. 外语测试与教学,（4）：42–50.

许悦婷. 2015. 课堂评估信度研究述评. 外语测试与教学,（3）：30–43.

寻阳. 2015. 从教师身份认同看我国英语教师的专业发展——基于中学教师的实证研究. 当代教育科学,（12）：35–38.

寻阳, 孙丽, 彭芳. 2014. 我国外语教师身份认同量表的编制与检验. 山东外语教学,（5）：61–67.

寻阳, 郑新民. 2014. 十年来中外外语教师身份认同研究述评. 现代外语,（1）：118–126, 147.

寻阳, 郑新民. 2015. 中学英语教师身份认同及其对教师专业发展的影响. 基础教育,（2）：43–50.

闫建璋，毛荟. 2017. 师范生教育实践环节及保障机制探析. 教育理论与实践，（19）：34–37.

严明. 2010. 中国外语教师角色的教育文化诠释. 上海师范大学学报（哲学社会科学版），（4）：106–111.

严明. 2016. 角色与机制的融合：教育语言学视域中的教师发展. 外语与外语教学，（3）：14–20.

颜煌，张朝霞. 2020. 教师实践性知识积累的问题及途径探析. 黑龙江高教研究，（2）：104–107.

颜奕，谈佳. 2018. 高校法语教师专业生活中的情感体验个案研究. 外语与外语教学，（4）：14–25.

颜奕，杨鲁新. 2016. 教师教学专长研究：概念、方法及启示. 外语教学理论与实践，（3）：1–25.

颜奕，杨鲁新. 2017. 英语教师专业学习共同体中的主要矛盾分析：活动理论视角. 外语教学理论与实践，（2）：39–49.

杨超，徐天伟. 2018. 全日制专业硕士学位研究生"双导师制"建设的协同机制探索——基于利益相关者的视角. 研究生教育研究，（2）：77–82.

杨朝霞，王丽珍. 2013. 国内外中小学教师职前培养模式的比较研究——基于高等师范院校与中小学合作的理念. 黑龙江高教研究，（5）：59–61.

杨芳，魏兴，张文霞. 2017. 大学英语混合式教学模式探析. 外语电化教学，（1）：21–28.

杨国海. 2011. 教师评价素养的内涵及框架. 当代教育科学，（4）：17–19.

杨国燕. 2010. "新课程标准"理念下农村英语教师教育发展模式研究. 河北师范大学学报（教育科学版），（4）：62–65.

杨连瑞，潘克菊，刘宏刚. 2009. 国外语言损耗研究现状调查. 解放军外国语学院学报，（5）：42–47.

杨凌燕，郭建鹏. 2015. 现象图析学视域下的西方大学教学研究：观点、进展及问题. 比较教育研究，（1）：35–41.

杨鲁新. 2016. 扎根课堂，教研一体：高校研究者专业引领下的中小学英语教师发展新模式研究. 北京：外语教学与研究出版社.

杨鲁新. 2019. 外语教师专业发展中的矛盾与行动：自我叙事研究. 外语教育研究前沿，（4）：16–22.

杨鲁新，付晓帆. 2014. 语法教学理念及实践转变——活动理论取径. 外语与外语教学，（1）：60–66.

杨鲁新，张宁. 2020. 英语经验教师专业发展研究：回顾与展望. 外语教学，（2）：51–58.

杨鲁新，张宁. 2021. 外语教师教育中理论与实践的转化难题——基于对外语教育学科定位的思考. 外语与外语教学，（1）：57–64.

杨茂庆，王远，朱瑜娟. 2014. 普通高中英语教师专业发展与新课改适应性调查研究——以广西几所高中为例. 教学与管理，（36）：35–37.

杨爽. 2016. "互联网"时代的教师角色重构. 教育理论与实践，（32）：31–33.

杨信彰. 2007. 系统功能语言学与教育语篇. 四川外语学院学报，（6）：17–20.

杨延从，唐泽静. 2016. 优秀英语教师个人实践知识的分析与重建. 中小学教师培训，（5）：17–21.

杨玉东. 2019. 课例研究国际动向及其对教师教育政策研究的启示. 教育参考，（5）：5–10.

杨跃. 2017. 教师教育课程衔接：不容忽视的改革视域. 南京师大学报（社会科学版），（2）：93–98.

姚元锦，朱德全. 2018. 师范生教学知识发展的影响因素分析：框架与实证. 湖南师范大学教育科学学报，（2）：43–53.

叶澜. 2001. 教师角色与教师发展新探. 北京：教育科学出版社.

叶澜. 2014. 大中小学合作研究中绕不过的真问题——理论与实践多重关系的体验与再认识. 教育发展研究，（20）：1–5.

叶澜，白益民，王彤，陶志琼. 2001. 教师角色与教师发展新探. 北京：教育科学出版.

尹弘飚，李子建. 2007. 论课程改革中教师改变. 教育研究，（3）：23–28.

于金明. 2015. 初中英语教师专业学习共同体与自我效能感的相关性研究. 教学与管理，（21）：41–43.

于天贞. 2014. 从"主演"到"导演"：基础教育翻转课堂中教师角色转换及其路径. 上海教育科研，（5）：49–52，67.

于忠海. 2020. 职业认知逆差视域下的教师入职培训误区、归因及改进. 教育发展研究，（8）：65–70.

余丽，王建武，曾小珊. 2009. 教师的信息素养——信息技术与外语课程整合的关键因素. 外语电化教学，（5）：70–74.

余闻婧，吴刚平. 2014. 教师教学评价素养的形态及其意义. 全球教育展望，（11）：52–61.

喻本伐. 2007. 中国师范教育免费传统的历史考察. 湖北大学学报（哲学社会科学版），（3）：49–51.

袁玲俊. 2006. 论中小学教师专业自主发展意识的培养. 宁波大学学报（教育科学版），（6）：58–59.

袁燕华. 2012. 校际合作、准确定位——我国外语教师培训的有效途径. 外语与外语教学，（5）：20–23.

张淳. 2014. 中国高校外语教师信念量化研究. 中国外语，（6）：91–95，105.

张凤娟，刘永兵. 2011. 影响中学英语教师信念的多因素分析. 外语教学与研究，（3）：400–408，480.

张弓. 2017. 教师课堂话语的三种组织形式分析. 教育理论与实践，（23）：9–10.

张光陆. 2021a. 探究式交谈对学生深度学习的影响：基于课堂话语分析. 全球教育展望，（5）：3–14.

张光陆. 2021b. 深度学习视角下的课堂话语互动特征：基于会话分析. 中国教育学刊，（1）：79–84.

张虹. 2019a. 思辨英语教学：英语专业教师认知视角. 外语研究，（4）：57–62.

张虹. 2019b.《国标》背景下高校非通用语教师身份认同研究. 中国外语，（5）：77–84.

张虹，王蔷. 2010. 论后方法时代的教师自主发展. 英语教师，（4）：3–5.

张虹，文秋芳. 2020. 专业学习共同体对多语种教师发展的影响. 外语界，（2）：27–34.

张华，许斌. 2017. 大学英语教师身份认同的现状与分析——基于浙江省 5 所大学的调查研究. 教育科学，（4）：69–76.

张欢瑞，张文霞，杨芳. 2019. 基于 MOOC 的混合式教学模式对英语学习策略的影响研究——以"基础英语听说"课程为例. 外语电化教学，（5）：39–44.

张惠，孙钦美. 2020. 大学英语教师实践性知识构建：一项自我研究. 外语教学理论与实践，（4）：65–71.

张嘉欣. 2019. 我国教师语言磨蚀研究述评. 上海教育科研，（9）：13–16.

张洁，周燕. 2017. "伊甸园"的守望：高校英语教师文化个案研究. 顾佩娅等. 中国高校英语教师专业发展环境研究. 北京：外语教学与研究出版社，83–119.

张洁，周燕. 2018. 我国外语教育传统中的教师学习：一项人类学视阈下的个案研究. 外语与外语教学，（4）：34–43，147–148.

张金秀. 2015. 中小学英语教师专业发展指南. 北京：北京师范大学出版社

张静，韩佶颖. 2020. 新大学英语教学体系下优秀教师实践性知识发展的个案研究——以通用学术英语教师为例. 山东外语教学，（1）：55–65.

张琨，徐贤佳，许美娟. 2020.《国标》与"师范认证"背景下职前英语教师教育课程比较研究——以韩山师范学院和深圳大学为例. 牡丹江大学学报，（12）：111–115.

张立平. 2014. 拓展性学习：教师专业发展的共同体视角与实践意涵. 教育学术月刊，（4）：73–79.

张莲. 2008. 外语教师教育研究方法：回顾与展望. 外语教学理论与实践，（3）：48–54.

张莲. 2009. 问答、交互、课堂话语：一项大学英语教师课堂话语分析报告. 中国外语教育，（2）：56–64.

张莲. 2011. 外语教师个人理论研究. 北京：外语教学与研究出版社.

张莲. 2013. 高校外语教师专业发展的制约因素及对策：一项个案调查报告. 中国外语，（1）：81–88，102.

张莲. 2016a. 基于课堂话语研究的外语教师学习与发展：理据、议题和方法. 山东外语教学，（3）：47–54.

张莲. 2016b. 教师课堂话语. 徐浩主编. 外语教师教育重点问题研究. 北京：外语教学与研究出版社，122–143.

张莲. 2016c. 外／二语教师专业身份认同叙事研究：概念、理论与问题. 中国外语教育，（4）：70–77.

张莲. 2019. 高校外语类专业教师知识基础及其建构与发展的现象图析学分析. 解放军外国语学院学报，（5）：40–48，159.

张莲，高释然. 2019. 中国外语教师教育与发展研究40年：回眸与展望. 外语教育研究前沿，（1）：3–12。

张莲，李东莹. 2019. CLIL框架下语言、思辨和学科能力的协同发展. 外语教育研究前沿，（2）：16–24.

张莲，王艳. 2014. 通过课堂话语分析促进外语教师学习：一项实证案例研究. 外语与外语教学，（3）：36–41.

张莲，吴一安，金利民，孙有中，周燕. 2013. 英语专业课程改革与教师发展良性互动机制的构建：以北外英语学院为例. 外语与外语教学，（3）：30–33.

张莲，叶慧敏. 2018. 高校外语教师在教学改革中角色的现象图析学案例分析. 外语与外语教学，（4）：26–33.

张莲等. 2014. 外语课堂话语研究与教师发展研究报告. 北京：北京外国语大学.

张露露. 2018. 我国教师测评素养研究述评. 中国考试，（8）：69–73.

张萌. 2022. 高校英语教师TPACK知识对混合教学技术工具使用的影响. 外国语文，（2）：140–151.

张宁. 2020. 非英语外语教师学科教学知识的生成与发展个案研究. 外语界，（2）：51–58.

张庆华，杨鲁新. 2018. 基于课堂叙事话语的英语教师实践性知识研究. 外语与外语教学，（4）：2–13.

张庆宗. 2000. 论高校英语口语教师的角色定位. 外语与外语教学，（8）：58–60.

张庆宗. 2011. 高校外语教师职业倦怠的成因分析及对策思考. 中国外语，（4）：66–71.

张帅. 2020. 高校英语教师评价者身份认同个案研究——实践共同体视角. 北京：北京师范大学博士学位论文.

张松松，顾云锋，潘艳艳，张薇. 2016. 教育信息化背景下大学英语教师教育技术能力现状研究报告——以南京地方高校为例. 外语电化教学，（2）：70–74.

张文娟. 2020. 高校外语教师应用"产出导向法"的自我叙事研究. 中国外语，（1）：60–67.

张晓蕾. 2009. 分析、阐释和社会性理解——基于不同研究范式的教师知识研究，（1）：82–87.

张晓勤. 2014. 开放教育背景下英语教师专业发展刍议. 当代教育科学，（18）：53–55.

张艳玲. 2012. 小学英语教师在职培训需求与供给差异研究——以河南省为例. 教学

与管理，（6）：61–63.

张优良，尚俊杰. 2019. 人工智能时代的教师角色再造. 清华大学教育研究，（4）：39–45.

张宇峰. 2018. 中美跨洋互动写作活动中职前英语教师的身份构建. 现代外语，（2）：268–278.

章柏成. 2008. 中介作用理论与外语教师的角色定位. 教学与管理，（9）：102–103.

章木林，邓鹂鸣. 2019. 学术英语改革中教师投入的制约因素研究. 现代外语，（1）：110–120.

章木林，邓鹂鸣. 2020. 自我决定理论视角下大学英语教师教学转型的动机研究. 外语学刊，（3）：63–68.

赵昌木. 2004. 教师成长：实践知识和智慧的形成及发展. 教育研究，（5）：54–58.

赵森，洪明. 2019. 境外学习共同体的研究特点与特征. 外国中小学教育，（7）：35–47.

郑东辉. 2010. 教师评价素养内容框架探析. 教育科学研究，（10）：34–38.

郑富芝. 2014. 全面深化基础教育课程改革. 中学生英语，（9）：19–19.

郑鸿颖. 2015. 复杂视阈下的外语教师观念与行为关系研究. 基础教育，（2）：36–42.

郑通涛. 2014. 复杂动态系统与对外汉语教学. 国际汉语学报，（2）：1–16.

郑葳，王大为. 2005. 超越学习的个体性和社会性之争：活动理论之于现代学习论的影响. 全球教育展望，（1）：25–29.

郑文芳. 2020. 教师哲学视域下教师学习解析. 教育理论与实践，（11）：31–34.

郑鑫，尹弘飚，王晓芳. 2015. 跨越教师学习的边界. 教育发展研究，（10）：59–65.

郑新民，苏秋军. 2020. 后MOOC时代大学英语教师混合教学策略与信念探究. 外语电化教学，（2）：15–21.

郑咏滟. 2019. SPOC混合式教学在英语学术写作课堂中的促学效果研究. 外语电化教学，（189）：50–55.

郑玉琪. 2014. 后方法时代外语教学中教师角色的调查与分析. 外语电化教学，（1）：59–64.

中共中央办公厅，国务院办公厅. 2017. 关于深化教育体制机制改革的意见. 9月24日. 来自新华社.

中共中央 国务院. 2018. 中共中央 国务院关于全面深化新时代教师队伍建设改革的意见. 1月31日. 来自中华人民共和国中央人民政府网站.

中共中央 国务院. 2019. 中国教育现代化2035. 2月23日. 来自中华人民共和国中央人民政府网站.

中国教育考试网. 2015. 笔试大纲. 8月17日. 来自中国教育考试网.

中华人民共和国国家教育委员会. 1992. 九年义务教育全日制初级中学英语教学大纲（试用）. 北京：人民教育出版社.

中华人民共和国国家教育委员会. 1993. 九年义务教育全日制高级中学英语教学大纲

（试用）北京：人民教育出版社.

中华人民共和国国务院办公厅. 2012. 国务院关于加强教师队伍建设的意见（国发〔2012〕41 号）. 8 月 20 日. 来自中华人民共和国国务院办公厅网站.

中华人民共和国教育部. 1993. 中国教育改革和发展纲要（中发〔1993〕3 号）. 2 月 13 日. 来自中华人民共和国教育部网站.

中华人民共和国教育部. 1995. 教师资格条例. 12 月 12 日. 来自中华人民共和国教育部网站.

中华人民共和国教育部. 1996. 高等学校收费管理暂行办法（教财〔1996〕101 号）. 12 月 16 日. 来自中华人民共和国教育部网站.

中华人民共和国教育部. 1999. 关于印发《关于师范院校布局结构调整的几点意见》的通知. 3 月 16 日. 来自中华人民共和国教育部网站.

中华人民共和国教育部. 2000.《教师资格条例》实施办法. 9 月 23 日. 来自中华人民共和国教育部网站.

中华人民共和国教育部. 2001a. 教育部关于印发《关于首次认定教师资格工作若干问题的意见》的通知. 5 月 14 日. 来自中华人民共和国教育部网站.

中华人民共和国教育部. 2001b. 教育部关于印发《基础教育课程改革纲要（试行）》的通知. 6 月 8 日. 来自中华人民共和国教育部网站.

中华人民共和国教育部. 2001c. 义务教育普通高中英语课程标准（实验稿）. 北京：北京师范大学出版社.

中华人民共和国教育部. 2003. 普通高中英语课程标准（实验）. 北京：人民教育出版社.

中华人民共和国教育部. 2004. 教育部办公厅关于印发《高等学校青年骨干教师国内访问学者项目实施办法》的通知. 10 月 8 日. 来自中华人民共和国教育部网站.

中华人民共和国教育部. 2007. 国务院办公厅转发教育部等部门关于教育部直属师范大学师范生免费教育实施办法（试行）的通知. 5 月 9 日. 来自中华人民共和国教育部网站.

中华人民共和国教育部. 2009. 教育部关于做好全日制硕士专业学位研究生培养工作的若干意见. 3 月 19 日. 来自中华人民共和国教育部网站.

中华人民共和国教育部. 2010a. 教育部关于印发《教育部直属师范大学免费师范毕业生在职攻读教育硕士专业学位实施办法（暂行）》的通知. 5 月 21 日. 来自中华人民共和国教育部网站.

中华人民共和国教育部. 2010b. 国家中长期教育改革和发展规划纲要（2010—2020 年）. 7 月 29 日. 来自中华人民共和国教育部网站.

中华人民共和国教育部. 2011. 教育部关于大力推进教师教育课程改革的意见. 10 月 8 日. 来自中华人民共和国教育部网站.

中华人民共和国教育部. 2012a. 教育部关于印发《幼儿园教师专业标准（试行）》《小

学教师专业标准（试行）》和《中学教师专业标准（试行）》的通知. 2 月 10 日. 来自中华人民共和国教育部网站.

中华人民共和国教育部. 2012b. 义务教育英语课程标准（2011 年版）. 1 月 12 日. 来自中华人民共和国教育部网站.

中华人民共和国教育部 . 2012c. 教育部办公厅关于实施《"国培计划"课程标准（试行）》的通知. 5 月 17 日. 来自中华人民共和国教育部网站 .

中华人民共和国教育部. 2013. 教育部关于印发《中小学教师资格考试暂行办法》《中小学教师资格定期注册暂行办法》的通知. 8 月 15 日. 来自中华人民共和国教育部网站.

中华人民共和国教育部. 2014a. 教育部关于实施卓越教师培养计划的意见. 8 月 18 日. 来自中华人民共和国教育部网站.

中华人民共和国教育部. 2014b. 关于全面深化课程改革落实立德树人根本任务的意见. 3 月 30 日. 来自中华人民共和国教育部网站.

中华人民共和国教育部. 2016. 教育部关于加强师范生教育实践的意见. 3 月 17 日. 来自中华人民共和国教育部网站.

中华人民共和国教育部. 2017. 教育部关于印发《普通高等学校师范类专业认证实施办法（暂行）》的通知. 10 月 26 日. 来自中华人民共和国教育部网站.

中华人民共和国教育部. 2018a. 教育信息化 2.0 行动计划（教技〔2018〕）. 4 月 13 日. 来自中华人民共和国教育部网站.

中华人民共和国教育部. 2018b. 普通高中英语课程标准（2017 年版）. 北京：人民教育出版社.

中华人民共和国教育部. 2018c. 教育部关于实施卓越教师培养计划 2.0 的意见. 9 月 30 日. 来自中华人民共和国教育部网站.

中华人民共和国教育部. 2018d. 普通高等学校本科专业类教学质量国家标准. 北京：高等教育出版社.

中华人民共和国教育部. 2020a. 教育部关于印发《教育类研究生和公费师范生免试认定中小学教师资格改革实施方案》的通知. 9 月 4 日. 来自中华人民共和国教育部网站.

中华人民共和国教育部，2020b. 对十三届全国人大三次会议第 6638 号建议的答复. 12 月 8 日. 来自中华人民共和国教育部网站.

中华人民共和国教育部. 2020c. 地方教师教育类高校是乡村教师队伍建设的主力军. 9 月 4 日. 来自中华人民共和国网站.

中华人民共和国教育部 . 2020d. 教育部办公厅关于印发《中小学教师培训课程指导标准（师德修养）》等 3 个文件的通知 . 7 月 22 日 . 来自中华人民共和国教育部网站 .

中华人民共和国教育部. 2020e. 教育部关于第八届高等学校科学研究优秀成果奖

（人文社会科学）奖励的决定. 12 月 10 日. 来自中华人民共和国教育部网站.

中华人民共和国教育部. 2021. 教育部办公厅关于印发《中学教育专业师范生教师职业能力标准（试行）》等五个文件的通知. 4 月 6 日. 来自中华人民共和国网站.

中华人民共和国教育部. 2022. 义务教育英语课程标准（2022 年版）. 北京：北京师范大学出版社.

中华人民共和国中央人民政府. 2012. 国务院办公厅转发教育部等部门关于完善和推进师范生免费教育意见的通知. 1 月 7 日. 来自中华人民共和国中央人民政府网站.

中华人民共和国中央人民政府. 2018. 国务院办公厅关于转发教育部等部门教育部直属师范大学师范生公费教育实施办法的通知. 7 月 30 日. 来自中华人民共和国中央人民政府网站.

钟兰凤，钟家宝. 2020. 混合式 EAP 阅读 BREAD 教学模式设计及有效性研究. 外语电化教学，（1）：77–83, 103.

钟琳，张菁，张云清. 2016. 网络自主学习环境下大学英语教师的角色定位——基于学生视角的实证研究. 江西师范大学学报，（4）：133–139.

钟美荪，金利民. 2017. 英语专业本科人才培养改革与教师专业发展. 外语界，（2）：61–66.

钟美荪，孙有中. 2014. 以人才培养为中心，全面推进外语类专业教学改革与发展. 外语界，（1）：2–8.

钟启泉. 2012. 课堂评价与教师课堂评价素养的养成. 现代基础教育研究，（51）：111–115.

钟启泉. 2017. 课堂革命. 南京：江苏人民出版社.

钟勇为，程思慧，蔡朝辉. 2016. 卓越教师培养背景下专业课程设置调查与建议. 高校教育管理，（1）：25–32.

仲伟合，王巍巍. 2016. "国家标准"背景下我国英语类专业教师能力构成与发展体系建设. 外语界，（6）：2–8.

仲伟合，王巍巍. 2018. 新时代背景下我国高校外语专业教育的改革与发展. 山东外语教学，（3）：42–49.

周炳兰，刘晓琼. 2005. 教师在计算机辅助英语写作中的十种角色. 外语电化教学，（1）：65–69.

周东岱，匡哲君，于颖，唐烨伟. 2017. 基于新标准的师范生信息技术应用能力现状与提升策略. 中国电化教育，（7）：42–46, 66.

周洪宇. 2010. 教师教育论. 北京：北京师范大学出版社.

周凌，张绍杰. 2016. 质量目标导向下的高校英语教师素质建构. 外语教学，（6）：64–67.

周琴，杨登苗. 2011. 传承与变革：师范生免费教育政策的历史分析与比较. 国家教育行政学院学报，（5）：46–50.

周淑琪. 2014. 新手教师和专家型教师评价素养研究——基于教师专业标准的比较. 比较教育研究，（1）：12–17.

周文叶，周淑琪. 2013. 教师评价素养：教师专业标准比较的视角. 比较教育研究，（9）：62–66.

周亚莉，吴晓昱. 2011. 甘肃藏族地区英语新课程改革中的文化冲突：问题、成因及其对策研究. 兰州学刊，（3）：207–209.

周燕. 2002. 英语教师培训亟待加强. 外语教学与研究，（6）：408–409.

周燕. 2005. 高校英语教师发展需求调查与研究. 外语教学与研究，（3）：206–210，241.

周燕. 2008. 中国高校英语教师发展模式研究. 外语教学理论与实践，（3）：40–47，67.

周燕. 2011. 用精神行走的人：记老一代北外外语教师的教育人生. 北京：外语教学与研究出版社.

周燕，张洁. 2013. 外语教师的课堂角色——重要他者. 中国外语，（6）：96–102.

周燕，张洁. 2014. 外语教师的课堂角色定位探究. 外语教学理论与实践，（1）：30–33，93.

周燕，张洁. 2016. 高校青年外语教师学术发展：基于个案的研究与反思. 山东外语教学，（3）：55–61.

周燕，曹荣平，王文峰. 2008. 在教学和互动中成长：外语教师发展条件与过程研究. 外语研究，（3）：51–55.

朱慕菊. 2001. 走进新课程：与课程实施者对话. 北京：北京师范大学出版社.

朱晓燕. 2004. 中学英语新教师学科教学知识的发展. 南京：南京师范大学出版社.

朱旭东. 2015. 论当前我国三轨多级教师教育体系. 教师教育研究，（6）：1–7.

朱旭东，裴淼等. 2017. 教师学习模式研究：中国的经验. 北京：北京师范大学出版社.

朱彦，束定芳. 2017. 任务型语言教学中的教师信念和教师主导话语研究. 现代外语，（1）：125–136，147.

朱烨. 2021. 对话理论下主体间性外语教学课堂话语模式——评《外语教学课堂话语对话性研究——主体间性外语教学课堂话语模式的构建》中国教育学刊，（2）：110.

朱永生. 2007. 多模态话语分析的理论基础与研究方法. 外语学刊，（5）：82–86.

朱哲，杜光明，李廉，赵君. 2019. 新时代背景下外语教育教学改革思考及建议. 课程与教学，（S1）：117–119.

邹为诚. 2009. 中国基础教育阶段外语教师的职前教育研究. 外语教学理论与实践，（1）：1–16，19.

邹为诚. 2013. 实践经验是如何改变外语教师的知识结构的?. 中国外语，（1）：72–80.

佐藤学. 2014. 学校见闻录：学习共同体的实践. 钟启泉，译. 上海：华东师范大学出版社.

左小玉. 2017. 基于学生思维和语言发展的教师话语个案研究. 中小学外语教学（小学篇），（6）：1–7.

Acheson, K., Luna, K. & Taylor, J. 2016. The burnout spiral: The emotion labor of five rural U.S. foreign language teachers. *The Modern Language Journal, 100*(2): 522–537.

Achinstein, B. 2002. Conflict amid community: The micropolitics of teacher collaboration. *Teachers College Record, 104*(3): 421–455.

Adie, L. 2013. The development of teacher assessment identity through participation in online moderation. *Assessment in Education: Principles, Policy & Practice, 20*(1): 91–106.

Adoniou, M. 2015. Teacher knowledge: A complex tapestry. *The Asia-Pacific Journal of Teacher Education, 43*(2): 99–116.

Agustiani, I. W. D. 2019. Maximazing teacher roles in shaping self-directed learners. *English Community Journal, 3*(1): 289–294.

Akbari, R. & Dadvand, B. 2014. Pedagogical knowledge base: A conceptual framework for teacher admission. *System, 42*: 12–22.

Akbari, R. & Tajik, L. 2009. L2 teachers' pedagogic knowledge base: A comparison between experienced and less experienced practitioners. *Australian Journal of Teacher Education, 34*(6): 52–73.

Alderson, J. C., Brunfaut, T. & Harding, L. 2017. Bridging assessment and learning: A view from second and foreign language assessment. *Assessment in Education: Principles, Policy & Practice, 24*(3): 379–387.

Alhodiry, A. A. 2016. The Libyan EFL teachers' role in developing students' motivation. *Procedia—Social and Behavioral Sciences, 232*: 83–89.

Al-Hoorie, A. H. 2015. Human agency: Does the beach ball have free will? In Z. Dörnyei, P. D. MacIntyre & A. Henry (Eds.), *Motivational Dynamics in Language Learning*. Bristol: Multilingual Matters, 52–72.

Allan, K. K. & Miller, M. S. 1990. Teacher-research collaboratives: Cooperative professional development. *Theory into Practice, 29*(3): 196–202.

Allwright, D. 1983. Classroom-centered research on language teaching and learning: A brief historical overview. *TESOL Quarterly, 17*(2): 191–204.

Allwright, D. 1988. *Observation in the Language Classroom*. London: Longman.

American Council on the Teaching of Foreign Languages (ACTFL) & Council for Accreditation of Educator Preparation (CAEP). 2013. *Program Standards for the Preparation of Foreign Language Teachers*. Alexandria: American Council on the Teaching of Foreign Languages (ACTFL).

American Council on the Teaching of Foreign Languages/Council for the Accreditation of Educator Preparation. 2017. *ACTFL/CAEP Program Standards for the Preparation of Foreign Language Teachers*. Retrieved on October 4, 2017, from ACTFL website.

American Federation of Teachers, National Council on Measurement in Education & National Education Association. 1990. Standards for teacher competence in educational assessment of students. *Educational Measurement: Issues and Practice, 9*(4): 30–32.

Andión, M. A. 2013. Teachers of Spanish as a second/foreign language and varieties: Identity dialectal, attitudes and teaching practices. *Revista Signos, 46*(82): 155–189.

Aneja, G. A. 2016. (Non)native speakered: Rethinking (non)nativeness and teacher identity in TESOL teacher education. *TESOL Quarterly, 50*(3): 572–596.

Aslan, E. 2015. When the native is also a non-native: "Retrodicting" the complexity of language teacher cognition. *Canadian Modern Language Review, 71*(3): 244–269.

Assessment Reform Group. 2002. *Assessment for Learning: 10 Principles.* Cambridge: University School of Education.

Australian Federation of Modern Language Teachers Associations. 2017. *Professional Standards for Accomplished Teaching of Languages and Culture.* Retrieved on October 4, 2017, from Professional Standard Project Languages website.

Australian Federation of Modern Language Teachers Associations. 2017. *Professional Standards for Lead Teachers of Languages and Culture.* Retrieved on October 4, 2017, from AFMLTA website.

Australian Institute for Teaching and School Leadership. 2017. *Australian Teacher Performance and Development Framework.* Retrieved on October 4, 2017, from AITSL website.

Azzaro, G. & Martínez Agudo, J. D.2018. The emotions involved in the integration of ICT into L2 teaching: Emotional challenges faced by L2 teachers and implications for teacher education. In J. D. Martínez Agudo (Ed.), *Emotions in Second Language Teaching.* Cham: Springer, 183–203.

Bacquet, G. 2019. Investigating teachers' role in the process of identity construction in language learners. *University of Reading,* (10):17–25.

Bakhtin, M. M. 1981. Discourse in the novel. In M. Holquist (Ed.), *The Dialogical Imagination: Four Essays.* Austin: University of Texas Press.

Barahona, M. & Ibaceta-Quijanes, X. 2020. Neither fish nor fowl: The contested identity of teachers of English in an EFL context. *RELC Journal, 51*(3): 347–363.

Barkhuizen, G. 2008. A narrative approach to exploring context in language teaching. *ELT Journal, 62*(3): 231–239.

Barkhuizen, G. 2009. Topics, aims, and constraints in English teacher research: A Chinese case study. *TESOL Quarterly, 43*(1): 113–125.

Barkhuizen, G. 2014. Revisiting narrative frames: An instrument for investigating language teaching and learning. *System, 47*(1): 12–27.

Barkhuizen, G. 2016. A short story approach to analyzing teacher (imagined) identities over time. *TESOL Quarterly, 50*(3): 655–683.

Beauchamp, C. & Thomas, L. 2009. Understanding teacher identity: An overview of issues in the literature and implications for teacher education. *Cambridge Journal of Education, 39*(2): 175–189.

Beijaard, D., Meijer, P. C. & Verloop, N. 2004. Reconsidering research on teachers' professional identity. *Teaching and Teacher Education, 20*(2): 107–128.

Beijaard, D., Verloop, N. & Vermunt, J. D. 2000. Teachers' perceptions of professional identity: An exploratory study from a personal knowledge perspective. *Teaching and Teacher Education, 16*(7): 749–764.

Benesch, S. 2012. *Considering Emotions in Critical English Language Teaching: Theories and Praxis*. London: Routledge.

Benesch, S. 2017. *Emotions in English Language Teaching: Exploring Teachers' Emotion Labor*. New York: Routledge.

Benesch, S. 2018. Emotions as agency: Feeling rules emotion labor, and English language teachers' decision-making. *System, 79*: 60–69.

Benesch, S. 2020. Emotions and activism: English language teachers' emotion labor as responses to institutional power. *Critical Inquiry in Language Studies, 17*(1): 26–41.

Berg, P. S. 2014. Using Wenger's theory on communities of practice for EFL teacher research. *International Journal of Literacies, 21*(1): 13–22.

Berliner, D. C. 2004. Expert teachers: Their characteristics, development and accomplishments. *Bulletin of Science, Technology and Society, 24*(3): 200–212.

Bernstein, B. 1990. *The Structuring of Pedagogical Discourse*. London: Routledge.

Berry, V., Sheehan, S. & Munro, S. 2019. What does language assessment literacy mean to teachers? *ELT Journal, 73*(2): 113–123.

Biddle, B. J. 1986. Recent developments in role theory. *Annual Review of Sociology, 12*(12):67–92.

Bielak, J. & Mystkowska-Wiertelak, A. 2020. Language teachers' interpersonal learner-directed emotion-regulation strategies. *Language Teaching Research*, 1–24.

Bigelow, M. 2019. Reconsidering the role of emotion in language teaching and learning. *The Modern Language Journal, 103*(2): 515–516.

Black, P. & Wiliam, D. 2009. Developing the theory of formative assessment. *Educational Assessment, Evaluation and Accountability, 21*(1): 5–31.

Bloomberg, L. D. & Volpe, M. 2008. *Completing Your Qualitative Dissertation: A Roadmap from Beginning to End*. Thousand Oaks: Sage.

Bolivar, E. M. R. 2020. Monitoring preservice teachers' language assessment literacy development through journal writing. *Malaysian Journal of ELT Research, 17*(1): 38–52.

Bonner, P. J. 2006. Transformation of teacher attitude and approach to math instruction through collaborative action research. *Teacher Education Quarterly, 33*(3): 27–44.

Borg, S. 2006. *Teacher Cognition and Language Education: Research and Practice.* London: Continuum.

Borg, S. 2007. Research engagement in English language teaching. *Teaching and Teacher Education, 23*(5): 731–747.

Borg, S. 2009. Language teacher cognition. In A. Burns & J. C. Richards (Eds.), *The Cambridge Guide to Second Language Teacher Education.* Cambridge: Cambridge University Press. 163–171.

Borg, S. 2015. *The Study of Teacher Cognition.* Shanghai: Shanghai Foreign Language Education Press.

Borji, H. V. & Babaee, S. 2020. Building teacher assessment literacy through e-portfolios implementation: A review study. *International Journal of Education Humanities and Social Science, 3*(2): 160–181.

Borko, H. 2004. Professional development and teacher learning: Mapping the terrain. *Educational Researcher, 33*(8): 3–15.

Borrero, N. 2010. Urban school connections: A university-K-8 partnership. *Catholic Education: A Journal of Inquiry and Practice, 14*(1): 47–66.

Boshier, R. 1971. Motivational orientations of adult education participants: A factor analytic exploration of Houle's typology. *Adult Education Quarterly, 21*(2): 3–26.

Boshier, R. 1991. Psychometric properties of the alternative form of the education participation scale. *Adult Education Quarterly,* (41): 150–167.

Bourdieu, P. 1986. The forms of capital. In J. Richardson (Ed.), *Handbook of Theory and Research for the Sociology of Education.* Westport: Greenwood, 241–258.

Bourdieu, P. 1989. Social space and symbolic power. *Sociological Theory, 7*(1): 14–25.

Bowen, T. 2004, March 3. Continuous professional development. *The Onestop Magazine.*

Breen, M. P. 1998. Navigating the discourse: On what is learned in the language classroom. In W. A. Renandya & G. M. Jacobs (Eds.), *Learners and Language Learning.* Singapore: SEAMO Regional Language Centre.

Brevik, L. M., Blikstad-balas, M. & Engelien, K. L. 2017. Integrating assessment for learning in the teacher education program at the University of Oslo. *Assessment in Education: Principles, Policy & Practice, 24*(2): 164–184.

Brindley, G. 2001. Language assessment and professional development. *Experimenting with Uncertainty: Essays in Honor of Alan Davies, 11*: 137–143.

Broady, E. & Kenning, E. 1996. Learner autonomy: An introduction to the issues. In E. Broady & M. Kenning (Eds.), *Promoting Learner Autonomy in University Language Teaching*. London: Association for French Language Studies/CLLT.

Brock, C. 1986. The effects of referential questions on ESL classroom discourse. *TESOL Quarterly*, (1): 47–59.

Bronfenbrenner, U. 1979. *The Ecology of Human Development*. Cambridge: Harvard University Press.

Bronfenbrenner, U. 2005. *Making Human Beings Human: Bioecological Perspectives on Human Development*. Thousand Oaks: Sage.

Brookfield, S. D. 2005. *The Power of Critical Theory for Adult Learning and Teaching*. London: Open University Press.

Brophy, J. & Good T. L. 1986. Teacher behavior and student achievement. In M. C. Wittrock (Ed.), *Handbook of Research on Teaching* (3rd ed.). New York: MacMillan, 328–375.

Brown, G. & Yule, G. 1983. *Discourse Analysis*. Cambridge: Cambridge University Press.

Brown, G. T., Gebril, A., Michaelides, M. P. & Remesal, A. 2018. Assessment as an emotional practice: Emotional challenges faced by L2 teachers within assessment. In J. D. D. M. Agudo (Ed.), *Emotions in Second Language Teaching*. Cham: Springer, 205–222.

Brown, G. T., Hui, S. K. & Flora, W. M. 2011. Teachers' conceptions of assessment in Chinese contexts: A tripartite model of accountability, improvement, and irrelevance. *International Journal of Educational Research, 50*(5–6): 307–320.

Brown, J. S., Collins, A. & Duguid, P. 1989. Situated cognition and the culture of learning. *Educational Researcher, 18*(1): 32–42.

Brown, T. & McNamara, O. 2011. *Becoming a Mathematics Teacher: Identity and Identifications*. Dordrecht: Springer.

Burić, I. & Frenzel, A. C. 2019. Teacher anger: New empirical insights using a multi-method approach. *Teaching and Teacher Education, 86*: 1–11.

Burke, G. C., Tompkins, L. S. & Davis, J. D. 1991. Role conflict and role ambiguity among respiratory care managers. *Respir Care*, (8): 829–836.

Burns, A. 1999. *Collaborative Action Research for English Language Teachers*. Cambridge: Cambridge University Press.

Burns, A. 2009. *Doing Action Research in English Language Teaching: A Guide for Practitioners*. London: Routledge.

Buzzelli, C. & B. Johnston. 2002 *The Moral Dimensions of Teaching: Language, Power, and Culture in Classroom Interaction*. New York: Routledge.

Byrne, D. & Callaghan, G. 2014. *Complexity Theory and the Social Sciences: The State of the Art*. London: Routledge.

Byrnes, H., Maxim, H. H. & Norris, J. M. 2010. Realizing advanced foreign language writing development in collegiate education: Curricular design, pedagogy, assessment. *The Modern Language Journal, 94*(S1): 1–235.

Cabaniss, E. R. 2014. "We're like visitors": Moral identity work by citizen and noncitizen teachers at an alternative school. *Journal of Contemporary Ethnography, 43*(5): 624–653.

Cabaroglu, N. 2014. Professional development through action research: Impact on self-efficacy. *System, 44*(3): 77–88.

Calderhead, J. & Shorrock S. B. 1997. *Understanding Teacher Education: Case Studies in the Professional Development of Beginning Teachers*. London: The Falmer Press.

Campion, G. C. 2016. "The learning never ends": Exploring teachers' views on the transition from general English to EAP. *Journal of English for Academic Purposes, 23*: 59–70.

Canagarajah, S. 2015. TESOL as a professional community: A half-century of pedagogy, research, and theory. *TESOL Quarterly, 50*(1): 7–41.

Carless, D. 2007. Learning-oriented assessment: Conceptual bases and practical implications. *Innovations in Education and Teaching International, 44*(1): 57–66.

Carr, W. & Kemmis, S. 1986. *Becoming Critical: Education. Knowledge and Action Research*. London: Falmer.

Cazden, C. B. 2001. *Classroom Discourse: The Language of Teaching and Learning*. Portsmouth: Heinemann.

Chan, C. & Clarke, M. 2014. The politics of collaboration: Discourse, identities, and power in a school-university partnership in Hong Kong. *Asia-Pacific Journal of Teacher Education 42*(3): 291–304.

Chen, J. 2016. Understanding teacher emotions: The development of a teacher emotion inventory. *Teaching and Teacher Education, 55*: 68–77.

Chen, X. M. 2017. Theorizing Chinese lesson study from a cultural perspective. *International Journal for Lesson and Learning Studies*, (6): 283–292.

Chen, Y. & Peng, J. 2018. Continuing professional development of EMI teachers: A Chinese case study. *Journal of Education for Teaching, 45*(2): 219–222.

Cheng, L. Y. & Fox, J. 2017. *Assessment in the Language Classroom: Teachers Supporting Student Learning*. London: Palgrave.

Cheung, Y. L. 2014. Teacher identity in ELT/TESOL: A research review. In Y. L. Cheung, S. B. Said & K. Park (Eds.), *Advances and Current Trends in Language Teacher Identity Research*. New York: Routledge, 175–185.

Christie, F. 2002. *Classroom Discourse Analysis: A Functional Perspective*. London: Continuum.

Clandinin, D. J. 1985. Personal practical knowledge: A study of teachers' classroom images. *Curriculum Inquiry*, (4): 361–385.

Clarke, D. & Hollingsworth, H. 2002. Elaborating a model of teacher professional growth. *Teaching and Teacher Education*, *18*(8): 947–967.

Clarke, M. 2008. *Language Teacher Identities: Co-Constructing Discourse and Community*. Clevedon: Multilingual Matters.

Cochran-Smith, M., Ell, F., Luddlow, L. & Aitken, G. 2014. The challenge and promise of complexity theory for teacher education research. *Teacher College Record*, *116*(5), 1–38.

Coenders, F, Verhoef, N. 2019. Lesson study: Professional development for beginning and experienced teachers. *Professional Development in Education*, *45*(2): 217–230.

Cohen, L., Manion L. & Morrison K. 2011. *Research Methods in Education* (7th ed.). New York: Routledge.

Cole, M. 1996. *Cultural Psychology: A Once and Future Discipline*. Cambridge: Harvard University Press.

Comasquinn, A. 2011. Learning to teach online or learning to become an online teacher: An exploration of teachers' experiences in a blended learning course. *ReCALL*, *23*(3): 218–232.

Connelly, F. M., Clandinin, D. J. & He, M. F. 1997. Teachers' personal practical knowledge on the professional knowledge landscape. *Teaching and Teacher Education*, *13*(7): 665–674.

Coombs, A., Deluca, C. & Lapointe-Mcewan, D. 2018. Changing approaches to classroom assessment: An empirical study across teacher career stages. *Teaching and Teacher Education*, *71*: 134–144.

Coombs, A., Deluca, C. & Macgregor, S. 2020. A person-centered analysis of teacher candidates' approaches to assessment. *Teaching and Teacher Education*, *87*: 1–14.

Corbin J. & Strauss, A. 2008. *Basics of Qualitative Research: Techniques and Procedures for Developing Grounded Theory* (3rd ed.). Thousand Oaks: Sage.

Cowie, N. 2011. Emotions that experienced English as a Foreign Language (EFL) teachers feel about their students, their colleagues and their work. *Teaching and Teacher Education, 27*(1): 235–242.

Creswell, J. 2009. *Research Design: Qualitative, Quantitative, and Mixed Methods Approaches* (3rd ed.). Thousand Oaks: Sage.

Cuban, L. 1988. Constancy and change in schools (1880s to the present). In P. Jackson (Ed.), *Contribution to Educational Change: Perspectives on Research and Practice.* Berkeley: McCutcheon, 85–160.

Cullen, R. 2002. Supportive teacher talk: The importance of the F-move. *ELT Journal,* (56): 117–127.

Darling-Hammond, L. 2000. Teacher quality and student achievement: A review of state policy evidence. *Education Policy Analysis Archive, 8*(1):1–44.

Darling-Hammond, L. & Adamson, F. 2013. *Developing Assessments of Deeper Learning: The Costs and Benefits of Using Tests That Help Students Learn.* Stanford: Stanford Center for Opportunity Policy in Education.

Darling-Hammond, L., Wei, R. C., Andree, A., Richardson, N. & Orphanos, S. 2009. *Professional Learning in the Learning Profession: A Status Report on Teacher Development in the United States and Abroad.* Dallas: National Staff Development Council.

Davies, A. 2008. Textbook trends in teaching language testing. *Language Testing, 253*: 327–347.

Davis, B. & Sumara, D. 2006/2014. *Complexity and Education: Inquiries into Learning, Teaching, and Research.* London: Routledge.

Davison, C. & Leung, C. 2009. Current issues in English language teacher-based assessment. *TESOL Quarterly, 43*(3): 393–415.

Day, C. & Hong, J. 2016. Influences on the capacities for emotional resilience of teachers in schools serving disadvantaged urban communities: Challenges of living on the edge. *Teaching and Teacher Education, 59*: 115–125.

Day, C. & Lee, J. C. K. 2011. *New Understandings of Teacher's Work: Emotions and Educational Change.* London: Springer.

Day, C. 2011. Uncertain professional identities: Managing the emotional contexts of teaching. In C. Day & J. C. Lee (Eds.), *New Understandings of Teacher's Work Emotions and Educational Change.* London: Springer, 45–64.

De Bot, K. 2015. *A History of Applied Linguistics: From 1980 to the Present.* London: Routledge.

De Costa, P. 2018. Broadening the second language teacher education agenda: International perspectives on teacher Emotions. *Chinese Journal of Applied Linguistics, 41*(4): 401–409.

Deluca, C., Klinger, D. & Pyper, J. 2015. Instructional rounds as a professional learning model for systemic implementation of assessment for learning. *Assessment in Education: Principles, Policy & Practice, 22*(1): 122–139.

Deluca, C., Lapointemcewan, D. & Luhanga, U. 2016. Approaches to classroom assessment inventory: A new instrument to support teacher assessment literacy. *Educational Assessment, 21*(4): 248–266.

Desimone, L. M. 2009. Improving impact studies of teachers' professional development: Toward better conceptualizations and measures. *Educational Researcher, 38*(3): 181–199.

Dewaele, J. M., Witney, J., Saito, K. & Dewaele, L. 2019. Foreign language enjoyment and anxiety: The effect of teacher and learner variables. *Language Teaching Research, 22*(6): 676–697.

Dirx, J. M. 2001. The power of feelings: Emotion, imagination, and the construction of meaning in adult learning. *New Directions for Adult and Continuing Education,* (89): 63–72.

Dixon, H. & Hawe, E. 2018. Developing assessment-capable teachers through engagement in assessment for learning: A New Zealand study. In H. Jiang & M. Hill (Eds.), *Teacher Learning with Classroom Assessment.* Singapore: Springer, 59–76.

Dorman, J. P. 2000. Validation and use of an instrument to assess university-level psychosocial environment in Australian universities. *Journal of Further and Higher Education, 24*(1): 25–38.

Dörnyei, Z. 2007. *Research Methods in Applied Linguistics.* Oxford: Oxford University Press.

Dörnyei, Z. (Ed.). 2020. *Innovations and Challenges in Language Learning Motivation.* New York: Routledge.

Dörnyei, Z. & Ushioda, E. (Eds.). 2011. *Teaching and Researching Motivation* (2nd ed.). Harlow: Longman.

Drew, P. & Heritage, J. 1992. *Talk at Work: Interaction in Institutional Settings.* Cambridge: Cambridge University Press.

Duff, P. A. 2008. *Case Study Research in Applied Linguistics.* New York: Lawrence Erlbaum.

Duff, P. A. & Uchida, Y. 1997. The negotiation of teachers' sociocultural identities and practices in postsecondary EFL classrooms. *TESOL Quarterly, 31*(3): 451–479.

Eagly, A. H. & Karau, S. J. 2002. Role congruity theory of prejudice toward female leaders. *Psychological Review, 109*(3): 573–598.

Earl, L. 2003. *Assessment as Learning: Using Classroom Assessment to Maximize Student*

Learning. Thousand Oaks: Corwin.

Edwards, A. & Westgate, D. 1994. *Investigate Classroom Talk* (2nd ed.). London: Falmer Press.

Edwards, E. & Burns, A. 2020. "Opening Pandora's Box": Language teachers' dynamic emotional experiences of conducting action research. In C. Gkonou, J. M. Dewaele & J. King (Eds.), *The Emotional Rollercoaster of Language Teaching*. Bristol: Multilingual Matters, 70–88.

Ekman, P. 1999. Basic emotions. In T. Dalgleish & M. J. Power (Eds.), *Handbook of Cognition and Emotion*. New York: John Wiley & Sons, 45–60.

Elbaz, F. 1981. The teachers's "practical knowledge": Report of a case study. *Curriculum Inquiry, 11*(1): 43–71.

Elbaz, F. 1983. *Teacher Thinking: A Study of Practical knowledge*. New York: Nichols Publishing Company.

Elbaz, F. (Ed.). 2018. *Teacher Thinking: A Study of Practical Knowledge*. London: Routledge.

Ell, F., Haigh, M., Cochran-Smith, M., Grudnoff, L., Ludlow, L. & Hill, M. 2017. Mapping a complex system: What influences teacher learning during initial teacher education? *Asia-Pacific Journal of Teacher Education, 45*(4): 327–345.

Ellis, E. M. 2016. "I may be a native speaker but I'm not monolingual": Reimagining all teachers' linguistic identities in TESOL. *TESOL Quarterly, 50*(3): 597–630.

Ellis, R. 1985. *Understanding Second Language Acquisition*. Oxford: Oxford University Press.

Ellis, R. 1994. *The Study of Second Language Acquisition*. Oxford: Oxford University Press.

Ellis, V., Edwards, A. & Smagorinsky, P. 2010. *Cultural-historical Perspectives on Teacher Education and Development: Learning Teaching*. Abingdon: Routledge.

Elshawa, N. R., Abdullah, A. N. & Rashid, S. M. 2017. Malaysian instructors' assessment beliefs in tertiary ESL classrooms. *International Journal of Education and Literacy Studies, 5*(2): 29–46.

Engeström, Y. 1987. *Learning by Expanding: An Activity Theoretical Approach to Developmental Research*. Helsinki: Orienta-Konsultit.

Engeström, Y. 1999. Innovative learning in work teams: Analyzing cycles of knowledge creation in practice. In Y. Engeström, R. Miettinen & R. Punamaki (Eds.), *Perspectives on Activity Theory*. Cambridge: Cambridge University Press, 377–404.

Engeström, Y. 2001. Expansive learning at work: Toward an activity theoretical reconceptualization. *Journal of Education and Work*, (14): 133–156.

Engeström, Y. 2007. Putting Vygotsky to work: The change laboratory as an application of double stimulation. In H. Daniels, M. Cole & J. V. Wertsch (Eds.), *The Cambridge Companion to Vygotsky*. Cambridge: Cambridge University Press, 363–382.

Engeström, Y. 2015. *Learning by Expanding: An Activity-Theoretical Approach to Developmental Research* (2nd ed.). New York: Cambridge University Press.

Engeström, Y. 2016. *Studies in Expansive Learning: Learning What Is Not Yet There*. New York: Cambridge University Press.

Engeström, Y., Miettinen, R. & Punamäki, R. 1999. *Perspectives on Activity Theory*. Cambridge: Cambridge University Press.

European Commission. 2017. *Supporting Teacher Competence Development for Better Learning Outcomes*. Retrieved on October 1, 2017, from European Commission Website.

Evripidou, D. 2018. The interrelationship among sexual identity, learning, and sexualisation: Primary EFL teachers' attitudes in Cyprus. *TESOL Quarterly*, 52(4): 1062–1072.

Facione, P. 1990. *Critical Thinking: A Statement of Expert Consensus for Purposes of Educational Assessment and Instruction*. Research Findings and Recommendations Prepared for the Committee on Pre-College Philosophy of the American Philosophical Association.

Fairclough, N. & Wodak, R. 1997. Critical discourse analysis. In T. van Dijk (Ed.), *Discourse As Social Interaction*. London: Sage, 258–284.

Fairclough, N. 1989. *Language and Power*. London: Longman.

Fairclough, N. 1992. *Critical Discourse Analysis: The Critical Study of Language*. London: Longman.

Fanselow, J. 1977. Beyond RASHOMON—Conceptualizing and describing the teaching act. *TESOL Quarterly*, 11(1): 17–39.

Farrell, T. 2011. Exploring the professional role identities of experienced ESL teachers through reflective practice. *System*, 39(1): 54–62.

Farrell, T. S. C. 2015. *International Perspectives on English Language Teacher Education: Innovations from the Field*. New York: Palgrave Macmillan.

Feden, P. D. & Vogel, R. M. 2003. *Methods of Teaching: Applying Cognitive Science to Promote Student Learning*. Columbus: McGraw Hill.

Fennell, M. 2012. "To act in a good way": Constructions of EFL teacher-self. *The Asian EFL Journal Quarterly*, 14(2): 33–45.

Fenstermacher, G. D. 1994. The knower and the known: The nature of knowledge in research on teaching. *Review of Research in Education, 20*(1): 3–56.

Feryok, A. 2010. Language teacher cognitions: Complex dynamic systems. *System, 38,* 272–279.

Feryok, A. & Oranje, J. O. 2015. Adopting a cultural portfolio project in teaching German as a foreign language: Language teacher cognition as a dynamic system. *The Modern Language Journal, 99*(3): 546–564.

Feryok, A. 2018. Language teacher cognition: An emergent phenomenon in an emergent field. In S. Mercer & A. Kostoulas (Eds), *Language Teacher Psychology.* New York: Multilingual Matters, 105–121.

Fillmore, L. W. & Snow, C. E. 2003. What teachers need to know about language. In C. A. Adger, C. E. Snow & D. Christian (Eds), *What Teachers Need to Know about Language.* McHenry, IL & Washington, D.C.: Delta Systems, 7–54.

Flanders, N. A. 1970. *Analyzing Teacher Behavior.* Boston: Addison-Wesley.

Fogle, L. W. & Moser, K. 2017. Language teacher identities in the southern United States: Transforming rural schools. *Journal of Language, Identity & Education, 16*(2): 65–79.

Fraser, B. J. 1989. Twenty years of classroom climate work: Progress and prospect. *Journal of Curriculum Studies, 21*(4): 307–327.

Fraser, B. J. 1998. Classroom environment instructions: Development, validity, and applications. *Learning Environments Research, 1*: 7–33.

Freeman, D. 1993. Renaming experience/reconstructing practice: Developing new understanding of teaching. *Teaching and Teacher Education, 9*(5–6): 485–497.

Freeman, D. 2001. Second language teacher education. In R. Carter & D. Nunan (Eds.), *The Cambridge Guide to Teaching English to Speakers of Other Languages.* Cambridge: Cambridge University Press, 72–79.

Freeman, D. 2002. The hidden side of the work: Teacher knowledge and learning to teach. *Language Teaching, 35*(1): 1–13.

Freeman, D. 2016. *Educating Second Language Teachers.* Oxford: Oxford University Press.

Freeman, D. & Johnson, K. E. 1998. Reconceptualizing the knowledge base of language teacher education. *TESOL Quarterly, 32*(3): 397–417.

Freeman, D. & Johnson, K. E. 2005. Response to "second language teacher learning and student second language learning: Shaping the knowledge Base". In D. J. Tedick (Ed.), *Second Language Teacher Education: International Perspectives on Research and Practice.* Mahwah: Lawrence Erlbaum, 25–32.

Frenzel, A. C., Pekrun, R., Goetz, T., Daniels, L. M., Durksen, T. L., Becker-Kurz, B. & Klassen, R. M. 2016. Measuring teachers' enjoyment, anger, and anxiety: The teacher emotions scales (TES). *Contemporary Educational Psychology, 46*: 148–163.

Fulcher, G. 2012. Assessment literacy for the language classroom. *Language Assessment Quarterly, 9*(2): 113–132.

Fullan, M. G. (Ed.), 1992. *Undersatanding Teacher Development*. New York: Teachers College Press.

Fullan, M. G. 2001. *The New Meaning of Educational Change* (3rd ed.). New York: Teachers College Press.

Fulmer, G. W., Lee, I. C. & Tan, K. H. 2015. Multi-level model of contextual factors and teachers' assessment practices: An integrative review of research. *Assessment in Education: Principles, Policy & Practice, 22*(4): 475–494.

Gage, N. L. 1978. *The Scientific Basis of the Art of Teaching*. New York: Teachers College Press.

Gaies, S. J. 1983. The Investigation of Language Classroom Processes. *TESOL Quarterly, 17*(2): 205–217.

Gatbonton, E. 1999. Investigating experienced ESL teachers' pedagogical knowledge. *The Modern Language Journal, 83*(1): 35–50.

Gee, J. & Green, J. 1998. Discourse analysis, learning and social practice. *Review of Research in Education, 23*, 119–169.

Ghanizadeh, A. & Royaei, N. 2015. Emotional facet of language teaching: Emotion regulation and emotional labor strategies as predictors of teacher burnout. *International Journal of Pedagogies and Learning, 10*: 139–150.

Gibbs, G. R. 2002. *Qualitative Data Analysis: Explorations with Nvivo*. Buckingham: Open University Press.

Giraldo, F. 2018. Language assessment literacy: Implications for language teachers. *Profile: Issues in Teachers' Professional Development, 20*(1): 179–195.

Giraldo, F. 2020. A post-positivist and interpretive approach to researching teachers' language assessment literacy. *Profile Issues in Teachers Professional Development, 22*(1): 189–200.

Gkonou, C. & Miller, E. R. 2020. An exploration of language teacher reflection, emotion labor, and emotional capital. *TESOL Quarterly, 55*(1): 1–22.

Gkonou, C., Dewaele, J. M. & King, J. (Eds.). 2020. *The Emotional Rollercoaster of Language Teaching*. Bristol: Multilingual Matters.

Glaser, B. & Strauss, A. 1999. *The Discovery of Grounded Theory: Strategies for Qualitative Research*. New Brunswick: AldineTransaction.

Golombek, P. & Klager, P. 2015. Play and imagination in developing language teacher identity-in-activity. *Ilha do Desterro, 68*(1): 17–32.

Golombek, P. R. 1998. A study of language teachers' personal practical knowledge. *TESOL Quarterly, 32*(3): 447–464.

Golombek, P. R. 2015. Redrawing the boundaries of language teacher cognition: Language teacher educators' emotion, cognition, and activity. *The Modern Language Journal, 99*(3): 470–484.

Goode, W. J. 1960. A theory of role strain. *American Sociological Review*, (4): 483–496.

Goodnough, K. 2006. Enhancing pedagogical content knowledge through self-study: An exploration of problem-based learning. *Teaching in Higher Education, 11*(3): 301–318.

Goodnough, K. 2018. Addressing contradictions in teachers' practice through professional learning: An activity theory perspective. *International Journal of Science Education, 40*(17): 2181–2204.

Gorodetsky, M. & Barak, J. 2008. The educational-cultural edge: A participative learning environment for co-emergence of personal and institutional growth. *Teaching and Teacher Education, 24*(7): 1907–1918.

Gorsuch, G. J. 2000. EFL educational policies and educational cultures: Influences on teachers' approval of communicative activities. *TESOL Quarterly, 34*(4): 675–710.

Gotch, C. M. & French, B. F. 2014. A systematic review of assessment literacy measures. *Educational Measurement: Issues and Practice, 33*(2): 14–18.

Grant, C. & Osanloo, A. 2014. Understanding, selecting, and integrating a theoretical framework in dissertation research: Creating the blueprint for your "House". *Connecting Education, Practice, and Research, 4*(2): 12–26.

Green, J. L. & Dixon, C. N. 2002. Exploring differences in perspectives of miroanalysis of classroom discourse: Contributions and concerns. *Applied Linguistics, 23*(3): 393–406.

Green, J. L. & Dixon, C. N. 2008. Classroom interaction, situated learning. In M. Martin-Hones, A. M. de Mejía & N. H. Horngerger (Eds.), *Encyclopedia of Language and Education: Discourse and Education*. Birmingham: Springer: 3–14.

Green, J. L., Castanheira, M. L., Skukauskaite, A. & Hammond, J. W. 2015. Developing a multi-faceted research process: An ethnographic perspective for reading across traditions. In N. Markee (Ed.), *The Handbook of Classroom Discourse and Interaction*. West Sussex: John Wiley & Sons, 26–43.

Greeno, J. G. 2011. A situative perspective on cognition and learning in interaction. In T. Koschmann (Ed.), *Theories of Learning and Studies of Instructional Practice*. New York: Spinger, 41–71.

Gross, J. J. (Ed.). 2007. *Handbook of Emotion Regulation*. Guilford: Guilford Press.

Gu, P. Y. 2014. The unbearable lightness of the curriculum: What drives the assessment practices of a teacher of English as a foreign language in a Chinese secondary school? *Assessment in Education: Principles, Policy & Practice, 21*(3): 286–305.

Gu, Q. & Day, C. 2007. Teachers resilience: A necessary condition for effectiveness. *Teaching and Teacher Education, 23*: 1302–1316.

Guskey, T. R. 2002. Professional development and teacher change. *Teachers and Teaching: Theory and Practice, 8*(3): 381–391.

Gutiérez, K. D., Baquedano-López, P. & Tejeda, C. 1999. Rethinking diversity: Hybridity and hybrid language practices in the third space. *Mind, Culture, and Activity, 6*(4): 286–303.

Hall, C. J., Smith, P. H. & Wicaksono, R. 2011. *Mapping Applied Linguistics: A Guide for Students and Practitioners*. London: Routledge.

Halliday, M. A. K. 1994. *An Introduction to Functional Grammar* (2nd ed.). London & Beijing: Arnold & Foreign Language Teaching and Research Press.

Han, I. 2016. (Re)conceptualisation of ELT professionals: Academic high school English teachers' professional identity in Korea. *Teachers and Teaching: Theory and Practice, 22*(5): 586–609.

Handscombe, J. 1990. The complementary roles of researchers and practitioners in second language education. In B. Harley, P. Allen, J. Cummins & M. Swain (Eds.), *The Development of Second Language Proficiency*. Cambridge: Cambridge University Press.

Hansen, D. T. 2001. *Exploring the Moral Heart of Teaching: Towards a Teacher's Creed*. New York: Teachers College Press.

Hargreaves, A. 1998. The emotional practice of teaching. *Teaching and Teacher Education, 14*(8): 835–854.

Hargreves, A., Earl, L. & Schmidt, M. 2002. Perspectives on alternative assessment reform. *American Educational Research Journal, 39*(1): 69–95.

He, P. & Lin, A. 2013. Tensions in school-university partnership and EFL pre-service teacher identity formation: A case in mainland China. *Language Learning Journal, 41*(2): 205–218.

Hen, M. & Sharabi-Nov, A. 2014. Teaching the teachers: Emotional intelligence training for teachers. *Teaching Education, 25*(4): 375–390.

Henry, A. 2019. A drama of selves: Investigating teacher identity development from dialogical and complexity perspectives. *Studies in Second Language Learning and Teaching, 9*(2): 263–285.

Heritage, M. 2013. *Formative Assessment in Practice: A Process of Inquiry and Action.*

Cambridge: Harvard Education Press.

Herppich, S., Praetorius, A. K. & Förster, N. 2018. Teachers' assessment competence: Integrating knowledge-, process-, and product-oriented approaches into a competence-oriented conceptual model. *Teaching and Teacher Education, 76*: 181–193.

Hervas, G. & Medina, J. L. 2020. Key components of lesson study from the perspective of complexity: A theoretical analysis. *Teachers and Teaching, 26*(1): 118–128.

Heydarnejad, T., Fatemi, A. H. & Ghonsooly, B. 2017. An exploration of EFL teachers' teaching styles and emotions. *Journal of Applied Linguistics and Language Research, 4*(2): 26–46.

Hill, M. F., Ell, F. R. & Eyers, G. 2017. Assessment capability and student self-regulation: The challenge of preparing teachers. *Frontiers in Education,* (2): 1–15.

Hilpert, J. C. & Marchand, G. C. (2018. Complex systems research in educational psychology: Aligning theory and method. *Educational Psychologist, 53*(3): 185–202.

Hiver, P. 2015. Once burned, twice shy: The dynamic development of system immunity in teachers. In Z. Dörnyei, P. MacIntyre & A. Henry (Eds.), *Motivational Dynamics in Language Learning*. New York: Multilingual Matters, 214–237.

Hochschild, A. R. 1983. *The Managed Heart: Commercialization of Human Feeling*. Berkeley: University of California Press.

Hoggan, C. D. 2015. Transformative learning as a metatheory: Definition, critieria, and typology. *Adult Education Quarterly, 65*(4): 1–19.

Holland, J. H. 2006. Studying complex adaptive systems. *Journal of Systems Science and Complexity,* 19, 1–8.

Houle, C. O. (Ed.). 1961. *The Inquiring Mind*. Madison: University of Wisconsin Press.

Huang, I. C. & Varghese, M. 2015. Toward a composite, personalized, and institutionalized teacher identity for non-native English speakers in U.S. secondary ESL programs. *Critical Inquiry in Language Studies, 12*(1): 51–76.

Huang, I. C. 2014. Contextualizing teacher identity of non-native English speakers in U.S. secondary ESL classrooms: A Bakhtinian perspective. *Linguistics and Education, 25*(1): 119–128.

Huang, Q. 2018. Examining teachers' roles in online learning. *The EUROCALL Review, 26*(2): 3–18.

Huang, S. Y. L. 2006. An assessment of science teachers' perceptions of secondary school environments in Taiwan. *International Journal of Science Education, 28*(1): 25–44.

Hulea, L. 2014. The double role of foreign languages teachers. *Procedia-Social and Behavioral Sciences,* (191): 2339–2341.

Hutchby, I. & Wooffitt, R. 2008. *Conversation Analysis*. Cambridge: Polity Press.

Hwang, H. 2014. The influence of the ecological contexts of teacher education on South Korean teacher educators' professional development. *Teaching and Teacher Education, 43*: 1–14.

Hymes, D. 1972. Introduction. In C. Cazden, V. John & D. Hymes (Eds.), *Functions of Language in the Classroom*. New York: Teachers College Press, xi–lvii.

Ilieva, R. 2010. Non-native English-speaking teachers' negotiations of program discourses in their construction of professional identities within a TESOL program. *Canadian Modern Language Review, 66*(3): 343–369.

Inbar-Lourie, O. 2008. Constructing a language assessment knowledge base: A focus on language assessment courses. *Language Testing, 253*: 385–402.

Indah Windra, D. A. 2019. Maximazing teacher roles in shaping self-directed learners. *English Community Journal, 3*(1): 289–294.

Interstate New Teacher Assessment and Support Consortium. 2017. *Model Standards for Beginning Teacher Licensing, Assessment and Development: A Resource for State Dialogue*. Retrieved on October 4, 2017, from American Council for the Teaching of Foreign Languages website.

Irvine-Niakaris, C. & Kiely, R. 2015. Reading comprehension in test preparation classes: An analysis of teachers' pedagogical content knowledge in TESOL. *TESOL Quarterly, 49*(2): 369–392.

Ishihara, N. & Menard-Warwick, J. 2018. In "sociocultural in-betweenness": Exploring teachers' translingual identity development through narratives. *Multilingua, 37*(3): 255–274.

Jiang, A. L. & Zhang, L. J. 2017. ESP/EAP through English-medium instruction: Teachers' perceptions and practices. In H. Reinders, D. Nunan & B. Zoo (Eds.), *Innovation in Language Learning and Teaching*. London: Palgrave Macmillan, 173–195.

Johnson, B. & McClure, R. 2004. Validity and reliability of a shortened, revised version of the Constructivist Learning Environment Survey (CLES). *Learning Environments Research, 7*(1): 65–80.

Johnson, K. E. 2003. "Every experience is a moving force": Identity and growth through mentoring. *Teaching and Teacher Education, 19*(8): 787–800.

Johnson, K. E. 2006. The sociocultural turn and its challenges for second language teacher education. *TESOL Quarterly, 40*(1): 235–257.

Johnson, K. E. 2009. *Second Language Teacher Education: A Sociocultural Perspective*. New York: Routledge.

Johnson, K. E. & Golombek, P. R. 2016. *Mindful L2 Teacher Education: A Sociocultural*

Perspective on Cultivating Teachers' Professional Development. New York: Routlegde.

Johnson, K. E. & Golombek, P. R. 2018. Informing and transforming language teacher education pedagogy. *Language Teaching Research, 24*(1): 1–12.

Johnston, B. 1997. Do EFL teachers have careers? *TESOL Quarterly, 31*(4): 681–712.

Johnston, B. & Goettsch, K. 2000. In search of the knowledge base of language teaching: Explanations by experienced teachers. *The Canadian Modern Language Review, 56*(3): 437–468.

Jones, E. B., Young, R. & Rodríguez, J. L. 1999. Identity and career choice among Mexican American and Euro-American preservice bilingual teachers. *Hispanic Journal of Behavioral Sciences, 21*(4): 431–466.

Jones, N. & Saville, N. 2016. *Learning Oriented Assessment*. Cambridge: Cambridge University Press.

Kane, R. G. & Chimwayange, C. 2014. Teacher action research and student voice: Making sense of learning in secondary school. *Action Research, 12*(1): 52–77.

Kanno, Y. & Stuart, C. 2011. Learning to become a second language teacher: Identities-in-practice. *Modern Language Journal, 95*(2): 236–252.

Kaplan, A. & Garner, J. K. 2020. Steps for applying the complex dynamical systems approach in educational research: A guide for the perplexed scholar. *The Journal of Experimental Education, 88*(3), 486–502.

Karagianni, E. & Papaefthymiou-Lytra, S. 2018. EFL teachers' emotions: The driving force of sustainable professional development. In J. D. D. M. Agudo (Ed.), *Emotions in Second Language Teaching*. Cham: Springer, 385–401.

Karimi, M. N. & Mofidi, M. 2019. L2 teacher identity development: An activity theoretic perspective. *System*, (81): 122–134.

Kelly, M., Grenfell, M., Allan, R., Kriza, C. & McEvoy, W. 2005. *European Profile for Language Teacher Education: A Frame of Reference*. Luxembourg: Office for Official Publications of the European Communities.

Kemmis, S. & McTaggart, R. 1988. *The Action Research Reader*. Geelong: Deakin University Press.

Ketelaar, E., Beijaard, D., Boshuizen, H. & Brok, P. 2012. Teachers' positioning towards an educational innovation in the light of ownership, sense-making and agency. *Teaching and Teacher Education, 28*(2): 273–282.

Kincheloe, J. 2003. *Teachers as Researchers: Qualitative Inquiry as a Path to Empowerment*. London: Routledge.

Kiss, T. 2012. The complexity of teacher learning: Reflection as a complex dynamic system. *Journal of Interdisciplinary Research in Education*, 2(1): 17–35.

Kitade, K. 2014. Second language teachers' identity development through online collaboration with L2 learners. *Calico Journal*, 31(1): 57–77.

Kitchen, J. & Stevens, D. 2008. Action research in teacher education: two teacher-educators practice action research as they introduce action research to preservice teachers. *Action Research*, 6(1): 7–28.

Kliueva, E. & Tsagari, D. 2018. Emotional literacy in EFL classes: The relationship between teachers' trait emotional intelligence level and the use of emotional literacy strategies. *System*, 78: 38–53.

Knoerr, H. 2019. Teaching university in a second language: What are the impacts on professors' academic roles and identities?. *European Journal of Higher Education*, 9(3): 285–299.

Koh, K. H. 2011. Improving teachers' assessment literacy through professional development. *Teaching Education*, 22(3): 255–276.

Koh, K. H., Carol-Ann Burke, L. E. & Luke, A. 2017. Developing the assessment literacy of teachers in Chinese language classrooms: A focus on assessment task design. *Language Teaching Research*, 22(3): 264–288.

König, J., Lammerding, S., Nold, G., Rohde, A., Straub, S. & Tachtsoglou, S. 2016. Teachers' professional knowledge for teaching English as a foreign language: Assessing the outcomes of teacher education. *Journal of Teacher Education*, 67(4): 320–337.

König, J., Tachtsoglou, S., Lammerding, S., Straub, S., Nold, G. & Rohde, A. 2017. The role of opportunities to learn in teacher preparation for EFL teachers' pedagogical content knowledge. *The Modern Language Journal*, 101(1): 109–127.

Korthagen, F. A. J. & Kessels, J. A. M. 1999. Linking theory and practice: Changing the pedagogy of teacher education. *Educational Researcher*, 28(4): 4–17.

Kubanyiova, M. & Crookes, G. 2016. Re-envisioning the roles, tasks, and contributions of language teachers in the multilingual era of language education research and practice. *Modern Language Journal*, S1: 117–132.

Kubanyiova, M. & Feryok, A. 2015. Language teacher cognition in applied linguistics research: Revisiting the territory, redrawing the boundaries, reclaiming the relevance. *Modern Language Journal*, 99: 435–449.

Kubanyiova, M. 2012. *Teacher Development in Action: Understanding Language Teachers' Conceptual Change*. New York: Springer.

Kuhn, T. S. 1962. *The Structure of Scientific Revolutions*. Chicago: University of Chicago Press.

Kumaravadivelu, B. 1994. The postmethod condition: (E)merging strategies for second/foreign language teaching. *TESOL Quarterly, 28*(1): 27–48.

Kumaravadivelu, B. 1999. Critical classroom discourse analysis. *TESOL Quarterly, 33*(3): 453–484.

Kumaravadivelu, B. 2001. Toward a postmethod pedagogy. *TESOL Quarterly, 35*(4): 537–560.

Kumaravadivelu, B. 2006. TESOL methods: Changing tracks, challenging trends. *TESOL Quarterly, 40*(1): 59–81.

Kumaravadivelu, B. 2012. *Language Teacher Education for a Global Society: A Modular Model for Knowing, Analyzing, Recognizing, Doing, and Seeing*. New York & London: Routledge.

Kunnan, A. J. 1998. An introduction to structural equation modelling for language assessment research. *Language Testing,* (15): 295–332.

Lahlali, E. M. 2007. *Critical Discourse Analysis and Classroom Discourse Practices*. München: Lincom Europa.

Lam, R. 2015. Language assessment training in Hong Kong: Implications for language assessment literacy. *Language Testing, 32*(2): 169–197.

Lam, R. 2019. Teacher assessment literacy: Surveying knowledge, conceptions and practices of classroom-based writing assessment in Hong Kong. *System, 81*: 78–89.

Lam, S-F., Law, Y-K. & Shum, M. S-K. 2009. Classroom discourse analysis and educational outcomes in the era of education reform. *British Journal of Educational Psychology,* (79): 617–641.

Lantolf, J. P. & Poehner, M. E. 2008. Dynamic assessment. In N. H. Hornberger (Ed.), *Encyclopedia of Language and Education*. New York: Springer, 2406–2417.

Larsen-Freeman, D. 1997. Chaos/complexity science and second language acquisition. *Applied Linguistics,* 18, 141–165.

Larsen-Freeman, D. 2019. On language learner agency: A complex dynamic systems theory perspective. *The Modern Language Journal,* 103: 61–79.

Larsen-Freeman, D. & Cameron, L. 2008. *Complex Systems and Applied Linguistics*. Oxford: Oxford University Press.

Lave, J. & Wenger, E. 1991. *Situated Learning:Legitimate Peripheral Participation*. Cambridge: Cambridge University.

Lave, J. & Wenger, E. 1998. *Communities of Practice: Learning, Meaning, and Identity*. Cambridge: Cambridge University Press.

Lavy, S. & Eshet, R. 2018. Spiral effects of teachers' emotions and emotion regulation strategies: Evidence from a daily diary study. *Teaching and Teacher Education, 73*: 151–161.

Le. V. C. 2020. Remapping the teacher knowledge-base of language teacher education: A Vietnamese perspective. *Language Teaching Research, 24*(1): 71–81.

Lee, I. 2013. Becoming a writing teacher: Using "identity" as an analytic lens to understand EFL writing teachers' development. *Journal of Second Language Writing, 22*(3): 330–345.

Lee, I. 2017. *Classroom Writing Assessment and Feedback in L2 School Contexts*. Singapore: Springer.

Lee, J. & Butler, Y. G. 2020. Reconceptualizing language assessment literacy: Where are language learners? *TESOL Quarterly, 54*(4): 1098–1111.

Lee, K. & Brett, C. 2015. Dialogic understanding of teachers' online transformative learning: A qualitative case study of teacher discussions in a graduate-level online course. *Teaching and Teacher Education,* (46): 72–83.

Lee, O. & Yarger, S. J. 1996. Modes of inquiry in research on teacher education. In J. Sikula, T. J. Buttery & E. Guyton (Eds.), *Handbook of Research on Teacher Education* (2nd ed.). New York: Macmillian, 14–37.

Leigh, L. 2019. "Of course I have changed!": A narrative inquiry of foreign teachers' professional identities in Shenzhen, China. *Teaching and Teacher Education,* (86): 1–11.

Leont'ev, A. N. 1978. *Activity, Consciousness and Personality*. Englewood Cliffs: Prentice Hall.

Leont'ev, A. N. 1981a. *Problems of the Development of the Mind*. Moscow: Progress.

Leont'ev, A. N. 1981b. The problem of activity in psychology. In J. V. Wertsch (Ed.), *The Concept of Activity in Soviet Psychology*. New York: M. E. Sharpe, 37–71.

Levi, T. & Inbar-Lourie, O. 2020. Assessment literacy or language assessment literacy: Learning from the teachers. *Language Assessment Quarterly, 172*: 168–182.

Levine, P. & Scollon, R. 2004. *Discourse and Technology: Multimodal Discourse Analysis*. Washington, D. C.: Georgetown University Press.

Li, D. & Zhang, L. 2022. Exploring teacher scaffolding in a CLIL-framed EFL intensive reading class: A classroom discourse analysis approach. *Language Teaching Research, 26*(3): 333–360.

Li, L., Valcke, M., Badan, L., Anderl, C. 2022. Chinese as a foreign language (CFL) teachers' pedagogical content knowledge in teaching Chinese pronunciation. *Language Teaching Research*, DOI: 10.1177/13621688221117605.

Li, S., Liu, L. & Jiang, A. L. 2021. Understanding the development of Chinese EFL student-teachers' pedagogical content knowledge. *Frontiers in Psychology, 12*: 627728.

Li, W. & Zou, W. 2017. A study of EFL teacher expertise in lesson planning. *Teaching and Teacher Education, 66*: 231–241.

Liao, P. C. 2017. Taiwan-educated teachers of English: Their linguistic capital, agency, and perspectives on their identities as legitimate English teachers. *Taiwan Journal of TESOL, 14*(2): 5–35.

Lieberman, A. & Mace, D. P. 2008. Teacher learning: The key to educational reform. *Journal of Teacher Education, 59*(3): 226–234.

Linton, R. 1936. *The Study of Man*. New York: Appleton-Century-Crofts.

Liu, H. 2020. Language teacher motivation. In M. A. Peters (Ed.), *Encyclopedia of Teacher Education*. Singapore: Springer, 1–5.

Liu, H., Gao, L. & Fang, F. 2020. Exploring and sustaining language teacher motivation for being a visiting scholar in higher education: An empirical study in the Chinese context. *Sustainability, 12*(15): 1–16.

Liu, L., Jiang A. L., Yang, S. & Li, S. 2022. Unpacking the development of Chinese preservice English as a foreign language teachers' professional knowledge. *Frontiers in Psychology, 13*: 883056.

Liu, J. & Xu, Y. 2018. Assessment for learning in English language classrooms in China: Contexts, problems, and solutions. In H. Reinders, D. Nunan & B. Zou (Eds.), *Innovation in Language Learning and Teaching*. London: Palgrave Macmillan, 17–37.

Llinares, A. & Morton, T. 2017. *Applied Linguistics Perspectives on CLIL*. Amsterdam: John Benjamins.

Loh, C. E. & Liew, W. M. 2016. Voices from the ground: The emotional labour of English teachers' work. *Teaching and Teacher Education, 55*: 267–278.

Looney, A. Cumming, J. van Der Kleij, F. & Harris, K. 2018. Reconceptualizing the role of teachers as assessors: Teacher assessment identity. *Assessment in Education: Principles, Policy & Practice, 25*(5), 442–467.

Lortie, D. C. 1975. *School Teacher: A Sociological Study*. Chicago: University of Chicago Press.

Loughran, J. J. 2002. Effective reflective practice in search of meaning in learning about teaching. *Journal of Teacher Education, 53*(1): 33–43.

Luk, J. 2008. Classroom discourse and the construction of learner and teacher identities. In M. Martin-Jones, A. M. Mejía & N. H. Hornberger (Eds.), *Encyclopedia of Language And Education: Discourse And Education*. New York: Springer, (3): 127–134.

Luttenberg, J., Imants, J. & Veen, K. 2013. Reform as ongoing positioning process: The positioning of a teacher in the context of reform. *Teachers and Teaching*, (3): 293–310.

Lytle, S. L. & Cochran-Smith, M. 1990. Learning from teacher researcher: A working typology. *Teachers College Record, 92*(1): 83–103.

Lytle, S. L. & Cochran-Smith, M. 1992. Teacher research as a way of knowing. *Harvard Educational Review, 62*(4): 447–474.

Macdonald, J. 2016. The margins as third space: EAP teacher professionalism in Canadian universities. *TESL Canada Journal, 34*(1): 106–116.

MacIntyre, P. D., Gregersen, T. & Mercer, S. 2019. Setting an agenda for positive psychology in SLA: Theory, practice, and research. *The Modern Language Journal, 103*(1): 262–274.

MacIntyre, P. D., Gregersen, T. & Mercer, S. 2020. Language teachers' coping strategies during the COVID-19 conversion to online teaching: Correlations with stress, wellbeing and negative emotions. *System, 94*: 1–22.

MacIntyre, P. D., Ross, J., Talbot, K., Mercer, S., Gregersen, T. & Benga, C. A. 2019. Stressors, personality and wellbeing among language teachers. *System, 82*: 26–38.

Mahmoodi-Shahrebabaki, M. 2017. The effect of perfectionism on burnout among English language teachers: The mediating role of anxiety. *Teachers and Teaching, 23*(1): 1–15.

Makovec, D. 2018. The teacher's role and professional development. *International Journal of Cognitive Research in Science, Engineering and Education, 6*(2): 33–45.

Malone, M. E. 2013. The essentials of assessment literacy: Contrasts between testers and users. *Language Testing, 30*(3): 329–344.

Mangubhai, F. 2007. The moral and ethical dimensions of language teaching, *Australian Journal of Education, 51*(2): 178–189.

Mann, S. 2005. The language teacher's development. *Language Teaching, 38*: 103–118.

Mariyam,T., Kabir, M. H. & Ullah, M. M. 2015. Casting the authority or holding it still: An investigation of teachers' role in CLT classrooms in Bangladesh. *The International Journal of Social Sciences, 37*(1): 133–146.

Markee, N. 2000. *Conversation Analysis*. Mahwah: Lawrence Erlbaum.

Markee, N. 2015. *The Handbook of Classroom Discourse and Interaction*. West Sussex: John Wiley & Sons.

Martel, J. 2015. Learning to teach a foreign language: Identity negotiation and conceptualizations of pedagogical progress. *Foreign Language Annals, 48*(3): 394–412.

Martin, S. D. & Dismuke, S. 2018. Investigating differences in teacher practices through a complexity theory lens: The influence of teacher education. *Journal of Teacher Education, 69*(1), 22–39.

Martínez Agudo, J. D. (Ed.). 2018. *Emotions in Second Language Teaching*. Cham: Springer.

Martínez Agudo, J. D. & Azzaro, G. 2018. Emotions in learning to teach EFL in the practicum setting: Facing the emotional dilemmas and challenges associated with professional practice. In J. D. Martínez Agudo (Ed.), *Emotions in Second Language Teaching*. Cham: Springer, 365–384.

Martínez-Prieto, D. & Lindahl, K. 2020. (De)legitimization the impact of language policy: On identity development in an EFL teacher. *TESOL Journal, 11*(3): 1–11.

Marton, F. & Tsui, A. B. M. 2004. *Classroom Discourse and the Space of Learning*. Mahwah: Lawrence Erlbaum.

Marton, F. 1986. Phenomenography: A research approach to investigating different understandings of reality. *Journal of Thought, 21*(3): 28–49.

Maslach, C. H., Schaufeli, W. B. & Leiter, M. P. 2001. Job burnout. *Annual Review of Psychology, 52*(1): 397–422.

Maslow, A. H. 1954. *Motivation and Personality*. New York: Haprter & Row.

Mathew, R. & Poehner, M. E. 2014. *Monitoring Progress in the Classroom: The Companion to Language Assessment*. London: John Wiley & Sons.

Mayer, J. D. & Salovey, P. 1997. What is emotional intelligence?. In P. Salovey & D. Sluyter (Eds.), *Emotional Development and Emotional Intelligence: Educational Implications*. New York: Basic Books, 3–34.

McCarthy, M. 1991. *Discourse Analysis for Language Teachers*. Cambridge: Cambridge University Press.

McLaughlin, B. 1987. *Theories of Second Language Learning*. London: Edward Arnold.

McQuitty, V. 2012. Emerging possibilities: A complex account of learning to teach writing. *Research in the Teaching of English*, 358–389.

Mead, G. H. 1934. *Selections from Mind, Self and Society*. Chicago: University of Chicago Press.

Mead, G. H. 1962. *Mind, Self and Society: From the Standpoint of a Social Behaviorist*. Chicago: The University of Chicago Press.

Meihami, H. & Salīte, I. 2019. EFL teachers' cultural identity development through participating in cultural negotiation: Probing EFL students' perspectives. *Journal of Teacher Education for Sustainability, 9*(1): 115–127.

Meijer, H., Hoekstra, R., Brouwer, J. & Strijbos, J. W. 2020. Unfolding collaborative learning assessment literacy: A reflection on current assessment methods in higher education. *Assessment & Evaluation in Higher Education, 45*(8), 1222–1240.

Meijer, P. C., Verloop, N. & Beijaard, D. 1999. Exploring language teachers' practical knowledge about teaching reading comprehension. *Teaching and Teacher Education, 15*(1): 59–84.

Mercer, N. 2004. Sociocultural discourse analysis: Analysing classroom talk as a social mode of thinking. *Journal of Applied Linguistics, 1*(2): 137–168.

Mercer, N. 2010. The analysis of classroom talk: Methods and methodologies. *British Journal of Educational Psychology*, (80): 1–14.

Mercer, S. & Gregersen, T. 2020. *Teacher Wellbeing*. Oxford: Oxford University Press.

Merton, R. K. 1957. The role-set: Problems in sociological theory. *British Journal of Sociology*, 8(2): 106–120.

Mesquita, B., De Leersynder, J. & Albert, D. 2014. The cultural regulation of emotions. In J. J. Gross (Ed.), *Handbook of Emotion Regulation* (2nd ed.). New York: Sage, 284–305

Mewald, C. & Mürwald-Scheifinger, E. 2019. Lesson study in teacher development: A paradigm shift from a culture of receiving to a culture of acting and reflecting. *European Journal of Education*, (54): 218–232.

Mezirow, J. 2000. Learning to think like an adult: Core concepts of transformation theory. In J. Mezirow & Associates (Eds.), *Learning as Transformation: Critical Perspectives on a Theory in Progress*. San Francisco: Jossey-Bass, 56–72.

Mikusová, M. 2019. Hungarian English language teachers' roles in the development of self-regulation: A pilot study. *Journal of Adult Learning, Knowledge and Innovation, 3*(2): 73–87.

Miles, M. B. & Huberman, A. M. 1994. *Qualitative Data Analysis: An Expanded Sourcebook* (2nd ed.). Thousand Oaks: Sage.

Miles, M. B. & Huberman, A. M. 2002. Reflections and advice. In A. M. Huberman & M. B. Miles (Eds.), *The Qualitative Researcher's Companion*. Thousand Oaks: Sage, 393–397.

Miller, P. M. & Hafner, M. M. 2008. Moving toward dialogical collaboration: A critical examination of a university-school-community partnership. *Educational Administration Quarterly, 44*(1): 66–110.

Mitchell, M. 2009. *Complexity: A Guided Tour*. Oxford: Oxford University Press.

Moafian, F. & Ghanizadeh, A. 2009. The relationship between Iranian EFL teachers' emotional intelligence and their self-efficacy in language institutes. *System, 37*(4): 708–718.

Moore, M. C. 2018. *A Complexity Analysis of Two Teachers' Learning from Professional Development: Toward an Explanatory Theory*. Unpublished doctoral dissertation, Boston College.

Moos, R. H. 1974. *The Social Climate Scales: An Overview*. Palo Alto: Consulting Psychologists Press.

Morgan, B. 2004. Teacher identity as pedagogy: Towards a field-internal conceptualization in bilingual and second language education. *International Journal of Bilingual Education and Bilingualism, 7*(2): 172–188.

Mori, J. & Zuengler, J. 2008. Conversation analysis and talk-in-interaction in classrooms. In M. Marin-Jones, A. M. Mejía & N. H. Hornberger (Eds.), *Encyclopedia of Language and Education: Discourse and Education* (2nd ed.). New York: Springer, (3): 15–26.

Morrison, K. 2008. Educational philosophy and the challenge of complexity theory. *Educational Philosophy and Theory, 40*(1): 19–34.

Morton, T. 2017. Reconceptualizing and describing teachers' knowledge of language for content and language integrated learning (CLIL). *International Journal of Bilingual Education and Bilingualism, 21*(3): 275–286.

Morton, T. & Gray, J. 2010. Personal practical knowledge and identity in lesson planning conferences on a pre-service TESOL course. *Language Teaching Research, 14*(3): 297–317.

Moss, C. M. & Brookhart, S. M. 2013. A new view of walk-throughs. *Educational Leadership, 70*(7): 42–45.

Mubaraq, Y. F., Hermaniar, Y. & Ralupi, T. W. 2019. Teachers' role in handling multicultural' classroom: Overview on teaching strategies and media. *ELT-Echol, 4*(1): 25–35.

Mullock, B. 2006. The pedagogical knowledge base of four TESOL teachers. *The Modern Language Journal, 90*(1): 48–66.

Naibaho, L. 2019. Teachers' roles on English language teaching: A students centered learning approach. *International Journal of Research-Granthaalayan*, (7): 206–212.

National Board for Professional Teaching Standards 2017. *World Languages Standards for Teachers of Students Ages 3–18* (2nd ed.). Retrieved on October 4, 2017, from National Board for Professional Teach Standards website.

National Council for Accreditation of Teacher Education. 2017. *Professional Standards for the Accreditation of Teacher Preparation Institutions*. Retrieved on October 4, 2017, from National Council for Accreditation of Teacher Education website.

Nelson, B. S. 1995. *Inquiry and Development of Teaching: Issues in the Transformation of Mathematics Teaching.* Newton: Center for the Development of Teaching.

Newby, D., Allan R., Fenner A., Jones B. & Komorowska, H., Soghikyan, K. 2008. *European Portfolio for Student Teachers of Languages: A Reflection Tool for Language Teacher Education.* European Centre For Modern Languages.

Norton, B. 2000. *Identity and Language Learning: Gender, Ethnicity and Educational Change.* Essex: Longman.

Nunan, D. 1990. The teacher as researcher. In C. Brumfit & R. Mitchell (Eds.), *Research in the Language Classroom.* London: Modern English in Association with the British Council, 16–32.

Nystrand, M., Wu, L., Gamoran, A., Zeiser, S. & Long, D. 2003. Questions in time: Investigating the structure and dynamics of unfolding classroom discourse, *Discourse Processes, 35*(2): 135–196.

O'Connor, T. & Wong, H. Y. 2015. Emergent Properties. In E. N. Zalta (Ed.), *The Stanford Encyclopedia of Philosophy.* California: Stanford University Press.

O'Connor, A. & Sharkey, J. 2004. Defining the process of teacher-researcher collaboration. *TESOL Quarterly, 38*(2): 335–339.

Odo, D. M. 2016. An investigation of the development of pre-service teacher assessment literacy through individualized tutoring and peer debriefing. *Journal of Inquiry and Action in Education, 7*(2): 31–61.

Okada, Y. 2015. Contrasting identities: A language teacher's practice in an English for specific purposes classroom. *Classroom Discourse, 6*(1): 73–87.

Opfer, V. D. & Pedder, D. G. 2011. Conceptualizing teacher professional learning. *Review of Educational Research, 81*(3): 376–407.

Opfer, V. D., Pedder, D. G. & Lavicza, Z. 2010. The role of teachers' orientation to learning in professional development and change: A national study of teachers in England. *Teaching and Teacher Education,* 1–11.

Orton, R. E. 1994. Two problems with teacher knowledge. In A. Thompson (Ed.), *Philosophy of Education.* Urbana: Philosophy in Education Society.

Ostad, S. A., Ghanizadeh, A. & Ghanizadeh, M. 2019. The dynamism of EFL teachers' professional identity with respect to their teaching commitment and job satisfaction. *Cogent Education, 6*(1): 1–16.

Pastore, S. & Anderade, H. L. 2019. Teacher assessment literacy: A three-dimensional model. *Teaching and Teacher Education, 84*: 128–138.

Peterson, S. 2017. Developing a play-based communication assessment through collaborative action research with teachers in northern Canadian indigenous communities. *Literacy, 51*(1): 36–43.

Pfingsthorn, J., Kramer, C., Czura, A. & Stefl, M. 2019. The formation of professional identity and motivation to engage in telecollaboration in foreign language education. *European Journal of Language Policy, 11*(2): 143–165.

Phillipson, R. 1992. *Linguistic Imperialism.* Oxford: Oxford University Press.

Pill, J. & Harding, L. 2013. Defining the language assessment literacy gap: Evidence from a parliamentary inquiry. *Language Testing, 30*(3): 381–402.

Popham, J. W. 2006. Needed: A dose of assessment literacy. *Educational Leadership, 636*: 84–85.

Popham, J. W. 2014. Looking at assessment through learning-colored lenses. In C. Wyattsmith, V. Klenowski & P. Colbert (Eds.), *Designing Assessment for Quality Learning.* Amsterdam: Springer, 183–194.

Psathas, G. 1995. *Conversation Analysis.* Thousand Oaks: Sage.

Putnam, R. T. & Borko, H. 2000. What do new views of knowledge and thinking have to say about research on teacher learning?. *Educational Researcher, 29*(1): 4–15.

Pyhältö, K., Pietarinen, J. & Salmela-Aro, K. 2011. Teacher-working-environment fit as a framework for burnout experienced by Finnish teachers. *Teaching and Teacher Education, 27*(7): 1101–1110.

Qian, X. F., Ao, N. & Gu, M. 2015. On the road to becoming teacher researcher-case studies of EFL school teacher development through collaborative action research. *Merit Research Journal of Education and Review, 3*(8): 259–268.

Qiu, C., He, H., Chen, G. & Xiong, M. 2022. Pre-service teachers' perceptions of technological pedagogical content knowledge in mainland China: A survey of teachers of Chinese as a second language. *Education and Information Technologies, 27*(5): 6367–6391.

Rashidi, N. & Meihami, H. 2019. The role of negotiation about cultural issues on the ESP teachers' cultural identity development: A narrative inquiry. *XLinguae, 12*(2): 111–129.

Reis, D. S. 2011. Non-native English-speaking teachers (NNESTs) and professional legitimacy: A sociocultural theoretical perspective on identity transformation. *International Journal of the Sociology of Language,* (208): 139–160.

Rentoul, A. J. & Fraser, B. J. 1983. Development of a school-level environment questionnaire. *Journal of Educational Administration, 21*(1): 21–39.

Reynolds, W. M. & G. E. Miller. 2003. *Handbook of Psychology.* Hoboken: John Wiley & Sons.

Richards, J. C. 1998. *Beyond Training: Perspectives on Language Teacher Education*. Cambridge: Cambridge University Press.

Richards, J. C. 2005. *Professional Development for Language Teachers*. Cambridge: Cambridge University Press.

Richards, J. C. 2008. Second language teacher education today. *RELC Journal, 39*(2): 158–177.

Richards, J. C. & Lockhart, C. 2000. *Reflective Teaching in Second Language Classroom*. Beijing: People's Education Press.

Richardson, V. 1990. Significant and worthwhile change in teaching practice. *Educational Researcher, 19*(7): 10–17.

Roever, C. & McNamara, T. 2006. Language testing: The social dimension. *International Journal of Applied Linguistics, 16*(2): 242–258.

Rogers, R. & Wetzel, M. 2013. Studying agency in literacy teacher education: A layered approach to positive discourse analysis. *Critical Inquiry in Language Studies*, (1): 62–92.

Roth, W. M. 1999. Learning environments research, lifeworld analysis, and solidarity in practice. *Learning Environments Research, 2*(3): 225–247.

Roth, W. M. & Lee, Y. J. 2007. "Vygotsky's neglected legacy": Cultural historical activity theory. *Review of Educational Research, 77*(2): 186–232.

Rozati, F. 2017. Relating EFL teachers' professional and institutional identity to their teaching efficacy. *Issues in Educational Research, 27*(4): 859–873.

Ruohotie-Lyhty, M. 2011. Constructing practical knowledge of teaching: Eleven newly qualified language teachers' discursive agency. *The Language Learning Journal, 39*(3): 365–379.

Rushton, S. P. 2001. Cultural assimilation: A narrative case study of student-teaching in an inner-city school. *Teaching and Teacher Education, 17*(2): 147–160.

Rymes, B. 2009. *Classroom Discourse Analysis: A Tool for Critical Reflection*. Cresskill: Hampton Press.

Saavedra, E. 1996. Teachers study groups: Contexts for transformative learning and action. *Theory into Practice, 35*(4): 271–277.

Sahragard, R. & Sadeghi, M. 2017. Exploring teachers' role identity among Iranian EFL teachers: A narrative-based research. *International Journal of Applied Linguistics & English Literature, 6*(4):11–20.

Sales A., Traver, J. A. & García, R. 2011. Action research as a school-based strategy in intercultural professional development for teacher. *Teaching and Teacher Education, 27*(5): 911–919.

Sanchez, H. S. & Borg, S. 2014. Insights into L2 teachers' pedagogical content knowledge: A cognitive perspective on their grammar explanations. *System, 44*: 45–53.

Schleppegrell, M. J. 2020. The knowledge base for language teaching: What is the English to be taught as content? *Language Teaching Research, 24*(1): 17–27.

Schmidt, N. 2023. Unpacking second language writing teacher knowledge through corpus-based pedagogy training. *ReCALL FirstView*, 40–57.

Schön, D. 1983. *The Reflective Practitioner: How Professionals Think in Action.* New York: Basic Books.

Seedhouse, P. 1996. Classroom interaction: Possibilities and impossibilities. *ELT Journal, 50*(1): 16–24.

Seedhouse, P. 2004. *The Interactional Architecture of the Language Classroom: A Conversation Analysis Perspective.* Oxford: Blackwell.

Sen, A. I. 2009. A study on the effectiveness of peer microteaching in a teacher education program. *Education and Science, 34*(151): 165.

Shahri, M. N. N. 2018. The development of teacher identity, emotions and practice: Before and after graduation from an MA TESOL program. *System, 78*: 91–103.

Sharkey, J. 2004. ESOL teachers' knowledge of context as critical mediator in curriculum development. *TESOL Quarterly, 38*(2): 279–299.

Sharkey, J. 2009. Can we praxize second language teacher education? An invitation to join a collective, collaborative challenge. *Íkala, Revista De Lenguaje Y Cultura, 14*(22): 125–150.

Shavelson, R. J. 1983. Review of research on teachers' pedagogical judgements, plans and decision. *Journal of Teacher Education, 24*(2): 392–413.

Shepard, L. A. 2009. Commentary: Evaluating the validity of formative and interim assessment. *Educational Measurement: Issues and Practice, 28*(3): 32–37.

Sheybani, M. & Miri, F. 2019. The relationship between EFL teachers' professional identity and their critical thinking: A structural equation modeling approach. *Cogent Psychology, 6*(1): 1–11.

Shulman, L. S. 1986. Paradigms and research programs in the study of teaching: A contemporary perspective. In M. C. Wittrock (Ed.), *Handbook of Research on Teaching* (3rd ed.). New York: MacMillan, 3–36.

Shulman, L. S. 1987. Knowledge and teaching: Foundations of the new reform. *Harvard Educational Review, 57*(1): 1–22.

Sinclair, J. & Coulthard, R. M. 1975. *Towards an Analysis of Discourse.* Oxford: Oxford University Press.

Skaalvik, E. M. & Skaalvik, S. 2009. Does school context matter? Relations with teacher burnout and job satisfaction. *Teaching and Teacher Education, 25*: 518–524.

Skenderi, L. 2017, September 28–29. *Changes of the Teacher's Role in Higher Education in the future*. The 13th International Scientific Conference, Budva, Montenegro.

Skukauskaite, A., Rangle, J., Rodriguez, L. G. & D. K. Ramon. 2015. Understanding classroom discourse and interaction: qualitative perspective. In N. Markee (Ed.), *The Handbook of Classroom Discourse and Interaction*. West Sussex: John Wiley & Sons.

Sockett, H. T. 1987. Has Shulman got the strategy right? *Harvard Educational Review. 57*(2): 208–219.

Somekh, B. & K. Zeichner. 2009. Action research for educational reform: remodelling action research theories and practices in local contexts. *Educational Action Research, 17*(1): 5–21.

Song, J. 2016. Emotions and language teacher identity: Conflicts, vulnerability, and transformation. *TESOL Quarterly, 50*(3): 631–654.

Spelman, M. & Rohlwing, R. 2013. The relationship between professional development and teacher learning: Three illustrative case studies of urban teachers. *Journal of Research in Innovative Teaching, 6*(1): 155–171.

Stenhouse, L. 1983. The relevance of practice to theory. *Theory into Practice, 22*(3): 211–215.

Stranger-Johannessen, E. & Norton, B. 2017. The African storybook and language teacher identity in digital times. *Modern Language Journal, 101*(S1): 45–60.

Strauss, A. & Corbin, J. M. 1997. *Grounded Theory in Practice*. New York: Sage.

Strom, K. J. & Viesca, K. M. 2021. Towards a complex framework of teacher learning-practice. *Professional Development in Education, 47*(2–3): 209–224.

Strom, K., Martin, A. & Villegas, A. M. 2018. Clinging to the edge of chaos: The emergence of practice in the first-year of teaching. *Teachers College Record, 120*(7): 1–32.

Stryker, S. 1968. Identity salience and role performance: The importance of symbolic interaction theory for family research. *Journal of Marriage and the Family, 30*(4): 558–564.

Stubbs, M. 1983. *Discourse Analysis: The Sociolinguistic Analysis of Natural Language*. Oxford: Blackwell.

Sun, C., Wei, L. & Young, R. F. 2020. Measuring teacher cognition: Comparing Chinese EFL teachers' implicit and explicit attitudes toward English language teaching methods. *Language Teaching Research*, (1): 1–29.

Sun, D. 2012. "Everything goes smoothly": A case study of an immigrant Chinese language teacher's personal practical knowledge. *Teaching and Teacher Education*, 28(5): 760–767.

Swain, M. & Lapkin, S. 1998. Interaction and second language learning: Two adolescent French immersion students working together. *The Modern Language Journal*, (82): 320–337.

Swain, M. & Yang, L. X. 2008. Output hypothesis: Its history and its future. *Foreign Language Teaching and Research, 40*(1): 45–50.

Swain, M. 2006. Languaging, agency and collaboration in advanced second language learning. In H. Byrnes (Ed.), *Advanced Language Learning: The Contributions of Halliday and Vygotsky*. London: Continuum, 95–108.

Tajeddin, Z. & Ameri, A. F. 2018. Discursive construction of identity boundaries: Non-native English teachers' positionality in relation to learners. *The Journal of Asian TEFL, 15*(4): 991–1004.

Tajfel, H. 1959. Quantitative judgment in social perception. *British Journal of Psychology, 50*(1): 16–29.

Takahashi, A. 2014. The role of the knowledgeable other in lesson study: Examining the final comments of experienced lesson study practitioners. *Mathematics Teacher Education and Development*, (16): 4–21.

Talbot, K. & Mercer, S. 2019. Exploring university ESL/EFL teachers' emotional well-being and emotional regulation in the United States, Japan and Austria. *Chinese Journal of Applied Linguistics, 41*(4): 410–432.

Tao, J. T. & Gao, X. A. 2018. Identity constructions of ESP teachers in a Chinese university. *English for specific Purposes*, (49): 1–13.

Taylor, L. 2009. Developing assessment literacy. *Annual Review of Applied Linguistics, 29*: 21–36.

Taylor, L. 2013. Communicating the theory, practice and principles of language testing to test stakeholders: Some reflections. *Language Testing, 30*(3): 403–412.

Taylor, L. P., Newberry, M. & Clark, S. K. 2020. Patterns and progression of emotion experiences and regulation in the classroom. *Teaching and Teacher Education, 93*(6): 1–8.

Teng, M. F. 2019. Understanding teacher autonomy, teacher agency, and teacher identity: Voices from four EFL student teachers. *English Teaching and Learning, 43*(2): 189–212.

Thelen, E. & Smith, L. B. 1994. *A Dynamic Systems Approach to the Development of*

Cognition and Action. Cambridge: MIT Press.

Townsend, A. 2013. *Action Research: The Challenges of Understanding and Changing Practice*. Berkshire: Open University Press.

Tran, A., Burns, A. & Ollerhead, S. 2017. ELT lecturers' experiences of a new research policy: Exploring emotion and academic identity. *System, 67*: 65–76.

Trent, J. 2011. "Four years on, I'm ready to teach": Teacher education and the construction of teacher identities. *Teachers and Teaching: Theory and Practice, 17*(5): 529–543.

Trent, J. & Gao, X. 2009. "At least I'm the type of teacher I want to be": Second-career English language teachers' identity formation in Hong Kong secondary schools. *Asia-Pacific Journal of Teacher Education, 37*(3): 253–270.

Tsagari, D. 2016. Assessment orientations of state primary EFL teachers in two Mediterranean countries. *CEPS Journal: Center for Educational Policy Studies Journal, 6*(1): 9.

Tsui, A. B. M. 2003. *Understanding Expertise in Teaching: Case Studies of Second Language Teachers*. Cambridge: Cambridge University Press.

Tsui, A. B. M. 2007a. Classroom discourse: Approaches and perspectives. In N. H. Hornberger (Ed.), *Encyclopedia of Language and Education* (2nd ed.). Berlin: Springer, 261–271.

Tsui, A. B. M. 2007b. Complexities of identity formation: A narrative inquiry of an EFL teacher. *TESOL Quarterly, 41*(4): 657–680.

Tsui, A. B. M. 2009. Teaching expertise: Approaches, perspectives, and characterizations. In A. Burns & J. Richards (Eds), *The Cambridge Guide to Second Language Teacher Education*. Cambridge: Cambridge University Press, 190–197.

Tsui, A. B. M., Edwards, G. & Fran, L. R. 2009. *Learning in School-University Partnership: Sociocultural Perspective*. New York: Routledge.

Tsui, A. B. M. & Law, D. Y. K. 2007. Learning as boundary-crossing in school-university partnership. *Teaching and Teacher Education, 23*: 1289–1301.

Tum, D. O. 2015. Foreign language anxiety's forgotten study: The case of the anxious preservice teacher. *TESOL Quarterly, 49*(4): 627–658.

Turner, R. H. 1962. Role-taking: Process versus conformity. In A. M. Rose (Ed.), *Human Behavior and Social Processes*. Boston: Houghton Mifflin, 20–40.

University of Cambridge Local Examinations Syndicate. 2017. *Cambridge English Teaching Framework: Competency Statements*. Retrieved on September 21, 2017, from Cambridge English website.

Urlaub, P. 2017. Second-language literacy research and curriculum transformation in U. S.

postsecondary foreign language education. In N. Van Deusen-Scholl & S. May (Eds), *Second and Foreign Language Education, Encyclopedia of Language and Education*. Cham: Springer, 137–147.

Valverde, C. P. & Cecilia, R. R. 2014. Narratives of professional identity in the training of foreign language teachers. *Andamios, 11*(24): 215–234.

Van de van, A. H. 2007. *Engaged Scholarship: A Guide for Organizational and Social Research*. Oxford: Oxford University Press.

van Dijk, T. A. 1985. *Handbook of Discourse Analysis (vol. 3): Discourse and Dialogue*. London: Academic Press.

van Dijk, T. A. 2001. Critical discourse analysis. In D. Tannen, D. Schiffrin & H. Hamilton (Eds.), *Handbook of Discourse Analysis*. Oxford: Blackwel, 466–485.

van Lier, L. 1996. *Interaction in the Language Curriculum: Awareness, Autonomy and Authenticity*. New York: Longman.

van Lier, L. 2004. *The Ecology and Semiotics of Language Learning: A Sociocultural Perspective*. Boston: Kluwer Academic.

van Orman Quine, W. 1951. Main trends in recent philosophy: Two dogmas of empiricism. *The Philosophical Review, 60*(1): 20–43.

Varghese, M., Morgan, B., Johnston, B. & Johnson, K. A. 2005. Theorizing language teacher identity: Three perspectives and beyond. *Journal of Language, Identity, and Education, 4*(1): 21–44.

Vélez-Rendón, G. 2002. Second language teacher education: A review of the literature. *Foreign Language Annals, 35*(4): 457–467.

Verloop, N., Van Driel, J. & Meijer, P. 2001. Teacher knowledge and the knowledge base of teaching. *International Journal of Educational Research, 35*(5): 441–461.

Vogt, K. & Tsagari, D. 2014. Assessment literacy of foreign language teachers: Findings of a European study. *Language Assessment Quarterly, 114*: 374–402.

Vogt, K., Tsagari, D., Csépes, I., Green, A. & Sifakis, N. 2020. Linking learners' perspectives on language assessment practices to teachers' assessment literacy enhancement (TALE): Insights from four European countries. *Language Assessment Quarterly, 17*(4): 410–433.

Vygotsky, L. S. 1978. *Mind in Society: The Development of Higher Psychological Processes*. Cambridge: Harvard University Press.

Walsh, S. 2001. *Characterising Teacher Talk in the Second Language Classroom*. Unpublished PhD thesis, The Queen's University of Belfast.

Walsh, S. 2002. Construction or obstruction: Teacher talk and learner involvement in the EFL classroom. *Language Teaching Research, 6*(1): 3–23.

Walsh, S. 2006. *Investigating Classroom Discourse*. New York: Routledge.

Walsh, S. 2011. *Exploring Classroom Discourse: Language in Action*. London: Routledge.

Wang, F. Y. 2018. An expert EFL reading teacher's readers club: Reader identity and teacher professional development. *European Journal of Teacher Education, 41*(4): 517–528.

Wang, L. Y. & Lin, T. B. 2014. Exploring the identity of pre-service NNESTs in Taiwan: A social relationally approach. *English Teaching, 13*(3): 5–29.

Wang, Q. & Zhang, H. 2014. Promoting teacher autonomy through university-school collaborative action research. *Language Teaching Research, 18*(2): 222–241.

Waring, H. Z. 2016. *Theorizing Pedagogical Interaction: Insights From Conversation Analysis*. New York: Routledge.

Watson-Gegeo, K. A. 1997. Classroom ethnography. In N. Hornberger & D. Corson (Eds.), *Encyclopedia of Language and Education*. Dordrecht: Kluwer Academic Publishers, 135–144.

Watson-Gegeo, K. A. 2004. Mind, language, and epistemology: Toward a language socialization paradigm for SLA. *Modern Language Journal, 88*(2): 31–350.

Weisman, E. M. 2001. Bicultural identity and language attitudes: Perspectives of four Latina teachers. *Urban Education, 36*(2): 203–225.

Wenger, E. 1998. *Communities of practice: Learning, meaning, and identity*. Cambridge: Cambridge University Press.

Wenger, E. 2000. Communities of practice and social learning systems. *Organization, 7*(2): 225–246.

Wertsch, J. V. 1995. The need for action in sociocultural research. In J. V. Wertsch, P. Rio del & A. Alvarez (Eds.), *Sociocultural Studies of Mind*. Oxford: Oxford University Press, 237–245.

Wertsch, J. V. 1998. *Mind as Action*. Oxford: Oxford University Press.

White, C. J. 2016. Agency and emotion in narrative accounts of emergent conflict in an L2 classroom. *Applied Linguistics, 39*(4): 579–598.

Wieczorek, A. L. 2016. High inhibitions and low self-esteem as factors contributing to foreign language teacher stress. In D. Gabryś-Barker & D. Gałajda (Eds.), *Positive Psychology Perspectives on Foreign Language Learning and Teaching*. London: Springer, 231–247.

Willis, J. 1992. Inner and outer: Spoken discourse in the language classroom. In M. Coulthard (Ed.), *Advances in Spoken Discourse Analysis*. London: Routledge, 161–182.

Willis, J., Adie, L. & Klenowski, V. 2013. Conceptualizing teachers' assessment literacies in an era of curriculum and assessment reform. *The Australian Educational*

Researcher, 40(2): 241–256.

Willis, J. & Klenowski, V. 2018. Classroom assessment practices and teacher learning: An Australian perspective. In H. Jiang & M. Hill (Eds.), *Teacher Learning with Classroom Assessment*. Singapore: Springer, 19–37.

Wolff, D. & De Costa, P. I. 2017. Expanding the language teacher identity landscape: An investigation of the emotions and strategies of a NNEST. *The Modern Language Journal, 101*(S1): 76–90.

Wood, D., Bruner, J. S. & Ross, G. 1976. The role of tutoring in problem solving. *Journal of Child Psychology and Psychiatry*, (25): 45–62.

Woods, D. 1996. *Teacher Cognition in Language Teaching*. Cambridge: Cambridge University Press.

Worden, D. 2018. Mediation and development of a novice L2 writing teacher's pedagogical content knowledge of genre. *Journal of English for Academic Purposes, 34*: 12–27.

Wu, Z. 2002. *Pre-service English Language Teacher Education in China: BA/TEFL Curriculum Studies*. Beijing Normal University Centennial International Academic Symposium, Beijing.

Wyatt-Smith, C. & Cumming, J. 2000. Examining the literacy-curriculum relationship. *Linguistics and Education, 11*(4): 295–312.

Xu, H. 2013. From the imagined to the practiced: A case study on novice EFL teachers' professional identity change in China. *Teaching and Teacher Education*, (31): 79–86.

Xu, H. 2017. Exploring novice EFL teachers' classroom assessment literacy development: A three-year longitudinal study. *The Asia-Pacific Education Researcher, 26*(3–4): 219–226.

Xu, Y. 2013. Language teacher emotion in relationship: A multiple case study. In X. Zhu & K. Zeichner (Eds.), *How to Prepare Teachers for the 21st Century*. New York: Springer, 371–393.

Xu, Y. & Brown, G. T. 2016. Teacher assessment literacy in practice: A reconceptualization. *Teaching and Teacher Education, 58*: 149–162.

Xu, Y. & Brown, G. T. 2017. University English teacher assessment literacy: A survey-test report from China. *Language Testing and Assessment, 6*(1): 133–158.

Yan, C. 2015. "We can't change much unless the exams change": Teachers' dilemmas in the curriculum reform in China. *Improving Schools, 18*(1): 5–19.

Yan, X. & Fan, J. 2020. "Am I qualified to be a language tester?": Understanding the development of language assessment literacy across three stakeholder groups.

Language Testing, 38(2): 1–28.

Yeşilçinar, S. & Kartal, G. 2020. EFL teachers' assessment literacy of young learners: Findings from a small-scale study. *Kuramsal Eğitimbilim Dergisi, 13*(3): 548–562.

Yin, H. 2016. Knife-like mouth and tofu-like heart: Emotion regulation by Chinese teachers in classroom teaching. *Social Psychology of Education, 14*(3): 1–22.

Yin, H. 2006. *Teacher's emotions in curriculum implementation: A case study of the senior secondary school curriculum reform in Guangzhou, China.* Unpublished doctoral dissertation, The Chinese University of Hong Kong.

Yin, R. K. 2018. *Case Study Research and Applications: Design and Methods.* Thousand Oaks: Sage.

Yuan, R. & P. Mak. 2016. Navigating the challenges arising from university-school collaborative action research. *ELT Journal, 70*(4): 382–391.

Yin, R. K. 2014. *Case Study Research: Design and Methods* (5th ed.). Los Angeles: Sage.

Yu, S., Xu, H., Jiang, L., & Chan, I. K. I. 2020. Understanding Macau novice secondary teachers' beliefs and practices of EFL writing instruction: A complexity theory perspective. *Journal of Second Language Writing, 48*: 1–13.

Yuan, R. & Lee, I. 2015. The cognitive, social and emotional processes of teacher identity construction in a pre-service teacher education programme. *Research Papers in Education, 30*(4): 469–491.

Zacharias, N. T. 2010. The teacher identity construction of 12 Asian NNES teachers in TESOL graduate programs. *Journal of Asia TEFL, 7*(2): 177–197.

Zeichner, K. 2005. A research agenda for teacher education. In M. Cochran-Smith & K. M. Zeichner (Eds.), *Studying Teacher Education: The Report of the AERA Panel on Research and Teacher Education.* Mahwah: Lawrence Erlbaum, 737–759.

Zeichner, K. & Ndimande, B. 2008. Contradictions and tensions in the place of teachers in educational reform: Reflections on teacher preparation in the USA and namibia. *Teachers and Teaching: Theory and Practice,* (4): 331–343.

Zembylas, M. 2003. Caring for teacher emotion: Reflections on teacher self-development. *Studies in Philosophy and Education, 22*(2): 103–125.

Zembylas, M. 2004. Emotion metaphors and emotional labor in science teaching. *Science Education, 88*(3): 301–324.

Zembylas, M. 2007. Emotional ecology: The intersection of emotional knowledge and pedagogical content knowledge in teaching. *Teaching and Teacher Education, 23*(4): 355–367.

Zembylas, M. & Schutz, P. A. (Eds.), 2016. *Methodological Advances in Research on Emotion and Education.* New York: Springer.

Zhang, F. & Liu, Y. 2014. A study of secondary school English teachers' beliefs in the context of curriculum reform in China. *Language Teaching Research, 18*(2): 187–204.

Zhang, H. & Yuan, R. 2019. Uncertain identities of non-higher-education-based EFL teacher educators: A third space theory perspective. *Teachers and Teaching, 25*(7): 874–889.

Zhang, L. 2022. Theoretical paradigm shifts in second language teacher education and development: A historical perspective. In Y. Kimura, L. Yang, T-Y. Kim & Y. Nakata (Eds.), *Language Teacher Motivation, Autonomy and Development in East Asia.* Cham: Springer, 55–74.

Zhang, L. & Soh, K. 2016. Assessment literacy of Singapore Chinese language teachers in primary and secondary schools. In K. Soh (Ed.), *Teaching Chinese Language in Singapore.* Singapore: Springer, 85–103.

Zheng, X. M. & Borg, S. 2014. Task-based learning and teaching in China: Secondary school teachers' beliefs and practices. *Language Teaching Research, 18*(2): 205–221.

Zuengler, J. & Mori, J. 2002. Microanalysis of classroom discourse: A critical consideration of method. *Applied Linguistics, 23*(3): 283–288.